# 筚路蓝缕

## ——世纪工程决策建设记述

张国宝 著

人民出版社

张国宝

# 目　　录

## 二、电力与新能源篇

## 三、交通运输篇

## 四、工业与装备制造篇

## 五、民生篇

# 序

　　张国宝同志20世纪60年代大学毕业后从企业工作起，参加过"三线"建设，是从基层成长起来的、有着工程技术经验的领导干部。他80年代初进入国家计划委员会工作后分管过多个领域，在30多年间参与过许多重大经济发展规划、政策和重大项目的审批、决策、实施。在朱镕基和温家宝担任国务院总理期间，大部分时间他一直代表国家发展计划委员会或国家发展和改革委员会向国务院汇报国家最重大的工程项目。我在上海市和中国工程院工作期间，在工作中和他多有接触。上海市的洋山深水港集装箱码头、长江口航道整治、浦东机场、磁悬浮列车线、城市轨道交通明珠线、外高桥电厂、宝山钢铁厂、漕泾化工区、外高桥和长兴岛造船基地、上海光源国家重大科学工程等许多重大工程，正是在他分管这些工作期间建设的。这些重大工程项目在论证决策过程中，难免有各种不同意见的争论。张国宝同志给我留下的印象是，他总能耐心倾听、实事求是，不唯上、不唯书、只唯实，即便和有的领导同志意见相左，他也能说出自己的看法和意见。这一点是十分难能可贵的。他的很多意见在决策过程中被采纳，而且被以后的实践证明是正确的。

在长期的工作历练中，张国宝同志培养起协调复杂，跨行业、跨省区重大工程的能力。例如，本书中所述的西气东输、西电东送、青藏铁路等，他都在工程领导小组中担任重要工作，出色地完成了任务。在微观层面，他有扎实的工程技术功底；在宏观层面，他能从全局和长远视角谋划行业的发展。例如，本书中《将我国建设成世界第一造船大国》一文，他向中央领导提出的把中国建设成世界第一造船大国的建议受到了党中央、国务院领导的高度重视。他身体力行，从规划、审批并给予实质性的支持，建设长江口、环渤海湾、珠江口三大造船基地。在1998年亚洲金融危机造船工业处于低迷的情况下，他力陈国务院领导，支持将黄浦江畔的江南造船厂迁往长江口的外高桥。这些案例体现出了他对经济发展、行业发展的长远思考。他对能源周边外交的深入思考和身体力行极具战略思维。

张国宝同志的主要工作生涯正是我国改革开放40年走过的历程，他把这一时期自己亲历的重大工程和行业的发展记录下来，从一个侧面记录了中国改革开放 40 年筚路蓝缕走过的不平凡的发展道路。

2018 年 6 月 5 日

# 自　序

　　2018 年，我国迎来了改革开放 40 周年。作为这个时代的过来人和见证者，我们目睹了祖国翻天覆地的变化。作为这个时代改革和建设事业的直接参与者，我们付出过，但我们能成为这个时代的弄潮儿是幸运的。

　　我在 20 世纪 80 年代初进入国家计划委员会工作，先后经历了 7 个五年计划的制定和实施，恰好和改革开放 40 年的历史时期重叠。在这一时期，国家计划委员会也顺应历史潮流，先后更名为国家发展计划委员会和国家发展和改革委员会，简称国家发改委。承蒙党中央、国务院和国家发改委历届领导的信任，我分管过技术引进、基本建设投资、能源交通基础设施、高新技术产业、工业、国防动员等领域的工作，并兼任国务院振兴东北地区等老工业基地领导小组办公室主任和国家能源局局长。在党中央、国务院领导下，我具体负责制定了铁路中长期规划，船舶工业、汽车工业、钢铁工业、软件产业等发展规划，代表国家发改委向国务院汇报并实施了上千以上的重大项目。当这些项目从谋划、论证、审批、实施，到一座座桥梁拔地而起，一条条铁路通达东西南北，变成一个个伟大工程项目时，作为参与者的豪迈心情大家可以感同身受。这些项目的建设构建了中国经济的骨架，这是我感到十分欣慰的。青藏铁路、西气东输、西电东送等被称为世纪工程的重大工程的实施具有史诗般的意义。西气东输被朱镕基总理誉为拉开了西部大开发的序幕，在中国大地上画上了浓墨重彩的一笔。中亚天然气管道，中俄原油管道，中哈原油管道，中缅原油、天然气管道，上海洋山深水港的建设都是极具战略眼光的谋划和决策。我选择全国电网、城市轨道交通、天然气、钢铁、船舶、汽车、新能源、核电等几个崛起的行业作为代表性产业，把这些带有全局性影响的重大项目和产业发展记录下来，是对历史经验的总结。

小学课本里有一篇故事，名叫《千人糕》，讲的是一个小朋友到外婆家去做客，外婆说要给他做千人糕吃，可是端上来的却是一块普通的糕。外婆向他解释：从农民在田里种庄稼——要灌溉、施肥、除草、收割，到运到面粉厂去加工成面粉，再从商店到千家万户的餐桌上，还需要有燃料，又需要有成百上千的人提供能源和其他服务。所以，当一块小小的糕端到餐桌上之前，已经有成百上千的人为它付出了劳动。一块小小的糕都如此，更何况一个重大工程项目了。一个重大工程项目有成千上万的人参与。其中，每个人只是参与了其中的某一部分、某一个阶段的工作。即便是同一个工程项目，不同的人从不同的经历、不同的角度来描述它，写出来的东西也不会是完全相同的。我对这些重大工程项目的描述仅仅是我所接触到的那一部分。我只是触摸到了、看到了"大象"的某一个部位。一个重大工程从谋划到决策，再到实施，千千万万的人为其付出了努力。例如，我最近看到李鹏同志在回忆录中讲到他到土库曼斯坦访问，当时就提到土中天然气管道。温家宝同志日记提到 1984 年作为第一批专家首访就是土库曼斯坦。我还听说江泽民同志为哈萨克斯坦项目，两次约见哈驻我国大使，推动中哈能源合作项目。习近平主席在哈萨克斯坦提出了"一带一路"的构想。从 20 年前开始，我国领导人就持续推动中国与中亚各国的合作。这些情况我作为后来人也不全了解。我讲述的只是一个时间段、一个方面的事情。

记录下这些重大工程项目的争论、比较、决策和实施，也是记录科学决策的过程，可以让今后的实践来检验。那是激情燃烧的岁月，它会使我想起几届党中央、国务院领导的关怀和信任，他们对历史、对人民负责的情怀和担当。他们既是我的领导，也是我的良师益友，包括"铁面总理朱镕基"，尽管他会不留情面地批评，但我可以和他坦率地讨论，畅所欲言发表意见看法。吴邦国同志则平易近人，宽厚如邻家友人。在他们领导下工作，是我人生中最宽松、民主氛围最浓、工作最紧张愉快的时期。我们在工作中建立起来的相互信任、相互尊重的友谊一直持续到我们离开工作岗位之后。曾担任国务院总理的温家宝同志知悉我生病后亲笔给我写了一封深情的长信。信中写道："退休后分别已五年了，经常想念你和那难忘的岁月。我们共同经历了改革开放的光辉历程，深为国家的发展和进步而自豪。"让我十分感动。在宣布我退休的第二天，习近平总书记还给我写了一封信。信中写道："'十一五'时期我国经济保持平稳较快发展，是与能源工作强有力的保障分不开的，其中也包含着你的辛勤劳动。希望你今后继续关心能源工作，为我国能源事业科学发展献计献策。"

我在国家发改委系统工作的近四十年，先后在宋平、姚依林、邹家华、陈锦华、曾培炎、马凯、张平等主任领导下，或担任司局长，多数时间担任副主任，作为他们的副手工作。他们政治上关心爱护干部，工作中放手使用，以"不唯书，要唯实"的传统，大家可以畅所欲言，发表自己的看法。能在这么多优秀的领导手下工作实乃人生之大幸。

本书中所有文稿都是我自己撰写，当我写下这些回忆文章的时候，成千上万和我共事的同事，广大工程技术人员和普通劳动者浮现在我的眼前。中国人民是勤劳朴实、吃苦耐劳的群体。他们使我感动，我由衷地对他们表示敬意，是他们的奉献创造了伟业，创造了历史。

当我完成这本书稿时，我对我的老伴李之琪也要深深地表示感谢——几十年来她默默无闻支持我的工作。

我们从吃饭要粮票、穿衣要布票的年代走来，到今天市场极大丰富。所以，用《筚路蓝缕》作为书名，我想是十分恰当的。

为完成书稿，冶金工业规划研究院院长李新创、事业发展处张明等在汇总编辑上提供了帮助，在此也一并感谢。

2018 年 5 月

# 一、能源综合篇

# 西气东输工程决策建设始末

　　2014 年 12 月 30 日，西气东输一线迎来正式商运十周年纪念日。这条被称为"能源大动脉"的管道项目构思始于 20 世纪 90 年代中期甚至更早的时候，目标是要将"死亡之海"——塔克拉玛干沙漠中的天然气送到中国经济的心脏部位。管道全长约 4200 公里，年输气量 120 亿立方米，第一期投资规模达到 1400 多亿元，是中国西部大开发最重要的能源项目之一。

2002 年 7 月 4 日，西气东输工程开工典礼在人民大会堂隆重举行。

而十多年前的中国天然气市场，无异于刚出生的婴儿。2000 年，中国国内天然气产量仅为 272 亿立方米，天然气占一次能源消费的比例不过 3%，全国的高压管道不过 2 万公里，大部分为连接单一气田与单一用户而建。在这样稚嫩的上下游条件下，建设一条世界级的长输管线，其挑战空前，质疑之声自然不会少。

十多年后的今天，曾经的质疑都已烟消云散。

"西一线"之后，二线、三线、四线纷纷上马，中亚、缅甸天然气通过跨境管道进入中国，中俄天然气管道也在 2014 年 5 月一锤定音。在 2016 年 6 月国务院最新发布的《能源发展战略行动计划（2014—2020 年)》中，计划到 2020 年天然气在一次能源消费的比重将达到 10% 以上。

更重要的是，"西气东输工程的决策和实施给我们留下了许多值得深思的精神财富。重大工程的规划建设需要胆略和战略眼光，要有对历史负责的责任感，要有'世上无难事，只要肯登攀'的气概"。作为这一重大工程的直接参与者，我想如实呈现 15 年前浓墨重彩的西气东输工程决策建设始末。

## 在地图上画一条直线

西气东输最早可以追溯到国家"八五"和"九五"计划期间（1991—2000 年)，最主要是在 1995 年前后。

我们都知道，我国在 1963 年建成大庆油田，摘掉了贫油的帽子。大庆石油会战后，不少地质学家又提出，最有可能发现大油田的地方是新疆的塔里木盆地。当时，人们对塔里木寄予了很大的希望，甚至有人乐观地认为，中国"又发现了一个沙特"。因此，当时在全国调了 2 万多名石油工人去搞塔里木石油大会战。多年的勘探开发，确实带来了一些发现，但比原来的期望值差得较远。

不过，在钻探过程中有不少伴生气冒了出来。由于当时的目标主要是开采石油，对于天然气既没有采集和回注装置，也没有管网建设，因此只能放空点火烧掉。不少去过塔里木参观的人，看到沙漠里"点天灯"的现象，都觉得颇为可惜。有人提出，可以把天然气作为化肥原料利用起来。20世纪90年代，我国化肥还依赖进口，而农业发展又急需化肥，因此国家提出搞"大化肥"项目的设想。

当时，除了新疆塔里木的伴生气，海南的莺歌海也发现了气田。所以，国家提出，以莺歌海和塔里木的天然气为原料，在海南和塔里木各建三套"大化肥"项目的设想。不过，集中新建三套"大化肥"项目的计划，最后并没有彻底实现。在海南，之前有一套海南富岛化肥，之后中海油在海南东方市紧邻富岛化肥又新建了一套"大化肥"。老的一套加上新的一套，后来合并成中海油的富岛化肥厂。在新疆，南部泽普新建了一套20万吨的化肥厂，乌鲁木齐石化则建有30万吨合成氨和52万吨尿素装置。两地都没有实现新建三套"大化肥"项目的计划。塔里木盆地伴生气没有利用的现象仍然存在。

正因如此，早在20世纪80年代末和90年代初，中石油就有人提议将这些天然气收集起来，通过管道外送。中石油副总经理史兴全当时就曾提出设想说，可以在地图上画一条直线，将天然气从新疆送到上海，大体上就是现在西气东输一线的走向。

## 最后还是觉得西气东输是可行的

到了1999年末2000年初，国家经贸委主任盛华仁去了一趟塔里木。回来后，他给国务院总理朱镕基提交了一份报告。大意是，塔里木盆地有不少伴生气，放空烧掉很可惜，而上海是我国经济较发达地区，但亟缺能源。盛华仁提议，可以建设年输送能力在200亿立方米左右的管道项目，将气从塔里木外送到上海。

盛华仁的设想，显然最初是中石油在塔里木的工作人员向他汇报工作时候提出的。当时塔里木油田的总经理是现任中石油集团总经理，比较有激情。具体是谁做了汇报我不清楚，但他们向盛华仁提出了塔里木盆地天然气外送的设想。

收到盛华仁的报告以后，朱镕基总理觉得颇为振奋。我在朱镕基同志领导下工作多年的观察是，他不仅在宏观经济上很有造诣，对重大工程的布局也很有激情，包括西气东输、西电东送和青藏铁路在内的几个大型工程，都是在他主政期间决定的。因此，听到这个提议后，朱镕基同志对西气东输设想产生了很大的兴趣，让主管这块工作的国家计委研究项目的可行性。

那时，我已经出任国家计委副主任，刚好分管这块工作。当时国家计委设有基础产业司分管能源交通工作，分管司长是徐锭明，负责具体工作的还有胡卫平。所以，主要负责西气东输论证工作的就是我、徐锭明和胡卫平等人。当时我们在内心里都很支持建设这项工程。如果不搞西气东输，继续新建"大化肥"项目的话，还需要解决运输问题，那还不如推动天然气管道建设，还能推动全国天然气的布局。

当时国内天然气行业还只是初生，上游勘探开发也不明确，也并不存在下游天然气市场。我要负责具体管道工作的论证，有很多的担忧。到底上游天然气的储量和可能的产量有多少，当时没有确切的数量概念。如果建设了管网却没有气供应，怎么交代？如果要外送天然气，这么长距离，经济上到底划不划算？新疆到上海4000多公里，这种距离的管线在世界上也算是长的，更别说我国此前从未建过这样长的管道。如果建成之后没有效益怎么办？如果工程建设到一半，忽然证实产量没有那么大，又该如何面对投资？……未知的问题有很多。所以，当时对要不要搞西气东输，我心里没有底。

还有一个问题是，我们究竟是应该优先开展西气东输，还是寄希望于东海的天然气资源，优先开发东海？此前，地质部的勘探队伍一直在研究东海的油气资源情况，他们已经发现了平湖油气田。后来地质部进行了改革，负责勘探的队伍成为后来的新星石油公司，而负责平湖油气田开采的就是新星石油公司。2000 年开始提出西气东输工程的时候，平湖油气田已经有 4 亿立方米的天然气产量，就近供应上海。不过，上海能源缺口很大，东海的 4 亿立方米天然气并不算多。

在发现平湖油气田之前，城市管道都是用煤制成合成的煤气来供应，但这并不是我们现在的煤制气，这种煤气含有氢气、一氧化碳和二氧化碳的成分。当时在中国，多数家庭还在烧蜂窝煤，条件好的家庭能够买到液化气罐，烧的是液化石油气（LPG）；而凡是有管道气供应的城市，大多数是用合成气。上海市在当时已经有管道气了。吴泾是化工产业集中的区域，"煤气"就是在这里生产的。平湖油气田发现以后，东海产的 4 亿立方米天然气和煤气混在一起出售给老百姓，管道气的热值得到了提高。

但整体上来看，经济发达的长三角地区缺乏能源，依然需要更多的天然气供应。当时并没有液化天然气（LNG）的概念，东海天然气储量也并不确定，所以最后还是觉得西气东输是可行的。

## 张国宝这一次说对了，没有说错

这样巨大的管道工程要求巨额的投资。当时中石油对于摆在面前的这个大工程的态度如何，资金如何筹措，技术上有无保障，是非常重要的。

中石油的态度其实是非常积极的。在塔里木油田一线的干部职工一直都在积极力推西气东输；而在中石油集团公司层面，时任中石油董事长马富才和总经理黄炎、副总经理史兴全也都非常支持。可以想象，如果没有中石油的积极性，光有政府积极性肯定是干不成的。所以，当时政府和企业的态度是完全一致的。

当这个构想酝酿了一段时间以后，2000年2月14日，朱镕基总理召开国务院总理办公会议讨论西气东输工程，由国家计委负责汇报，具体汇报人就是我。

我去汇报时带上了东海的地图。汇报时，开始先讲东海天然气的开发情况——这并不是当时要求汇报的内容。朱镕基总理打断我的话说："国宝同志，我让你汇报西气东输，你怎么讲东海？"我回答说："总理，东海和上海毗邻，新疆则距上海4000多公里远，如果我们不把东海目前的开发情况汇报清楚，恐怕后人会质疑我们为何舍近求远。所以，这是汇报西气东输时需要回答清楚的一个重要问题。"

朱镕基总理听完后表示赞同，让我继续先汇报东海的情况。当时，对东海的资源量还属于推测，只有平湖一小块地方在产气。我的汇报认为，要是把宝押在东海上，不确定性太大，也不知道何时能向上海供气。

讲到这里时，朱镕基总理又打断了我，问道："上海的气多少钱1立方米？"

我马上就回答："1.56元。"

其实，在这种情况下大部分人应该很难回答出来。说句玩笑话，恐怕连上海市长也不一定清楚这个气价，更别说我当时生活在北京。我连北京气价是多少也不十分清楚，因为家里都是夫人交气费。

能回答上来完全是一个偶然。在这之前，我偶然读到一张上海的小报，报纸名称我记不清了，大概是《新民晚报》。上面有一篇小豆腐块文章，讲到上海平湖天然气和焦炉气混到一起卖给居民的情况，提到了混合后的气价是1.56元，这个数字就进入了我的脑子里。

朱镕基总理当时一听，第一反应肯定是：这小子是不是顺杆爬，随嘴乱说的？你又不是上海人，怎么能说得这么准确？因为过去有过这样的情况。我陪他到地方视察时，就有干部汇报的数据不实，被朱镕基总理派人当场核实，一旦发现汇报数字不实就狠狠地批评一顿。这次他怀疑我说的不对，便使了一个眼色给他的秘书李伟，让李伟给上海市长徐匡迪打电话核实。

我只看到李伟几次进出，还和朱镕基总理耳语，但并不知道他们在谈什么，还以为是有其他军国大事。过了一会儿，李伟递上了一个条子。朱镕基总理看了一眼后，把纸条反扣在桌子上，拿杯子压起来，继续听汇报。

一直到汇报结束，朱镕基总理才把这个条子拿出来，说："我刚才听到汇报里上海的气价，不相信张国宝说的这个数字，就让李伟去给徐匡迪打电话。徐匡迪回复了，说上海的混合气价确实是1.56元。所以，张国宝这一次说对了，没有说错。"

两天以后，国务院下发纪要，决定成立西气东输工程建设领导小组。纪要上还有一句话说，由国家计委一位负责此项工作的副主任担任领导小组组长——通常领导小组组长应该是正职担任，纪要虽然没有点我的名，但是根据这个定语的范围，实际上就是我。我就这样当上了西气东输工程建设领导小组的组长。

## 专家非常坚持，我拧不过他们

塔里木盆地是西气东输一线的气源地。在项目论证时，对于塔里木盆地天然气资源量掌握的情况对于决策至关重要。

当时上游最主要的发现是克拉2特大型气田，产量约在1000多万立方米/天，到现在为止仍然是主力气田。

没去看这个气田之前，我一直以为它在塔克拉玛干沙漠边上或是在里边。实际上它是在塔里木沙漠和天山山脉中间的过渡地带，是在一个雅丹地貌深部——就如所谓的魔鬼城一样，充满了红色的、起伏不定的地形，里面寸草不生。

2002年8月，张国宝（左二）陪同吴邦国副总理视察西气东输源头——塔里木油田克拉2井。

地上地形复杂，地底下又是另外一回事。我们的地质学家很厉害，推算出来这里应该有气。所以用了包括人扛肩抬、直升机吊装等办法，在这雅丹地貌中间打下了克拉 2 井。这是一口一天能产 1000多万立方米气的高产气井。也就是说，塔里木的勘探成果已经为开展西气东输打下了一定的基础。克拉 2 附近还有一些具有开发前景的气田，如克拉 3、大北、迪那 2 等，这些气井沿着塔克拉玛干沙漠的北侧陆续出现。虽然当时有的气井还没有完全掌握可采储量，但起码可以知道这里的资源量是很有前景的。

到论证的时候，地质学家的推算储量在 8000 亿—10000 亿立方米，预计可采储量 3000 多亿立方米。而我们觉得，远景储量能达到10000 亿立方米以上。我在西气东输论证的会议上汇报时，心里多少还有些打鼓，担心掌握的探明储量不够实现 20 年每年 200 亿立方米的持续供应。

在信心不太足的时候，怎么评估出最后要达产 120 亿立方米 / 年的运输量？

其实，最初盛华仁同志提出的建议是年产 200 亿立方米，我们也希望按 200 亿立方米 / 年来进行设计。

但那时我国已有规定，凡是重大工程，一定要先进行专家评估，政府官员说了不算。所以，西气东输工程也交给了中国国际工程咨询公司（以下简称"中咨公司"）进行评估。当时评估西气东输的专家组组长是中海油集团公司原副总经理唐振华，他也是中咨公司聘请的专家委员会的顾问委员，后来还是西二线评估组的副组长。

唐振华当时认为，上游可能没有那么多气，而且中国还没有多少人用过天然气，天然气的价格相对较贵，担心下游市场每年消化不了200 亿立方米。因此，专家评估提出西气东输的运输量应该砍到 120亿立方米 / 年，管径应该从 1034mm 缩小到 1018mm。

我不认同这一观点。我认为，规划应该为以后的发展留有余地。其实，我们当时已经设想到，万一塔里木天然气储量不足，还可以从中亚相邻的哈萨克斯坦和土库曼斯坦引进天然气。所以，管道输气规模在设计中应留有余地，更何况建设期还有几年，发现的天然气储量只会越来越多。对这一问题争论了很久。我的意见是按 200 亿立方米 / 年来设计，工程规划需要留一点余地，就不用日后反复进行扩建。虽然当时看起来 120 亿立方米 / 年似乎更有把握，但是万一产量增加，运力就会不足。但这些专家非常坚持，谨慎的意见占上风，我拧不过他们。所以最后还是按照专家意见，西气东输可研报告定了 120 亿立方米 / 年，管径是 1018mm。

但后来气多了，管容和运力不够，中亚天然气也引了进来，又建设了西气东输二线。

那时候论证西气东输一线，都还害怕市场消化不良，所以开始时没有考虑过西二线和西三线建设。

对于中亚天然气合作的想法，虽然我们当时公开的文字未提此事，但是在讨论时实际已经设想到：万一今后塔里木的天然气资源不够怎么办？对此疑问当时确实有担心。如果确实如专家所言供气不足，我们就想办法从中亚引进来，每年 200 亿—300 亿立方米。


## 各省市当时都不愿意多要

除了上游资源量的不确定性，下游市场的消纳问题也是担忧之一。在我任工程建设领导小组组长时，对下游市场消纳进行了大量工作。

当时下游有很多担忧：其一，中国还没有多少人用过天然气，人们的第一反应是天然气很贵，用不起；其二，万一用上天然气以后，如果气源不稳定忽然断气了怎么办；其三，各地方政府对"照付不议"条款不理解。过去都没听过这一方式，理解成了不管用不用都得付钱，认为是霸王条款。其实，"照付不议"的英文是 Take-or-pay，是天然气供应的国际惯例和规则，指在市场变化情况下，付费不得变更，用户用气未达到此量仍须按此量付款；供气方供气未达到此量时，要对用户作相应补偿。而"照付不议"的表述则会给人一种错觉，似乎是个霸王条款，这其实是翻译的问题。所以针对这些担忧，我们就要到每个省市去做工作、去进行解释，也让各地的发改委给当地的用户企业做工作。

西气东输工程上游几省主要是过路，包括山西也没有落地什么气。从河南之后，进入到安徽，然后依次到江苏、上海以及浙江，下游市场就主要是安徽、江苏、上海、浙江这几个省市。当时各省市都有顾虑，不愿意多要。我们就要到各省市做工作，宣传天然气的好处，要各地同意和中石油签天然气购销协议。当时我在北京还专门搞了一个新闻发布会，请沿线各个省市都来人参加，我和中石油的马富才坐在台上进行宣讲。

徐锭明这个人性格和说话都比较急。当时为了宣传西气东输和天然气，他发明了一个著名的词，说这是"鸦片气"——你一旦用上天然气，就知道它的好处了，又干净又方便，一拧阀门气就来了，热值还特别高；"抽"上以后，"想戒都戒不掉"。

但这些都还不够，大家还不放心。后来我们又把沿线的省市领导、发改委主任请到塔里木的轮南进行现场观摩。轮南过去是边疆，很荒凉。中石油在沙漠中找了一块空地，等人都到齐后，当场在沙漠里点火，"砰"一声，火焰就高高地蹿起来，极为壮观，现场的人都赶紧拍照。我们就是用这种办法来让下游各省市接受的。

下游各省市的市场最后落实最积极的是江苏，上海也不错。比较麻烦的是浙江，一直到现在都还有后遗症。

浙江当时虽然很需要气，但有自己的考虑。因为如果东海有气，就可以在宁波登陆供应浙江。所以，我们最初设想以钱塘江为界，钱塘江以北用西气东输的气，钱塘江以南将来可以考虑用东海的气。差不多同时期，在广东和福建建了液化天然气的中海油到浙江省去游说，希望搞液化天然气项目。中海油的身段比较低，合作态度也比较好。

这些因素之下，浙江省希望"肥水不流外人田"。当时浙江省副省长王永明就提出成立一个浙江省管网公司，计划自己建设和管理省内管网，中石油只要把气送到浙江边界的湖州或嘉兴就可以了。浙江省和中海油一拍即合，成立了合资公司。所以现在浙江省内的天然气管网是浙江省和中海油合资的公司；中石油本希望通过自己的管线直接送到浙江省内，但浙江省不干，这让中石油挺生气，最后双方合同签了 10 亿立方米 / 年的供应量。

我后来曾经找过王永明副省长，说这种做法不妥——供气的不是中海油一家，单独和中海油合资不好，起码也要把中石油拉进来。他表示同意，但已经晚了，和中石油谈不拢。所以到现在为止，西气东输供到浙江的气还是 10 亿立方米 / 年。气也只是送到嘉兴或湖州，浙江省内管网跟中石油并无关系。

但就像我汇报西气东输工程时所说的那样，东海很长时间没有发现新的气田。如果当时把宝押在东海上，至少到现在这么长的时间还是没有足够的天然气供应。

江苏省差点也走了这个模式，后来被我否掉了。当时，江苏省，包括发改委主任在内的一些干部也想组建一个省管网和燃气公司，人都已经选好了。那时候李源潮同志是江苏省委书记，具体分管此事的则是副省长吴瑞林，他原来是南京金陵石化的总经理。那年两会期间，江苏省代表团住在亚运村附近的五洲大酒店，晚上我到酒店找李源潮书记，建议他让中石油负责把天然气直接送到江苏省内，不要单独再搞管网公司，具体到下面各市，就让市自己负责，最后李源潮书记接受了我的建议。后来，江苏省认购了 60 亿立方米 / 年，江苏省主干网也由中石油来负责建设。

这样一步一步，我们逐渐说服每个省市和中石油签下了"照付不议"协议。

## 各部门的协调非常复杂

当时确定管线路径和管输费用也很重要。

2000 年七八月之际，我们在北戴河向国务院总理办公会汇报西气东输工程可行性研究工作。当时，我和徐锭明、胡卫平做了个幻灯片，里面有三四个可选的工程路线方案。

一条就是现在的路线，在陕北走靖边，在靖边可以和陕京管线相连接。出靖边后进入山西省，再从山西到河南，在郑州过黄河；而另一种则不经过山西省，从陕北南下到西安的临潼，从潼关出关进入河南的灵宝。还有一种方案是不走靖边，沿着陇海铁路直接走西安，然后再进入河南。最后选择了第一种方案。

我们当时更倾向于管道走靖边，与陕京管线连接起来。因为当时在长庆油田已经发现有天然气，可以和西气东输的气源相互调节。东可送上海，北可经陕京管线送到北京。

而管输费和输电费的问题一样，都由价格司决定。定价原则是成本覆盖加适当利润。当时全线的平均管输费是每立方米 0.84 元，而井口气价每立方米才 0.49 元，管输费比井口价还要贵，两者相加的价格全线平均是每立方米 1.33 元。先算出一个全线平均价，然后根据距离远近，各个省市的管输费距离远的多一点，距离近的就少一点。

那个时候各省市提的意见，管输费应该按照距离远近略有差异。到安徽便宜一点，到江苏稍微贵一点，到上海再贵一点。后来就按照这个原则给每个省定一个气价，离得近的价钱就便宜一点。

西气东输的下游市场目标定在了长三角几省市。但在设计管道工程走向时要评估沿线市场潜力和工程技术的特点来决定线路走向，需要做好途经省市的工作。

实际上主要并不是按照沿线的市场潜力，而是完全根据路线本身的工程特点进行设计的。西气东输经过甘肃的路程最长，要求甘肃省政府做很多工作，要征地需要和老百姓沟通。而管道对甘肃来讲主要是过路，但当地的人很讲政治，在西气东输这样的国家任务面前，甘肃省委省政府一直都积极给予支持。

那个时候要用汽车运送管子，一辆车最多运十几根，一直从东部运到新疆去。而沿途公路都有关卡，要交过路费，但这些车刷上一条标语：西气东输。关卡每每看到"西气东输"四字，就免费放行。再比如，西气东输经过河南省时，要穿越黄河，向当地农民征用林地赔偿的问题也产生过纠纷。这些问题，中石油和国家计委都没法摆平，我们就找了河南省委省政府帮忙。由地方政府出面与农民进行协商。各地方政府帮着做了很多这样的工作。

再举个例子，当时西气东输管道要在南京穿越长江，负责施工的是中国台湾的中鼎公司，因为他们有江底穿越的建设经验。江底隧道穿越的工程建设其实很危险，因为如果施工过程中一旦停电，江底下一片漆黑，水泵一旦排不了水，会发生灌入江水淹掉的可能。为了保证安全，就一定要有多条供电线路供电，其中就要从南京的栖霞山接一条线路，当时江苏省南京市都无偿地照办了。沿途有很多这种感人的事迹，尤其是像甘肃、河南等省份。故事太长，三天三夜也讲不完。

管道工程牵涉多个省份及诸多部门，协调工作量很大，是个非常复杂的问题。

比如，西气东输要经过的地方很多已有铁路了，管线要从铁路底下钻过去，需要铁道部同意；同样，穿越公路要征得交通部同意；穿越黄河、长江等河流要征得水利部同意；占用林地要林业部同意。西气东输工程要三次穿越黄河——两次要从河底下穿过去。黄河是游动的，在郑州的黄河河道有20多公里宽，要用五段顶压法穿越。要打五口沉井下去，在井下把管子顶推过去，再从下一个井冒上来，然后再从第二口井往下一个井顶推，这需要很多部门的互相配合。比如小浪底调沙调水了，如果没有通知施工人员，那这口井就被冲掉了。又比如，管道要经过罗布泊原子弹试验基地的一角，这里属于军事禁

2003年1月23日，张国宝（右二）在西气东输工程黄河穿越工地。

17

区，必须要有中央军委的同意才能穿过。

还有很多想象不到的问题。比如，文物局突然提出意见，说管道穿过古长城了，不能穿。甚至到了上海，还有问题。当时进上海的第一站要经过白鹤镇。这个地方有个棚户区，有很多仓库，所以上海希望管道经过此地，正好进行拆迁工作。但对中石油来说，这样要多花很多钱，他们就不愿意走。这些工作都需要我们出面进行大量的协调。

在上海的事情上，就是我出面去找当时的上海市长韩正同志，最后韩正同志协调才解决的。这里面各个部门的协调非常复杂。

# 西气东输工程意义重大 <sup>*</sup>

　　跨入 21 世纪，一条西起新疆塔里木气田，东至上海黄浦江畔，途经 10 省区市近 4000 公里管道干线铸成了气贯神州的能源大动脉，在祖国辽阔版图上由西向东画上浓墨重彩的一笔，源源不断地将天然气输送到长江三角洲、珠江三角洲等中东部地区。塔里木沙漠的天然气穿越万水千山，化为长江两岸和粤港广大地区的万家灯火。

　　西气东输工程自 1998 年开始酝酿，2000 年决策立项，2002 年 7 月正式开工，2004 年 10 月 1 日全线建成投产、12 月 30 日全线商业运营，比计划提前一年，建设速度之快令世界瞩目。作为一项庞大的系统工程，西气东输从决策酝酿到战略实施，从气源落实到市场开发，从试验示范到技术攻关，从工程建设到材料装备，从开工建设到商业供气，每一个环节都彰显了社会主义制度能够集中力量办大事的优越性，都得到了党中央、国务院的坚强领导，得到了国家有关部委、沿线各省区市党委政府及各族人民群众的大力支持。

　　在工程建设中，需要多次穿越河流、公路、铁道，普查清理文物。面对戈壁、荒漠、高原、江河等多种地形地貌和多种气候环境变

---

* 本文是张国宝为《西气东输工程志》所作序的主要部分。

19

西气东输工程管道建设现场。

化，又遭遇了"非典"疫情暴发等前所未有的困难和挑战，沿线各地区、各参建单位、数万名建设者、成千上万家材料设备供应商在国家西气东输工程建设领导小组统一协调下，精心组织、科学施工、顽强拼搏、团结协作，创新应用了诸多先进工艺和先进技术，开展了700多项技术攻关，填补了30多项国内技术空白，在管道施工技术、施工装备以及钢材、钢管的国产化等方面取得了一系列重大突破，解决了长江盾构、黄河顶管穿越等世界级技术难题。

西气东输工程创造了我国管道建设史上诸多第一：第一次采用10

兆帕高压输送、全自动焊接、全自动超声波检测等新技术；第一次采用内涂层减阻、干空气干燥等新工艺；第一次在长江和黄河完成长距离、高难度、大口径盾构、顶管及定向钻穿越；第一次在天然气管道上推广应用卫星遥感选线技术和先进的自动化控制系统，使我国管道建设技术和科技含量整体达到世界先进水平。

西气东输工程创建了一整套工程项目管理模式和运行机制，按市场经济规律实行项目法人责任制、面向国内外施工企业和设备材料供应商的招投标制、合同管理制、引入国际团队的监理制、异体监督制度，实施全过程质量控制体系、全员安全生产责任制和"给戈壁多留点绿地、给动植物一片蓝天"的绿色计划，建成了一条达到国际标准的安全优质管道；培育形成以艰苦奋斗、顾全大局、与时俱进、实事求是为主要内涵的西气东输精神，涌现出一大批可歌可泣的先进模范人物和先进集体，谱写了一曲社会主义大协作大团结的光辉篇章，展现了我国工人阶级队伍的过硬作风和良好风貌。

由于西气东输工程的建成使我国引进中亚天然气成为可能。在胡锦涛主席亲自推动下，横跨土库曼斯坦、乌兹别克斯坦、哈萨克斯坦和中国的中亚天然气管道，与西气东输管道相连，来自中亚的天然气输送到包括香港在内的广大地区，惠及4亿人口。这对于调整我国能源结构，缓解中东部地区能源紧张的矛盾，改善大气环境质量，提高人民生活水平，推动沿线各地经济社会发展具有极其重要的意义。

我国以西气东输为发端，进一步完善天然气发展规划，即将建成二期工程，三期工程开工建设，中亚天然气管道开始建设C线，统筹考虑中西部、海上和陆上资源，来自西部的管道气和沿海进口LNG相结合，加快储气库、增压站和相关支线建设，一个分布全国的天然气管网开始形成。西气东输工程无疑在西部大开发和天然气管道建设史上矗立起一座丰碑。

西气东输的天然气有约 1/3 用于燃机调峰发电。而当时我国大型燃气轮机制造尚处于空白，以此为契机我们开展了燃气轮机打捆招标，以市场换技术，使我国发电设备制造企业迈进了大型燃气轮机制造的门槛。经过联合攻关，钢铁工业不仅填补了不能生产 X70、X80 型钢管的空白，X100 型也已研制成功。西气东输的天然气替代了燃油、燃煤的工业窑炉，沿线陶瓷行业面貌一新，质量提高。最近我们针对西气东输尚不能国产化的燃压机组、电驱压缩机组、大口径球阀等关键设备，组织沈阳鼓风机集团公司、中船哈尔滨 703 所、哈尔滨汽轮机厂等企业开展国产化攻关，电驱压缩机组已在高陵压气站成功运行。40 英寸球阀已大批应用于工程中，促使机械工业水平上了一个台阶。西气东输工程的实施可谓是"一石三鸟"，带动效应持续发酵。

《西气东输工程志》全面客观记述了工程建设历程，系统总结工程建设成就和宝贵经验，真实反映了数万名建设者风餐露宿、艰苦奋战的精神面貌。我有幸作为西气东输工程建设的一名组织者、参与者与见证者捧读此志，与广大工程建设者一样，心潮澎湃，思绪万千，回望八千里路云和月，管道穿越罗布泊边缘时管道工人头顶烈日、面迎风沙、汗流如注的场景，黄河顶管时沉井被洪峰围困的险情，长江盾构遇到砾石层工程受阻的焦急，工程建设的一幕幕情景、一幅幅画面徐徐浮现。

西气东输工程的决策和实施也给我们留下了许多值得深思的精神财富。重大工程的规划建设需要胆略和战略眼光，要有对历史负责的责任感，要有"世上无难事，只要肯登攀"的气概。朱镕基总理的拍板决策和推动是工程得以实施的关键。

# 国家战略石油储备的起步和发展

　　2015 年，国际油价一路下行。2016 年 1 月下旬，美国西得克萨斯轻质原油（WTI）期货价格已经跌破 30 美元 / 桶，跌幅超过 60%。现在国际油价徘徊在 50 美元 / 桶左右，仍然处于低迷状态。同时，2016 年我国进口原油 3.8 亿吨，达到创纪录水平，增长 13.56%。面对国际油价大幅下跌，大家都认为，我国此前在高油价时期着手建立战略石油储备基地是一个非常英明及时的决策。储备基地建好后，正好赶上油价下跌逢低吸储，大大降低了石油储备收储成本，为我国未来经济发展提供了有力的能源保障。作为这一决策的亲历者，回顾这一过程，我深深感到当时作出这一决策非常正确、及时，其过程伴随着反复论证比选和攻坚克难、积累经验，并不那么简单和容易。这一决策过程，充分体现了中国能源工作者为确保国家能源安全的强烈责任心以及他们所付出的锲而不舍的努力。

　　国际上，战略石油储备诞生于战后第一次石油危机，在第二次石油危机期间得到加强，在之后的历次石油价格暴涨暴跌中不断成熟和完善。1973 年至 1974 年的第一次石油危机期间，欧佩克组织（OPEC）通过控制产量，使原油价格从每桶 3 美元上升至 11 美元，沉重打击了严重依赖石油进口的西方经济，使西方发达国家意识到石油供应是其经济的软肋。于是，1974 年，经合组织（OECD）国家联手成立了国际能源署（International Energy Agency，IEA），要求成员国至少要储备 60 天进口量的石油，以应对石油危机，被称为应急石油储备。石油储备包括政府储备和企业储备两种形式，在必要的时候成员国之间应该互相提供储备支持。其中的政府储备也被称为战略石油储备。20 世纪 80 年代以伊朗革命为主要诱因的第二次石油危机期间，油价从每桶 13 美元上升至 43 美元，进一步凸显了石油依赖经济体面对油价危机的脆弱性。于是国际能源署进一步要求成员国必须把石油储备增加到 90 天净进口量以上。石油储备制度逐步完善，规模进一步扩大。从那时起到现在已经过去了 30 多年，每当国际石油供应存在风险时，国际能源署成员国都动用石油储备。例如，美国政府在 1991 年海湾战争期间以直接销售的方式向市场投放了 3300 万桶储备原油。美国也曾请求中国，作为同样的石油进口国，在释放原油储备，平抑国际油价方面与美国协调一致。

西方国家通过应急石油储备，一是有效地削弱了石油生产国以石油为武器对西方国家的威慑，使人为的供应冲击不至于发生或频繁发生；二是在真正发生供应危机时，也通过释放原油储备，平抑危机风险，将石油供应冲击的影响降到最小，确保了自身经济和政治稳定。可以说，应急石油储备已成为西方国家重要和有效的能源保护措施和经济武器。

20 世纪 80 年代西方国家刚建立应急石油储备时，我国也有一些密切关注国际形势的同志提出应该建立中国的战略石油储备。但由于那时中国石油供大于求，是一个石油出口国，国家层面对石油供应的短缺或中断的危机感并不强烈。那时也很难去预料中国未来的石油需求会快速大幅度增长，会成为石油净进口国，对外依存度会达到 60% 以上，成为世界上最大的石油进口国之一。所以这个提议并没有引起特别重视、付诸实施。

1993 年是我国能源供需变化的重大分水岭。由于经济的快速发展，原油进口急剧增加，这一年我国由原油净出口国转变为原油净进口国，结束了大庆油田发现以来，自 1963 年起实现石油自给并略有盈余出口的 30 年历史。此后，原油进口量不断跨上新台阶。2004年首次突破 1 亿吨大关，2009 年突破 2 亿吨，2014 年突破 3 亿吨。2015 年我国石油对外依存度已达 60.6%，2016 年更进一步升高到65.4%。正是在这种急剧变化的能源发展格局下，建立我国战略石油储备的必要性和迫切性日益凸显，研究界和决策层逐步统一了思想。

随着我国石油消费和进口数量的逐年增加，党中央、国务院从我国现代化建设的全局和维护国家能源安全的高度出发，对建立国家战略石油储备、保障国家能源和经济安全问题多次作出重要指示。1996年 3 月 17 日，第八届全国人民代表大会第四次会议批准的《中华人民共和国国民经济和社会发展"九五"计划和 2010 年远景目标纲要》，提出"加强石油储备"。2000 年 11 月，在中央经济工作会议上，江泽民总书记明确要求，对建立国家战略石油储备等关系全局的项目要抓紧论证，尽早实施。2002 年 3 月 20 日，国家计委向国务院报送了《关于增加原油储备设施建设的几点情况》。朱镕基总理在该报告上批示："请计委进一步论证后，报总理办公会审定。"2002 年底国务院总理办公会听取并审议批准了《国家计委关于建立国家石油储备实施方案的请示》，标志着我国正式启动国家石油储备基地建设。习近平总书记一直关注和重视石油储备工作。在 2005 年 12 月 26 日和 2015 年 5 月 25 日分别以中共浙江省委书记和中共中央总书记的身份视察了舟山国家石油储备基地。

建设战略石油储备被提上了日程。但是具体在哪个地方建，该采取何种管理模式，是建地面油库还是建地下储备库，这些问题看似非常具体细微，但是如果不能解决好，将极大影响建设进程和工作效率。这些决策都经历了非常详细的论证研究。

首先，在哪个地方开始建设？

当国家筹备建设战略石油储备的消息传出去后，各地都非常积极，认为这是拉动本地经济的一个重要机会，能刺激本地石化产业发展。但是由于我国幅员辽阔，各地经济发展水平和现有石化生产能力均不相同，再加上这是一项全新的工作，必须先试点，积累经验后，再全面铺开。为此，我们邀请中国国际工程咨询公司组织专家对国家石油储备基地工程的选址及其他建设条件、项目投资、安全生产设施等进行了评估，提出了"建立国家石油储备基地应按照统一规划，合理布局，规范管理，循序渐进的原则，并充分依托和利用现有设施布点建设"。一期先解决有无的问题，尽快选择在东部沿海地区建设。主要是因为东部地区石油需求较大，现有炼油厂也比较多，石油储备能够就近服务炼油厂，同时东部沿海地区又有便于海运进口原油的有利条件。当时，我国进口原油除很少量从中哈以及中俄跨境铁路运输外，绝大部分是通过海上运输的。

最后选择了第一期4个储备项目，包括舟山岙山、宁波镇海、青岛黄岛及大连4个基地。这4个地方均是东部沿海地区，经济发达、需求旺盛，而且附近均有大型炼油厂。当时也确定了，接下来的第二期、第三期储备项目可以在西部适宜地区建设，以使布局更为合理，更为安全。所以，后来西南、西北多地都非常积极地申请建设储备基地。二期工程安排了若干西部石油储备基地。

第二，该采取何种管理体制？

美国的战略石油储备管理模式分两个层面。管理层面，由设在华盛顿特区的美国能源部战略石油储备办公室负责储备政策和规划；由设在新奥尔良的项目管理办公室负责具体项目的实施、运行管理。操

2009年张国宝考察新疆独山子石油储备基地选址。右四为新疆维吾尔自治区发展和改革委员会主任韩学琦。

作层面，采取市场化机制，由市场招标确定石油公司和基地管理公司，石油公司负责储备的采购和投放，基地管理公司负责储备基地的日常运行维护和安全保护。

当时国家发改委和财政部有部分同志建议部分仿照美国模式，在管理层面和美国相同，但在操作层面拟成立专门的基地管理机构负责基地管理以及所在基地原油的收储和投放。也就是说，石油储备办想一竿子插到底，基地的人财物、产供销统统归储备办管理，成为一个从上到下的管理体系。还有同志建议完全仿照美国模式。但是当时我认为，这两者都有不妥的地方。如果专门成立基地管理机构并且招聘人马，那么国家又得支付这些机构人员的各种开支，给储备工作增加额外的成本负担，而且由于当时人才、资源都集中在少数大型国有石油石化企业，一时也招聘不到这么多熟悉石油储存、采购、销售的工作人员，必然影响储备工作的效率。在北京的办公室看似有权，遥控指挥基地的工作，但不能有效抓住市场机遇，收储石油，一旦出现安全事故责任也很难界定。全盘照搬美国的模式，当时中国的国情也还不具备条件。美国的石油市场是完全市场化的，有大量的专业石油公司和服务公司，可以通过招标迅速确定石油公司和管理公司。但我国的石油市场并不具备美国的条件，短期内难以做到。

两种模式都有不足。我认为：美国模式在管理层面的设计是不错的，主要问题在于操作层面。为了节约运营成本，提高工作效率，应该采取美国模式，通过市场招标确定操作层面。但是中国的石油主要集中在三大油企，市场没有美国那么发达，大的炼油厂分属这三大油公司。换一个角度想，中国的市场格局是国企独大，国有企业的利益跟国家的利益应该是一致的，那么可以直接把基地管理运营和原油收储投放责任委托给基地附近的石油企业，这样不仅为国家节约了操作层面的各种成本，而且充分利用了国企的人才和资源优势，提高了工作效率。此外，这也让国企能借助管理石油储备，为企业自身的经营获取更多的信息、硬件和资金。因为石油储备的建设费用和运营经费都是由国家财政出资的，这样处理财政部也便于接受。我在有关会议上提出建立具有中国特色石油储备的三级管理模式，大家表示赞成。设立一个石油储备办归属国家能源局，属政府管理机构，负责顶层的储备政策和规划，代表政府决定收储规模和动用石油储备。由一个类似于美国项目管理办公室的机构作为中间层的事业单位，具体负责项目的实施、运行管理。操作层面则委托就近的国有企业负责承建和管理对口的石油储备基地并承担安全责任。原油储备投放根据石油储备办编制的国家计划由企业负责操作。

按照这一思路，2003 年，原国家发改委能源局加挂了国家石油储备办公室的牌子。后来，随着机构改革调整到现在的国家能源局的储备办公室，作为石油储备体系的龙头。2007 年 12 月 18 日，国家石油储备中心正式成立，作为国家发改委的事业单位。后来又调整成为国家能源局的事业单位，作为我国石油储备管理体系中的中间层，行使出资人权利，负责国家石油储备基地建设和管理，承担战略石油储备收储、轮换和动用任务，同时监测国内外石油市场的供求变化。操作层是国家出资，委托国有企业管理的储备基地公司。例如一期的4个基地，舟山基地委托中化公司管理，镇海、黄岛基地委托中石化的镇海石化公司和青岛炼油厂管理，大连基地委托中石油大连炼油厂管理。这样省去了人员额外配置，也加重了企业的日常运营管理和安全责任。

第三，建地上油库还是建地下储备库？

由于美国在墨西哥湾附近的路易斯安那州和得克萨斯州境内集中分布着大量盐穹，靠近石油化工产业带，所以美国的战略石油储备库大多是地下盐穴储油库。这种洞库建设非常容易，将水打入盐穹溶解岩盐，然后将卤水抽出，地下就会产生体积巨大而且封闭性良好的洞穴，建设成本和维护成本都非常低。不具备这种自然条件的国家，只能采取建设地面大型油罐的方式。另外还有地下水封岩洞库，是指在地下水位以下的岩体中人工挖掘形成一定形状和容积的洞室储存石油，具有占地少，维护成本低，安全可靠等优点。之所以要在地下水位以下，是为了使缝隙中的水压高于洞内的油压，防止石油外泄。我国不少地区具备建设地下水封岩洞库的地质条件。

对于采取何种方式，当时也有争论。有的同志认为，战略石油储备关系国家能源安全，应该模仿美国模式建设地下储备库，最大限度地保障储备安全。但中国东部没有像美国地质条件的地下盐穹，建设洞库只能直接在地下开凿洞穴，担心建设成本将远远超过在地面建设储罐。在成本和安全之间难于平衡。在开展西气东输工程时，为了寻找地下储气库的地方，我们推荐过江苏金坛等有地下岩盐的地方，但溶盐形成盐穴的过程缓慢。为此我们多次开会讨论。我们综合分析了影响储备安全的主要影响因素：战争因素和恐怖袭击因素。这些都是各国普遍要面对的问题，并非中国一国特有的问题，也不能因此就不建地上油库了。今后的储备库应是地上油库与地下储备库相结合的方式。

一期工程我们先解决有无的问题。大家也觉得很有道理。所以一期的4个基地，全部都采用地上储罐的方式。当然，考虑到我们曾经在烟台、汕头等地建设过液化石油气的地下水封岩洞库，为了积累地下储备库的经验，我们也考虑因地制宜，在地面空间有限以及地下地质结构较好的青岛黄岛等地规划建设大型地下水封岩洞库。而利用地下盐穴储油，由于现有的地下盐矿距离沿海较远、盐层厚度欠佳、卤水处理难解决等问题，而未能采纳。

这些问题解决后，2004年3月，国家发改委召开了国家石油储备基地一期项目建设启动会。在会上，我做了推进一期项目建设的动员报告，与几个集团公司领导签订了项目建设责任书。镇海基地第一个开工建设，拉开了我国建立国家石油储备的序幕。但一期项目建设并不是一帆风顺的。项目建设遇到了国内大型储罐高强度钢板的试制和供应问题，而进口钢板价格成倍上涨。为此，我决定组织有关部门进行大型储罐高强度钢板国产化攻关工作。在各方的共同努力下，上海宝钢集团、武钢集团等公司生产的高强度钢板相继通过国家容标委的认证和施工单位的工艺焊接实验，并在储备基地成功推广使用，打破了日本钢铁企业对我国高强度钢板市场的垄断，为国家节省了大量建设资金，并提高了国内钢铁企业制造水平和竞争力。经过项目建设者的共同努力，镇海、黄岛、大连和舟山基地分别于2006年9月、2007年12月、2008年11月和2008年12月建成并投入运行。

一期项目建成之日，正遇上2008年全球金融危机爆发，国际油价从 150 美元 / 桶下跌到 50 美元 / 桶。4 个基地抓住时机，收储了大批廉价原油，并于 2009 年上半年注油完毕。当时平均收储成本仅约为 56 美元 / 桶，基地建设和原油收储大获成功。我还为此专门写了一篇报告呈国务院领导。

根据一期项目建设的成功经验，我们组织着手编制了石油储备规划。2008 年，国务院批准了《国家石油储备中长期规划》，计划到 2020 年完成三期战略石油储备基地建设。2009 年开始，第二期储备基地启动，新建储备基地包括舟山（二期）、黄岛（二期）等。二期储备基地包括了西部地区和地下储备库，储备布局更加完善，储备方式趋于合理。国家石油储备基地建设进入了正常推进阶段。

其间又发生了几件有关石油储备的事情。

2008 年 10 月，我去舟山基地检查建设情况，中化公司负责原油期货业务的钟韧同志同往。钟韧同志是原油期货操作的行家，而且通过期货套期保值为中化公司获取了不菲的利润，曾被评为全国劳模。他在考察中介绍了原油期货，让我学到了很多套期保值的知识。有一天晚上饭后散步，我跟我的秘书聊天。我说：目前国际油价下跌，我们的储备库都快装满了，没办法再买油。为了抢抓油价下跌的机遇，现在完全可以通过购买期货锁定一部分廉价原油。即便是短期内期货价格还会下探，但长期来看肯定会再次上涨的。只要我们购买期货的目的不是投机，而是为了获取未来的原油实物，那么从长期看我们肯定是买到了便宜的原油。我判断现在油价处于低位，趁机购买期货应是合算的，即使出现价格波动，只要我们不是为了炒作，风险也是可控的。

2009 年初春，我去检查大连石油储备基地建设情况。大连造船行业的同志对我说，由于国际金融危机，很多船东现金流紧张，无法缴纳造船费用，导致很多新船包括油轮押在船厂。当时有报道，欧洲有些国家利用闲置的油轮趁低收储原油。我当时想，不如把这些船东不要的半成品油轮先租过来，也不用加装动力和别的装置，直接把密封船壳拖到近海作为浮动的储油基地，正好解决现在储油能力不足的问题，一举多得。我当时把这个想法跟随行的国家石油储备中心的同志说了，大家都觉得是个好办法。后来，国家石油储备中心与中船重工集团合作，研究提出在船厂直接制造超大型油轮（VLCC）模块采取坐滩方式放置在硬基岩的滩涂上短期内建成大型石油储备库的方案。

在石油价格低迷时，我曾希望利用价格低迷的机会增加收储。当时大部分储备基地没有建成，也曾考虑利用社会民营油库，但民营油库规模小，而且所处的港口位置都不能停靠大型油轮，更主要是财政部不同意向民营油库支付租金，所以没有搞成。

我曾把这几个想法专门写了报告上报国务院。但可能由于事情的操作比较复杂，财政部有不同意见，尤其是期货操作让大家都还是心存疑虑，所以没能真正实施。现在回想起来非常遗憾。但是，我觉得这些想法可以作为未来开展多元化石油储备的思路。可喜的是，现在民营企业华信公司在海南洋浦建设了 300 万立方米的民营储备库，开创了民营企业参与收储的先河。建设过程中得到了海南省委罗保铭书记的大力支持，这个民间储备库没有报国家批，罗保铭书记出席了开工典礼。我在参观该储备库时鼓励他们大胆干。

由于我们的体制，石油储备经费是由财政部出资，每年收储多少，先由储备办提出计划，送财政部会签，财政部同意后与国家发改委共同上报国务院批准后才能实施。所以这一决策过程非常缓慢，往往错失了油价低迷时收储的最佳时机。有一次，油价跌到了 40 多美元／桶，我紧急召开会议，认为油价基本已经跌到谷底，应该抓紧收储，要求中石油、中石化和中化公司赶快行动，同时启动会签财政部

国 家 能 源 局

克强副总理：

2008 年 12 月 4 日正值国际金融危机蔓延之时，国际油价下跌。当时我写了一份"关于利用国际油价走低之势利用国家外汇采购石油期货的建议"，文中对今后油价的走势进行了大胆预测。我认为"石油是不可再生的稀缺资源，一定时期内其在世界一次能源消费结构中的地位不可替代，因此从中长期看油价继续下跌的空间有限，很可能出现反弹。"（见文中第四页）。并引用国际能源署在 2008 年《全球能源展望》中称"油价最近出现的大幅下跌局面不会长久，由于全球原油产量增长缓慢且成本不断上涨，将会在全球经济开始复苏之际，再次推动原油价格上升，预计油价在 2030 年以前仍有可能突破 200 美元/桶。""现在的走势只是原油长期牛市的一次波动。"

为此我提出了五点建议。核心是"**国际油价 50 美元/桶时收储一部分原油是合适的**，应采取相应措施，不失时机，锁定一部分原油资源。"（见第五页）

建议一、"抓住时机，储满一期石油储备基地"，我们做了，一共储了 1640 万方，平均价每桶 58 美元。

国秘复印件

2011 年 5 月，张国宝就扩大原油储备等问题给李克强同志的建议信首页。

上报国务院的程序。我知道国际油价瞬息万变，等批下来已经时过境迁。所以会上我说，大家回去后立即行动，不要等批复下来再行动，出了问题我负责。但是大家都不敢，中石油零星购买了一些，后来看还没有批文又卖掉了。

还有一件事，2010 年 7 月 16 日，中石油大连商业储备库发生原油储罐着火事故，我正好到大连出差。因为事先不知道哪家油库出事，以为是大连储备基地。我迅速赶到大连新港，参加应急指挥部现场组织的灭火行动。后来才知道不是大连储备基地，是企业的商业储备库。事后一位随行人员问到我有没有上保险。受此启发,我想到国家储备石油的保险问题,回到北京后立即召开了会议。当时国家石油储备基地确实没有上保险,而且还发生过雷击。储备办和储备中心随即与财政部协商,在财政部的支持和领导下,国家石油储备中心从2011年起,通过招投标选择几家保险公司,对一期4个基地资产全部投了保险,并建设了防雷击装置。

当我国第一个大型地下水封岩洞库建成时我已经退休,我利用封库前的时机,深入到地下洞库中仔细进行了考察。地下水封岩洞储油在欧洲已经相当普遍,特别是在瑞典已有六七十年的历史,从军用到民用,他们也曾想向中国转让技术,后来因为我们自己已经掌握了技术,基本上可以自主建设。经过考察,我纠正了过去认为地下水封岩洞库造价贵的误解,其实建设成本比地上储油库还要低,且占地少,运营成本也低,只是建设周期较长。我国在水电、铁道建设方面有很强的隧道涵洞施工队伍,在有条件的地方应该争取多建地下水封岩洞库。我后来通过国家发改委的《经济情况与建议》对第一个大型地下水封岩洞库的情况向有关部门作了汇报,得到了总后勤部领导的批示和国家物资储备局的重视,也准备应用于成品油的储备。在后来的建设中规划了多个地下水封岩洞库建设,部分已经建成。

位于舟山群岛岙山岛的储备基地是唯一一个三大油企以外,由中化集团管理的基地,因为在岙山原来就有一个中化集团自己的企业储备库。岙山基地建成后蔚为壮观,中化集团组织退休干部去参观,这些老同志看到建设起来的每个十万立方米的大型储油罐,为祖国的建设成就激动不已。

习近平同志在任中共浙江省委书记时十分关心岙山石油储备基地建设,曾登岛视察基地。担任总书记后去浙江视察,他又专程视察了岙山基地,作出重要指示。一位中央领导视察岙山基地时,基地领导

浙江舟山岙山岛国家石油储备基地。

反映，岛上还有少量居民，希望国家出资把岛上居民全部迁走，整个岛都成为储备基地，这样更加安全。我接到该中央领导转来的意见后，协调国家发改委投资司拨款3亿元，把岙山岛全岛变成了储备基地。我看到建设起的连营成片的巨型白色储罐，心情也十分激动，填《西江月》词一首。

### 西江月·舟山岙山岛建成国家石油储备基地

华东输油管道起自岙山，经册子岛，穿过西堠门海峡航道，经金塘岛登陆，沿长江直到武汉。五年筹划建设，终成正果。

海天佛国普陀，
散落岛屿星罗。

> 岙山惊现白营盘，
> 筑起巨罐座座。
> 观似连云墙橹，
> 却是国储原油。
> 海上管道穿西堠，
> 直输苏皖湘鄂。

过去沿长江布局建设了许多石化厂，例如扬子石化，安庆、九江、武汉、岳阳等地石化厂，所需原油靠长航公司用轮船逆流而上运输。岙山基地和沿江管线建成后，这些沿江石化企业所需的原油主要改为用管道运输了，节省了运输成本，但问题是长航经营受到影响。为此我专门开会研究，批准长航开展远洋运输业务，并让中石化给长航一些成品油运输业务。

第一期国家石油储备基地建成恰逢 2008 年国际金融危机导致的油价下跌。当第二期国家石油储备基地陆续建成之际，又正好赶上了 2015 年世界经济放缓造成的油价下跌。中国的战略石油储备，无论是选址布局，还是运营模式和时机把握上，都积累了非常丰富和成功的经验。面对瞬息万变的国际经济和石油市场，只要我们不断学习国际经验，实事求是地结合我国国情，谦虚谨慎、开拓创新，就一定能够把握经济发展和国际油价变动的规律，建设好战略石油储备，为国家的经济建设提供坚实的能源保障。

# 开启中国天然气时代

西气东输是一场中国能源战略的大布局，它改变了中国的能源结构，开启了中国的天然气时代。

中国的天然气市场，我们这些规划者也很难进行准确预测。西气东输一线工程规划时，国家发改委和中石油（"中国石油天然气总公司"简称）还要到沿线省市做动员工作去找市场；到后来，各省市又跑国家发改委来"争气"。

作为西气东输一线工程建设领导小组的组长，我全程参与了西气东输的决策与实施。毫不夸张地说，西气东输开启了中国的天然气时代。自 2004 年起，以西气东输一线工程全线正式商业运营为标志，中国天然气产业链进入快速发展阶段。

中石油刚刚发布的 2014 年企业社会责任专题报告《西气东输》显示，10 年来，西气东输一线、二线累计输送天然气约 1800 亿立方米，占据了中国新增天然气消费量的半壁江山以上，沿线近 120 个城市用上了天然气，2 亿多人尝到了清洁能源的甜头。

重大工程的规划需要胆略和战略眼光，需要对历史负责的责任感。从最初的忐忑，到后来的对外合作落空，再到天然气市场的爆发，西气东输的决策和实施给我们留下了很多宝贵经验。

# 东西权衡

西气东输的"气",源于一场"找油"大会战。

1989 年,国家作出了石油工业"稳定东部,发展西部"的战略决策。为尽快寻找中国石油资源战略接替战场,20000 余名中国石油员工走进了塔里木盆地,开启了一场石油大会战。

找油很不容易。年轻的中国石油大军日夜鏖战,探到了地下 8000 米,还是没有找到太多石油。但在这个过程中,却有大股的伴生气喷出,但都被浪费掉了,十分可惜。

彼时,全国只有四川、陕西、北京等少量省市在孤立地使用天然气,而包括上海在内的东部沿海城市还是处在"扛煤气罐"的时代。

会战进行到第 10 个年头,克拉 2 号油气田获得日产 80 万立方米的高产气流。之后,不断有好消息从塔里木传来,一个远景资源量超过万亿立方米的天然气富集区已为地质专家所掌握。在此基础上,中石油着手组织西气东输的规划工作,并于 1998 年派出了工程项目线路踏勘队。

1999 年 12 月,时任国家经贸委主任盛华仁从新疆考察回来,给时任国务院总理朱镕基写了一封信,建议国务院专门听取有关西气东输的汇报。

中石油在天然气勘探的一系列发现,坚定了国家进行西气东输的决心。2000 年 2 月,朱镕基总理主持召开了西气东输论证会,我带了一张东海地图去参会。

为什么要带东海地图?因为当时也有研究说东海有油气,相比 4000 公里之外的新疆,近距离的东海似乎更适合给东部输气。在下决心开展西气东输之前,应该对东海天然气的勘探形势做客观评估才能对历史有所交代。

彼时，东海的油气开发正处于焦灼状态，探明量并没有落实到数字，对外合作勘探外方也在退出。而塔里木盆地已拥有近万亿立方米天然气的地质储量和约 3000 亿立方米的探明储量，占全国天然气资源总量的 22%。

汇报得到了时任国务院总理朱镕基的肯定。同时，汇报会也明确了西气东输是东西双赢的工程，是符合西部大开发战略的一项重要工程。

但质疑之声仍然存在：资源有没有那么多？市场有没有那么大？长输管道的上游天然气资源须满足稳定供应 30 年，塔里木盆地的储量能满足吗？

项目在质疑声中推进。2000 年 3 月 25 日，西气东输建设领导小组成立。2000 年 8 月 23 日，国务院批准西气东输工程项目立项。2001 年底，《西气东输工程可行性研究报告》获批。报告指出："稳定供气 30 年的资源基础是可靠的。"

## 合资夭折

西一线开始是奔着建成改革开放以后最大的合资项目来执行的。工程立项时，朱镕基总理在会上说，工程可以全线和国外有经验的大公司合作。他说，气源是中国的，市场是中国的，两头都在我们手里，但这样长距离大容量的管道建设，我们没有经验，采取合资形式可以借鉴国外的先进经验，少走弯路。中国政府和中石油在对外合作中拿出了足够的诚意：西气东输工程全线开放、全面对外合作。

2000 年年中，中石油遍发"英雄帖"，邀请外资企业参与工程建设，引发了强烈反响：90 家公司索取了招商邀请书，19 家国外著名企业通过了资格预审。

正式的谈判从 2000 年 7 月 12 日开始，当时还专门召开了一个新闻发布会。谈判持续了两年，大小谈判上千次，个中五味杂陈，意味深长。

最终，包括壳牌、BP（英国石油公司）、俄罗斯天然气集团等国际投资集团与中石油签订了对外合作框架协议。协议规定，中石油、国际投资集团和中石化将分别拥有项目 50%、45% 和 5% 的权益，项目合作期限为 45 年。后来又在三家中选定壳牌公司作为合作方。

当时有传闻要修改中外合资企业法的税收优惠政策，实行内外资税收统一的国民待遇。外方听说后要求财政部澄清这一传闻。当时财政部出了一个证明，说如果将来税制发生大的变化，将会采取一些措施，不会对项目产生实质性影响。但文化背景不同，外商看到"大"字的翻译很疑虑，并要求做出量化的解释，究竟多少变化算大？财政部不肯再出证明了，后来只好由国家发改委出了安慰函，把"大的"用汉语拼音标出，翻译成了"DA"并不意味着会发生实质性变化，才算勉强被外方所接受。

但框架协议的签订并没有满足外商的胃口。外商又以收益率低向中石油讨价还价，并要求加入中下游市场开发。

对此，我表示，当时天然气市场还没有得到有效开发，如果要达到外资要求的回报率，只有通过提高天然气价格，但终端用户和政府都不会答应。

事实上，直到现在，中国的天然气价格都没有按市场价放开，中石油的天然气板块在去年之前还一直处于亏损状态。

框架协议签订后，外商对于回报率一直在讨价还价，谈判持续了两年。2004 年 8 月，中石油终于宣布中止对外合作协议，外资集体撤出。中石油独立担纲起投资高达 1400 多亿元的工程建设。

每个谈判者都要维护国家最大利益。如果合资是最大利益，那我们肯定要走合资；如果不是，为何还要合资？西气东输诞生于中国加入 WTO 的背景下，政府当时明确不向工程投资，完全通过企业的市场化运作。中石油表现了足够的担当。

虽然招商没能实现对外合作，但在西一线的建设中，中石油还是严格按照国际标准和惯例实施，先后开展 700 多项科研攻关，同时邀请了多位外国监理进行工程监督，保证了管道建设的国际水准。

## 迈入天然气时代

2004 年 12 月 30 日，全长 4200 余公里，从新疆到上海，横亘 10 个省区市的西气东输工程全线实现向东部地区商业供气，比原计划提前了一年。

但是，中石油开始"找市场"却并不容易。据中石油相关负责人回忆，当时沿着管道线从甘肃一直往下跑，到各地去给当地政府和企业讲天然气是什么，天然气如何利用，"吃了很多闭门羹"。

当时中石油和省区市签订的是按国际惯例的"照付不议"合同，很多省区市不敢签——他们怀疑中石油的产量能否满足，也担心自己的消费能力能否接受天然气的价格，并对"照付不议"的名字提出质疑，认为这是不平等条约。其实这是从英文 Take-or-pay 翻译过来的用语。但西气东输只运营了两年，很多省区市就开始后悔当初没多要气，或者气要少了。西气东输很快激发了中国的天然气市场。

来自中石油《西气东输》专题报告的数据：2004 年至 2013 年，中国天然气年消费量由 415 亿立方米增加至 1676 亿立方米，占一次能源消费的比重由 2.6% 提高到 5.9%。其中，2003 年，西气东输管道输气量仅 8836 万立方米，2012 年已跃升至 342 亿立方米，是 10

年前的 387 倍。

尽管如此，中国天然气依然处于短缺局面。目前中国天然气对外依存度已经达到了 31.6%。在相当一段时期内，天然气新增需求还要依靠进口支撑。

中国很早就开始了从西部引进境外天然气的前期工作，但一直没有突破，直到西一线投入商业运营后才抓住了机遇，决定从土库曼斯坦进口天然气。以西一线为发端，西二线成为我国第一条引进境外天然气资源的战略通道。目前，通过西气东输管线累计进口中亚天然气超过 730 亿立方米。其中 2013 年中亚进口天然气占我国天然气消费总量的 16.5%。

以中亚天然气为气源的西三线将于 2016 年建成投产，四线、五线工程都已经在规划中。随着中国经济转型升级提速，中国能源消费结构的战略性调整任务挑战巨大，预计到 2020 年，我国天然气消费将达到 3500 亿立方米以上。作为国家气脉，西气东输工程仍将快速发展，源源不断地为中国经济输送动力。

# 中国天然气事业发展之路<sup>*</sup>

## 一、中国天然气事业发展的简单回顾

天然气在中国既是一种使用历史悠久的能源，也是一种大规模使用历史短暂的新能源。中国的四川盆地有天然气资源和地下盐矿。早在 2000 多年前就有记载，四川自贡一带用天然气煮盐卤水用于生产盐。有一本名为《天工开物》的书中有记载，并有用天然气生产盐的图画。但是直到 40 年前，中国实施改革开放政策的时候，天然气还只是少数地区的少数人知道的能源。那时，在中国的能源结构中，天然气微不足道，甚至可以忽略不计。

1997 年，中国建设了第一条长距离天然气管线——陕京管线，长 918 公里，把天然气输送到北京。在海南岛的北部湾海域发现了海上天然气，建设了从海南岛北部湾的莺歌海到香港的管线，向香港每年供应 20 亿立方米天然气。在东海，原地质矿产部调查队（后来叫新星公司），在上海附近的东海平湖油气田也发现了少量天然气，每

---

<sup>*</sup>　本文是 2017 年 9 月 13 日张国宝在国际天然气合作发展论坛上的主旨发言。

43

年可供上海 4 亿立方米天然气。那时候我已经在国家计划委员会工作，我记得陕京管线还分配给天津每年 2 亿立方米，西安每年 1 亿立方米的天然气，但天津还担心用不完。直到 2003 年，天然气在中国能源中的比重还只占 2.3%，而那个时候世界上许多发达国家天然气在能源中的比重已经超过 10%，有些国家甚至达到 30%。例如，在美国、俄罗斯，天然气已经成为一种主要的清洁能源。那个时候，在中国，天然气主要用作城市居民的生活用气，也有少量用于生产化肥和发电。

2000 年以后，中国政府开始谋划建设从新疆到上海的西气东输管线，全长 4000 多公里，设计规模每年 120 亿立方米。我们从来没有建设过这么长和这么大容量的输气管道，也曾经谋求与壳牌等外国公司合作，但是没有成功，最后只有靠我们自己来建设。那个时候，管线的材料 X70 钢，加压用的燃压机组我们都不会做，从钢铁厂研发生产 X70 钢开始一步一步摸索。我们也没有建设过大型的储气库。因为西气东输工程需要，才在江苏的金坛利用地下盐矿空穴建设第一个较大的储气库。但是西气东输工程只用了两三年就建成了，并且在靖边和陕京管线相连接，可以向北京、天津供应天然气。西气东输惠及了 2 亿多人口，其重要意义是开创了中国开始大规模使用天然气的时代。用朱镕基总理的话说，是在神州大地上画上了浓墨重彩的一笔。后来又建设了西气东输二期工程，将天然气从新疆送到广东、香港。

## 二、中国天然气的对外合作

由于中国已发现的天然气储量不能满足迅速增长的市场需求，我们在 2005 年以后开始与俄罗斯、中亚各国商谈进口他们的天然气。

在中国和中亚土库曼斯坦、乌兹别克斯坦、哈萨克斯坦四国元首的亲自推动下，于2009年建成了中国第一条从境外引入的长输天然气管道，叫中亚天然气管道，开创了中国进口境外天然气的历史，开始了天然气的国际合作，中国也成了天然气的净进口国。中亚天然气管道初期设计能力每年300亿立方米，现在已经建成了A、B、C三条管线，走的是同一条路由，与西气东输管道相连接。D线还正在建设中，管线走向与A、B、C线不同。中亚天然气管道进口天然气的合同数量也扩大到了每年680亿立方米。截至2016年，我国通过中亚天然气管道已经累计进口天然气1900多亿立方米。

后来我们又与缅甸合作，与中缅原油管道同期建成了中缅天然气管道。它的气源是韩国大宇公司在缅甸孟加拉湾海域勘探开发的海上天然气，生产量一年只有50亿立方米左右，卖给了中国。只是现在也还没有达到每年50亿立方米的设计能力。但是这条管道使中国偏僻的西南山区的云南省用上了天然气。现在我们还只有这两条陆上进口的天然气管道。俄罗斯的东线天然气管道正在建设中，预计2018年可以建成通气。

在本世纪初，我们谋划中亚天然气管道的同时，也开始了液化天然气（LNG）的事业。经过激烈的招标竞争，我们最初选择广东大亚湾和福建的LNG接收站进口澳大利亚和印度尼西亚的液化天然气，以后又扩大到上海进口马来西亚LNG。现在我们已经建成运营了11个LNG接收站，并且还在迅速增加。LNG的进口国也从澳大利亚、印度尼西亚、马来西亚，扩大到了卡塔尔、文莱。同样，我们从最初不会生产LNG运输船和LNG储罐的钢板，现在已经能向日本商船三井出口LNG运输船。短短不到20年时间，中国从一个天然气在能源中占比微不足道的国家成长为仅次于美国和俄罗斯的世界第三大天然气消费国。但是，目前中国仅占全世界天然气消费

2006年6月28日，中国第一个LNG接收站——深圳大亚湾LNG接收站竣工投产。

量的5.9%，而美国、俄罗斯占到全世界天然气消费量的33%。目前天然气在中国能源中的比例已经占6.3%，和发达国家相比差距还很大。但由于市场空间大，在中国，天然气比其他能源增长速度都快。即便在近几年能源需求相对疲软的情况下，天然气增长速度也仍然较快。今年上半年比去年同期增长了15.2%。进口天然气410亿立方米，本国生产743亿立方米，进口的依存度已经达到36.5%。中国天然气没有出口，但为了维持香港繁荣稳定，我们将西气东输管道通过海底管道延伸到了香港，每年向香港供应10亿立方米天然气。中国台湾商界对进口大陆的天然气也十分感兴趣，特别是毗邻大陆的金门县，我曾应邀去访问过。即便海底管道通到台湾岛，在工程上现在也可以做到。目前的障碍不是工程技术问题，主要还是两岸的政治关系问题。

## 三、中国城市燃气事业迅速成长

中国的天然气事业从无到有，在辽阔的国土上已经将西气东输、陕京管线、川气出川、沿海天然气管道、中亚天然气管道、中缅管道初步连接成了一个全国性的天然气管道网络，并且与沿海星罗棋布的 LNG 接收站连为一体。这种建设速度在世界上是绝无仅有的。中亚通过里海到欧洲的纳布科管道，起初比我们的中亚天然气管道提出还要早，但是至今没有实质性进展。我们的天然气管网既有中央政府集中力量办大事的优越性，也有全国各省区市众多企业相互支持，体现了社会主义能集中力量办大事的优越性。目前骨干管道还是以央企为主在建设经营，他们资金雄厚，技术力量强，但是也有民营企业和外资企业参与。例如从晋东南山西端氏到河南博爱的煤层气管道就是由四川一个民营企业家建设的。新疆吉木乃到哈萨克斯坦斋桑气田是由民营企业广汇建设经营的。民营企业新奥燃气正在舟山建设 LNG 接收站。各省区市的支线管网既有地方政府所属国有企业，也有民营企业，也有混合所有制企业建设经营的。

在城市燃气事业中，民营企业、外资企业也扮演着重要角色。中国的城市燃气，五家企业经营最多，中石油的昆仑燃气（国有），香港的港华（外资）、华润（香港中资企业），民营的新奥燃气，中华燃气，这五家企业都经营着约一百多个城市的燃气业务。还有许多城市的燃气是由地方政府所属的城市燃气公司在经营。例如北京燃气，现在北京的天然气年消费量已经超过了 160 亿立方米，甚至超过了纽约市的用气量，成为仅次于莫斯科的世界第二大用气城市，这是我们始料未及的。俄罗斯东线天然气管道投入运营后，中国的天然气管网将进一步扩大到有 1 亿人口的东北，连接关内、关外的管网。中国的企业还积极投资于境外的天然气勘探开发。在澳大利亚的西北大陆架拥有 1/8 股份；在土库曼斯坦阿姆河右岸、俄罗斯亚马尔气田，都有中国的投资。中国已经成为世界天然气领域最活跃的国家之一。

## 四、增加天然气在能源结构中的比重是治理大气污染的需要

在中国，包括北京在内的许多城市饱受雾霾肆虐之苦，政府正在下决心治理。造成雾霾的原因尽管争论很多，煤炭行业也有不同声音，但中国煤炭在能源中的比例太高肯定是原因之一。煤炭在中国能源中的比例现在仍然高达 65%，在发电领域，72% 的发电量是由煤炭发电的。全国煤炭产量最高的 2013 年，产量达到 38 亿吨，几乎快占了世界煤炭消费量的小一半。所以，治理雾霾，在大城市以燃气机组取代燃煤机组是一个必然选择。北京市区原有 4 个燃煤发电厂。我在任时，坚决要求以气代煤改为燃气的热电联供，遇到很大阻力。由于雾霾越来越严重，北京市终于下了决心，关闭了市区所有燃煤发电机组，以先进的燃气热电联供机组取代。但是，认识上仍然不一致，也有个别学者认为燃气机组产生的氮氧化物仍然会形成雾霾。但我认为，无论是伦敦还是洛杉矶，治理雾霾都走了以气代煤的路子。天然气是比煤清洁的能源，是多数人能接受的不争事实。

## 五、价格是扩大天然气使用的最大制约因素

现在在中国以气代煤的一个大的制约因素是价格。在中国，天然气价格成本还是高于煤炭。许多专家呼吁要考虑污染成本，实行碳交易，加大收取排污费，然而在受各种利益集团、各种意见掣肘下，实

行起来阻力很大。但是我认为，能源的清洁化是历史的必然趋势，任何利益集团都必须想明白这一点。现在中国正在进行天然气价格改革，但是如何让天然气具备竞争力依然是个难点。有相当一部分意见认为，中国以煤为主的能源结构很难改变，而天然气资源不足。其实，就世界范围而言，现在天然气资源充足，中国国内也有很大潜力。例如，中国的煤层气有潜力以及现在开发规模还不大但出现增长势头的页岩气。资源不应成为主要的制约因素。

关于天然气的定价，在亚洲长期以来一直沿用日本提出的 S 曲线模式。亚洲的天然气价格一直高于其他国际市场价格。随着天然气国际市场发生变化，资源供应充足，而市场增长趋缓，出现了要求天然气价格与石油价格脱钩的呼声。今年 LNG 的现货市场价格往往低于长协价格，反映出天然气国际市场供应充足，从卖方市场转为买方市场的迹象。

## 六、世界能源格局正在发生变化

能源问题和国际政治经济紧密相关，我曾经以政经相交织形容国际能源合作的复杂性。在能源领域，美国的页岩革命影响巨大，美国从进口依存度很大变成了天然气的出口国。美国从加拿大进口减少，并且可以向墨西哥出口，还谋求向亚洲、欧洲出口。中东国家要重新考虑自己的出口市场等，必将影响国际政治的格局和美国外交政策的取向。世界能源格局正在重塑，最主要的特点是由于经济增速趋缓，能源需求疲软。2016 年全球天然气消费只增长了 1.5%，比 2015 年增长 2.3% 还低 0.8%，可能是历史最低增长年份了。目前油价在 50 美元 / 桶上下徘徊，LNG 的现货价大体是 7 美元 /mmBtu。虽然美国拟退出巴黎气候公约，但全球重视气候变暖，重视减少温室气体排放的大趋势没有改变。可再生能源、清洁能源受到空前重视，保持高速增长，清洁能源比重上升的趋势没有改变。用天然气取代煤炭的选项没有改变，美国国内也是如此。

## 七、中国正在成为全球天然气市场最活跃的国家

中国已经迅速成长为天然气的生产和消费大国，而且市场空间很大，潜力还远没有发挥。其实，城市燃气的价格弹性也很大。例如人均收入远不如北京、上海的伊春，其天然气价格一立方米 4.70 元，而北京才 2.27 元。天然气在中国仍然是以居民民用为主，但分布式能源、交通用能源的需求也在增长。中国需要向各国学习，与各国合作。我国正在争取成为国际天然气联盟的轮值主席国，并积极争取举办 2024 年世界天然气大会，中国正在成为全球天然气市场最活跃的国家。

# 新能源决策<sup>*</sup>

10 年时间，中国风电从一个名不见经传的产业，跃升到全球较领先的地位。"一是做大'蛋糕'，二是引入竞争，三是推行国产化，使得这个行业获得井喷式发展。"但在这种井喷式的发展中，也产生了诸如"弃风"、产能过剩、成本偏高、补贴形式、集中开发还是分布式开发等诸多争议。对风电大跃进式发展的担忧、批评、质疑乃至指责，在 2009 年后绵绵不绝。为总结经验，归纳教训，我们不应回避问题，有必要回顾新能源这 10 年的决策发展历程。

## 三大政策引风电爆发性增长

风电在国内的应用可以追溯到 20 世纪 80 年代，但是一直到"十一五"期间才迎来爆发性的增长。风电不是这几年才有的。在我还没有担任国家计委副主任以前，我的前任副主任叶青，即后来神华集团的董事长，我曾经陪他去美国考察，那时大概是 20 世纪 90 年代初。飞机在加利福尼亚降落时，我们看到沿海的山包包上成片都是风机。

* 本文原载 2014 年 5 月《南方能源观察》。

新能源在中国 20 世纪 80 年代就开始起步。20 世纪 90 年代时，现在的国家能源局前身是国家计委基础产业司，基础产业司里面就有一个处，名叫节能和可再生能源处。这个处的职能就是利用国际贷款发展新能源。当时世界银行给了一笔钱，专门设置了一个办公室来推广风能、太阳能，叫世界银行可再生能源贷款办公室。节能和可再生能源处当时还选择了洛阳拖拉机厂、西安飞机制造厂等厂家来生产风力发电设备，但后来都未成气候。当时，风电确实一直没有大规模发展起来。1999 年，我接任国家计委副主任，也分管能源。整个国家的风电装机容量到 2000 年还不到 40 万千瓦，而且这 40 万千瓦的设备基本上是从国外购买的，主要是 Vestas 和 GE 的设备。

2003 年以后，以风力发电为代表的可再生能源确实迎来了爆发性发展，原因多种多样。从大形势来看，在世界范围内，新能源这个绿色发展概念越来越深入人心，在中国也是如此。国家对可再生能源的重视程度逐步加强，公众的认识也在不断提高，这给可再生能源推广提供了很好的舆论环境；另一方面就是国家的方针政策。

我上任之后觉得很困惑，风力发电怎么就推广不起来？后来了解到，风力发电非常贵，电价最便宜也要八毛钱一度，有一些甚至到两块钱左右一度，这么贵的电自然没有多少人愿意使用。

一开始我很不理解，风力资源又不需要钱去买，怎么成本会比燃煤电厂还要高？原来，主要成本在设备上，每千瓦风电设备的价格要比火力发电高很多，而且设备投资有部分是贷款，虽然风力本身不用钱，但还本付息、设备折旧等财务费用是主要成本，所以风电价格非常昂贵。于是，我提出三个方面的建议：

第一，把"蛋糕"做大。那么贵就要想办法便宜一点。怎样才能便宜？就是把"蛋糕"做大，把成本摊薄。如果只有三五台机器，没有规模化生产，成本就降不下来。如果是每个厂家做几百台、上千台，成本就摊薄了，企业也有积极性了。

第二，推进国产化。为什么一开始那么贵？因为自己不会做。我们一开始调研的时候遇到过很多中间商。之前和叶青同志去美国，就遇到两个华人兄弟做这样的生意。他们把美国风机推销到中国。据说，卖掉一台风机的回扣是 20 万元。设备价格就是这样被推高的。如果我们可以自己解决设备的问题，国产化了，价格就会降下来。

第三，引入竞争。过去风电开发商之间没有竞争，某个地方有风，政府想建风电场，有开发商愿意投资，这个项目就让他来做，做起来后到政府去跑，让物价部门批电价，有的批到 1.5 元 / 度甚至 2 元 / 度。投资者当然希望价格部门批的电价高。因为电价越高这样便越能赚钱。当时是通过这种方式来确定投资者、业主的。后来，我认为这要改变一下，不能由政府指定谁来当投资者，有意愿投资风电的可以竞争，开展特许权招标。政府提供风力资源数据给投资者，投资商自己报价竞争，可以做到一度电多少钱。这样就有竞争了，有三五家可能都想做这件事情，有人报六毛钱一度，有人报五毛五一度，还有报五毛钱一度的，那我就可以让报五毛钱一度的做。

通过这三个办法，我们把造价降下来，每度电的价格也就下来了。

## 特许权招标争论

特许权招标的做法在当时引起了不少争论。原本电价都是由物价部门根据成本和适当利润来核定。他们还是希望这样做，不希望来招标，说招标之后就会恶性竞争，使得风力发电企业无钱可赚，会影响风电投资商的积极性，可能起到不好的作用。还有的说国有企业可以不顾成本恶意压低价格竞争，把民营企业挤出去。这是他们认为特许权招标的问题所在。另外，他们还提出一个恶意报价的问题。因为你报五毛，为了战胜你我就报四毛，实际上四毛是亏本，做不了，这就影响大家投资风电的积极性，使得招标正常的价格扭曲了等等。当时是有这么一些反对的理由。

但是，我根据自己的实践经验来看，还是主张通过招标。为什么？他们说的这些情况会不会发生？会，有时候招标可能确实会发生恶性竞争。但我们可以像裁判打分一样，为了避免不公平，去掉一个最高分、一个最低分，加权一下，大体上还是可以反映真实水平。另外，即便有人恶性竞争，故意亏本，这种事情是不可能持久的，一次可以，两次、三次能总是亏本吗？也有人指责说，民营企业肯定会退出，因为亏不起，国有企业可以不计成本去竞争。实际上这也不对。不要以为国有企业永远赔本也会做。企业可能搞一次恶性竞争，但不可能次次恶性竞争。

为什么会有特许权招标这个概念呢？过去我担任西气东输工程建设领导小组的组长，那个时候也是通过招标来确定管道钢的供应商。我们那时也推行国产化，国内可以造的就有宝钢、鞍钢、武钢等几个大钢铁公司。这个时候有韩国企业过来，报价比国内企业都低。国内很多钢铁厂就过来抱怨，说他们是恶性竞争。如此低价就是倾销，但那个时候还没有反倾销概念。作为业主单位，中石油的负责同志来找我。他说，张主任您看怎么办，我们应该让谁中标？那个时候我也很为难，国内钢铁企业反映韩国人是恶性竞争，但业主单位的利益导向是谁便宜就买谁的。那好吧，第一次就让韩国人中标。韩国人确实是恶性竞争，以低于成本价来倾销，但第二次招标，韩国那个投标人就没有办法了，因为他做了一桩赔本买卖。第二次招标的时候，就都是中国企业中标。

通过这个经验来看，我认为风电特许权招标道理也是一样，即使有人恶性竞争、乱报价，这个情况也不可能持久。

类似的事件在第一批风电特许权招标的过程中也发生过。2003年，我们在江苏如东搞第一批风电特许权招标。那个时候我在外地出差，现在的可再生能源司副司长史立山当时是处长，他给我打电话说："张主任，有一个华睿集团公司，是一个民营企业，他只报三毛八一度电，所有参加投标的人都认为这是不可能做到的。但他就报了三毛八，别人都报五毛钱，怎么办？我们到底应该让谁中标？"

按照招标规则，他报最低就应该让他中标，但所有人认为三毛八是不可能的。这就难住我了。我只能说，你就让他中标吧。我知道确实是虚假的，他肯定做不下去。后来证实他确实做不下去，施工进程一直进展非常缓慢。这样的事情发生一次以后，第二次就很难再发生了。我们在整个事件过程中也是要不断修正和总结经验，不时会有这样那样的情况发生，但正常的企业不可能永远做赔本生意，通过竞争还是可以促进大家降低成本、提高技术。我始终坚信应该引入竞争，这比政府官员人为定价更加科学一些。

用我的话来总结，这叫作通过竞争招标来发现价格。在某一个地区通过几次招标，通过几次修正——就好像去掉最高分和最低分，慢慢就可以发现一个真实价格，在什么水平上是合理的。现在看来大概就是在五毛到六毛之间，这个价位是比较适当的，既不暴利，也不亏本。

可是，主张由政府定价的物价部门仍然没有改变他们的观点，老是批评特许权招标不好，后来我也妥协了。现在通过招标发现了合理价位，形成四类地区标杆电价，把风力资源条件差不多的地区确定一个标杆电价，那我们就不招标了，按照前几次招标的大概数据来定。现在全国分成四类地区，0.51元、0.52元、0.57元、0.61元。你要在某个地方建风电场，就依据这个地区的电价。

虽然现在又回到了按照每个地区的资源来核定电价，但这个过程是通过竞争来发现价格的，在这个过程中迅速把风电成本降低了，从最高0.8元甚至2元，降到现在大体上在0.5元到0.6元之间。

有人说这个过程中民营企业赚不了钱都退出了。实践证明不是这样。不久前还有一个民营企业来找我，希望我做工作让能源局批准他们的风电项目。我为这个事也专门问过风力发电的主要投资商，我说你们到底是赔本还是赚钱？龙源公司去年就赚了30亿元。2014年春节我还碰到中广核董事长贺禹，他说中广核搞风电也是赚钱的，还有河北建投也是这样。所以并不是有些人所想的那样，国有企业不计成本恶性竞争，如果都不赚钱不可能永远生存下去。

## 国产化带动了一大批企业的发展

当年，有几个搞空气动力学的院士，在推动国产化的过程中运用他们的技术和学识在保定成立中航惠腾风电设备有限公司，自己下海做风电叶片。还有一个新材料公司，是由建材局派生出来的，就利用他们做玻璃钢的优势，在江苏连云港搞玻璃钢叶片。风机齿轮箱原来也没有人会做，因为技术很复杂，只有重庆齿轮厂利用在生产舰船齿轮箱时形成的能力生产一些。我就想到大连重机厂和南京高速齿轮箱厂，算是我鼓动他们的。我说风力发电将迎来很好的时期，如果你们参与进去，会发现这是很好的市场。我给他们宣传过，但最后还是他们自己下决心要做。一开始比较保守，说做一千台。我说一千台太少了，起码做两三千台。南京高速齿轮箱厂转制成股份制公司，"文化大革命"后期搞过川气出川工程。四川丰富的天然气可以输出来搞燃气发电，所以就搞了齿轮箱厂。这个齿轮箱厂是为燃气轮机配齿轮箱，后来没有多少任务，就转到搞水泥和船用变速箱，再后来就做风电变速箱了。我去那个厂里考察时跟他们的领导说，如果现在搞风电，起码能有 5 年到 10 年饭吃。后来他们做了。

齿轮箱有了之后轴承还不会做，都是进口。那时我主持振兴东北，当地有瓦房店轴承厂。这是一个老国企，原来做普通轴承，但现在要跟民营企业竞争，需要新产品。我说民营企业现在做不了的就是风力发电机那种大的转盘轴承，于是他们也开始做起来了。还有佳木斯电机厂，过去搞防爆电机，我介绍他们搞风力发电机。

虽然到现在为止还有一些部件不能国产化，但一个产业从完全不能国产化到相当部分国产化的过程，不但把配套都做了上去，还带动起一大批企业的成长。

## 补贴不是解决问题的根本

在可再生能源发展的初期阶段，有不少国家都会对行业给予补贴，也有不少人呼吁我国政府给予补贴。但我认为补贴不是解决问题的根本。所以，我所提到的这些政策当中，没有特别强调给予补贴。

一次实质性补贴是当时我们从财政部要来一些钱，大概是八千万元，全部给了气象局，让气象局测风，提供全国气象资料。另外一项是支持包括风电在内的科研。那时候，我跟财政部要了一些钱，一共 2 亿元，但不是全给风电，而是拿来搞能源重点实验室，其中也包括风力发电的国家实验室和海上风力发电实验室。这 2 亿元是用在实验室的科研设施，也算一项补贴。

还有一点就是现在仍然在执行的电价补贴。现在风电最低就是五毛，最贵的六毛一，大概就这个范围。如果火力发电上网电价四毛五，风力发电五毛五，相差一毛钱，这个差价部分就由国家用可再生能源基金补贴。可再生能源基金哪里来？每度电征收八厘钱。全国人民每度电交八厘钱。有一些也不交，比如说自备电厂、农村小水电这些都不交。余下所有大电厂每度电八厘钱，每年可以收集两百亿元，用于补助可再生能源。但对这种补贴方法我还是有一些担忧，如果将来规模越大，补贴就要越多，八厘钱就不够了。

可以这样说，在风电行业成长过程中，国家实质性的财政补贴其实并不多，主要是通过行业发展前景和政策的引导来推动产业发展。

新能源是一个新概念、好概念，不仅我们能源局、发改委愿意对风电给予支持，包括财政部、科技部也愿意作一些贡献。财政部曾经出台一个政策，对于1.5兆瓦以上前50台国产化风机，每千瓦补助600块钱。财政部曾就这个问题征求过我的意见。当时我不同意。我说这样补贴有一点不公平，有一些补贴到了，有一些没有补贴到，莫如用来支持风电科研。但财政部政策照样执行，给前50台每千瓦补贴600块钱，一共累计补贴了两亿元人民币。后来这件事被美国人抓住了，美国人就指责中国政府给补贴，对我们进行类似"双反"的调查。我知道这事后，就提出来要跟美国人进行一次视频对话，大家来讨论。因为美国对新能源补贴比我们多很多，在网站上都能查到各个州出台的新能源补贴政策，简直多如牛毛，他们没有理由反过来指责我们。美国人同意了，但他们不允许让媒体参加，只能是官员跟官员对话，参与的部门是美国能源部、商务部等部门。美国能源部其实担心跟我们产生矛盾，一再跟我们解释，这是商务部搞的，能源部只是陪衬。我们这边牵头人是我，我当时是国家能源局局长、国家发改委分管能源的副主任。

我还故意为难了他们一下，说要找媒体。我说，你们美国人不是主张透明吗？但真的要搞透明了，你就怕了，用中国的成语来讲，就是叶公好龙。他们的理由是，媒体在场可能使这个问题更加难解决，只会不断炒作这件事情。对话一开始美方就问，我现在想请中方朋友确认一下，你们那边是不是没有媒体。我说可以确认没有媒体。

对话中我把美国各种补贴列举出来，两边对来对去，美国人没有真正站得住脚的证据，最后抓住当时财政部给前50台1.5兆瓦以上国产化风机每千瓦600元补助这一条。后来中美商贸联委会在杭州召开，王岐山同志领衔，美方带队的是现任驻华大使骆家辉，他当时的身份是商务部部长。我们事先研判，他肯定会提风电补贴这个问题。后来我向王岐山同志建议，如果他提这件事情，我们就主动说取消这项补贴。经与参加联委会的各个部门沟通，财政部也同意我们的意见。到了杭州开会的时候，果然骆家辉提出这个问题。王岐山同志就说，好吧，我们主动取消。骆就没有话好讲了，只能说我们非常高兴这次会谈非常有成果。后来美国针对中国的风电"双反"调查也没有搞起来。

一个行业在初期发展阶段国家应该给予支持，但这种支持最好放在科研或者税收上。其实美国也是这样，他们对风电的支持政策放在税收方面，不收税或者少收税，用税收优惠这种方式进行补贴，而不是直接给资金。如果直接给财政补贴，将来发展的规模越大，补贴的规模就越大，到一定程度财政也无法承受。所以我主张风电行业还是要走提高竞争力、提高科研水平、降低成本的发展之路。还有一点，就是把"蛋糕"做大，完全靠国家补贴是长久不了的，这是我一直以来的理念。

对我这样的发展理念，各相关方看法并不一致。管物价的部门就不同意招标办法，他们认为还是政府通过成本加适当利润核定一个价格最好。我不同意，我是发改委副主任，我不直接管物价，但也是他们的领导，他们也不好意思公开跟我顶，所以还是同意了，但他们实际上一直有保留意见。我不管了以后，他们就恢复按区域来，不再竞争。

我的这一观点在推行过程中遭受过比较大的阻力，有一些关键节点让我在推行过程中感觉比较吃力。当时有一些利益诉求方通过媒体反映他们的心声，说我这种办法不科学。前面讲到，有人认为招标可能会引起恶性竞争，国有企业不计成本，民营企业没有办法进来，而且无钱可赚，将来风电没有人愿意投资，这样的舆论很多。但事实证明并不是这样，这几年恰恰风力发电得到了大发展。这就印证了实践是检验真理的唯一标准，而不是单凭某些人脑瓜子想象。

我们原来还有一条政策，为了鼓励国产化，在招标中有一个打分条件，国产化率75%，达到75%就可以加分，没有75%就不行，这一条美国人也是抓住我们的。后来由于我们已经有了三五年的实践经验，我们判断即使取消这一条，中国企业也应该有能力和国外同类企业同台竞争，国家不可能永远采取保护政策。所以杭州中美商贸联委会以后，我们就取消了这条，美国人手中的这条把柄也没有了。

之前还有一个运营资质的说法，招标时要求企业在中国境内要有100台以上的运营业绩，后来我们也承认投标企业在国外的运行业绩。美国后来也拿这一条卡我们，说中国风电设备要出口到美国，就要求中国公司在美国本土有100台以上的运营业绩。我就说了，当年你用这个问题指责我们，现在我们取消了，反倒你用起这一条来。我们要求美国应该承认厂商在世界其他地方取得的业绩，不仅在美国本土有这个业绩才可以。所以这里面有着种种博弈。

## 最终还是要回归市场

从新能源发展至今的历程来看，无论是风电还是光伏的崛起都与地方的发展密切相关。新能源行业和地方政府这些年之间的关系也是可再生能源发展的一个问题。原本，地方政府对发展新能源积极性还是很高的，因为很多搞风电的地方往往都是寸草不生，单位面积的土地是没有什么收入的，但发展风电可以获得一些税收，得到一些收益，所以地方政府是支持的。后来财政部出台一个政策，叫作设备抵扣，出发点是好的，为了鼓励大家投资风电，投资风电买设备的资金可以在未来缴的税中抵扣。这个措施乍一听是支持风电发展，作为风电投资商肯定高兴，减轻了税务负担。但地方政府税收利益受到影响，它很多年内没有税收了啊。失去税收之后，地方政府就开始思考一个问题，我为什么要叫你过来搞，我可以拿到什么好处？现在，我没有好处，税收都没有了。地方政府该怎么办？只能强迫企业在当地建厂。比方说，某某市有风力资源，可以建风电场，但是政府要求必须用在这个市生产的风力发电机，所以逼迫着这些风机制造商都在当地建厂。很多可再生能源项目和地方政府的问题，背后原因就是税收。

关于可再生能源企业和地方政府的关系，可以看看现在的光伏行业。像赛维、尚德这样的公司都曾经是太阳能行业的佼佼者，事实上，从国家发改委到国家能源局都没有给这些企业太多实惠。在我当国家能源局局长的时候，国家财政是没有给他们补助的。但地方政府认为这些公司对地方经济拉动比较大，所以难免会提供各种各样的鼓励政策。这些曾经的佼佼者大多数都是在市场经济大潮中成长起来的，他们享受了地方政府提供的优惠条件，现在又由于过剩和国外市场保护主义对我们的挤压，正在经历一段很困难的时期。

我也从此悟出一个道理，就是行业和企业的发展更多要依靠市场力量。在起步阶段，政府一点不给政策、不给鼓励也是不对的，但最终还是要回归市场，提升自身竞争力，这样才能长久地维持旺盛的生命力。

在目前的发展形势下，现行的补贴机制或者更宏观的整个支持政策也到了需要进一步完善的时候。企业往往一方面反对计划经济，另一方面又希望政府给更多补贴。从长远来看，给他们补贴相当于让他们吃药，一旦停药就没有抵抗能力。我并不主张长期给补贴，而是主张政府把"蛋糕"做大。把"蛋糕"做大可能比给补贴更有效，而真正的财政补贴应该要补在科研上。

可再生能源基金也是，将来规模做大了肯定补不了那么多，到时可能每度电收一分钱也不够了。最根本的出路还是要通过市场竞争和技术进步把成本降下来，降到跟化石能源有可比性的程度，这个未来应该是可以看得到的。现在问题是，采取人为定价办法，束缚了继续降成本的积极性。你定好了每度电六毛一，确实省事，企业也有得赚，但就没有动力去追求更低的成本。我觉得还是应该招标竞争，这样企业才有动力进一步研究新技术。

## 关键症结在输电线路审批滞后

《可再生能源法》实施这些年来经常遭遇无法有效执行的尴尬。有人认为，其中"全额保障性收购可再生能源"一条应该根据现实情况进行调整。《可再生能源法》草拟时，正好是我管能源局的时候，批准者是全国人民代表大会。在这个过程中，我多次率队去人大汇报。人大代表们不仅听取我关于《可再生能源法》的介绍，同时还聘请一些法律专家对《可再生能源法》的草案不断完善。

其中"全额保障性收购可再生能源"这一条，在其他国家也是一样存在的。相比传统能源，可再生能源还很弱小，这样的保护政策是十分必要的。我们现在的新能源比例只是百分之一点几，不到2%的量，我们是有能力收购这一点电量的，我认为这不应该存在争议。全国2013年4.95万亿千瓦时的电，风力发电也就只有1004亿千瓦时，只占 2%。

全额收购本来是不存在问题的，为什么现在变成大问题呢？就因为"弃风"。据有关方面数据，2013 年"弃风"大概 200 亿千瓦时，主要在东北地区和内蒙古。造成"弃风"的原因有客观原因，也有主观原因。

客观原因是，这些地方风电发展相对比较集中，虽然放在全国不算多，但在局部地区可能高达 20%—30%。到了冬季矛盾就更加突出，因为冬季恰恰是风比较大的时候，可以多发风电。但这个时候必须供暖，北方地区首先要保证供热机组开起来，如果风、火发电产生矛盾，电消耗不了的时候，必须停风电，让供热机组优先。调度顺序是供热机组排在第一位，风电要让路，所以就产生"弃风"了。

但如果全国能够联网，能够把电送出来，这个问题就不复存在。冬天，内蒙古人民要取暖，就让供热机组发，同时风电也可以发，通过输变电线路送往江苏，这个问题就解决了。但现在问题是，输变电线路没有，弄不过来，那板子该打在谁头上？

从表面现象来看，大家怪电网公司，你没有把电网建起来。但电网公司不同意，说责任在国家能源局迟迟不批电网规划，不批怎么建？为什么不批呢？还是在于特高压之争，有人赞成特高压，有人不赞成特高压。还有人反对接入华东电网，说你送到华东就把华北电网和华东电网变成同步电网，只同意送到山东，那就还在华北电网里面。但电网公司坚持一定要送到华东，争论不休，没有人拍板。谁也拍不了这个板，只能无休止地争论下去。有争论是很正常的，中国哪个大工程没有争论？三峡还不是有争论？高铁也有争论，而且现在还在争论。但是不是就长时间、无休止地争论下去？锡林浩特到南京的输变电线路到今天为止仍没有决策。接下来就不仅是风电弃 200 亿度电了，还有一个更惊人的数字，溪洛渡、向家坝水电站 2014 年也要弃 200 亿度水电。2014 年已经开始发电，但输变电线路还没有建好，要滞后一至一年半。输变电线路建设滞后的主要问题就是审批滞后。五年都过去一半了，最重要的电网"十二五"规划到现在还没有批。为什么没有批？就是老在那里争论。这样无休止地争论给国家造成巨大的损失。我们一方面担忧着雾霾天气，另一方面清洁能源却要放弃 400 亿度电。

1004 亿度是风力发电的电，而全国的发电量是 4.95 万亿度电，风电比例只有 2%，所以在全国范围消纳这一点风电是没有问题的，但在局部地区消纳不了。如果有输变电线路把它送出来，送到负荷中心，这一点电根本就不是问题。

这一届政府肯定来不及批了。下一届政府上来以后是马上就能批，还是等领导人熟悉之后再批，不得而知。但是造成的损失已经不可扭转。2013 年清洁能源要弃 400 亿度电，200 亿度风电加上 200 亿度水电。水电主要是金沙江的，溪洛渡、向家坝这两条线路，要推后一年半建成，这个数字还有人说不要嚷嚷。其实，今年形势是非常严峻的。

所以说，全额收购的保障性条款是没有问题的，问题是审批的滞后导致可再生能源发电送不到需要的地方去。《可再生能源法》最根本的宗旨就是鼓励可再生能源，要为可再生能源大力发展创造一个法律环境，要把这个行业的发展提到法律层面予以保护。全额收购就是一种硬性保护措施，应该要严格遵守，但现实是我们没办法严格遵守，不是因为做不到，而是因为很多工作没有做到。

当时起草《可再生能源法》也借鉴了世界各国已有的可再生能源政策，其中"全额收购"也是在其他国家推广可再生能源当中所奉行的一项政策。值得注意的是，美国还有另外一项政策，就是规定能源公司有义务至少发展一定百分比的可再生能源。比如说火力发电企业，过去全部都是烧煤，但现在有义务至少要上 3%—5% 的新能源。最初制定《可再生能源法》时借鉴这一条，也是强制性的，要求电力企业至少有义务发展 3%—5% 的可再生能源。但这一条后来在人大汇报的时候，人大聘请的法律专家不同意，说如果有需要你们可以发布行政命令文件予以规定，但不写在法律里，所以被拿掉了。当时是我去现场答辩的，但法律专家就是不同意，后来行政文件上也没有发布这项规定。所以我们现在没有这种强制性，让电力企业一定要搞百分之几的新能源，到现在为止我觉得还是很遗憾的。

# 塞北布新局

## 一、能源金三角是我国重要的能源基地和能源运输通道

曾有人问我，中国什么地方最富？他们告诉我，现在中国最富的地方是鄂尔多斯和榆林。沉睡在地下的能源宝藏正被开发出来变成发展经济的巨大财富。自古以来"衡阳雁去无留意"的荒漠贫瘠边塞之地，如今变成了开发的沃土。宁晋陕蒙陇东地区同属鄂尔多斯盆地，是煤、油、气能源资源的富集区，全国规划的 13 个煤炭基地有 7 个在该地区，它们是：陕北、黄陇、神东、宁东、晋北、晋中、晋东。鄂尔多斯盆地的煤炭储量有 8276 亿吨，约占全国储量 13408 亿吨的 62%，而其中宁东、榆林、鄂尔多斯的煤炭矿藏是资源储量大、埋藏地质结构较简单、开发条件较优越的整装煤田。所以，这一交会之地又被称为金三角。除了煤炭，地下还富藏石油和天然气。探明石油储量 37.7 亿吨，天然气 3.4 万亿立方米，占全国探明天然气储量的 43%。此外，还预测煤层气资源量 12 万亿立方米，地面上还有丰富的风力、太阳能资源。中石油的长庆油田和陕西省的延长油田就位于此。向京津地区供应天然气的陕京管线气源最初就在苏里格气田。苏

里格气田面积大，但气层薄、渗透性较差，近几年由于不断勘探投入，探明储量和产量不断增加，前景喜人。煤层气虽然蕴藏丰富，但目前开采量还很少，潜力很大。陕京管线已经建了三线，不仅供应北京，也供应天津、西安、东胜、包头、呼和浩特乃至山东等地。随着西气东输管道的建设，西气东输一线和与中亚天然气管道相连的二线都先将气送到靖边，再由靖边通过陕京管线和西气东输一、二线分输往京津、山东、华中、长江三角洲和珠江三角洲，靖边已成为我国西气东输能源大动脉的枢纽。目前已有神（木）朔（州）接连朔（州）黄（骅），神（木）延（安）接连西（安）延（安），太（原）中（卫）银（川）等 7 条铁路线贯穿其间。因此，能源金三角也是最集中的能源通道，成为我国重要的能源保障基地。

## 二、煤炭开采要走科学发展之路

丰富的能源资源给地方经济发展注入了强大的动力。来过鄂尔多斯、榆林、宁东的人都会为这里城乡面貌的巨大变化惊叹。但是山西煤炭的"有水快流"也曾带来"成长烦恼"的教训。乱采乱挖，资源浪费，水系破坏，环境恶化，滋生腐败，事故频发，不得不付出巨大代价进行资源整合，调整重组。山西的煤炭整合也遭到了不少的非议。我为他们向媒体解释说："如没有壮士断腕的决心，谁会愿意去捅这个马蜂窝？"现在山西省已基本整合了 30 万吨以下的小煤矿。金三角煤炭资源的开发一定程度上吸取了这些教训。当年国家计委在体制外组建的神华集团，起步于金三角的神（木）府（谷）和鄂尔多斯，依托丰富的煤炭资源，引入最先进的开采技术和设备，井下一班工作人员只有几十人，主要是综采设备的操作维护人员，文化程度在中专以上，劳动生产率大大提高，井下工作人员收入增加，引入放顶煤开采的先进采煤技术，神东矿的采收率达到 80%，而全国平均的采收率不到 40%，瓦斯事故几乎为零，靠科技而不是拼人力，为煤矿的现代化开采树立了样板。李长春同志在视察神华宁煤集团时，赞扬神华创造了神话。这是对神华集团走科学发展之路的肯定。

## 三、整合煤炭资源

随着我国的经济发展，对能源需求的增加，煤炭价格上扬，煤炭资源成为各路投资者角逐的对象。但 1998 年亚洲金融危机袭来时煤炭行业处于全行业亏损，银行停止贷款，在建项目停顿成了半拉子工程。当时国家计委在财政十分拮据的情况下从财政预算内基本建设基金中拿出 40 亿元弥补银行停贷后的资金缺口，有选择地维持一些煤矿项目的续建。在这样的背景下，有眼光的温州商人进入山西购买煤矿资源，地方政府也廉价转让。但是也有一些有原则、有科学发展观眼光的领导有效地保护了资源，为以后的发展奠定了基础。例如宁东煤矿就可以作为典型案例。当时属于地方的宁煤集团经营也十分困难，但是宁夏的党政领导没有分散出售煤炭资源，而是胸怀大局，打破狭隘的地方主义想法，把宁煤集团整体与神华集团按 49∶51 的小股东身份组建了神华宁煤集团，完整地保留了宁东煤田，为今天宁东煤电化基地的建设创造了条件。陈建国书记曾对我说，当时找他来要资源的不在少数，也有打着领导人名义或以领导人亲属名义施加压力的，但他统统顶住了，没有分散出售资源。由于资金短缺，宁夏又是一个深处内地的少数民族自治区，很少有外资光顾。当时宁东煤田煤质最好的羊肠湾煤矿曾想给一家港资，文件报到了我这里。我考虑港资并无煤矿开采技术，市场也都在我们这里，唯一的解释只能是缺少资金了，我们不能为一时的资金困难而把这么好的资源几十年交给港资开发，所以没有批，把文件退了回去。宁夏的领导同意我的意见，把羊肠湾煤矿保了下来。现在羊肠湾煤矿已建成了年产 1800 万吨的现代化矿井，是宁东基地的最大煤矿。前几天我到宁夏参加能源法的一个会议，王正伟主席接见我，他感谢我任国家发改委副主任和能源局局长期间对宁夏的支持，其中一句话让我十分感动。他说：对您在任时批的和没有批的事情我们都十分感谢！我觉得这句话是最让我欣慰的褒奖。

## 四、拉开宁东大开发的序幕，建成煤电基地

2008 年成立国家能源局后，我们制定了"十一五"能源发展规划，把宁东基地作为重要的煤电化基地。2009 年 2 月，一次批准了红柳、麦垛山、石槽村煤矿共 2200 万吨，灵武、水洞沟、鸳鸯湖电厂 440 万千瓦，宁东至青岛 ±660 千伏直流输电工程、6 万吨聚甲醛等 8 个项目同时开工建设，拉开了宁东能源化工基地大开发的序幕。现在都已经建成。不久前我到 ±660 千伏青岛换流站去看了一下，查阅了运行记录。宁东向山东每天稳定输送 400 万千瓦电力，大大缓解了山东的用电紧张。前几天我到宁东了解基地建设情况，有一组数据供大家参考：宁东煤井口市场价是一吨 340 元，卖给当地按照宁夏回族自治区政府的政策是 270 元一吨，现在秦皇岛港的煤价约 850 元一吨。如按最近建成的几个电厂的煤耗，每千瓦时耗煤 300 克，那么一度电的原料煤成本是 9 分钱，在宁东的上网电价是每千瓦时 0.284 元，还有不小的利润。而五大电力公司上半年亏损 180 亿元。到了山东青岛的落地价是每千瓦时 0.3954 元，而山东当地火电的上网电价是每千瓦时 0.421 元，比当地发电要便宜 0.0256 元。输电输煤孰优孰劣一目了然。对宁东市场煤价和政府确定的煤价每吨差了 70 元，煤炭企

业强调是作了贡献，政府解释说这 70 元差价政府没有装入腰包，都用来搞宁东的生态建设和基础设施了。结果是煤炭企业、电厂、电网公司、宁夏、山东两地政府皆大欢喜。不久前我到上海外高桥三电厂调研，这是目前我国技术最先进的燃煤电厂，采用 100 万千瓦超超临界机组，每千瓦时煤耗 275 克，厂用电只有 4%。现在北方的煤运到上海已经是每吨 1000 元了，那么一千瓦时原料煤成本 0.275 元，在上海上网电价达到 0.457 元，这样先进的机组还有利润，但对于普通机组就要亏损了。比起宁东原料煤成本才 9 分钱，沿海煤成本要高出许多。所以，应尽快决策建设特高压输电线路，不要再争论下去。

## 五、贯彻落实科学发展观，整合宁东和上海庙资源

宁东的地下煤田是和相邻的内蒙古鄂尔多斯上海庙煤田连成一片的。2009 年宁东基地开工时站在交界处两边一望，宁东这边不仅热火朝天，而且干旱的戈壁郁郁葱葱，各企业在建设的同时承担起植树种草恢复生态的责任，而上海庙那边一片荒凉，仍然是沉寂的荒原。这一现象引起了我们高度重视。上海庙地区由于历史的原因，矿权卖给了本地和外地大大小小的 30 多家企业，矿权相互犬牙交错不利于成片开发。我们指出这一问题后引起了内蒙古自治区和鄂尔多斯市政府的高度重视，尽管清理整合矿权困难重重，但是政府下决心整合，由赵双连副主席牵头领导整合工作。2010 年 2 月，李克强副总理视察宁东基地，对宁东煤电化基地的建设高度肯定，并提出了建设宁东、鄂尔多斯、榆林能源金三角的战略构想，对宁东和上海庙地区联合成片开发建设煤电化大基地的构想完全支持。上海庙资源整合步伐加快。胡春华书记、巴特尔主席赴任不久到国家发改委衔接工作。我

　　2010年3月12日，内蒙古自治区人民政府与宁夏回族自治区人民政府、中国烟草总公司、神华集团有限责任公司在北京共同签署《内蒙古上海庙矿区煤炭资源整合开发合作协议》。国家发展改革委副主任、国家能源局局长张国宝，内蒙古自治区党委书记胡春华，宁夏回族自治区党委书记陈建国，内蒙古自治区主席巴特尔，宁夏回族自治区主席王正伟等出席签字仪式。

向两位内蒙古自治区领导汇报了宁东和上海庙的整合构想，得到了他们高度重视和支持。2010年两会期间，内蒙古自治区胡春华书记和巴特尔主席，宁夏回族自治区陈建国书记和王正伟主席亲自出席内蒙古、宁夏两个自治区整合宁东和上海庙开发协议签字仪式。由于历史原因，虽然上海庙不可能整合为一家企业来开发，但大体按西区、东区整合。西部芒哈图区储量较小，仍由山东新汶煤矿开采。东区鹰骏区块以神华宁煤和中国烟草总公司组成的维华合资企业为主开发，但夹杂了晋煤集团巴愣和山东临沂煤矿及中国烟草总公司合资的两个区块，已基本扭转了散乱的状态。内蒙古上海庙区域已有新汶煤矿的3个矿井约年产1000万吨煤炭生产能力形成，所产煤供应宁东已建成的电厂和煤化工企业。可喜的是鄂尔多斯加大了整合开发力度，设立了开发区管理机构。这几年投入 110 亿元用于植树种草和基础设施建设，已经改变了前两年荒漠一片的景象，一片生机，道路纵横，某种程度上超过了宁东的状况。由于两个自治区达成了共同开发的协议，上海庙所用水取自宁夏一侧的黄河取水口，经宁东输往上海庙，两区实现了和谐共同发展。与两个自治区的领导和企业谈起来，大家一致感觉到整合资源、科学发展这条路走对了。一个宁东、上海庙连成一片的新的煤电化基地正在形成。

## 六、资源开发和生态建设并重，和谐发展

鄂尔多斯、宁东、榆林金三角能源基地的建设是在全党、全国人民贯彻落实科学发展观的大背景下展开的，所以特别注意了开发和保护，生产建设和生态建设同步进行和谐发展。宁夏成立了宁东办，宁东办的主要职责是植树种草、生态建设，进入宁东的企业都有责任要绿化环境。由于年降雨量不足 300 毫米，都是用滴灌的办法。宁东开发后环境得到改变，荒漠变成了绿洲。进入宁东，路上大家突出的感受是种了许多树，能源企业也有实力做这件事。上海庙也是这样，绿化现在比宁东还好。2009 年我陪曾培炎副总理到鄂尔多斯，看到禁牧和围栏以后荒漠都变绿了，退牧还草的生态效应已经显现，曾培炎副总理让中央台来拍了纪录片。前不久我陪贾庆林主席去榆林，也同样看到生态建设的喜人成效。但是能源金三角毕竟是处于干旱少雨地带，用的都是黄河水，所以采用节水技术、节水产品显得尤为重要。现在煤矿开采的疏干水、生产过程产生的污水处理后的中水都用起来，做到了近零排放。发电全部采用空冷。前几年空冷岛还全是靠国外设备，后来我们下决心依托项目开发空冷设备。首先依托通辽电厂实现 30 万千瓦机组空冷国产化，以后又应用于 60 万千瓦机组，现在

在灵武电厂成功用于100万千瓦机组，这是世界上第一个百万千瓦空冷机组，用水量只是水冷的1/7。

## 七、科学规划煤化工产业，推广应用清洁煤技术

因为煤炭的开采和使用产生大量温室气体和二氧化硫、氮氧化物及粉尘，所以和石油与天然气比较被认为是不清洁的能源，煤炭的高效和清洁使用日益受到重视。同时为了尽可能增加煤炭的经济效益，为地方财政作出贡献，各地越来越强调煤炭的深加工和就地转化。近年现代煤化工技术发展迅速。煤制烯烃、煤制油、煤制二甲醚、煤制天然气、煤制乙二醇，我国在世界上率先实现了规模化的量产，煤制芳烃等也进入了中试，可以说在煤化工产业化方面我国处在国际领先地位。包头采用中科院大连化物所的DMTO技术的60万吨煤制聚乙烯、聚丙烯，宁东采用鲁奇技术的50万吨煤制聚丙烯都顺利投产，在成本上比传统的油化工有竞争力。宁东的煤制聚丙烯成本7000多元一吨，目前市场销价一吨1.2万元。神华在鄂尔多斯的100万吨直接法煤制油也是目前世界上第一个规模化的直接法煤制油项目。宁东经过多年论证，决定放弃与南非沙索公司合资间接法煤制油方案，采用国内技术和催化剂建设年产400万吨的间接法煤制油项目。因为国内已有几套年产17万吨的装置成功运行，我们有把握靠自己的力量建设好这个项目。发改委正在重新审批鄂尔多斯年产300万吨煤制二甲醚项目。在榆林大唐正与清华合作开展年产1万吨的煤制芳烃中试。中国的石油对外依存度已达55.2%，超过了美国的53.5%。中国去年消费石油4.4亿吨，而其中作为化工原料的轻油5515万吨，相当于原油7000万吨，也就是说约1/6的原油是用于化工产品。所以，煤制烯烃、煤制油对于实行石油替代有重要战略意义。但我们也要清

醒认识到煤制烯烃、煤制油、煤制天然气都会排出大量二氧化碳，煤中约有超过40%的碳变成了二氧化碳。宁东煤制聚丙烯一吨要消耗40吨水，煤制油一吨要耗水5—8吨。金三角都是缺水地区，切不可一哄而上盲目发展，同时在科学技术上要研究减少二氧化碳排放或利用二氧化碳的技术，减少水的消耗。我认为，耗水主要发生在制氢上，长远看要重视利用高温气冷堆实施高温电解水制氢的研究。煤的高效使用还包括前述的百万千瓦超超临界机组的应用。国家能源局组织了700度超超临界锅炉联盟，正试图开发更高参数的发电设备。另外，干法脱硫、干法除灰、空冷发电等节水技术的全面推广应用以及采用循环流化床，把煤矸石等劣质煤吃干榨净做到近零排放，新技术的应用空间很大。

## 八、合理确定煤炭产量

宁夏目前年产煤炭6808万吨，2430万吨外运，外运量占35.7%，区内用煤发电占45.7%，化工占10.1%，建材占8.7%，共计64.5%已转化。现在宁夏发电装机1330万千瓦，主要外送只有到山东的400万千瓦。到2015年装机要超过1500万千瓦，亟须规划新的输电通道。我主张先建通过晋东南到华中的通道，或扩建送山东的二回路。宁夏至浙江的直流特高压要结合"十二五"电网规划研究。但无论哪个通道，我都主张要大胆采用特高压输电技术。根据资源量，宁夏煤的年产量控制在1亿吨为妥，搞大了资源消耗就太快，但随着400万吨煤制油和一批煤化工、新电厂的建设，煤的需求量很快要超过1亿吨，所以要和内蒙古上海庙很好整合，统筹考虑。也要延伸产业链，选择高技术含量、高附加值产品，今后不能再饥不择食，来什么项目都要。

　　宁夏正在展现宏伟的发展前景。我在《水调歌头·能源绘宏图》中写道:"两淮始报捷,塞北布新局。银线飞架齐鲁,横贯陕晋豫。中亚燃气管线,接连西气东输,再造新丝路。钢龙穿南北,直下湘赣粤……"这一场景已经展现在我们眼前。

# "一石三鸟"的工程典范

广东 LNG 工程正式投产了。在隆重简朴的气氛中，温家宝总理和澳大利亚霍华德总理共同出席了这一象征中澳能源合作的盛事庆典。

昔日寂寥的大鹏海湾，矗立起 LNG 接收站的伟岸雄姿。随着

2006 年 6 月 28 日，张国宝陪同中共中央政治局常委、国务院总理温家宝出席中国第一个 LNG 接收站——广东深圳大亚湾 LNG 接收站竣工典礼。

LNG 运输船的一声汽笛长鸣，清洁能源从此将源源不断进入寻常百姓家。我有幸作为这个工程项目的策划者之一，亲历了 8 年的准备和建设过程。抚今追昔，特将我国首个 LNG 项目的决策与建设过程进行整理，以飨读者。

我国沿海经济发达，人口稠密，能源需求量大，但自给率很低。该地区以煤为主的能源消费结构和远距离能源供应，给环境和运输带来巨大压力。20 世纪 90 年代初，我国开始研究使用 LNG 问题。1995 年，我们着手编制天然气发展规划并组织有关单位开展 LNG 项目前期研究工作。1998 年 10 月，国务院批准广东先行试点，引进 LNG，拉开了我国进口液化天然气的序幕。这是推动能源结构调整的一项战略决定。

在国务院领导下，当时的国家计委统筹协调，项目实施采取了若干创新举措，开创了重大基础设施建设项目竞争性选择投资伙伴和长期资源供应商之先河。它不仅成功地实现了选定最佳伙伴和取得最佳供应资源条件等直接目标，而且通过竞争性选择过程，在社会主义市场经济的条件下，国家成功组织了运输招商、造船招标和燃气轮机技术引进国产化活动，实现了境外参股上游气田开发的既定目标，有效启动了我国 LNG 运输业与造船业起步，带动我国相关产业发展，创造性地走出一条引入竞争机制管理大型项目的新路子，成功探索了具有中国特色的 LNG 产业发展途径和大型天然气项目的管理模式。引进 LNG 试点工程的成功实施为我国扩大 LNG 使用提供了良好的示范作用，也在贯彻国家外交战略方面提供了宝贵经验，推进了我国与澳大利亚之间的友好合作关系。

## 一、站线项目合作伙伴招商

由于我国是首次进口 LNG，借鉴国外成功经验可少走弯路。为通过竞争选择合作伙伴，当时的国家计委下发了《关于广东LNG试点工程接收站和输气干线项目外商合作伙伴选择问题的批复》。广东LNG站线项目的对外招商活动，引起广泛关注。包括埃克森、壳牌、道达尔、英国石油公司（BP）在内的多家公司购买投资建议书，有10家组成集团或单个公司正式投标。经过第一轮招商竞争，形成埃克森申请集团（由埃克森和日本日商岩井、中部电力公司组成）、澳韩申请集团（由澳大利亚6家公司和韩国煤气公司组成）、壳牌申请集团（由壳牌和大阪瓦斯、丸红公司组成）和BP公司（单独）4家短名单。此后，进入第二轮招商竞争。根据4家公司提出的报价和合作条件，遵循"公平、公正、公开"原则，2001年4月最终选择BP公司为外商合作伙伴。

## 二、资源招标

为招标选择资源供应方，当时的国家计委下发了《关于广东LNG试点项目一期工程LNG资源招标的批复》，主要包括贸易方式、参股上游、价格公式与原油挂钩系数取值、能源安全、运输条件、商务条款及操作预案等条件。

根据文件规定，项目业主坚持竞争原则，努力实现资源稳定可靠、价格具有竞争优势、降低资源供应风险，并按国际惯例谈判签订照付不议购气原则协议。据此，业主向澳大利亚、马来西亚、卡塔尔、印度尼西亚、俄罗斯、也门和伊朗7家发出招标邀请。广东LNG资源招标是涉及年进口370万吨LNG、合同长达20年以上、总金额高达120多亿美元的重大项目。巨大的商业利益，引起了各资源供应国政府和企业的高度重视。诸多国际石油跨国公司角逐中国市场，资源招标竞争十分激烈。2002年8月，经严格的招标程序和综合打分评选，澳大利亚具有资源可靠、供应安全、距离较近、向我开放上游资源投资、积极与我长期合作，同意中国海洋石油总公司参股12.5%澳大利亚西北大陆架气田等综合优势，最终选择澳大利亚为资源供应方。在资源招标中，建立了具有我国特色的 LNG 国际油价挂钩公式，争取到了国际上最优惠的价格。同年 10 月，签署中澳天然气技术伙伴关系基金宣言，由澳方政府提供 2500 万澳元支持中国发展天然气工业和推动两国能源合作。

## 三、组建 LNG 运输公司

为培育我国远洋公司承运 LNG，当时的国家计委下发了《关于广东 LNG 运输项目招商的批复》。由中远公司和招商局组成运输公司，通过招商选择具有 LNG 运输管理经验的国外航运公司合作，共同进行广东 LNG 运输项目可行性研究。为保证 LNG 由组建的运输公司承运，我们坚持按离岸价报价，到岸价作为参考，提出了包括运价在内的运输方案，成立了运输办公室负责运输和造船的招标工作。招商过程中，业主认真比选候选外商在经验、业绩以及财务和融资能力方面的条件，特别注意考察其承诺的合作条件是否支持以中方为主承运和造船。运输项目的对外招商活动，同样引起国外的广泛关注。业主向日本商船三井、日本邮船、川崎汽船，韩国 SK，比利时 EXMAR，新加坡 GOLAR 等 6 家船公司发出广东 LNG 运输项目可行性研究合作伙伴选择邀请函。根据 LNG 资源招标与澳方签署的《运输协议备忘录》，澳大利亚天然气公司（ALNG）中标后，ALNG 自动成为广东 LNG 运输项目外商合作伙伴，其所承诺的合作条件和贡献（指为中国培训 LNG 人才）亦开始生效。

## 四、造船招标

根据当时国家计委下发的《关于广东 LNG 运输项目招商的批复》规定，业主不仅应支持中方承运 LNG，还应支持实现 LNG 船舶国内建造总目标。同时也应维护业主经济利益，引入竞争机制，采取国内船厂对 LNG 船舶建造可行性研究与国外船厂进行 LNG 船舶报价相结合方式，进行比较。运输办向大连新船重工、沪东造船厂、江南造船厂、南通中远川崎船厂发出广东 LNG 运输项目船舶建造可行性研究邀请函。与此同时，经由中外专家组成的评委会对船厂拟建船舶方案进行严格评估。2002 年 3 月，上海沪东造船厂中标，承担广东 LNG 运输船舶建造任务。ALNG 自动成为广东 LNG 运输项目外商合作伙伴后，推荐壳牌公司参加并协助沪东造船厂进行首船建造工作。因美国船级社（ABS）明确承诺以双重船籍方式协助中国船级社（CCS）实现 LNG 船检目标。经谈判，中国船级社（CCS）选择与 ABS 进行合作。沪东造船厂引进法国 GTT 公司（拥有薄膜型液舱技术专利）和法国大西洋船厂（拥有设计建造经验）技术。由美国船级社（ABS）和中国船级社（CCS）合作承担 LNG 船舶检验。按预定计划，首船于 2004 年 7 月开工建造，并于 2005 年 12 月下水，预计 2007 年 11 月正式交付运营。由沪东造船厂承建的第二艘 LNG 船亦于 2006 年 6 月顺利下水，开始内部安装。目前，沪东造船厂手持 LNG 船订单 5 艘，并已开始有国外订货，实现了我国生产 LNG 运输船零的突破。

这次招标的主要特点是：招标择优、以我为主、市场运作、统筹兼顾。在协调指导下，坚持市场运作；突出各环节统筹兼顾。国家计委从国家利益出发，对招标工作进行引导和核准把关，在 4 个方面做得较有特色，即：严格依法实施，强调公正评估，坚持综合比选，恪守国家利益。这 4 次招商招标活动，既是一个整体，又相对独立。上下一心，团结一致。每每遇到新问题，均通过协调、协商、协作，及时处理。终经艰苦商务谈判，得以完成并签署以照付不议为标志的重大商务合同群。

2003 年 9 月，国务院批准广东 LNG 项目可研报告。同年 10 月，签署《中澳天然气领域技术伙伴关系基金启动谅解备忘录》，项目基金正式启动。12 月，项目开工建设并完成站线项目、组建运输公司的登记注册。2006 年 6 月，第一艘 LNG 船顺利抵达项目接收站，卸下第一船 LNG 进行运行调试工作。从前期工作到工程建设历时 8 年。通过中外全体建设者的共同努力，工程建设比计划提前 1 个月完成。广东 LNG 项目的胜利建成，是发挥我国社会主义制度集中力量办大事优势的又一体现。

总结建设广东 LNG 项目的基本经验，形成具有我国特色的广东 LNG 模式，这就是，以市场换资源，以中方为主承运与造船，通过招标对价格、工程等进行择优选择的三项基本工作方针。该项目实施过程中，在工程、技术、经济等方面都有所突破和创新。实践表明，发展 LNG 产业，已直接带动我国航运、造船、冶金、化工、机械电子、发电、金融、保险、城市燃气等相关产业发展，创造出显著的经济和社会效益。今后要按 LNG 发展规划，加快我国沿海地区引进 LNG 各项工作，继续全面开放和对外合作，加强管网和市场建设，推动天然气等清洁能源利用。

广东 LNG 项目的顺利投产，将极大缓解珠江三角洲地区能源紧张局面，并对该地区调整能源结构、改善生态环境、建设资源节约型和环境友好型社会起到积极促进作用。

# 加快我国能源结构的调整<sup>*</sup>

进入 2013 年，一场持续多日、遍及多个省市的雾霾震惊了国人，引起了世界的围观，再次引发了经济发展和环境保护、发展模式和产业结构调整的大讨论。随着我国经济持续快速发展，2012 年生产原煤 36.5 亿吨，净进口 2.7 亿吨，煤炭表观消费量 39.2 亿吨，占全世界煤炭消费的 47%。全国能源生产总量 33.1 亿吨标准煤，消费总量 36.2 亿吨标准煤，都跃居世界第一。但中国人口众多，年人均能耗 2.7 吨标准煤，刚达到世界平均水平；人均电力消费 3500 度 / 年，只有发达国家人均电力消费的一半；人均年生活用电 466 度，还处于世界较低水平。

能源的生产和消费总量以及能源结构、能源效率直接关系到温室气体的排放和大气环境质量。例如，根据北京市公布的数据，煤烟污染占 40% 左右，仍是最主要的大气污染源。我在任国家能源局局长期间要求北京市将仍在市区的东郊热电厂（国贸大厦东侧）、高井电厂、石景山电厂 3 个燃煤电厂和天宁寺燃重油电厂迁离市区，并改烧天然气，但当时思想未能统一，还遭到家住电厂附近的 200

---

＊　本文是 2013 年 3 月 8 日张国宝就我国产业结构、发展方式、能源结构调整向中央领导同志提出的思考建议。

多名退休职工的联名反对。现在北京市认识统一了，但行动慢了，仍未完成停机、搬迁、改烧天然气，至今还在烧煤，成为主要的排放源。

我国一次能源结构中煤占69%，发电设备中燃煤机组装机容量占78%，发电量中燃煤发电占83%，居高不下。如果再考虑因燃煤引起的酸雨以及尚不为公众所知且很难治理的燃煤引起的汞排放污染，肺癌发病率逐年上升呈高发态势。这些状况警示我们，如果我国人均能耗达到发达国家水平，我们一次能源消费总量将在现在基础上再翻一番，不仅能源的供应难以为继，排放的压力也是不堪承受之重。我们必须认真思考调整我国的产业结构，大力提高能效，调整能源结构，大力发展可再生能源，增加非化石能源的比重。

近年我国水电、风电发展迅速。2012年非化石能源发电量达1.07万亿千瓦时，占全国发电量的比重达21.6%，等于少用了3.5亿吨标准煤。这表明近年我国非化石能源发展迅速，是了不起的成就。但非化石能源中主要贡献还是水力发电，占了总发电量的17.4%；风电虽然发展迅速，但所占比例很小，仅是发电总量的2%；核电比例也很小，只占总发电量的1.97%，太阳能发电更是微乎其微。我们常说中国以煤为主的能源结构很难改变，这反映了中国能源结构的状况，但也束缚了大力发展非煤能源的信心。如果我们要达到现在发达国家的人均水平，能源消费还要增加一倍，真是不堪设想。尽管煤炭还是重要的一次能源，但煤炭的生产强度、事故、生产和消费环节的排放、运输都绷得很紧了，不宜再追求产量的扩张，总产量应控制在40亿吨以内，并且还要争取有所减少。可能会有人质疑这能不能做到？我认为关键在一个认识问题，只要下决心做就能做到，具体建议如下。

# 一、大力发展核电，2030 年将核电
## 占总发电量的比例提高到 8%

目前我国已投入运行核电机组 16 个，2012 年发电量 980 亿千瓦时，占总发电量 4.95 万亿千瓦时的 1.98%。全世界在运行核电机组 440 个，核电占发电的平均比例 15%。其中：美国 104 个核反应堆，核电比例占 16% 左右；法国 58 个反应堆，核电比例超过 80%，全世界最高，被认为是戴高乐时期主张大力发展核电的一项伟大成就，所以法国的空气质量很好；日本在福岛核事故前是 56 个核电机组，核电比例占 30%；韩国核电机组 28 个，也占 30% 以上。一般发达国家核电比重均远远大于中国。美国、法国大力发展核电是在 20 世纪七八十年代。美国高峰时同时在建核电机组 40 个，法国也有 20 多个。

目前我国的建设强度均未超过七八十年代的美国、法国。毛主席、周总理批准发展民用核电是 1970 年 2 月 8 日，在上海成立了 728 院（上海核动力研究院）。秦山核电站一期建设耗时 11 年，于 1991 年正式投入使用。我国核电起步还不算晚，但由于在要不要大力发展核电和选择什么样的技术上一直争议不断，犹豫不决，受切尔诺贝利和福岛两次核电事故影响放慢了脚步。这是造成我国现在高度依赖煤炭的原因之一。

对发展核电最大的担心是安全。但从世界范围看，核电是可以做到安全的。切尔诺贝利事故起因是人为操作不当；日本福岛核事故起因是罕见特大自然灾害，加之设备技术老旧，服役已 40 年，本已应淘汰，事故处置也有不当。吸取这些教训后，核电技术更加成熟可靠。我国核电起步比发达国家晚，采用的都是当今最先进的技术装备，有核电以来一直安全运行。核电安全的全世界同业评比中，我国一直名

列前茅。在技术不断改进和吸取福岛事故经验教训基础上，我国完全能做到核电的安全运行。我们已经为天然铀的储备、核电装备国产化、人才培养做了大量工作。现在已形成的制造能力闲置。大力发展核电不仅是调整能源结构的需要，还可以成为我国经济一个新的增长点。

## 二、加快发展风电、太阳能等可再生能源

近年我国以风电为代表的可再生能源发展迅速，风电装机容量突破 6000 万千瓦，超过了美国，居世界第一。2012 年发电量 1004 亿千瓦时，超过了核电的发电量，这是了不起的成绩。奥巴马在前几次国情咨文里几次提到中国的可再生能源发展迅速，警示美国不要落后。2013 年国情咨文仅一处提到中国，就是中国可再生能源发展迅速，美国也要大力发展可再生能源。但由于我国风力资源主要分布在内蒙古、东北、西北一带，局部地区风电比例较高（有的地方超过 20%），输电线路建设滞后，外送通道不畅，导致 2012 年"弃风" 200 亿度左右。一方面雾霾肆虐饱受诟病，另一方面清洁能源又大量弃用，实在是不应该。究其原因，主要是电网建设有争议，至今电网规划没有出台，有电送不出来。2013 年这一情况还将更加严重，不仅"弃风" 200 亿度难以改观，还将弃水电 200 亿度左右，共计将放弃清洁能源 400 亿度。因为今年继三峡之后的金沙江溪洛渡水电站自 6 月起将陆续有 10 台世界最大的 80 万千瓦机组投产，而溪洛渡水电站的电力外送通道没有建成，因审批迟缓将推迟一年半左右。目前的临时措施是建一条从溪洛渡到向家坝的线路，通过已建成的向上直流（向家坝到上海的 ±800 千伏直流）外送一部分，但仍有 200 亿度左右将弃用。风电、太阳能仅占全部发电量 2%，消纳这点电力根本不是问题。当务之急应尽快审批蒙西锡林浩特至南京、甘肃酒泉外送

特高压线路，加紧建设溪洛渡左右岸的外送通道。

如何加快发展风电、太阳能等可再生能源？在初期，财政给点补贴扶持是需要的。最近太阳能行业很困难，国家加大了财政补贴，但这只能是一时的措施，最根本的是要通过做大"蛋糕"、提高技术、降低成本，使风电、太阳能成为人们用得起，电网愿采购的电力。否则，可再生能源越多，财政补贴也要越多，最后补贴不起了也就发展不了了。加快风电、太阳能发展，我建议：

（一）风电、太阳能均属分散的小容量电源，没有必要拿到中央政府层面来审批。取消对风电、太阳能项目的行政审批，备案不要以确认方式变相审批。涉及土地、环境、上网等问题由各职能部门处理，有问题由属地发改委或能源局协调解决（只协调不审批），取消给各地切块下限制指标的做法，放开手脚调动大家积极性来发展可再生能源。这样做是否会担心"弃风"更加严重？其实，风电、太阳能都是民间投资，业主会自主判断，自担风险。都拿到政府来批，反倒使政府承担无限责任。政府的职责要转向制定政策、加大对新技术的推广支持和制定标准上来。

（二）做大"蛋糕"，集中式、分布式因地制宜发展。要有大气魄，发挥社会主义的制度优势，搞几个世界级的可再生能源大工程，做大"蛋糕"、扩大影响、提振信心。欧洲曾经有个沙漠产业行动计划，在北非撒哈拉大沙漠建一个大型太阳能电场。那里阳光资源好，全是荒漠，不与其他事业争地，然后将电能通过高压输电线送到欧洲，解决欧洲对清洁能源的需求。这是个庞大的工程，实施起来非一朝一夕。其实，在中国最有条件实施这样一个重大工程。我提过"风电三峡"，在甘肃河西走廊建1000万千瓦风电，现在已经建了600万千瓦左右，很快就要达到1000万千瓦。河西走廊夹在贺兰山、祁连山之间，是著名的风口。另外，赤野千里都是戈壁，只长少量骆驼草，土地没有多少利用价值。和三峡比，没有百万移民，也不耗水，不占良田。现在虽也有"弃风"的问题，但只要输电线路建起来，送往负荷中心就不是问题了。我多次去考察过，现在再建 1000 万千瓦风电也有余地，如加上邻近的青海、新疆荒漠之地，发展风电、太阳能的空间就更加广阔。此外，现在已建好的风电场下面都没有利用，仍是一片荒漠。如在风电场下建设太阳能电场，实现风光互补，不用再征土地就可以建起 1000 万千瓦以上太阳能电场。现在已有少量地方在这样做。如国家规划在此建设 3000 万千瓦风光互补可再生能源基地，将清洁能源送往东部、南部负荷中心，将在世界上和国内产生重大影响，将可以成为和西电东送、西气东输相媲美，甚至影响更大的重大工程。应该再搞几个像西气东输、西电东送这样有战略性影响的大项目。如国家决策，我愿以能源专家咨询委员会平台谋划此事，为政府当好咨询参谋。工程实施、设备采购要采取竞争招标方式，要使电价比现在水平有所降低。这样一来，也为太阳能、风电设备厂商提供了广阔内需市场，解决当前的困境。

（三）控制煤炭产能和用煤总量。现在我们公布的煤炭产能是 34.5 亿吨，产量是 36.5 亿吨。这对数据显然有矛盾，实际产能要超过上述统计数。由于漏报、少报，实际产能当已在 38 亿吨以上。产量 36.5 亿吨，加上净进口 2.7 亿吨，表观消费量 39.2 亿吨，占了全世界近一半。我国二氧化碳排放达 98 亿吨，面临巨大的国际压力，也是我国雾霾频发的主要原因。雾霾不仅是北京的问题，在南京、上海、广州等沿海经济发达地区，天气也早已和过去无法同日而语了。仅江苏省装机容量已超过 7000 万千瓦，和英国差不多，且大部分是燃煤机组，燃煤发电厂密度极高。如再考虑燃煤引起的酸雨和尚不为公众所知的汞污染，燃煤总量必须严格控制了。所以，今后原则上沿海地区要严控新上燃煤电厂，所缺电力由核电和产煤地区坑口电站、大规模可再生能源基地送电解决，要把这作为一条重要产业政策严格执行。我国今后要把煤炭总消费控制在 40 亿吨以内，新上燃煤电厂要继续贯彻上大压小政策，煤炭新增产能也要推行上大压小，优先批准压缩小煤矿和接替产能的新矿井。控制煤炭生产总量和消费总量比现在控制和分省分解能源消费总量要更有可操作性。

（四）更加大胆进口天然气资源，把天然气占一次能源的比重从现在 5.4% 提高到 10% 以上。国内一直有一个观点，认为我国天然气资源不丰富，价格和煤相比不具备竞争性，所以不主张大力推进天然气，特别是不鼓励发展燃气机组。我国天然气消费量占一次能源比例仅 5.4%，和发达国家平均 30% 以上差距很大。其实，欧洲、日本和韩国也没有天然气资源。日、韩全部靠进口，但他们的天然气占一次能源比重高达 30%。20 世纪 80 年代，我们到日本访问时东京都市圈就没有燃煤，全部是燃气电厂和核电。现在只有一个矶子电厂是燃煤。现在国际和国内的天然气未探明储量要大于石油，年增长产量也以两位数增长，在国外投资和购买天然气的机会要多于石油，且同热值的天然气价格仅是石油的一半。所以，我们不要被当前价格未理顺绊住了脚步，大胆投资和购买国外天然气，并且在改革上也要更思想解放一点。现在还没有放开让民营企业进口 LNG，仍然局限于三大油企，应适当允许民营企业投资和进口天然气，并适时出台天然气价格改革方案，按市场价值规律形成良性的市场机制。国家也可考虑拿出一部分外汇，不分所有制，支持对外投资天然气田、管网和运输船。

仅以上 4 条能源结构调整意见若能实施，就可创造出新的经济增长点，为企业创造巨大商机，同时为我国长远能源安全和保障做好布局。

# 中国能源变革之路

## 一、总体判断

中国能源工业发展进入到一个新的阶段——能源供应紧张的状况已经改变。中国已经成为世界第一大能源生产国和消费国。2013年中国的能源消费达到37.6亿吨标准煤，按国际上习惯可以换算成26.3亿吨标准油，电力装机也达到了12.47亿千瓦，总量也已经超过美国，成为世界上第一大电力装机国家。2013年能源的消费只增长了3.9%，能源消费弹性系数0.5，增速和前些年相比有明显的下降，处于一个不是很高的增速。

未来若干年，不是一两年，可能是较长的时间，电力和煤炭，不会出现紧张的状态。这两个领域今后的任务更多是调整、重组和技术创新，这应该成为这两个领域今后发展的主流。有一部分小煤矿会退出市场，整合会加快，煤矿的改造也会加快。电力也是这样，将进一步淘汰落后机组，让优质清洁的发电更多地发挥作用。未来社会，电作为二次能源在整个能源消费中的比重一定会上升，这是社会更加现代化的一个重要标志。

## 二、能源对外依存度

实际上我们国家整体的能源自给率并不太低，有90%（2012年美国能源自给率为81%），能源总体对外依存度10%。2013年中国一共消费了能源37.6亿吨标准煤，本国产出33.88亿吨标准煤（既包括煤炭也包括其他的能源折算过来）。

中国能源对外依存度主要是在油气上，去年我们进口了2.8亿吨原油，但是去年进口增幅并不高，只有1.8%。我们自己生产了2亿吨，表观消费量4.8亿吨，对外依存度约是58%。中国石油对外依存度我认为还会增加，因为我们这些年并没有发现新的大油田，发现新的大油田的难度也非常大，能够维持2亿吨也非常艰难。如果谈论中国能源安全，可能重点就是在石油工业安全上，不是煤炭这些东西。

## 三、天然气

天然气作为一种清洁能源已经被社会广泛认识，需求增幅非常之快，去年就增长了25%，是所有能源品种中增长最快的一个产品，而且趋势还在进一步加大。天然气对外依存度已经达到31.6%，未来几年这个数字肯定还会增长。去年我们一共进口天然气530亿立方米，LNG进口大概是1700万吨，如果折算成立方米的话，大体上和管道进口是各一半。

进口来源主要还是中亚管道气和澳大利亚、印度尼西亚的LNG。去年虽然中缅管道开通了，但只有4亿立方米，主要还是从土库曼斯坦过来的中亚天然气。

石油和天然气这两个相对比较清洁的能源，在未来中国能源产业中会继续扩大对外依存度，也是增长比较活跃的两个能源产品。解决这个问题我觉得还是要扩大国际合作，扩大对外的投资，同时在国内要发展石油的替代产业。我也很赞成电动汽车，如果说电动汽车技术上能够有突破。我国石油主要的消耗是在交通领域当中，一年增长1700万—1800万辆车，光是汽车这块一年就要增加3000万吨油品，如果汽车领域能够推广替代能源，用电或者是别的燃料这是应该鼓励的，就减少了对进口的压力。

天然气调价后，由于电价调整滞后，导致目前气价下，燃机发电情况比较困难（更多作为调峰）。新增量气价是每立方米3块多钱，大概燃气电厂的成本一度电要到1.1元钱，如果按老气价可能也要每立方米8毛多钱。由于天然气供应不足而不鼓励燃气发电的观点我并不赞同。现在市场是一个全球性的，从世界范围来讲，天然气资源的供应量还是比较多的，日本、韩国天然气基本外购，天然气发电比例能够占到30%，主要还是观念问题。

中缅天然气：我们现在从缅甸买的天然气是韩国大宇在缅甸海上开采的天然气，产能也就是50亿立方米，以后会不会有什么新发现尚不清楚，目前来讲恐怕也就是这个水平。

土库曼斯坦：中亚天然气潜力非常大。我们几任国家领导人出访都考虑到土库曼斯坦去，跟这个有相当的关系。习近平总书记访问中亚第一站到的就是土库曼斯坦，签了680亿立方米。中亚天然气管道原来A、B、C线三条，现在开始考虑D线，今后可能还要考虑E线，中亚仍然是我们陆上主要进口天然气的通道。

俄罗斯：主要还是价格问题。作为俄罗斯来讲很愿意卖给中国，因为它过去主要通过乌克兰卖到欧洲去，现在乌克兰出了这个问题，东边是一个很大的市场，它当然愿意卖给中国，问题根本就是价格。俄罗斯现在卖给欧洲的价格是1000立方米400美金；土库曼斯坦卖到新疆边境的价格是 1000 立方米 270 美金。如果接受俄罗斯价格，就意味着土库曼斯坦有意见，结果那边没谈成，说不定这边就出问题了，我们也有顾虑。那么俄罗斯降价行不行？也不行，因为俄罗斯的财政非常依赖能源，出口油和出口天然气税率比较高（天然气是30%），如果价格下降会减少税收。乌克兰是和俄罗斯有特殊关系，在那里有黑海舰队，驻在敖德萨作为一个交换条件，所以给乌克兰是有免税的，跟中国没有这种关系。目前这个价格有较大的差距，但是资源不是没有。我们非常希望它走东线，因为西线无论哈萨克斯坦也好，乌兹别克斯坦也好，土库曼斯坦也好，这条线不断在增加，急需要的是东边。东北有 1 亿人口的老工业基地没有像样的天然气供应，东北目前只有几个小气田，一个是大庆油田深部，还有一个是吉林的松原油田，剩下来的辽河就非常少。所以东北 1 亿人口相当多的大城市，还是在烧煤制气而不是天然气，我们如果能从东面进来，对于解决东北老工业基地加上 1 亿人口的民用气是有需求的，现在这个问题还在谈。

## 四、核电

现状：中国一共 17 台核电，韩国有 23 台。韩国人口和面积大体上跟浙江省差不多，它是 4000 万人口，核电在整个发电当中占的比重 30%，而我国占比仅 1.97%。我国核电经过 40 多年的努力，在全世界有核电的国家当中中国核电比例排在末尾，大概是在 30 位。

虽然发生福岛核泄漏这样的不幸事故，但是我觉得人类在总结经验不断改进做到核电安全应该是可以的。福岛本身有很多因素，包括天灾人祸，因为这个天灾人祸我们也要考虑在内，所以现在的核电设计都做了很多的安全设施，尽管中国可能不会有那么大的海啸，但我们也加高了在沿海核电站的堤防。甚至于包括核电站外壳的设计都考虑了恐怖袭击，这些因素都考虑了。

要想治理雾霾、调整能源结构，我觉得不能偏废这个核电，尽管也可以搞风电、太阳能，但是那种东西的量跟核电站的比重没法比。我也不主张乱搞，要适度地发展核电。核电是电力当中最有竞争力的产品，除了水电比较便宜，其次就是核电了。大亚湾电价约 0.41—0.43 元 / 千瓦时，广东火电标杆上网电价约 0.50 元 / 千瓦时，核电的价格比火电便宜不少，一度电起码有 0.05—0.06 元的利润。

# 五、风电

现状：现有装机 7700 万千瓦，已经超过美国跃居全世界第一位。

2004 年，风电价格在 0.80—2.00 元 / 千瓦时。这个价格，风电只能当花瓶摆在桌子上，说明可以发电，但是不能作为商品。如果要作为商品，一定要把这个价格降下来，我认为有三个政策：第一个是把"蛋糕"做大，把成本摊薄；第二个是设备国产化，因为那时候设备大部分都是进口的；第三个是引入竞争，通过竞争决定价格。我离任时风电价格降至 0.51—0.61 元 / 千瓦时，而且发电商基本都有 20%—30% 利润率，主要是因为风电的大力发展摊薄了成本，设备造价降至 4000 元 / 千瓦时。如果说有点困难的话，就是风电设备制造企业现在的利润很薄。

我认为，风电、太阳能就不要拿到中央来批了。现在大家都对审批很反感，还要拿到中央来批，不是更挨骂？你们应带头把它放下去。他们舍不得放就来找我讲为什么不放的理由，说因为风电、太阳能还有补贴，我说这个补贴不是你的事，补贴是人家财政部的事。现在虽然是放下去了，但是还保留了不批项目，但是要批规模，理由是因为补贴就这么多，搞多了补不起。补贴这个东西可能在某个产业起步阶段有点用，但是我认为最多是"西药"，能治病但是有副作用，有时候会产生抗药性，比如说国家筹集了 100 亿元的新能源基金能够补得起，以后规模做大了补不起怎么办，还要涨电价。我认为本质上还是应该让风电企业增加自己的素质，有竞争力能够扛得住这才是根本，没有补贴也行，就像现在没有 CDM（清洁发展机制）也能赚钱。能不能做到？完全可以做到。

适当调整风电价格：风电实际上跟煤电竞争已经有可比性了，0.51—0.61 元 / 千瓦时的价格还没有考虑排放因素，如果考虑进去跟煤电已经是相差无几了，是很有竞争力的，而且还有降价的空间。但是你一说降价，他们搞风电投资的人会不高兴。我的意见是不要孤立地讲降价，你跟某些政策挂钩打组合拳，不要打太极拳。大家都知道，风电还有 10%—20% 的"弃风"，主要发生在东北、内蒙古、西北风力资源比较丰富的地方。能不能降价的同时要承诺一条，只要你降价我就保证不给你"弃风"，来全额收购你。这样的话他也愿意，电量也增加了，现在弃掉的 10%—20% 可以不弃了，虽然价格降低一点，但电量增加了，总的损失没有，国家的新能源增加了。有的人在网上骂我，说张国宝在任时搞风电"大跃进"，造成了今天"弃风"。"弃风"，是输变电滞后，送不出来。风电只有 2%，怎么能算"大跃进"？为什么输电滞后？长期为特高压争论，导致电网规划至今出不来。

## 六、水电

水电是现在各种能源门类当中最便宜的，历史上的水电。像葛洲坝曾经是 8 分钱一度电，后来实在太低了涨到 0.15 元钱一度电，广西百龙滩这些建得比较早的水电站现在也 0.15 元钱一度电，理由是它折旧也差不多了，而且那时候投资可能是国家投资的，所以比较低，较低水电价格补了高电价的发电。

水火同价：国家发改委价格司是有保留意见的。他们认为水火不能同价，还来找我讲了若干条理由，我也不好多争执。后来我们达成一个协议，就是说找一个单位试点，就找广西试点，因为广西的移民闹事比较多，能不能适当提高点电价。后来广西的物价局上来一个报告反对，说你把水电价格上去以后，我们广西整个电价就上来了，后来这个事也不了了之了，也没有推行下去。

总的趋势来看，大家都认识到水电作为一种清洁能源，现在靠压低价格是不大妥当的，没有体现它对社会的价值，至于说盈利水平高了怎么分配这个资金是可以研究的，多少给移民群众，有多少是地方政府发展，有多少是中央的税收，但是总的趋势来讲应该鼓励水电跟火电竞争的价格，不要刻意地去压低水电的价格，但是这个做起来会是复杂的问题，因为历史上水电价格就比较低，调整很复杂，可能一句话两句话不能说得清楚。

## 七、特高压

老争论特高压该不该搞，一个非要搞，一个非不让搞，到现在五年过去三年了，连一个输变电规划都没有出来。老吵应该不应该搞特高压，都三年过去了还吵不完。光吵没有结论怎么能行呢？吵是可以的，吵也是正常的，但是不能没有决定。

上一轮的电力体制改革就是因为二滩弃电所以引发了电力体制改革。现在我们面临的包括"弃风"这些问题，还有输变电滞后的问题，也要用改革的办法来解决。

## 八、页岩油

在美国页岩气出了很多，但是价格那么低。我曾经问过美国的能源部部长和副部长，当时的常务副部长叫桑德罗，现在这个人在哥伦比亚大学当教授。现在的天然气价格有没有钱可赚呢？他说如果是两块多没有钱可赚，4块多也够呛，如果是6块多没有问题，基本上是有钱可赚的。我问没有钱可赚你为什么还要干呢？他说实际上我是拿油来补气，页岩油是有钱可赚的，因为油价国际市场上很好，美国的页岩油增长非常快，所以说这个前景非常好。大家可能注意页岩气比较多，没有注意页岩油，其实页岩油效果非常好，用油来补气。

那么，中国行不行？其实中国历史上就搞过这个。如果小的时候学地理注意可以知道两个地方，一个是广东茂名，一个是辽宁抚顺。我们国家石化工业是抚顺发源的，抚顺油页岩用蒸发的办法，把油弄出来，但是由于这两个地方开采基本上完了，后来的油价也比较便宜，所以页岩也不再炼油了，拿去当煤去烧了。还专门从英国进口了一个大锅炉来烧这个页岩，像煤一样当燃料，烧出来的灰做水泥。后来壳牌说，中国东北有很广泛的页岩，特别是在吉林，他们是把蒸汽注到地下，然后蒸出来，后来因为效益不好就停下来了，将来如果有别的什么办法能够把它开采出来的话，我认为页岩油也是可以的，但是现在技术上还没有完全成熟，在美国很多。

## 九、体制改革

我认为改革也好，变革也好，都很有潜力，改革就是发展生产力，现在我们确实存在阻碍生产力发展的东西，所以需要改。

　　我发表过一篇文章，说电力体制改革议论的人很多，我问电力体制改革的标准是什么？不是说把一个电网拆成三个、六个是标准。改革的标准只有一个，就是是否有利于生产力发展。一个网也好，几个网也好，如果有利于生产力发展的政策就是对的，不利于生产力发展的就是错的。全世界一个网的也有，几个网的也有。衡量的标准应该是看有没有利于解放生产力。

# 抓住历史机遇，建立中国原油期货市场 [*]

　　世界石油消费主要集中在北美、欧洲和亚太三大区域。其中，北美和欧洲都已度过石油消费高峰期，近6年消费总量呈现持续下降的态势，从2006年的20.92亿吨下降到2012年的19亿吨，降低约2亿吨，对全球能源市场的影响力已大不如前。然而，受国际市场交易传统等因素影响，纽约商品交易所的西得克萨斯中间基原油（WTI）和伦敦洲际交易所的布伦特（Brent）原油期货仍是全球石油交易的价格基准。

　　我国是全球第二大经济体，处于工业化、城镇化加速推进期，经济发展仍呈现出资源依赖型特征，石油天然气需求刚性增长的状态仍将持续。自2002年以来的10年间，我国石油消费量从2.46亿吨增加到4.92亿吨，年均增加2460万吨；原油净进口量从6220万吨增加到2.69亿吨，年均增加2068万吨，约占同期世界石油消费量增量的42%。

　　但是，由于我国的市场体系尚待完善，很多能源数据还缺乏透明度，中国政府有关部门发布的石油消费、进出口数据会成为国际炒家炒作国际油价的因素，"中国能源威胁论"也经常成为美欧媒体攻击

---

　　*　本文原载2013年10月8日《人民日报》，题目为《建设原油期货市场　推进原油流通体系市场化改革》。

我国能源"走出去"的口实。

虽然中国已经是国际石油市场的重要净进口国，但对国际石油市场的影响力依然很弱，进口原油价格不得不被动、单向依赖国际市场，对行业经济和国家利益影响很大。国际原油价格每上涨 1 美元 / 桶，我国的进口成本将会增加约 20 亿美元。创造一个稳定、透明、合理的世界石油市场符合中国的经济利益。

因此，如能建设中国的原油期货市场，形成具有影响力的基准期货价格，完善石油市场体系，用市场优化油气资源配置，有利于保障国家能源安全。

## 一、原油期货对于维护国家利益及 实体经济发展意义重大

原油期货有利于形成反映中国石油市场供求关系的价格体系。传统上，国际油价以北美和欧洲为主导，有一定的合理性，这是因为长时间以来北美和欧洲的经济发展引领全球经济的发展，北美和欧洲的石油消费在全球石油消费中占有很大的份额。因此，北美和欧洲的油价很大程度上就代表了"国际"油价。近年来，随着以中国为代表的亚太国家经济的崛起，亚太市场在世界石油消费总量中所占的比例越来越大，在消费增量中所占的份额最大，不应该仅由北美和欧洲的油价代表"国际"油价，美欧市场油价已很难客观反映亚太地区的供需关系。我国作为全球第二大石油消费国，却没有相对独立的原油和成品油价格形成机制，参照市场原油价格来调整国内的原油炼制活动和成品油价格，虽然价格水平与国际接轨了，但往往无法反映国内市场的供求关系、消费习惯、季节性变化，不利于指导国内成品油的生产、消费和贸易活动，有时国内市场相对过剩却不得不参照国际原油

市场调高油价，有时国际市场过剩但国内由于价格不到位却出现"油荒"现象，价格信号扭曲了正常的资源配置，甚至陷入资源错配和逆向调节的怪圈。这些现象客观上要求我国建设本国的原油和成品油期货市场，促进相对独立的价格体系的形成，发挥价格在资源配置中的基础性作用。

原油期货有利于我国参与原油国际贸易规则的制定。目前全球石油消费的三大区域北美、欧洲和亚太之中，北美和欧洲都已形成了非常权威的价格基准，即北美地区的 WTI 和欧洲地区的布伦特，亚太地区则普遍以迪拜和阿曼原油均价作为原油贸易的价格基准，但后者与前两者有非常明显的差别：一是北美和欧洲是以期货价格作为基准价，亚洲则还是以现货的评估价作为基准价；二是北美和欧洲的价格基准在消费方，而亚洲的定位基准在生产方。出现这种现象的一个重要原因，是由于亚太地区目前还没有权威的原油期货市场，因此亚太地区原油贸易就缺乏一个能反映本地区供需关系的、既有利于提高出口国积极性又有利于维护进口国利益的价格基准。建设中国的原油期货市场，就有可能形成一个能为生产方和消费方共同接受的价格基准，促进公平的国际原油贸易秩序形成。

原油期货有利于形成公开、透明、稳定的市场交易规则和监管体系。市场价格是调节国际资源配置的重要经济杠杆。我国要在国际石油资源配置中赢得主动，就必须在国际石油价格形成的规则制定和监管体系中占据主动，争取形成一个能够打破国际垄断控制的交易规则和监管体系。在我国建立石油期货市场，不仅可以吸引大量交易者参与竞价，形成公平价格，更为重要的是，能够掌握石油市场的规则制定权和市场监管权，增强中国在国际石油交易中的话语权和影响力，为维护我国的经济安全增加一个有力的工具。"中国因素"将在我国监管机构的有效监管下直接反映在我国的石油期货市场上，而不是由国际资本炒作反映在国际市场上，我国只是被动单向接受国际市场交易的结果。

原油期货也有利于加快人民币国际化进程。一般认为，战后美国凭借政治经济强势地位，使美元成为最重要的国际储备和结算货币。

当前，从宏观角度来看，随着中国经济快速发展、经济总量不断扩大、国际贸易地位日益提升，这些都为人民币国际化奠定了坚实的基础；原油期货的战略性顺应了人民币国际化的国家战略。尽管目前国际原油现货贸易和期货市场普遍采用美元作为计价和结算货币，非美元计价的原油期货市场尚未有成功的先例，但我国目前的经济规模、贸易增长和投资套保需求与其他国家相比有明显的数量级的区别。基于"中国因素"，以人民币计价的原油期货应该有成功的可能。

## 二、开展原油期货贸易存在的主要问题

国内现货市场主体缺乏。我国国内的原油市场基本由中石油、中石化所主导，现货市场主体缺乏，这是我国发展原油期货市场面临的现实。我国目前的石油流通体制、进出口管理体制是长期形成的，中石油、中石化两大集团在原油的生产、炼制、进出口方面居于主导地位。原油期货的推进与我国石油流通体制改革是相辅相成、相互促进的，不可能等到石油流通体制改革到位再来推进原油期货的上市，可以在原油期货的发展过程中逐步推进石油流通体制的改革。由于原油期货采用保税交割，因此目前的进出口政策不会成为上市原油期货的直接障碍。

但长远来看，目前的进出口政策在一定程度上将国内市场和保税原油市场、国际市场割裂开来，不利于市场的发展和功能的发挥，需通过改革逐步加以完善。目前国家正在部署逐步增加原油进口主体，

稳步推进石油流通体制改革。

## 三、有关建议

（一）我国建设原油期货市场应抓紧推进，如不抓紧将可能失去难得的历史机遇

近年来，日本、印度、阿联酋、新加坡等国在政府的支持下，陆续上市新的能源期货品种，以谋取亚太石油市场定价中心的地位。同时，以纽约商品交易所和伦敦洲际交易所为代表的欧美老牌的能源交易所通过与亚洲国家合作等方式，不断加强与亚洲各交易所在技术系统、合约规则、结算体系和产品开发等方面的合作，强化自身价格体系对亚太地区的影响力。我国由于没有相对独立的石油市场体系，国内原油和成品油定价不得不被动、单向参考国际市场价格，这样的价格难以真实反映我国国内石油市场的供需现状。

一旦上述国家上市的原油期货合约在亚太石油市场中的定价地位相对确立，我国将可能失去在亚太建立石油定价中心的最佳战略机遇期，在亚太甚至世界石油市场中将陷于被动地位，这不仅不利于我国石油公司管理价格波动风险，更不利于维护我国的石油经济安全。

（二）我国具有建设亚太石油期货市场的市场基础，但还需不断完善政策环境

美英两国的原油期货市场成为全球原油价格的定价基准不是偶然的。美国是全球第一大原油消费国、第一大原油进口国、第三大原油生产国，英国也是欧洲大国英、法、德、意中唯一有一定原油产量的国家（1999 年原油产量高达 1.37 亿吨，2012 年原油产量仍有 4500 万吨），这是美国和英国原油期货取得成功的先决条件。我国也是亚太地区唯一一个既是原油生产大国、消费大国，也是原油进口贸易大

国的国家，这是我国建设原油期货市场的基本条件。

但另一方面，我国原油产业的市场化程度不高，市场参与主体缺乏、原油流通受限，这一现状在未来很长的时间内可能还会受到制约，这是我国发展原油期货市场必须面对的现实。我们必须充分认识到，目前我国石油市场的现状，是长期形成的，有其历史原因和现实的合理性，这一历史形成对于我国保障石油供应、维护战略安全也起过作用。同时我们也必须看到，随着我国经济市场化和国际化程度不断提高，经济发展方式改革和经济结构调整不断向深层次推进，原有的石油定价机制和石油流通体制，因其市场化程度低将越来越不符合市场规律和发展趋势，到了要下决心探索培育新机制的时刻。以适度市场化为基础，发展原油期货市场，符合社会主义经济发展的方向，有利于服务国民经济发展，服务国家能源安全战略，有利于在开放的市场环境下提高国有石油公司的国际竞争力。

（三）遵循国际贸易惯例、尊重市场发展的基本规律，建设国际化的原油期货市场

世界石油市场的基本格局呈现生产与消费在地域分布上的不平衡，客观上使得石油市场从一开始就不可避免地成为一个跨越国界和洲界的全球性市场，大约65%的原油是通过国际贸易进入消费地的。中东、原苏联、非洲和中南美洲产大于需，成为四大石油净出口区；亚太、西欧和美国存在石油缺口，成为三大石油净进口区。

我国建设原油期货市场，必须立足全球资源分布、生产发展、贸易流向、消费升级的现状与发展趋势，立足于通过建设完善国际化的现代石油市场体系，使得中国在使用全球石油资源来发展本国经济的过程中，取得相对有利的地位。为此，我国一方面要顺应市场发展趋势不断完善国内的石油流通体制和价格体系，建设一个石油来源多样化、参与主体多元化、石油价格市场化的石油产业体系；另一方面要

配套相关的市场准入、外汇、税收和海关政策，吸引国际投资者的参与，建设一个国际化的原油期货市场。

鉴于我国现有石油流通体制的现状，上市原油期货的一些条件仍不完善，原油期货从上市交易到真正发挥功能作用还需要较长时间，还需要配套改革完善相关政策，但原油期货毕竟是符合市场化发展方向的新机制，宜尽早起步，为以后发挥市场功能奠定基础。发展原油期货市场，是目前我国经济发展达到的规模和所处的阶段产生的内生需求，是国际石油市场结构性变化带来的历史机遇。我们应从构建世界经济新秩序、维护国家石油经济安全的高度，大胆改革、创造条件，推进原油期货早日上市。

# 祖国内地为香港持续繁荣稳定提供能源保障

  东方之珠香港回归祖国后，保持香港的持续繁荣稳定是中央政府和香港特别行政区政府的重要工作任务。早在香港回归前，长期以来香港的副食品供应等民生用品就主要靠内地来保障，即使是在国民经济困难时期，经周恩来总理批准，每天都有几列的鲜活农副产品通过落马洲口岸送往香港。从1965年开始，也是经周恩来总理批准，从深圳向香港供应淡水，并且逐年增加，后来又建设了东江向香港的供水工程。香港回归祖国后，内地与香港的交往更加密切，交通、能源等基础设施需要两地相互协调和照应。经国务院批准成立了内地与港澳基础设施联络小组。内地由我任组长，香港由时任政务司司长任组长，澳门由何厚铧特首任组长。例如，广州南沙的集装箱码头的建设规模与香港葵涌九号码头作了协调，包括西部通道，将京珠高速公路终点延伸到澳门等，联络小组都作了沟通衔接和促进。

  香港的电力供应主要由中华电力和港灯两家企业在经营。早在大亚湾核电站建设时，香港的中华电力就是主要股东之一，参与投资大亚湾核电站，解决了当时建设大亚湾核电站中央政府不拿钱要利用外资来解决资金和外汇的问题。大亚湾核电站的电力有相当一部分要送往香港。大亚湾核电站的建成实现了向香港的供电，但是香港仍有

大亚湾核电站。

600万千瓦左右的燃煤电厂。香港陆地面积狭小，燃煤电厂不仅有排放问题，而且堆煤场和固体废物也将占据一定的面积，而香港的土地资源十分宝贵。当时，邱腾华先生是香港环境局局长，他们的环保意识就很强，有计划要淘汰香港的燃煤电厂。邱腾华先生多次找我，希望能增加从内地购电，逐渐淘汰香港的燃煤电厂。经请示中央，中央政府希望香港特区能保持繁荣稳定，对香港方面提出的要求尽可能予以满足。与我工作有关的，一是香港担心来自海南莺歌海海底管道的天然气供应会逐步减少，希望能通过西气东输管道，延伸建设由深圳到香港的天然气管道，每年向香港供气10亿立方米；二是向香港供电问题。我觉得这对内地和香港都是好事。在我们建设中国第一个LNG接收站——大亚湾LNG接收站时，中华煤气的陈永坚总经理就找到我，希望在接收站中投资一定股份，同时分得相应比例的天然气供应香港。我觉得这对我们建设中国第一个LNG接收站和给香港供气都是好事，所以当场表态我原则同意给中华煤气5%股份。后来港灯也找来，也参股 5%。此后中华煤气又从几个小股东手里买了一些股份，实际占股超过了 10%。因为深圳大亚湾第一个 LNG 接收站有珠三角顺德、东莞等城市各百分之几的股份。深圳大亚湾 LNG 接收站进口气谈判时正值国际液化天然气产能大于需求，通过竞争争取到迄今为止的最低气价，因此香港也从中受益匪浅。

在得到香港特别行政区政府欲使用西气东输二线管道天然气和增加从内地进口电力，压缩本港的燃煤发电的要求后，我立即找了中石油领导，得到中石油领导的支持，同意将西气东输管道延伸到香港。但是海南莺歌海天然气田属中海油，而中海油表示他们有能力继续供应香港天然气 20 年，每年 20 亿立方米。如果莺歌海气田产量下降，他们还可开发附近的海上气田来满足供应。但是香港方面仍然认为靠莺歌海气田再供 20 年没有把握，一旦断气则影响就大了，坚持希望与西气东输二期工程联合向香港供气。我觉得香港的担心是有道理的，同时随着海南的发展，用气需求也会增加，把西气东输二线延伸至香港是正确的选择。因此，说服中海油负责人傅成玉，同意香港的意见。请示港澳办和国务院，他们都很支持这一意见，认为是维持香港繁荣稳定的好事。2008 年 8 月 28 日，我受中央政府委托赴港签署《关于供气供电问题的谅解备忘录》，内容是向香港 20 年供气和供电协议。国务院港澳办的陈佐洱副主任也作为代表团成员同行。

赴港后我同时拜访了中华电力，中华电力主要是负责九龙半岛的供电；还拜访了李嘉诚旗下的港灯公司，港灯向香港本岛供电。之前只有中华电力投资了大亚湾核电站，从内地购电，这次港灯也表示有兴趣研究从内地购电。考虑到香港投资者的利益，压缩香港燃煤发电后可以考虑现有大亚湾 LNG 接收站和核电站的模式，让香港投资者一起来投资，共享利益。我还口头答应可以在粤东地区寻找一个核电厂址，初步定在汕头的汕尾地区，欢迎香港方面采取类似于大亚湾核电站投资的方式共同投资建设向香港供电的核电站。我之所以提出在粤东地区选一厂址，是考虑到珠三角已经有大亚湾和岭澳6台百万千瓦核电机组，在粤西已经有阳江和台山核电站，而粤东还是空白。中华电力开始也很感兴趣。

开始的时候，香港方面是非常积极的，认为核电是清洁能源。但不幸的是2011年初发生了日本福岛核事故，居民恐核情绪上升，香港特区政府担心香港居民的接受程度，对从内地购买核电开始讳莫如深起来，不再像过去那样积极。但是香港并未放弃从南方电网购电的想法，成本也比在香港发电便宜。现在听说，香港中华电力准备用燃气发电替代青山电厂240万千瓦的燃煤发电，这也是好事，可以减少大湾区的环保压力，深圳也表示要逐步关闭曾对深圳特区发展发挥重要作用的沙角燃煤电厂，改用燃气发电。

澳门方面主要是燃油发电机组，而且装机容量比香港小得多，他们对从内地购电一直持积极态度，在当时高油价情况下曾表示可以考虑放弃所有燃油发电，全部改由从内地购电。

2008年9月2日，时任香港特区政府特首特别给我来了一封感谢信，信中写道："这次签署备忘录，意义重大，不但确保香港获得长期和稳定的天然气和核电供应，更可望更多使用清洁能源，改善本地空气质素，巩固香港作为国际金融中心的地位。这项安排也可减少香港电力公司在特区境内建设天然气接收站的需要以及相关的资本投资，让广大市民无须承担电费上升的压力。"

# 中亚天然气管道谈判及决策

2015 年 12 月 14 日，中亚天然气管道正式开通运营 6 周年了。6 年来，中国通过中亚天然气管道累计进口天然气 1350 亿立方米，在古老的丝绸之路上建起中国第一条陆上能源进口大动脉。

迄今为止，中国从境外进口天然气管道仅有两条：一条是起自土库曼斯坦的阿姆河右岸，横跨乌兹别克斯坦、哈萨克斯坦直到中国新疆霍尔果斯口岸的中亚天然气管道；另一条是缅甸到云南的缅甸天然气管道。但是，目前通过缅甸天然气管道进口的天然气数量还有限；而俄罗斯西线天然气管道虽签订了意向书、备忘录和一些技术协议，但至今仍未达成商务合同；东线虽然签订了合同并宣称开工，但进展不快，尚未能向中国输气。因此，中亚天然气管道目前是中国陆上进口天然气的最重要渠道。

中亚天然气管道从新疆霍尔果斯口岸进入中国境内，与西气东输二线相连接。中亚的天然气供应到华东的上海、浙江、江苏、江西，华南的广东、广西，并经过深圳到香港的海底管道每年供应香港 10 亿立方米左右。中亚的天然气还经过西气东输管道到达陕北靖边，再经陕京管道输到北京。有 2 亿多人口使用上从遥远的中亚输送来的清洁能源。中亚天然气管道的走向恰好沿着古丝绸之路，经过撒马尔罕（乌兹别克斯坦城市）、布哈拉（乌兹别克斯坦城市）等古丝绸之路上的历史名城，跨过戈壁大漠和雪山草原，被誉为新时期建设的能源丝绸之路，与现在实施的共建"一带一路"倡议相契合。

中土乌哈万余名建设者经过两年半的艰苦工作，经受住了沙漠腹地高温、严寒、风沙的严峻考验。夏天沙漠中的气温高达 50℃，穿着防护服焊接管道的工人脱下衣服时能从衣服里倒出一盆汗水。上万名建设者在沙漠里工作，蔬菜供应也是一个问题。中国参加施工的是川庆石油公司，他们发扬中国工人吃苦耐劳的精神，在阿姆河边建起无土栽培蔬菜大棚，不仅解决了石油工人的吃菜问题，还可以部分供应给土库曼斯坦居民。2009 年 12 月 14 日，位于土库曼斯坦阿姆河右岸沙漠腹地的第一个天然气处理厂竣工投产。时任中国国家主席胡锦涛、土库曼斯坦总统别尔德穆哈梅多夫、乌兹别克斯坦总统卡西莫夫、哈萨克斯坦总统纳扎尔巴耶夫共同开启了中亚天然气管道的阀门，宣告中亚天然气管道正式投产运行。土库曼斯坦全国欢腾，举行了盛大隆重的竣工投产仪式。

而早于中亚天然气管道，由西方国家提出的经里海输往欧洲，以绕开俄乌矛盾的纳布科管道却始终没有进展，胎死腹中，至今也未能开工建设。


## 尼亚佐夫总统首次访问中国前提出建设中亚输气管道

曾任中国驻土库曼斯坦首任大使的程振声曾撰文回忆起最早关于中亚天然气管道的有关构想。土库曼斯坦建国之初制定的《十年稳定》规划中，提出了多元化出口天然气的设想，包括向西、东、南和西南四个方向的管道建设方案。土库曼斯坦的专家们乐观地估计，这个规划即使部分实现，国家也可以实现富强梦。1992 年，尼亚佐夫总统首次访问中国前，在接受新华社记者采访时说："从长远看，我们可能修建从土库曼斯坦经中亚国家通向中国的输气管道项目。"此后，尼亚佐夫总统曾向中国国家领导人提出过向中国供应管道天然气的倡议，但是也许当时条件尚未成熟，得到的都是原则性的回复，未能得到实质性的进展。

中亚天然气管道的构想得到实质性实施，始于2005年5月9日中国国家主席胡锦涛应邀出席在莫斯科举行的卫国战争胜利60周年纪念活动，原苏联各加盟共和国的主要领导人都出席了这一重要活动。在与土库曼斯坦总统尼亚佐夫双边会晤时，尼亚佐夫总统谈到土库曼斯坦有着丰富的天然气资源，可以从土库曼斯坦修建一条天然气管道向中国出口天然气。另一个由外交部举办的活动也帮助推动了建设中亚天然气管道的实施。

当时中国的对外开放越来越深入广泛，经济持续快速增长，中国的能源和矿产资源需求也相应快速增长。为使外交工作更好配合国内经济建设，外交部在京西宾馆召开了一次各驻外使节的会议，由驻外大使们介绍驻在国的资源情况和可以与中国合作的潜在机会。其中，驻土库曼斯坦大使鲁桂成的介绍给我留下了深刻的印象。鲁桂成大使的讲话充满激情，富有感染力，他介绍了土库曼斯坦的天然气资源情况。土库曼斯坦是原苏联各加盟共和国中天然气储量最丰富的地区，2004年出口天然气391亿立方米，但只有苏联时期建成的单一管道向俄罗斯出口，出口价格非常低廉，土库曼斯坦有出口多元化的强烈意愿。鲁桂成大使建议，可以从土库曼斯坦进口中国需要的天然气。他的讲话和我看到的外交电报不谋而合，从土库曼斯坦进口天然气的构想更加清晰起来。

2005年7月，时任国务院副总理吴仪又率团访问中亚几个国家，我作为陪同人员一同出访。吴仪副总理在土库曼斯坦会见尼亚佐夫总统时，尼亚佐夫总统再次提出可以将阿姆河右岸的区块让中方参与开发。于是，回国后，我们立即向土库曼斯坦副总理兼油气工业部部长别尔德耶夫发出邀请，邀请他到北京就具体事宜进行协商。2005年12月，我与别尔德耶夫在钓鱼台国宾馆就修建从土库曼斯坦到中国的天然气管道具体事宜进行了磋商。中土双方都表示了强烈的意愿，但对资源情况、能否保证20年以上每年稳定供气300亿立方米、中方以何种方式参与土库曼斯坦天然气开发等尚只是初步交换意见。土方提出2006年1月10日由我率中国代表团到土库曼斯坦实地考察并继续商谈，双方都希望能达成从土库曼斯坦进口天然气的协议，作为土库曼斯坦总统尼亚佐夫2006年春季访华的一项重要成果。

在此期间发生了俄乌天然气争端，俄大幅度提高向乌出口天然气的价格。欧洲从俄乌争端中提高了保障能源安全的警觉，不能单一依赖从俄罗斯进口，开始谋求进口天然气市场多元化，乌克兰也直接向土库曼斯坦寻求进口天然气。在此之前，土库曼斯坦向俄罗斯出口天然气的价格是非常低廉的，每千立方米仅44美元。土库曼斯坦总统尼亚佐夫在电视台宣称中国将从土以高于俄罗斯的价格进口天然气，迫使俄罗斯将气价提高到每千立方米65美元。尼亚佐夫总统当年1月22日至23日将访问俄罗斯，与俄进行天然气问题讨价还价将是一项重要议题，在此前邀请中国派团访土并大造舆论，有利于用中国因素打天然气牌，以从中获得更多的国家利益。

## 中方提出由土库曼斯坦拿出
## 一定区块让中国公司投资开发

2006年1月19日至21日，我应邀在尼亚佐夫总统访问俄罗斯前率团访问土库曼斯坦，就修建中土天然气管道、每年从土库曼斯坦进口 300 亿立方米天然气、参与土天然气勘探开发等问题进行商谈。访问团成员包括中国石油天然气集团公司勘探开发公司总经理汪东进，外交部欧亚司参赞罗微，国家发改委能源局、外事司、中石油哈萨克斯坦项目部等相关人员，并安排了由油气地质勘探专家、石油天然气规划专家组成的专家组于 1 月 11 日先期赴土库曼斯坦进行技术商谈。

根据中石油专家的初步了解和评价，土库曼斯坦天然气资源丰富，剩余可采储量 2.9 万亿立方米，石油储量相对较少。土库曼斯坦最大的气田是位于阿姆河盆地的多沃列塔巴德气田，储量 1.3 万亿立方米，以及位于穆尔加贝河盆地的雅什拉尔气田，储量 7000 亿立方米。2005 年，土库曼斯坦天然气产量约 630 亿立方米，出口天然气 452 亿立方米，同比增长 8%，主要通过管道向乌克兰、伊朗北部和俄罗斯输送。中石油的同志担心按目前掌握的规模，土库曼斯坦还难以保证向中国每年出口 300 亿立方米，并且持续几十年。因此建议如果要考虑从土库曼斯坦进口天然气，必须要继续进行投资和勘探，增加天然气的可采储量和产能。他们建议我在与土库曼斯坦领导人会面时强调这一点，要求土库曼斯坦拿出一定的区块让我们投资勘探开发。我觉得中石油专家的这个意见是正确的。尽管土库曼斯坦有着丰富的天然气资源，但目前已经掌握的可采储量和产能确实还不足以保证向中国每年出口 300 亿立方米天然气。

当土库曼斯坦方面了解到我方的担忧后，他们又告诉我们在土库曼斯坦南部尤洛屯地区还有一个储量 8 万亿立方米的大型气田，向中国出口天然气的资源是有保证的。中石油的同志们听到这个情况后，又跃跃欲试，想让土方允许中石油参与尤洛屯气田的投资和勘探开发。但土库曼斯坦是不会轻易允许外国投资者来开发尤洛屯这一巨大气田的。另外，中石油同志还怀疑尤洛屯 8 万亿立方米天然气的储量有水分，认为最多只有 2 万亿立方米左右。为此我和鲁桂成大使在使馆和中石油的同志进行了认真的内部讨论，我说服中石油同志，即便尤洛屯只有 2 万亿立方米天然气的储量，也比我国的天然气储量丰富得多。我们在搞西气东输时，在塔里木盆地开始拿到手的储量只有 3000 多亿立方米，应该相信随着勘探的深入，储量一定只会比现在多。

尼亚佐夫总统由于是土库曼斯坦独立的建国之父，有着极高的权威，工作十分繁忙，但 2006 年 1 月 19 日上午他在上班前提前一小时会见我和鲁桂成、汪东进，可见他对这件事的重视。土方参加会见的还有两位部长，会见前土方两位部长向尼亚佐夫总统行半跪吻手礼，由于事先大使已向我们作过介绍，对土方的礼仪我们已经有准备，这是他们国家的习俗。开始时由土方两位部长站立在地图前用教鞭向我们讲解土库曼斯坦天然气分布情况和出口多元化的设想，但很快尼亚佐夫总统就让两位部长靠边，他亲自执教鞭向我们讲解土库曼斯坦出口天然气的战略构想。他说：美国建议土库曼斯坦建设跨里海到土耳其的管道，印度建议建设经巴基斯坦到印度的管道，乌克兰和欧洲希望建设绕开俄罗斯向欧洲出口天然气的管道。土库曼斯坦从出口市场多元化考虑，愿意建设到中国的天然气管道，并从 2008 年起能保证年输气 300 亿立方米，在土库曼斯坦边境交气，不参与边境以外管道的建设，气价每千立方米 100 美元。

我在回应时首先对尼亚佐夫总统的领导力表示了高度的赞扬。我强调土库曼斯坦出口天然气市场多元化符合土方利益，中方愿意以合理价格从土进口天然气，但价格不应高于向其他国家出口的价格。管道的走向从土边境经乌兹别克斯坦和哈萨克斯坦到中国的霍尔果斯口岸距离约 2300 公里，从霍尔果斯口岸到中国东部的天然气市场有 5000 多公里，由于距离长，输送量必须足够大，至少每年 300 亿立方米，否则管输成本太高，经济上不可行。从土边境到霍尔果斯口岸 2300 公里管道建设费至少需 35 亿美元，中国境内管道建设费约 120 亿美元，投资巨大，如果没有气源的充分保证是不敢轻易决策建设的。因此，中方要求以产品分成方式参加阿姆河右岸天然气田的勘探开发。

按双方专家组的评估，当时阿姆河右岸探明储量只能建每年 100 亿—150 亿立方米左右的产能，不能满足每年 300 亿立方米的输气要求，因此希望土方同意将阿姆河南面雅什拉尔区块也作为向中国供气的气源地，中方希望能参与勘探开发雅什拉尔区块。雅什拉尔探明储量 7000 亿立方米，可建每年 200 亿立方米以上的产能。

在会见中，尼亚佐夫总统态度十分友好。他表示这些问题具体都可以与油气部长去商谈，土方能够保证 2008 年开始每年供气 300 亿立方米，希望能在他 2006 年春访华时签署协议。

## 参与土库曼斯坦天然气开发的谈判一开始并不顺利

但在随后与石油天然气部、土石油天然气康采恩谈判中却并没有那么顺利。土方强调阿姆河右岸共有 5 个区块，其中有两个区块在苏联时期探明程度比较高，是作为向乌兹别克斯坦年供气 100 亿—150 亿立方米的气源地，这两个区块不能拿出来让中方以产品分成方式开发，要由土方自己开发。因为土库曼斯坦法律规定陆上油气田不能让外国公司以产品分成方式开发，考虑到与中方的特殊关系，尼亚佐夫总统特批只能从其他的 3 个区块中先选择一个区块让中方以产品分成方式勘探开发，其他区块，包括雅什拉尔区块可以让中方以技术服务方式参与开发。我询问这是总统的意见还是石油天然气部的意见？回答说这是总统的意见。会后我们分析，尼亚佐夫总统提出向中国出口天然气的战略意图是明确的，可以实现土天然气出口市场多元化，增加土出口天然气要价的话语权，当然土库曼斯坦要维护自己利益的最大化。在随后由汪东进率领的专家组与土石油天然气康采恩商谈中我方又提出以合资方式参与雅什拉尔区块开发。土方就像我国改革开放前一样，对合资方式不了解，怕吃亏。

代表团与使馆详细评估了会谈的情况，分析认为双方在商谈中都在追求各自利益的最大化，出现一些分歧是很自然的，但应看到土方有利用中国因素压俄提价、打天然气牌的意图。中方也可利用这一因素促进与俄天然气领域的谈判。建设中亚天然气管道是一个有重大战略意义的工程，是两国高层高瞻远瞩的共识，应力争成功。我方在谈判时应换位思考，在谋求利益最大化时也要考虑接受中利益、小利益，终极目的是要实现每年从土进口300亿立方米天然气。尼亚佐夫总统有在其访华时与胡锦涛主席达成协议的强烈愿望，应抓紧此前时间谈判。如果尼亚佐夫总统访华时不能就此达成协议，估计今后谈判步伐会慢下来，甚至拖黄。

2006年1月19日，《土库曼斯坦日报》头版头条大幅报道了尼亚佐夫总统会见我们的新闻，文章内容着重传递了中国派代表团来商谈，将以每千立方米100美元的价格购买土库曼斯坦天然气。这个价格远远高于当时土库曼斯坦出口俄罗斯的气价，其实我们当时并没有

2006年1月19日，《土库曼斯坦日报》头版头条报道尼亚佐夫总统会见张国宝和中国驻土库曼斯坦大使鲁桂成等人的新闻。

谈定气价，可能是土库曼斯坦为了给俄罗斯一个强烈信号。

## 给两个过境国的利益也是谈判中绕不开的问题

回顾这段历史，中石油在最初与土库曼斯坦接触谈判时其实尚未做好思想准备，并不抱最终能谈成中亚天然气管道的信心，更多是为了贯彻领导同志的指示。当时中石油主要精力和期待还是集中于从俄罗斯进口天然气的谈判，对土库曼斯坦的天然气总储量数据也抱着怀疑态度。我对中石油的同志说，与土库曼斯坦的谈判有利而无害，即使最终谈不成，也是起到了给中俄天然气谈判施压的作用。后来由于尼亚佐夫总统的政治决心，在中石油与土库曼斯坦石油天然气部、石油天然气康采恩的艰苦谈判中，土方最终同意拿出阿姆河右岸的 5 个区块与中石油进行勘探开发的合作，这突破了土库曼斯坦不允许外国公司参与勘探开发本国天然气区块的规定。如果没有尼亚佐夫总统的决心这是不可能的。

但是与土库曼斯坦就勘探开发天然气资源和建设向中国输气的天然气管道达成一致，还只是整个中亚天然气管道谈判的一半工作量，因为中国和土库曼斯坦不接壤，管道必须经过乌兹别克斯坦和哈萨克斯坦才能到达中国边境，与这两个国家协商是否能达成一致心中依然没底。这两个国家作为管道的过境国各有自己的利益诉求，谈判将是十分艰苦复杂的。说实话，当时我也没有足够的信心能够谈成。哈萨克斯坦希望这条天然气管道兼顾哈萨克斯坦南部缺少天然气供应区域的需求，而土库曼斯坦反对在中途下载天然气；乌兹别克斯坦希望管道能适当绕道，兼顾今后潜在向中国出口乌兹别克斯坦天然气的可能性。再就是管输费的价格和给这两个过境国的利益。这些都是谈判中绕不开的问题。

时任国家发改委主任马凯率领负责油气工作的张玉清等同志亲自赴乌兹别克斯坦和哈萨克斯坦谈判，最终与两国签订了过境管道协议。中亚天然气管道经过乌兹别克斯坦和哈萨克斯坦境内段均采用与该国石油天然气公司各 50% 股份的合资方式，管道建设工作量也按该股份分别由中国石油管道公司和该国油气管道公司分别承担。但是后来明显看出，经过改革开放后的中国石油管道建设技术和装备已经远远优于这两国的管道建设技术力量。为了保证中亚天然气管道按期建成投产，中国的管道建设队伍又承担了一部分工作量。这样一个巨大而复杂的跨越 4 国的管道工程能在短时间内达成协议，相比由西方国家提出的纳布科管道始终没有进展，充分体现了中国和中亚国家之间的友好合作关系和意愿，这正是丝绸之路精神的传承。同时也应指出，在改革开放形势下谈判和建设的这条管道固然有领导人的政治决断，也完全遵从市场原则，合同的谈判都坚持了企业主体、商业原则。

## 打破外交礼仪惯例两国元首亲自签署协议

2006 年 4 月，尼亚佐夫总统已经身体染疾，但为了完成这一历史性任务，他仍率团访问中国，准备由自己和胡锦涛主席两个国家元首来签署建设这一重要天然气管道的协议。可以说已经是万事俱备只欠东风，但没想到的是，中国外交部有关协议签署的礼仪规定却差点使这项重要的协议无法签署。

按中国外交部的有关规定，像这样建设管道的专业协议由两国主管能源的部长签署就可以了，两国元首只能作为见证。但是尼亚佐夫总统希望这一重要的历史性协议由他本人和中国的国家元首来签署。直到要签署协议的头一天晚上仍无法达成一致意见。尼亚佐夫总统把我国驻土库曼斯坦大使鲁桂成叫到他下榻的钓鱼台国宾馆，明确告诉大使，如果这个协议不是由他本人来签署，他将回国，这个协议无法签署。鲁桂成作为我驻外大使，顶头上司就是外交部，他也没有办法，只好哭丧着脸来找我，把情况向我作了介绍。他不无忧心地说，这样一个大事、好事，十哆嗦已经完成了九哆嗦，就差最后一哆嗦，如果黄了，实在太遗憾！我说，我只是一个副主任，外交方面的事情还得按外交部的意见办。如果我要请示，也只能请示我的领导国家发改委主任。于是，我又打电话给马凯同志汇报有关情况。

马凯同志是个按规矩办事的人。他对我说，你们想办法做做尼亚佐夫总统的工作。但是我和鲁桂成大使都知道尼亚佐夫总统在土库曼斯坦向来是一言九鼎的，我们怎么去做他的工作？此时我只好违规越级，自己给胡锦涛主席办公室主任陈世炬同志打电话汇报了有关情况。陈世炬同志非常客气，他让我等一等，立即请示首长后给我答

张国宝与土库曼斯坦长老一起为中亚天然气管道奠基。

复。大约半小时以后，陈世炬同志给我回电话说，胡锦涛同志说了，这是件好事，明天由他和尼亚佐夫总统来签。总算解决了这一难题，我们心中的一块石头也落了地。第二天在人民大会堂由胡锦涛主席和尼亚佐夫总统代表两国签署了建设中亚天然气管道的协议。

尼亚佐夫总统回国后不久就因病去世了，但正是由于他的威望，这项协议一直得到了很好的遵守。我很有幸几次作为中华人民共和国的特使，带着胡锦涛主席的口信出使中亚几国，代表中国政府参加有关国家管道的开竣工典礼，也和中亚各国的领导人建立了深厚友谊，获得哈萨克斯坦纳扎尔巴耶夫总统授予的二级友谊勋章。哈萨克斯坦总统的国情咨文也曾来征求我的意见。在管道筹划过程中有一次我乘土方飞机从首都阿什哈巴德飞往阿姆河工地的查尔朱，途中发动机遭鸟撞击，一个发动机停止工作，差点遭遇空难。因此，我对这条管道的建设也投入了相当的感情。

我国领导人十分重视丝绸之路经济带建设和与中亚各国的关系，

土库曼斯坦人民载歌载舞庆祝中亚天然气管道建成投产。

几乎所有的中共中央政治局常委都访问过土库曼斯坦、哈萨克斯坦和乌兹别克斯坦，推动和维护与中亚各国的友好合作关系。仅我陪同的中央主要领导同志就有时任国务院总理温家宝，时任国务院副总理李克强，时任国务院副总理王岐山、吴仪等。习近平同志任总书记和国家主席后，明确提出了"一带一路"倡议，使丝绸之路经济带的合作进一步得到推进，成为我国"走出去"的一个重要战略。从土库曼斯坦进口天然气的数量也逐年增加，现在协议额已达680亿立方米／年。但是由于近年石油天然气价格下跌，国内能源价格也未理顺，天然气增长不如预期，价格谈判也不顺利。但是我认为，现在雾霾肆虐，国家必须加快能源结构的调整，从中亚沿丝绸之路的这条天然气大动脉进口的天然气和沿海进口的 LNG 价格相比仍有竞争力，应能发挥重要作用。对重大基础设施的建设不能短视，相反应该趁现在能源价格低迷，积极进取，理顺清洁能源和煤的价格体系。

# 中俄原油管道十五年谈判

## 为什么要建设中俄原油管道

中国曾是个贫油国家，解放前使用的汽油、柴油几乎全要靠进口，所以叫"洋油"。20世纪50年代末、60年代初中国发现和开发了大庆油田，1963年实现了石油自给，其后并有少量出口换汇。但随着中国经济发展和人民生活水平提高，石油需求迅速增加，原油自给只维持了30年。到了1993年，原油进出相抵又成了原油净进口国，并且逐年增加。2016年，中国进口原油3.8亿吨，自产两亿吨，原油的对外依存度已经超过了60%。

20世纪90年代，大庆油田开采逐渐从自喷、抽采到注水，并且注水开采比重越来越大，又发展出三次开采技术，注入有洗涤功能的化学剂，将石油从岩缝中洗出。石油部门意识到大庆油田逐渐从盛产期开始进入衰退期。而大庆油田已经成为我国主要炼油厂的原油来源，大庆原油通过铺设到吉林、辽宁等地的原油管道向这些地区的炼油厂供应原油。随着大庆油田的减产，这些炼油厂的原料供应将出现问题。所以，石油部门从20世纪90年代就开始与俄罗斯方面接触，探索从俄罗斯西伯利亚的油田建设到大庆的管道，以弥补大庆原油产量下降造成的供应不足。

## 最初以私营的俄罗斯尤科斯石油公司为合作伙伴

最初的考虑是从俄罗斯的萨哈、恰扬金等油田建设管道到大庆，但是与俄罗斯的谈判十分艰难，始终没有实质性进展。

1994年，中石油与俄罗斯民营石油企业尤科斯公司接触。苏联解体后出现了许多私营企业，其中较大的是这个尤科斯石油公司，它的总裁霍多尔科夫斯基是莫斯科伏龙芝区共青团的副书记，苏联解体后他"下海"成立了公司和银行，其属下机构在私有化浪潮中收购了尤科斯石油公司的股份，并逐步持有了尤科斯90%的股份，该公司采用股份制，其中募集资金中也有美国公民的股份。

尤科斯公司对与中石油合作建设中俄原油管道比俄罗斯国家石油公司积极。

尤科斯公司提出了"安大线"方案——从俄罗斯的安加尔斯克油田铺设原油管道到大庆，简称"安大线"。"安大线"西起俄罗斯伊尔库茨克州的安加尔斯克油田，向南进入布里亚特共和国，绕过贝加尔湖后一路向东，经过赤塔州进入中国，直达大庆。这个方案很符合中石油的想法，所以一直以俄罗斯尤科斯公司为主要谈判对手。

1996年，中俄双方企业完成了"安大线"的项目预可行性研究，但是直到1999年我任国家发展和计划委员会副主任时仍未能谈出结果。2001年9月，中石油和尤科斯公司及俄罗斯管道运输公司签署了关于开展"安大线"项目可行性研究的总协议，但是俄罗斯联邦政府似乎与尤科斯公司想法并不一致，项目没有实质性进展。

## 中方同意用支付田湾核电站 14 亿美元现汇换取
## 俄方同意建设中俄原油管道

我任国家发展和计划委员会副主任后分管能源、原材料工业，开始直接介入进口俄罗斯原油和建设原油管道的谈判。有一次，中石油总经理马富才从俄罗斯谈判回来，向国务院总理朱镕基报告了一个信息说：俄方提出，如果能把俄罗斯向江苏连云港田湾核电站提供设备的 14 亿美元易货贸易资金改成以现汇付给俄罗斯，俄方将同意建设中俄原油管道。

田湾核电站采用俄罗斯技术和设备建设。当时苏联解体，俄罗斯经济困难，急于出口核电这样的重大装备，于是与中国谈成了一个易货贸易的买卖，即中方不付现汇买设备，俄方向中方提供 14 亿美元的设备贷款，中方以纺织品、轻工业品、家电等出口物资偿还，这对中方颇具吸引力。到朱镕基任总理的 20 世纪 90 年代末期，我国外汇储备状况已经大为改观，不再在意支付这 14 亿美元现汇了。

朱镕基总理听了马富才同志的这一信息后，决定答应俄方意见，将田湾核电站的 14 亿美元易货贸易以现汇形式支付给俄方，以换取俄方答应建设中俄原油管道，并派我率团赴俄罗斯谈判落实。我即赴俄，住进中国驻俄罗斯大使馆，以不公开的形式与俄罗斯的各有关部门商谈。俄方派一名财政部的女司长陪同我们。我先后走访了俄罗斯经济发展部、财政部等部门，但感觉俄方态度并不像马富才同志传递的信息那样。俄方对中方支付田湾核电站外汇以换取俄方答应建设中俄原油管道一事莫衷一是，推诿敷衍，这次出访没有取得什么进展，此事也就告吹了。我估计马富才同志的这一信息是从尤科斯公司那里听来的，或许是尤科斯公司给出的一个主意。

## "安大线"与"安纳线"之争

之后，俄罗斯国内反对"安大线"方案的舆论越来越多，主要的反对理由是"安大线"经过贝加尔湖南端。贝加尔湖是世界上最大的淡水湖，号称占全球陆地淡水的1/5，是俄罗斯重要的自然保护区。俄罗斯担心石油管道一旦出现事故会污染贝加尔湖。另外，反对"安大线"的理由还有，俄罗斯应追求国家利益最大化，"安大线"只是将管道建到中国，向中国出口石油，应该考虑面向日本、韩国等亚洲国家的管道方案。

于是，"安纳线"的方案浮出水面。据说，"安纳线"的方案是由日本提出的。线路走向从伊尔库茨克州安加尔斯克油田出发，沿着贝加尔—阿穆尔大铁路和中俄边境地区，通往俄罗斯远东港口纳霍德卡。"安纳线"全程都在俄境内，而不是只通往中国。俄罗斯可以从太平洋岸边的纳霍德卡港将石油输往东亚其他国家。

日本也是一个需要进口石油的国家，也谋求进口来源的多元化，降低对中东石油的过度依赖，对俄罗斯只建通往中国大庆的原油管道心里是很不舒服的。2002年底，日本方面开始积极游说俄铺设"安纳线"。2003年上半年，日本首相小泉纯一郎两次与俄罗斯总统普京会晤，专门讨论能源合作问题。6月，时任日本外相川口顺子和前首相森喜朗访问俄远东地区，允诺为俄西伯利亚油田开发和管道建设提供75亿美元贷款，条件就是俄铺设"安纳线"。日本还想通过与俄能源合作，提高日本在远东地区的影响力，影响中俄全面战略协作伙伴关系，说白了就是要搅黄"安大线"。

由于日本的介入，俄内部开始重新讨论和确定中俄原油管道的线路走向。在按什么线路建设俄罗斯远东原油管道问题上，中日之间展开了暗中角力。

## 普京最终拍板"泰纳线"，但悬念又出现

2003 年 5 月，正当中国国内"非典"疫情肆虐的时候，胡锦涛主席开始了他作为国家元首的首次出访，参加俄罗斯圣彼得堡建市 300 周年纪念活动和出席上合组织第三次元首会晤，我陪同出访。访俄期间，胡锦涛主席亲自做普京总统的工作，发表了上合组织莫斯科宣言，中俄全面战略协作伙伴关系更加巩固，有力地促进了俄罗斯下决心建设中俄原油管道工程。

经过两年多的论战和博弈，2004 年 12 月 31 日，由普京总统亲自拍板建设东西伯利亚—太平洋石油管道，即"泰纳线"方案，将"安大线"走向向北推了 400 多公里，远离了贝加尔湖，解决了俄罗斯国内长期争论的贝加尔湖环保问题。"泰纳线"东起伊尔库茨克州泰舍特，从贝加尔湖北面 400 多公里处经过，然后沿着贝加尔—阿穆尔大铁路，从斯科沃罗季诺开始沿着中俄边境地区延伸，最后到达太平洋港口纳霍德卡。

"泰纳线"分两期建设。一期工程首先铺设泰舍特—斯科沃罗季诺区段石油管道，设计年输油量为 3000 万吨，在纳霍德卡同时建设大型石油储存装置。斯科沃罗季诺位于中国黑龙江省漠河黑龙江对岸，管道由俄罗斯一侧黑龙江边的腾达穿越黑龙江，再由中方建设从漠河到大庆的管道。二期工程包括铺设斯科沃罗季诺—纳霍德卡石油管道，这一段的年输送能力为 5000 万吨，并将泰舍特—斯科沃罗季诺这段石油管道的年输油能力扩大为 8000 万吨。俄联邦政府颁布第 1731 号令，2005 年 4 月 26 日，俄罗斯工业和能源部颁布 91 号令，批准建设"泰纳线"。

最后决定管道线路走向的背景是中俄全面战略协作伙伴关系更加巩固，互信关系增强。俄罗斯方面意识到中国对建设中俄原油管道的强烈愿望。事实上，中俄原油管道已经成了对中俄全面战略协作伙伴关系和两国互信的考验，同时也是俄国内政治、经济、社会因素和俄能源外交、维护俄国家利益最大化的考量，也体现了俄罗斯向东亚各国出口原油的能源外贸战略姿态。但是此时俄罗斯并未明确建设到中国大庆的管道，或者称之为"泰纳线"的支线。俄方甚至有人说，中国需要原油可以从纳霍德卡港进口嘛！中俄原油管道的建设还只是走完了万里长征的第一步，艰难的谈判和利益博弈还在后面。

现在回想起来，俄罗斯联邦政府对中俄原油管道迟迟不作决定与最初中石油选择尤科斯公司为合作方有关。尤科斯公司总裁霍多尔科夫斯基，在苏联解体私有化过程中"下海"办了尤科斯公司，政治上与当局不和，还有政治野心。2004年俄罗斯联邦政府以偷税漏税为名开始调查尤科斯公司，霍多尔科夫斯基进了监狱。

胡锦涛主席访问俄罗斯时，曾让我和马富才到他下榻的总统饭店汇报与俄方谈判中俄原油管道的情况。我们过去时，胡锦涛主席和夫人刘永清正在吃晚饭，还给了我一块烤红薯，我拿在手里没有敢吃。马富才同志汇报强调中俄原油管道至今谈不成的原因主要是日本从中搅局。我记得胡锦涛主席听后说了一句，你们不要光从外面找原因，还应该从俄罗斯内部找找原因，但是当时我们没有领会。马富才和霍多尔科夫斯基第二天还举行了记者招待会，俄罗斯联邦政府只来了一个外交部副部长，可见政府态度不积极。

## 60 亿美元贷款换石油方案，赢得输油支线中国优先地位

俄联邦政府以偷税漏税罪逮捕霍多尔科夫斯基后，在 2004 年 12

月 19 日公开拍卖尤科斯公司的下属子公司尤甘斯克油气公司 76.79%
股份，用以解决尤科斯的税务问题。贝加尔金融集团以 93 亿美元左
右等值卢布竞价胜出。此后，俄罗斯石油公司又通过收购贝加尔金融
集团全部股份，成为尤甘斯克公司 76.79%股份的所有者。而尤科斯
公司的美国股东在美国起诉俄罗斯联邦政府侵吞私有财产。俄罗斯石
油公司为筹集资金向中国方面提出了贷款换石油的合作方案，希望从
中国贷款 60 亿美元，俄方以销售石油款偿还。此前，中国的银行从
未向外国企业一次性贷款如此大的金额。同时，苏联解体后俄罗斯经
济下滑，中国国内舆论普遍对俄罗斯经济不看好，对俄罗斯的信用也
持怀疑态度，向俄罗斯石油公司一次性贷款 60 亿美元在中国金融界
很难得到支持。

时任国家发改委主任马凯召开会议协调各部门意见。只有马凯和
我态度明确，主张给俄罗斯石油公司提供这笔贷款。我们认为中国需
要购买俄罗斯的石油，而且从俄罗斯的进口量还在逐年增多，只要这
笔贷款与中国购买俄罗斯石油挂钩，贷款的风险是可控的，应该抓住
这个机会，扩大对俄能源合作，打破建设中俄原油管道的僵局。当时
由陈元同志任行长的国家开发银行一向秉持按国家产业政策支持国家
经济建设的贷款方针，陈元同志提出开发性金融的贷款思路。因此，
国家开发银行表示只要国务院作出决策，国家开发银行愿意做这笔贷
款的主贷银行。

国家发改委将协调情况和我们的意见上报国务院后得到国务院领
导的支持，时任国务院副秘书长尤权同志发挥了积极的协调作用。他
说服各部门作出了同意向俄罗斯石油公司发放 60 亿美元贷款，并与
购买俄罗斯石油挂钩的贷款换石油方案，具体由中石油和国家开发银
行与俄罗斯相应部门进行商务谈判。

2005 年 1 月 8 日，中石油与俄罗斯石油公司签署《关于进口

4840 万吨俄罗斯原油的长期贸易合同》。根据合同，俄罗斯方面将在 2005 年至 2010 年通过铁路向中国供油 4840 万吨，并从中方获得贷款 60 亿美元，以原油贸易获得的收益偿还贷款。国家开发银行也与俄方达成了贷款的商务条件，以国际 Libor 利率加 300 点的商业贷款利率。这个贷款利率是不低的，完全是按照商业原则进行，贷款期 6 年。设立一个专门的银行账户，中国向俄罗斯购油的购油款存入这个账户，从这个账户向国家开发银行按期偿还贷款利息和本金。中石油向俄罗斯石油购油的价格也完全按照国际油价，以布伦特、西得克萨斯、迪拜等国际油价按一定公式计算出来。在执行中，由于 Libor 利率提高，再加 300 点后已经超出了当时国际商业贷款的利率。应俄方要求，国家开发银行降低了一次加的点数，大概降为 Libor 加 200 多基本点，大致与国际商业贷款差不多的水平。后来有的媒体对中国购买俄罗斯石油的价格和贷款利率的妄加猜测都是不实之词。到 2011 年，俄方还清了全部 60 亿美元贷款和利息，中国也购买了 4840 万吨石油，真正实现了双赢。国家开发银行也以这笔贷款为发端，开始了国际金融业务，并且成为国家开发银行的一项重要业务。

后来俄罗斯石油公司谋求上市，要寻找战略合作伙伴。中石油、中石化当时上市时也是这么做的。BP、壳牌公司成了中石油、中石化的战略投资者，买了中石油、中石化 10% 的股份，但后来他们趁中石油、中石化股价好时抛售了，据说仅此赚的钱相当于他们此前在中国的投资。为此，两大石油公司非常恼火，认为他们"不够意思"，但是他们回应这是企业商业行为，无可指责。俄罗斯石油公司寻找战略投资者首先想到了中石油。马凯同志和我主张应趁此机会，争取在俄罗斯石油公司中多占些股份，这正是我们过去一直争取的。但是中石油更多地从当时的商业利益考虑，认为俄石油股价估高了。后来时任中石油副总经理周吉平向马凯和我报告，说买了俄罗斯石油公司 5

亿美元的战略投资者股票，俄罗斯石油公司很感谢我们。我当时听了就很不高兴，当着马凯同志面就说中石油，印度还买了10亿美元，我们的确应该是俄罗斯石油公司的战略合作伙伴，而且我们过去一直想拥有俄罗斯石油公司的上游资产，现在不正是机会吗？为什么我们买的还没有印度多？而中石油的解释是股价估高了。但俄罗斯石油公司上市后正值国际油价高涨，股价是上涨的。正是人算不如天算也。

这其中还有一个插曲——对俄油气合作一直是由中石油一家与俄罗斯洽谈，我们担心如果中石化等其他公司参与进来，中国国内企业间的恶性竞争会被俄方利用，对我们与俄罗斯的谈判不利，所以政府也认可只由中石油一家与俄方谈判，约束其他公司不要掺和。和中石油同为"三桶油"之一的中石化在对俄石油合作中不甘被边缘化，私下也买了俄石油的两亿美元股票。此外，中石化也与俄石油在私下进行接触，商议出由俄罗斯经由蒙古国，到北京燕山的又一条管道。但是这不符合最初我们想从俄罗斯进口原油弥补大庆油田产量下降的初衷，因此担心这一方案会搅黄已经在推进中的到大庆的管道方案。由国务院副总理曾培炎同志告知中石化董事长李毅中，希望中石化停止与俄罗斯谈判经蒙古国的管道，中石化于是退了出来。但是中石化还是通过铁路运输，经蒙古国到燕山石化进口了一部分俄罗斯石油。

贷款换石油的合作，促使俄方在建设通往中国的支线原油管道问题上态度趋于积极。2005年7月8日，普京总统在苏格兰举行的记者招待会上首次表示，俄罗斯将在建设远东原油管道时优先铺设通往中国的输油支线。9月7日，俄媒体报道，普京总统在克里姆林宫接见西方记者时说："东西伯利亚—太平洋管线一期工程将修至中国境内城市大庆，俄罗斯的石油首先输送到中国大庆，大庆支线的建成是第一位的，但最终会把管道修到纳霍德卡。"自此确定了中国优先的原则。

2006 年 3 月 21 日，普京总统访华，能源合作是中俄合作的一项重要内容，双方在能源领域签署了一系列重要文件，能源合作也进入了务实合作的新阶段。签署的文件包括中石油与俄罗斯管道运输公司的会谈纪要，纪要的核心内容是俄方将完成俄境内斯科沃罗季诺至中国边境段原油管道建设的项目建议书和投资论证，并提交俄联邦政府有关部门进行审查。在此之后，双方企业开始了紧锣密鼓的工作，包括完成从斯科沃罗季诺至中国边境段的踏勘、讨论黑龙江穿越方案等。

俄方对建设通往中国的原油管道态度趋于积极，但仍不明朗。尽管普京总统多次提出要建设到中国的支线管道，但俄联邦政府从未在两国政府正式签署的文件中明确中国支线管道的建设问题，中俄原油管道仍然扑朔迷离。

## 艰苦的马拉松式谈判——俄方不断提出附加条件

与俄方的谈判非常艰难，政府间协议由我和俄罗斯能源部副部长雅诺夫斯基主谈。雅诺夫斯基是位专家型领导，他认真细致而且有耐心，我对他的专业精神非常钦佩。但是"两国交兵，各为其主"，在谈判桌上他字斟句酌，锱铢必较，加上语言上的障碍，有时一个条款谈数个小时也是常有的事。

俄方对我们十分在意中俄原油管道建设非常清楚，他们在谈判中谋求本国利益最大化，常常将我方关切的中俄原油管道与俄罗斯关切的其他项目挂钩。例如：他们在协议文本中希望写进田湾核电站的三、四号机组仍采用俄罗斯原子能公司的技术设备；他们不能只是向中国出口原油，要求在天津投资炼油厂和加油站；要求写进中国每年从俄罗斯进口 1500 万吨煤炭；希望中方扩大进口俄罗斯电力；等等。此外，由于中俄之间长期存在的隔阂，双方都有戒心，对协议内容都非常小心，为哪句话在前、哪个条款在前也争论不休。文本除中俄两国文字以外，还必须在英、法语中选择一种文字作为副本。对争议时的仲裁法院和依据法律双方也有分歧。因此，我和雅诺夫斯基的谈判有时连续谈一天一夜，几十个小时。

2007 年 3 月，胡锦涛主席再次访俄，出席俄罗斯中国年活动，在与普京总统会晤中，中俄之间的能源合作是绕不开的话题。因此，我和中石油的有关人士提前去莫斯科打前站，希望在高访中能签下两国间政府协议。我和雅诺夫斯基又是一场一天一夜的马拉松式谈判。我吃下安眠药准备睡上一觉，这时候胡锦涛主席到达总统饭店，立即叫当时的秘书陈世炬听取我们打前站的谈判情况。第二天早上醒来，我发现我房间的沙发上睡了一个人。我都是一人一个房间，哪儿来的人？原来是我的秘书付超奇。他说昨晚在陈世炬那里开会汇报时，我就睡着了，是他和国家发改委外事司司长马欣把我架回房间的。当时谈判的艰辛可见一斑。

## 普京改任总理后，中俄原油管道合作未受影响

中俄原油管道的各项工作在各个层面继续往前推动。俄管道运输公司完成斯科沃罗季诺至中国边境段投资论证工作并提交审批后，2007 年 4 月 26 日，俄工程建设审查管理总局批准了该段管道建设的投资论证。在此基础上，2007 年 6 月中石油与俄管道运输公司又签署了《关于开展验收斯科沃罗季诺到中国边境段原油管道工程设计的纪要》。在 2007 年 7 月举行的第九次中俄能源合作委员会期间，我和时任俄罗斯能源部部长什马特科共同希望两国企业就签署中俄原油

管道建设政府间协议进行协商，并尽快向两国政府提出建议。此后，中方向俄方提交了协议文本草案。2008 年 5 月，梅德韦杰夫就任俄罗斯总统，普京就任俄罗斯联邦政府总理。2008 年 7 月，俄管道运输公司完成斯科沃罗季诺至中国边境原油管道的工程设计并提交俄联邦政府审批，推动管道建设的各项准备工作在工作层面朝着目标有条不紊地进行着。

在另一条轨道上，签署 2010 年后新的中俄长期原油贸易合同的谈判也在进行中，供油方式由管道输送原油代替之前的铁路运输。谈判的难点问题是价格。俄方谈判人员表示，双方能否就未来长期合同价格达成一致是俄联邦政府下决心建设中俄原油管道的重要前提。经过艰苦谈判，双方逐渐就长期贸易合同的数量（1000 万—1500 万吨 / 年）、供油开始时间（2011 年 1 月 1 日）和期限（10—20 年）达成共识。

2008 年 8 月 18 日，我主持召开会议，讨论中俄油气合作进展情况。当时中俄双方企业仍未就定价原则和公式达成一致，但商定要尽快完成合同谈判，以争取在 10 月底前签署长期原油贸易合同。但 9 月 22 日，中石油与俄石油高层领导会见时仍未能达成一致。分歧的焦点是俄方坚持以太平洋港口纳霍德卡的石油价格为向中国的售价，俄方希望将来纳霍德卡油价能成为继布伦特、西得克萨斯、迪拜后的又一个国际油价标准。而中方要求向中国出口的油价应该是纳霍德卡油价减去斯科沃罗季诺到纳霍德卡的管道运输费用。

## 中俄副总理级能源谈判机制设立

在国家层面上，中俄两国领导人对能源合作高度关注和重视。2008 年 5 月，两国元首倡议成立副总理级能源谈判机制。7 月 26 日，国务院副总理王岐山和俄罗斯副总理谢钦在北京启动中俄能源谈判机制，并举行首次会晤。能源谈判代表机制采取非定期会晤方式，根据合作进展的需要由一方或双方代表提议召开。

2008年10月底，国务院总理温家宝访问俄罗斯并与俄罗斯总理普京举行中俄总理第13次定期会晤。两国高层领导的会晤照例又是一次推动两国能源合作的好机会。为此，在温家宝总理到访之前，中俄能源合作分委会（分别由我和俄罗斯能源部部长什马特科牵头）和新设立的副总理级能源谈判机制相继在莫斯科召开，为温家宝总理访问俄罗斯做好准备。

2008年10月23日上午，我与俄罗斯能源部部长什马特科共同主持召开中俄能源合作分委会第10次会议。分委会的焦点议题是中俄原油管道。在此前磋商分委会纪要文本时，中方希望在政府层面明确建设中俄原油管道，提出在此次两国总理会晤期间签署政府间文件，但俄方只同意由企业继续完成管道建设的工程设计和俄罗斯联邦政府审批等工作。

## 敲定原油定价公式

在会场外的另一个谈判场，中石油与俄石油就长期原油贸易的合同价格机制终于达成一致，解决了制约建设中俄原油管道的关键问题。俄方向中国出口原油价格为纳霍德卡油价减去斯科沃罗季诺到纳霍德卡的运费。给出的价格公式是 $P=N-T$，$T$ 是多少仍未确定，中方要求减去10美元/桶，这个要价肯定是期望值太大，俄方是绝对不会答应的，中石油也知道不可能，只是作为最初讨价还价的要价。而俄罗斯能源部部长什马特科后来与我交涉要求 $T$ 为零，我当然不能答应。我回应，$T$ 如为零，为什么当初双方谈成的价格公式中有减去 T 的部分？这个悬案就一直留了下来。直到后来王岐山副总理与谢钦副总理磋商，T 的值逐渐靠拢，最终达成了一致。

## 文本草签仪式上，中俄谈判人员相拥而泣

但是两国政府间的协议仍然处于胶着状态，俄方态度仍不可捉摸，他们好像还在等待着什么。

2008 年 10 月 24 日，俄方未安排继续谈判。雅诺夫斯基副部长说今天没什么事，问我愿不愿意参观俄罗斯石油公司总部，我想今天没什么事，就答应了。到了俄罗斯石油公司总部，他们告诉我今天来得正巧，俄罗斯副总理谢钦、能源部部长什马特科及俄罗斯石油公司、俄罗斯管道公司、俄罗斯天然气公司等五大能源巨头正巧也在俄罗斯石油公司研究工作，问我愿不愿意见见。我当然愿意。就以这种"巧遇"方式，我在俄石油总部会见了俄罗斯副总理谢钦。

谢钦副总理非常热情，他在会客室对我说，中国需要石油，俄罗斯有石油，也愿意向中国出口石油，但是自他担任俄罗斯分管能源的副总理后认真审视了俄罗斯向中国出口原油的方案，认为现有俄罗斯的石油生产能力不能保证连续 20 年每年向中国出口 1500 万吨原油，必须开发新的油田和建设输油管道。他立即叫人拿来了地图，铺在地板上指给我看俄罗斯现有油田分布和探明储量的情况。他指着泰舍特附近一处说，必须开发这个新的油田，同时管道经过沼泽地，建设难度很大，需要大量投资，而俄罗斯没有那么多资金投入。他提出，如果中方能提供 150 亿美元贷款，俄方才能建设中俄原油管道，管道输油量 1500 万吨 / 年。2007 年起美国次贷危机引发全球性金融危机，油价暴跌，卢布贬值，俄企业确实面临资金短缺的困难。我表示这一情况我必须向国内汇报。从俄罗斯石油公司回来后我立即通过使馆向

国内报告。中方内部紧急组织研究，当天由国务院副秘书长尤权开会协调各方面意见。

我们一行被安排在莫斯科附近的外交公寓，自己生壁炉取暖，我表面欣赏伏尔加河的秋景，心中却非常焦急，因为我知道国内的办事程序，有些方面机构林立，意见往往莫衷一是而贻误战机，这就要看协调人的能力和领导的决心了。可喜的是，莫斯科时间凌晨3点多，中方代表团接到国内反馈，同意提供贷款，前提是敲定中俄原油管道的建设。我的心才落了地，感谢国内的重视，强有力而及时的协调。我再无睡意，索性起床独自一人到伏尔加河边散步，直看到朝霞映红了整个河面。天亮后，我立即请陪同我的驻俄使馆经济参赞裴建胜通知俄方，举行了文本的草签仪式。长期从事中俄原油管道谈判的工作人员也抑制不住心中的激动，俄罗斯能源部的一个老头抱起了中方的年轻翻译曹伟，相拥而泣。

## 俄方又将贷款额增加到250亿美元

2008年10月26日，王岐山副总理在国务院副秘书长毕井泉陪同下到达莫斯科，与谢钦副总理进行中俄能源谈判代表会晤。

我去机场迎接王岐山副总理时还出了一个差错。大使馆裴建胜参赞安排车辆和确定出发时间，我担心莫斯科交通拥堵，要求提前出发，而裴建胜认为时间完全充裕，结果被堵在路上进不得退不得。王岐山副总理乘坐的飞机已经降落在机场，而我还在路上。我灵机一动，下车翻过附近一个过街天桥，截了一辆出租车，向回程方向赶回宾馆，赶在王岐山副总理到达宾馆前在宾馆门口迎接他。

第二天王岐山副总理与谢钦副总理的会晤中，俄方将贷款数额提高至250亿美元。中方研究后表示同意，要求两国能源主管部门具体落实。

## 昼夜鏖战，银行的意见让我恼火

2008 年 10 月 27 日下午，我即与俄罗斯能源部副部长雅诺夫斯基商谈中俄两国关于中俄原油管道、提供贷款等事项的政府间文件。会谈在俄总统饭店进行，气氛非常友好，但在具体的文本表述上双方严谨细致、据理力争。

在谈到 28 日凌晨 4 点时，文本才基本达成一致，双方主谈人一直紧绷的神经也才放松下来。雅诺夫斯基邀我到大厅喝点什么，让工作人员整理打印文件。凌晨 4 点，大厅酒吧无工作人员，雅诺夫斯基点起一根烟的时候，我从来不抽烟，也高兴地向他要了一支，这是一种细长的烟，像是女性抽的，我们还开起了美国能源部部长博德曼的玩笑。雅诺夫斯基一高兴，对我说，我们还可以在文本最后加上一句话，双方还可以探讨俄罗斯向中国每年出口 3000 万吨原油的可能性。我一听很高兴，同意加上，我认为这是一个额外收获，没想到这句话惹了麻烦。

一切就绪后，雅诺夫斯基回家睡觉了。6 点钟毕井泉副秘书长要了我和雅诺夫斯基敲定的协议草案，征求代表团中其他部门同志的意见。代表团中一位银行的领导认为加进去的最后一句话不妥，他认为俄罗斯承诺每年向中国出口 1500 万吨原油是和中方向俄方提供 250 亿美元贷款挂钩的，现在写上俄罗斯向中国出口 3000 万吨的可能性，是否俄方隐含将来要求中方再提供 250 亿美元贷款？所以银行要求删掉最后一句话。但此时我已经找不到雅诺夫斯基，他已经回家睡觉了，我只好拜托裴建胜参赞设法找到雅诺夫斯基去掉加上去的这句话。我也很生气，我们银行的人就是这样的思维，所以我也不客气地说，你们买美国那么多债券经过哪个部门讨论了？更何况协议文本中并未出现俄方要求中方再贷 250 亿美元的内容！

## 俄方临时变卦，会见被推迟 3 小时

2008 年 10 月 28 日，国务院总理温家宝到莫斯科与普京举行中俄总理第 13 次定期会晤。当日，我和什马特科代表两国政府签署《关于在石油领域合作的谅解备忘录》，中石油与俄管道运输公司签署了《关于建设和运营斯科沃罗季诺至中国边境原油管道的原则协议》。在这次温家宝总理访俄期间，中俄双方基本敲定要建设中俄原油管道，离签署最终具有法律约束力的协议只有一步之遥了。

接下来近 4 个月的时间，双方政府、企业、金融机构围绕合同细节、利率等问题又进行了多轮艰苦谈判。2009 年 2 月 17 日举行中俄能源谈判代表第三次会晤，相关文件要在会晤时签署，因此在会晤前双方企业和金融机构进行了通宵的谈判谈定了文本。

2009 年 2 月 17 日上午在北京人民大会堂由王岐山副总理和谢钦副总理率领双方团队举行中俄能源谈判代表会晤。上午谈得很好，一切顺利，王岐山副总理宴请谢钦副总理，计划在宴请后举行签约仪式，签约后温家宝总理在中南海会见谢钦副总理一行。但就在宴会席间，俄管道运输公司总裁托卡列夫突然向俄罗斯能源部部长什马特科汇报合同文本中有几处无法与中方达成一致，关键是俄石油公司和俄管道公司要求贷款要分别贷、分别还，形成各自的协议文本，而不同意共同签在一个文件中，如果不改合同签不了。

俄方经常在最后关头生变，我已经不是第一次遇到了，不知这是不是俄方的谈判策略。后来在布拉戈维申斯克谈天津炼油厂项目时也

是这样，一切都谈妥了，俄方安排在黑龙江上游船吃晚饭。只待上岸后就签，但就在游船上俄方突然提出他们不能保证向天津炼油厂提供原油，要求在协议文本中修改这一条款。我很奇怪俄方为什么要这样改，买俄罗斯原油不是俄方的愿望吗？否则天津炼油厂与俄罗斯合资有什么意思？就为这一条款双方人员一直耗到后半夜，双方无关的其他企业人员都困了、不耐烦了。俄方带头玩起了"赌博游戏"，押赌今晚能否签约，几点能签约，猜得最接近者赢。和俄罗斯俄铝谈远东瓦尼诺港合资时也是同样的情况，上午谈好了合资文本，下午签约仪式时俄方突然提出要减少中方股比，我气愤地离席而去。

在向王岐山副总理汇报这一突发情况后，他说："没达成一致意见继续谈，我们等着。"随后，中俄双方能源部部长、中石油和俄管道运输公司的领导相继离席去进行磋商。

俄罗斯谢钦副总理和俄罗斯大使把我拉到一边，拼命解释，要求中方接受俄方意见，把本来一份协议拆成两份。这倒也没有什么，但要说服中石油和国家开发银行。国家开发银行会不会担心俄罗斯管道公司如何保证还款能力，需要在条款中有新的约定。这些都需要时间。我向王岐山副总理报告后，他很沉着，决定耐心地等，让双方工作层抓紧修改文本。这样一等就是3小时，我怕领导着急，急得像热锅上的蚂蚁。由于之前没有预料到要举行谈判，因此出现了双方企业领导和人员站着谈判的有趣现象，俄罗斯副总理谢钦、俄罗斯大使和我，加上一个翻译就站在电梯旁边谈。在协商解决双方分歧后，等待企业准备文本时，谢钦一改以往严肃形象，面带笑容、心情放松，甚至还主动和中方工作人员合影留念。终于在5点多，比原定时间推迟了3个多小时后，才在人民大会堂举行了隆重的签约仪式，我和俄罗斯能源部部长什马特科代表两国政府签订了政府协定。同时，一揽子签署了250亿美元融资贷款合同、中俄原油管道建设和运营合同以及长期原油贸易合同（从 2011 年 1 月 1 日起，在未来 20 年内俄罗斯每年通过管道向中国供应 1500 万吨原油）。

中俄原油管道在人民大会堂签约。张国宝（右）和俄罗斯能源部部长什马特科（左）代表两国政府签字。

王岐山副总理和谢钦副总理见证，15 年谈判终于一锤定音了。温家宝总理在中南海的会见也推迟了 3 个小时，领导人都表现出极大耐心，也让我十分敬佩。

当天，感慨之余我写了一首《菩萨蛮》词纪念这一天的艰苦谈判。

菩萨蛮·庆中俄原油管道签约

十五载跌宕博弈，

一昼夜鏖战斗智。

安大多诡谲，

泰纳藏玄机。

政经相交织，

外交暗角力。

首脑亲运筹，

远东布新局。

两国政府签署的关于石油领域的合作协议、贷款协议、管道建设及原油贸易合同，于 2009 年 4 月 21 日开始正式生效。

2009 年 6 月，国家主席胡锦涛再次对俄罗斯进行国事访问，6 月 17 日在与梅德韦杰夫总统会谈时再次强调："全面落实中俄石油领域合作政府间协议，为两国开展长期全面稳定的能源合作奠定坚实基础，积极推进可再生能源、新能源等领域合作，形成两国全方位、综合性能源合作格局。"中俄之间在原油管道取得突破后，互信关系加强，迅速向天然气、煤炭、电力、可再生能源等其他能源领域合作发展。会见后进行签字仪式，我和什马特科部长签署了中俄天然气合作和煤炭合作的谅解备忘录。

## 中俄双方签署能源合作与地区合作文件

2010 年 3 月，国家副主席习近平率团访问了俄罗斯远东地区和莫斯科、圣彼得堡，我和陈元同志等全程陪同。访问中，习近平副主席继续做俄罗斯领导人工作，发展和巩固中俄能源合作成果。在国家副主席习近平和国务委员刘延东见证下，由我和俄罗斯原子能工业公司总裁基里延科（俄罗斯原总理）、地区发展部部长签署了能源合作和地区合作的文件。

中俄原油管道建设问题虽然尘埃落定，但是国际政治经济博弈是复杂的。俄罗斯在决定建设通往大庆的石油管道之时，也没有忘了安抚日本，决定在萨哈林岛与日本合资建设一个年产700万吨的LNG工厂，向日本供应液化天然气。日本首相亲自到萨哈林岛出席开工仪式，日本方面也得到了心理平衡。

## 我开玩笑批评裴建胜参赞不要"一仆二主"

工程开工前，围绕双方义务和责任的施工协议谈判仍然龃龉不断。

中方的主谈人是中石油俄罗斯公司总经理蒋奇，他是中国驻俄罗斯大使馆前任经济参赞。而在莫斯科由中国驻俄罗斯大使馆时任经济参赞裴建胜与俄方交涉。

按商定，管道穿越黑龙江的施工由中方负责，中方施工队伍要经常到对岸俄罗斯一侧，如果每次施工队伍过去都算出国，要办理出入境手续那就太麻烦了。中方要求俄方在岸边划出一个施工区，中方施工人员到这个施工区作业视同在国内，无需办理出入境手续，相当于俄方边防、口岸后退到施工区之后。俄方答应了。说句实话，如果此事在中国，很可能办不成，这不是涉及领土主权问题吗？接下来是中方施工设备到对岸施工区不应算出口设备到俄罗斯，俄方不能征收进口关税。俄方同意除烟酒和私人汽车都可以不缴关税。中方又提出中方在对岸施工人员不缴纳俄方税收，俄方也同意。说实在的，这都是律师搞出来的名堂，其实第一个问题解决后，后面问题也都解决了，但律师提出的这些"严谨"问题把事情越搞越复杂。最后律师还提出中方雇用的外国人也不缴个人所得税，俄方不同意了。谈判陷于胶着，问题反映到我这里。

裴建胜参赞对谈判的进展和问题随时向我报告磋商，但因为他是国家发改委从中石油借聘的（裴建胜俄语好，本科清华大学毕业，莫斯科国立管理大学博士），他在国内的组织关系还在中石油，所以每次他先报告中石油，并主要按中石油意见与俄方交涉。中方要求雇的外国人免缴个人所得税问题出来后，我也火了。我说怎么又出来外国人？他说万一以后我们雇外国监理或技术人员呢？我说那应该根据该外国雇员国籍与俄罗斯是否有避免双重征税协定执行。中俄原油管道前后谈判15年，来之不易，不要因未来未必发生的假设耽误时间了。我以开玩笑的口吻批评裴建胜，你不要"一仆二主"，现在你是国家发改委派出的人，这个问题你要听我的，如果将来确要雇用外国人，应按该雇员国籍所在国与俄罗斯的税务协定执行。

这样最后问题才算解决了。

## 驱车回首萧瑟路，龙江潮涌起宏图

2009年4月27日，中俄原油管道俄罗斯境内段开工建设。5月18日，中俄原油管道中国境内段在漠河县兴安镇开工建设。国务院副秘书长毕井泉、我以及有关部委和中石油代表陪同王岐山副总理到漠河现场参加开工典礼。我们在机场下机后还乘了一段火车，再坐很长一段汽车，翻过一个山岭。这个季节就像《北国之春》歌曲唱的，白桦刚露出嫩芽，但翻越山岗时却飘起了很大的雪，翻过山岭后天空豁然开朗，艳阳高照，向黑龙江畔开工现场驶去时，茫茫林海上空风起云动，霞光从云层中露出，担心开工时下雨的心情终于放下。

苏轼《定风波》词中有"回首向来萧瑟处，归去，也无风雨也无晴"。想到中俄原油管道15年谈判的坎坷，犹如一路风雨的萧瑟之路，终于在黑龙江边迎来开工的艳阳天。中俄能源合作正在展现宏图，象征着中俄能源合作迎来了一个新的时期。我抑制不住兴奋，写了一首《蝶恋花》词：

**蝶恋花·喜庆中俄原油管道开工**

兴安松柏吐翠绿，

北国春韵，

层峦万木苏，

杜鹃争艳密林处，

忽有骤雨雪花舞。

林海葱茏更娇妩，

极目北陲，

云海霞光露。

驱车回首萧瑟路，

龙江潮涌起宏图。

## 普京自驾拉达车出席竣工仪式，亲自启动中俄原油管道阀门

2010 年 9 月底，管道建成投产试运行，俄罗斯在漠河对岸的斯科沃罗季诺举行隆重的竣工投产仪式。我应邀率中国代表团参加投产仪式，中石油副总经理汪东进出席。我们先到达黑河对岸的布拉戈维申斯克，我和俄罗斯能源部部长什马特科主持举行了中俄能源合作分委会会议，然后由俄方飞机接我们去斯科沃罗季诺。俄罗斯副总理谢钦已经先期到达，他约我到路口，说马上有一个人来。一会儿见有一辆拉达汽车开过来，原来是普京自己开着车来了。普京亲自启动了阀门，象征着俄罗斯原油已经注入中俄原油管道输往中国。在隆重的大会上我代表中国政府讲话祝贺。

中俄原油管道建成通油，普京出席在斯科沃罗季诺的建成通油仪式，张国宝代表中国政府讲话。

## 中俄原油管道的重要意义

作为我国油气进口东北方向的一条战略要道，中俄原油管道起点为俄罗斯东西伯利亚—太平洋原油管道斯科沃罗季诺分输站，在腾达穿越黑龙江，到达漠河，途经黑龙江省和内蒙古自治区13个县市区，终点为中国漠河—大庆原油管道漠河首站。管道在俄境内段长约63.4公里，黑龙江穿越段长1.5公里，我国境内从漠河至大庆段长965公里，一期工程设计输油量为1500万吨/年。

遵照双方的约定，2011年1月1日正式投产进油。管道建成后运营顺利，中俄原油贸易规模也不断扩大，截至2017年5月，中国自俄罗斯经中俄原油管道进口原油突破了1亿吨。据海关数据统计，2015年俄罗斯成为中国第一大原油进口来源国，当年从俄进口原油4243万吨，2016年中国从俄进口原油5248万吨，再创历史新高。

为了巩固中俄友谊，我们提议向在中俄原油管道决策和建设中发挥重要作用的谢钦副总理，能源部部长什马特科、副部长雅诺夫斯基，俄罗斯石油公司和俄罗斯管道公司总裁等10人授予友谊勋章，在温家宝总理访问俄罗斯时隆重举行了颁发仪式。其后，俄方也对等授予了中方10人友谊勋章。

值得欣慰的是，双方在2013年3月又商定要增加供应原油至3000万吨/年。为此，中方启动建设漠河—大庆复线（从斯科沃罗季诺到漠河段设计规模即可达3000万吨/年），在2017年底前建成投产，届时通过中俄原油管道每年即可进口原油3000万吨，成为中国长期稳定的原油进口来源。

2016年中国进口原油3.8亿吨，只有中俄、中哈、中缅三条陆上管道，而中缅管道仍是转运从海上来的中东原油，所以真正陆上来的只有中俄、中哈两条管道，管道进口量仅占全部原油进口量的10%左右，其余全部要从海上运输，中俄原油管道的战略意义可见一斑。

中俄原油管道前后谈判了15年，其间政经交错，最后能得以实现，起决定性作用的是两国领导人高瞻远瞩，他们亲自领导了中俄能源合作，确定了中俄全面战略协作伙伴关系。数万各部门、各级工作人员，石油战线的干部、技术人员、工人为此付出了辛勤的劳动，在回首这一过程时深深地向他们致敬。

# 中缅油气管道十年磨一剑

2017 年 4 月 10 日下午，在中国国家主席习近平和缅甸总统吴廷觉的共同见证下，中缅代表双方在北京签署《中缅原油管道运输协议》。同日晚间，油轮在印度洋畔的缅甸马德岛卸油进入中缅原油管道，经 12 年筹备建设，中缅原油管道工程正式投运。

从此，除来自东北的中俄石油管道、西北的中哈石油管道及来自东部的海上通道外，又多了一条来自西南的石油运输通道，我国原油进口多元渠道形成，能源运输安全得到进一步保障。

## 为什么要建中缅油气管道

建设中缅油气管道在 2004 年就开始酝酿。2004 年 10 月 14 日，我主持会议，要求中石化拿出中缅原油管道前期研究报告，同时要求中石油同步开展研究。因为当时中石油已经承担中亚天然气管道和中俄油气管道的任务，我想应该让中石化也承担一项任务。

2005 年 1 月 7 日，中石油调中国石油管道公司张加林到中国石油规划总院任党委书记、副院长，专门负责中缅原油管道前期研究工作。2005 年 4 月，国家发展改革委派出能源局负责油气工作的副局长张玉清为团长，组团赴缅甸考察中缅原油管道的可行性。回来后，听取了中石油、中石化、中海油各自编写的研究报告。

2005年7月4日，缅甸能源部部长伦迪准将应我邀请访华，并分别代表两国签署了《中缅关于加强能源领域合作的框架协议》，其中，第五条"双方同意适时就启动中缅输油管道前期研究开展进一步磋商"。

2005年7月4日，张国宝与缅甸能源部部长伦迪会谈。

2005年9月28日，缅甸能源部部长建议，"中国在考虑原油管道的同时最好能一并考虑开展天然气管道问题"。2006年6月19日，国家发改委给国务院报告"国家发改委关于开展中缅油气管道有关工作的请示"，报告说："实施中缅原油、天然气管道，尽管存在各种困难因素，但从长远看，具有战略意义。建议由我委组织有关企业和地方政府，深入开展前期工作，尽快提出实施方案，报国务院审批。建议由中石油承担相关工作。中石油、中石化均做了大量前期工作，由于该项目政治上较敏感，建议由一家公司承担为宜，以减少内耗，提高工作效率，同时，考虑到该项目沿线地形复杂，技术要求高，投资数额大，中石油资金、技术、生产管理经验等具有优势，如国务院同意，即责成该项工作由中石油承担。"

国务院批准同意了该报告。2006 年 8 月 14 日，国家发改委给中石油集团发文，转发了国务院的批准报告。

徐荣凯同志任云南省长期间，云南省多次向中央建议修建中缅油气管道。2006 年，胡锦涛总书记考察云南，徐荣凯省长当面向胡锦涛总书记建议建设中缅油气管道，并讲了抗战时期史迪威油管的历史。由于在缅北有民地武分治问题，当时重点讨论了油管的安全问题。后来云南省一位省长在中共中央党校学习时，把建设中缅油气管道作为他的毕业论文。中缅油气管道的意义并不主要是像有的媒体报道的那样为了运输安全绕开马六甲海峡，而主要在于我国西南部四川、重庆、云南、贵州、西藏广大地区没有原油供应和炼油厂，所需油品全靠兰成渝管道和沿长江逆流而上，这一问题在汶川地震救灾中较为突出。

当时兰成渝管道受唐家山堰塞湖威胁，堰塞湖一旦决口，水流冲下来就会冲垮附近的兰成渝管道，使四川的燃油中断，10 万救灾部队及机械设备的燃油就成问题。所以由解放军工兵部队对绵阳附近桥梁管道做了加固。当时我在国务院抗震救灾前线指挥部工作，专门给中石油领导去电，让他确保兰成渝输油管道不出问题。另外，抗日战争中，缅甸作为美国向中国战场运输战争物资的通道，建设了以史迪威将军名字命名的著名战时公路，动员了几千名东南亚华侨驾驶汽车运送物资，牺牲者众。但燃油是通过从印度的加尔各答建的一条经缅甸的史迪威管道，知道的人却不多，这条管道的残骸现陈列在腾冲的博物馆。所以，经缅甸向中国西南部运油是有历史的，是一条从印度洋通往中国西南部的运输通道。同时，我们经过仔细计算，原油从马六甲海峡到达我国南部港口，再用管道输往昆明、成渝地区，运输成本比从马德岛上岸，通过中缅管道到昆明要高。

## 中缅合资建设

2013年11月6日，中缅天然气管道试运行。玉溪成为中国首批用上缅甸天然气的城市。

2008年，我任国家能源局局长后率团访问缅甸，缅方由能源部副部长吴丹田准将陪同，乘飞机飞到了马德岛上空，俯瞰马德岛和皎漂港。从空中看马德岛受多岛环绕，是天然避风良港。后来由天津一家设计院设计，经勘测航道平均水深20米，可以通行30万吨油轮。

2009年3月26日，在中共中央政治局常委李长春和缅甸副总统见证下，张国宝与缅甸能源部部长伦迪签署中缅油气管道建设备忘录。

中缅之间关于建设油气管道的协商，时任驻缅甸大使管木做了大量工作。后来管木大使调往泰国任大使。

2009年3月26日，中共中央政治局常委李长春访缅。在李长春和缅甸第一国务秘书丁昂敏乌见证下，我代表中国政府与缅甸能源部部长伦迪就建设中缅油气管道磋商，签订了《关于建设中缅原油和天然气管道的政府协议》等一系列能源合作备忘录和协议。

2009年12月20日，国家副主席习近平访问缅甸，推动中缅油气管道建设。我作为随行人员与缅甸能源部进行谈判，当时驻缅大使是叶大波。与缅甸第一国务秘书丁昂敏乌会谈时，习近平谈道，中缅油气管道是中缅合作的标志性工程，希望缅方能予推动，加快上马，早日建成。但由于时间短促未能全部谈妥，习近平同志指示我留下继续与缅甸政府磋商。

中缅油气管道的设计是同时并行建设天然气和原油管道，都从缅甸西部的印度洋港口起步。天然气管道从皎漂港开始，原油管道起自马德岛，然后并行建设，均从云南瑞丽进入中国。

天然气来源是由韩国大宇等天然气管道外方公司在缅甸印度洋大陆架若开盆地A1、A3海上气田共同开发的，已探明年产量50亿立方米，当时韩国大宇正在寻找销售市场。同时我们也与缅甸谈了几个海上区块进行风险勘探，中石化在陆上也有风险勘探区块。政府间谈判也是我去谈的，并签订了政府间协议，但后来这些区块是否获得了有商业开采价值的储量，我就不知道了。原油则来自中东和非洲地区。

原油和天然气管道均采取中缅合资方式。原油管道设计年输油能力2200万吨，中方占50.9%，缅方占49.1%。天然气管道股比：中方50.9%、缅方7.365%、韩国大宇国际25.041%、印度OVL 8.347%、印度GAIL 4.1735%、韩国燃气4.1735%。

2010 年 6 月 3 日，国务院总理温家宝访问缅甸，中缅两国总理共同宣布中缅油气管道正式开工建设。工程在缅甸米坦格河河畔的管道施工现场开工建设。

2010 年 6 月 3 日，国家发改委下发《国家发展改革委关于中缅天然气管道（缅甸境内段）项目核准的批复》：经国务院同意，现批复如下：为增加我国天然气供应，改善西南地区能源消费结构，促进沿线地区经济发展，同意你公司（中石油——作者注）建设中缅天然气管道（缅甸境内段项目）。

2010 年 6 月 22 日，国家发改委下发《国家发展改革委关于中缅原油管道（缅甸境内段）项目核准的批复》：为保障我国石油供应安全，开辟新的陆上原油进口通道，推动西南地区经济发展，同意你公司（中石油——作者注）建设中缅原油管道（缅甸境内段项目）。

## 十年磨一剑

其间，随着缅甸国内政局变化，中缅油气管道工程波澜起伏。先是缅甸军政府以陆上风险勘探区块内有重要军事工程为由，取消陆上勘探区块。后来缅甸国内一部分人受国内外敌对势力蛊惑，说中国拿走了缅甸的能源。其实这条管道的油源来自中东，根本不是从缅甸生产的能源，运来的油还要给缅甸供 200 万吨，是帮助缅甸增加了能源供应，管道采取中缅合资方式，也给缅甸带来收入。

后来缅甸政局发生变化，丹瑞大将的军政府权力移交给民选政府，原能源部部长伦迪将军转为国会议员，但他仍积极推动油气管道建设，打电话给我担心中方施工拖期，我向他保证中方绝不会拖延工期。后来中石油缅甸项目负责人张加林因年龄退休，我曾努力想让中石油同意延长张加林的退休年龄，但未能如愿。

为了防止因缅北民地武问题影响管道建设，我曾到缅北军区与缅北军区司令会晤，希望双方都保证管道顺利建设。

2013 年 5 月 28 日，中缅天然气管道缅甸段总算建成了。2013 年 7 月 28 日实现了向中国供气，云南、贵州终于用上了天然气，但是目前累计输送才 40 亿立方米，远未达到设计年输气 120 亿立方米的能力。原因可能是缅甸国内产量尚未上来，中国境内管网也未完善。

石油管道却停滞了两年。2014 年 5 月 30 日，石油管道施工完成。2014 年 10 月 30 日，马德岛码头完工。

在习近平同志担任中共中央总书记和国家主席后，积极维护周边和平外交政策。2016 年 6 月，缅甸资政昂山素季访华，习近平主席和李克强总理与昂山素季会谈中都谈到了要稳妥推进中缅油气管道合作。中缅两国的友好睦邻关系得以巩固，最终达成了原油管道的运输协议，前后历时 12 年，真正是十年磨一剑。

现在马德岛已经成为一个现代化的石油港口，我们所有参与过此项工作的人都感到欣慰。

# 二、电力与新能源篇

# 西藏电力建设与青藏联网工程

被称为世界屋脊的青藏高原高山险阻、自然环境恶劣，加上长期封建农奴制度的统治，当地球上多数地区已享受到物质文明的时候，西藏还处于蛮荒的黑暗中。

1951年西藏和平解放，全区没有电力，照明只能靠松明子和酥油灯。追溯起来，西藏电力起步并不晚，始于1928年。一位名叫强俄巴·仁增多吉的藏族青年被十三世达赖喇嘛派往英国诺菲里（RUBY）大学学习电力，1921年从英国留学归来，向西藏噶厦政府提出在拉萨北郊夺底沟建设一座水电厂，所用的水电设备由英国基尔斯机器厂制造，容量只有92千瓦，从印度经由尼泊尔，人背马驮运到西藏，从此开始了西藏用电历史。但这个唯一的夺底沟水电厂运行18年后，设备老化，不能正常运行，1946年停运并被水毁，仁增多吉也于1945年病故，西藏又回到没有电的黑暗中。

1955年3月9日，国务院第七次全体会议决定，由中央拨款并派遣工程技术人员进藏修复拉萨夺底沟水电厂和新建一座日喀则小型火力发电厂，援藏技术人员从原电力工业部和重庆电力局抽调。1956年7月，日喀则80千瓦燃油火电厂建成，同年10月，恢复重建的夺底沟水电厂（660千瓦）建成，揭开了西藏电力工业的新篇章。

1965 年 9 月，西藏自治区成立时，全区装机容量达到 8240 千瓦，多属小水电，也有几个燃油机组，年发电量 2600 万千瓦，建成 35 千伏输电线路 3 条，长 45.55 千米；6 千伏输电线路 10 条，长 98.6 千米。但西藏地广人稀，除拉萨、日喀则少数地方外，多数地方和农牧民还是与电无缘。

20 世纪 80 年代，西藏电力有了较快发展，利用距拉萨 90 千米、位于藏北草原的羊八井地热建成了 2.4 万千瓦（8×3000 千瓦）国内最大的地热发电站，并修建了羊八井至拉萨西郊的 110 千伏羊拉线，这在很长一段时间成为西藏的主力电源。

西藏羊八井地热发电站。

20 世纪 80 年代，我已在国家计委工作，当时酝酿建设羊卓雍湖水电站。羊卓雍湖是一个美丽的高原淡水湖泊，海拔 4400 米左右，水域面积 620 平方公里，前后长 20 多公里，蓄水量 154 亿立方米。1997 年我从满拉水电站返回拉萨，曾沿着羊卓雍湖跑了一趟，水头落差离不远处的雅鲁藏布江有 816 米高，可以修建国内水头最高的抽水蓄能电站。

关于修建羊卓雍湖水电站，当时从"文革"浩劫中已恢复工作的班禅额尔德尼大师和阿沛·阿旺晋美提出不同意见。我曾听原水利水电部副部长、国家计委副主任姚振炎同志讲，原水利水电部、国家计委专门派人去向班禅大师说明。班禅大师是个很开朗、讲科学的领导人，他说他的意见不是因为宗教中的神湖，主要担心高原生态变化，羊卓雍湖是个湖面面积较大的高原淡水湖，对调节西藏气候影响很大，如修建水电站，大量水下泄发电可能会使湖面下降、缩小，影响高原生态。班禅大师的意见很有道理，于是对方案做了修改，改为抽水蓄能电站，在用电高峰时往下放水，低谷时用来抽水，再把水抽回湖中，这样可不造成湖水减少。另外，明确羊卓雍湖面发电最低控制水位海拔高度为 4437 米，低于这一高度时停止发电。这一修改意

羊卓雍湖抽水蓄能电站。

见得到了班禅大师的理解，羊卓雍湖抽水蓄能电站才得以修建。后来几年羊卓雍湖来水状况很好，可能是因为气候变暖，雪线上升，湖面不仅没有下降而且还有所上升。从单纯发电的水电站改为抽水蓄能电站，实际情况并不理想，因为羊卓雍湖抽水蓄能电站装机 4×2.25 万千瓦，当时所在的拉萨电网总装机只有十几万千瓦，用于抽水的电力根本不够，并没有足够的电源用于抽水，建好后一直按单一泄水发电，这才有了后来要建直孔水电站的动议。另外，当时我国装备制造能力薄弱，所用抽水蓄能电站设备全部进口。

西藏地域广阔、装机少，到 20 世纪 90 年代我直接分管电力工业时，拉萨、山南、日喀则、林芝、昌都 5 个组团都是独立的供电区，互不相联，位于阿里地区的狮泉河除少量柴油机外几乎还没有电力供应。中央第三次、第四次西藏工作座谈会后，为保障西藏经济社会发展，批准建设满拉和沃卡河一级水电站，都是在海拔 4000 米以上，工程条件艰苦，由武警水电部队施工。当时刘源同志担任武警水电部队政委。这两个水电站装机容量都不大，但造价极高，在建设过程中一再超概算。2000 年，这两个水电站相继建成，但代价太高，而且西藏的电厂全靠中央财政全额拨款建设。后来国家计委在审批西藏电厂项目时，对概算抠得很紧，要求一个一个地建设，否则财力实在受不了。

在稍后审批位于昌都地区的金河电厂时，首次同意由西藏电力公司作为项目法人进行建设管理。金河电厂的一个山洞在"文革"期间就打好了，后来工程停止。近年在昌都地区发现了玉龙铜矿，如要开采就要有电力。我去西藏时，自治区领导多次找我请求批准金河电厂。时任自治区财政厅厅长杨晓渡（后担任自治区副主席）是从上海大学毕业后主动要求去西藏工作的，曾在昌都工作，充满激情。他表示，如批准金河电厂，愿回到昌都去抓这个项目。他的这种工作热情打动了我。金河电厂装机 6 万千瓦，在西藏算是个不小的项目，由国家全额拨款 5.21 亿元建设。2001 年 9 月我批准了金河电厂可行性研究报告，2001 年 12 月 6 日开工建设，2004 年 4 月 16 日首台机组发电，同年 8 月 4 台 1.5 万千瓦机组全部并网发电。这个电厂工期没有拖，概算控制尚可，是"十五"期间开工并建成的一个主要电厂。

我分管西藏电力工作后开展的另一项重要工作是将拉萨、山南（泽当）、日喀则 3 个独立区域网联结成藏中电网。这 3 个地区是西藏政治经济中心，人口相对集中。拉萨和日喀则分别是达赖、班禅的驻锡地，被称为前藏后藏的中心，山南被认为是藏民族的发祥地。这 3 个地区比较集中，较易联网，现在已联结成藏中电网。2005 年，藏中电网装机 23.728 万千瓦，西藏电力主要集中于该地区。后来我们又把藏中电网与林芝地区联起来，形成了一个电网，使用了一部分农

张国宝（右二）和相关人员在拉萨研究解决藏中电网缺电应急电源问题。左一为国家电网公司副总经理舒印彪，左二为西藏自治区政府主席白玛赤林，右一为西藏自治区政府常务副主席郝鹏。

网改造资金。但昌都和阿里离拉萨太远，目前仍是独立电网运行。现在西藏分为藏中、昌都、阿里 3 个区域网。

西藏羊卓雍湖水电站是以抽水蓄能电站名义建的，但建成后实际没有足够的电源可供抽水，仍是一个只发电的水电站，好在这些年水位很好，没有下降。"十五"期间又建了一台 2.25 万千瓦机组，因此羊卓雍湖抽水蓄能电站装机容量总计为 11.25 万千瓦（5×2.25 万千瓦），几乎占藏中电网的一半。西藏自治区政府强烈要求批准建设直孔 10 万千瓦水电站，这样尚有可能在必要时抽水蓄能，工程总投资 13.37 亿元，单位千瓦造价高达 1.337 万元，主要靠财政拨款。鉴于满拉、沃卡的教训，国家计委采取谨慎态度，迟迟未批。直到 2002 年 11 月，考虑到青藏铁路建成西藏电力增长需求才批准了可行性研究报告，并尝试改变全额由中央财政拨款的做法，由中央拨款 80%（10.7 亿元），西藏电力公司贷款 2.67 亿元，占 20%。这在西藏是第一次用银行贷款搞电力建设。工程于 2003 年 5 月开工。2006 年 7 月 1 日，青藏铁路全线通车后，西藏经济社会发展加速，电力增长在 14% 以上，西藏开始严重缺电，幸亏直孔水电站 4 台机组相继投入发电。2007 年 7 月 5 日，我再次进藏参加青藏铁路验收，7 月 7 日直孔水电站已满负荷发电。看来当初批准建设还算及时，否则缺电情况不堪设想。

阿里地区离拉萨较远，位于西藏通往新疆的路上，人口不多，战略地位重要。早在 20 世纪 90 年代末期，曾在阿里工作过的近百名同志联名写信要求国家批准狮泉河水电站建设。但狮泉河水电站装机 6000 千瓦，投资 4.26 亿元，每千瓦造价 7.1 万元，是内地建同类电站的 8 倍，我一直未批准。为解决阿里供电需要，国家计委特批了阿里建太阳能光伏电厂，并将拉萨拆下的柴油机组调往阿里。由于海拔高、空气稀薄，柴油发电耗油，出力下降，发电成本非常昂贵，全靠财政补贴。阿里地区要求建设狮泉河水电站,虽然容量不大、造价高,但是清洁的可再生能源不消耗燃料。2003 年 11 月,国家计委批准了这个电站。该水电站 2004 年 7 月开工,2006 年 9 月 1 日开始发电,用高额投资代价解决了困扰阿里地区的供电问题,从此高原上的阿里夜晚将是光明的。

2001 年 6 月 29 日,举世瞩目的青藏铁路开工建设。我作为青藏铁路建设领导小组成员,协调青藏铁路建设和运营的供电问题。2001 年 6 月 3 日,我从格尔木驱车沿青藏全线跑了一趟。当时青海电网的电只到格尔木,西藏方面的电只到那曲,从格尔木到那曲近 1000 公里路段没有电。研究决定请青海电力公司从格尔木向昆仑山直到沱沱河长江源头架线。由于电压不高、线损大,且西藏电力本来就不多,2002 年 9 月批准西藏方面从那曲向安多建设 110 千伏线路 539 公里,配套 35 千伏线路 40 公里,拨款 3.72 亿元。青藏铁路供电工程从 2003 年 4 月开工到 2005 年底全部完成,有力地支援了青藏铁路建设。现在剩下的从沱沱河到安多的一段,铁道部也架线修建了。在研究青藏铁路方案时还曾考虑过是采用电气化铁路还是搞内燃机车。当然是电气化铁路较好。燃油的内燃机车不仅成本高,而且因为高原缺氧,发动机出力要受到很大影响。我还曾考虑过在那曲建一个燃煤火电厂,煤用青藏铁路从青海、甘肃运来。此前在西藏因为海拔高、空气稀薄,而且也没有煤,没有燃煤火电厂。但论证后由于上述原因,加上煤炭运到西藏成本很高,更重要的是我们想保留西藏的一片净土,不在西藏搞燃煤火电厂,所以那曲电厂的设想就此作罢。由于西藏装机容量小,电力机车开行占西藏电网容量的比例过大,引起电网频繁波动。因此,铁道部论证后认为电力机车方案不可行,尽管代价高,仍决定采用内燃机车方案。我们国家还生产不了这种大马力内燃机车,需要从美国进口。

西藏地区农牧民居住分散，到 2001 年底还有无电乡 460 个，无电村 5254 个，无电人口 180 万。从 2002 年起，为解决无电乡农牧民用电，开展了"送电到乡工程"，主要采用太阳能光伏发电，也叫光明工程。到 2005 年，实际向西藏投入了 13.68 亿元，建设光伏电厂 322 座，解决了 318 个无电乡用电问题，还建设了 24 座小水电站，在建 73 座，解决了 100 个无电乡用电问题。但是由于西藏基础太薄弱，对光伏发电管理维护能力差，许多光伏电厂出了故障就趴窝了。西藏的光明工程最早为我国光伏电源发展提供了市场。2007 年 7 月 6 日，我陪同马凯同志翻越 5013 米高的米拉山，沿途看到农网改造新立起的电杆和整齐的绝缘瓷瓶，农牧民都用上了电。我问一户藏民电价，他说每度电 0.42 元。到了拉萨墨竹工卡县一所小学，有一座原国家计委基础产业司援建的 6 千瓦的光伏电厂，解决了学校照明、放录像、看电视等问题。西藏点亮了。2007 年 7 月 6 日晚，我们漫步在布达拉宫广场，散步在灯红酒绿的八廓街，雄伟的布达拉宫彩灯映照，难以相信这是在高原的西藏。看到林芝城中广场上居民们跳起锅庄舞，比在北京街头扭秧歌的人群还要热闹。

但是西藏的发电成本每度电要几元钱，而农牧民用电只有 0.40 元，每年要靠国家财政来给补贴。所以当时西藏自治区计委分管电力的副主任李本珍曾向我提出，用国家补助的资金在安徽、河南建电厂，收益作为对西藏电价的补贴。但这个设想也不可行，没有执行。西藏每年要靠国家财政补贴电价这件事一直在我心中萦绕，这也是我后来建议下决心建设青藏电力联网工程的原因之一。反对建青藏联网工程的"专家"没有去过西藏，对西藏电力的发展历史和现实问题缺少了解。

青藏铁路通车后，西藏经济社会发展加速，用电量增长很快，缺电日益严重。另外，西藏电力结构主要是水电，丰水期和枯水期发电量差得很多，冬季枯水期又是用电旺季，尤为缺电严重。我亲眼见牧民用牛粪取暖很普遍，因此动员华润电力将在广东建的燃油机组无偿拆往西藏，支援西藏电力建设，在拉萨郊区建了燃油发电厂。

除昌都地区外，西藏用电量在 14% 增长速度下还是缺电，且西藏电网属于独立的电网，其他地方难以支援。2006 年 5 月 14 日，国家发改委批准建设林芝巴河雪卡水电站，装机容量 4 万千瓦，投资 7.23 亿元。雪卡水电站位于工布江达县美丽的巴松措湖下游，巴河河口处叫老虎嘴，规划 10.2 万千瓦水电站。在青藏铁路验收时我陪同马凯同志乘汽车从林芝到拉萨，经过巴松措湖的老虎嘴时，我向他们介绍了水电站建设和西藏电网联网规划。

现在雪卡水电站已经建成。雅鲁藏布江上规划更大的 51 万千瓦的藏木水电站，由华能公司作为项目业主。由于处于雅鲁藏布江上游，印度对中国在雅鲁藏布江上建水电站很敏感，从外交上考虑，我们放缓了审批步伐，现在也已建成。由于这一系列电站的建设，西藏电力装机容量迅速从 90 年代只有 10 万多千瓦增加到现在的 170 万千瓦。

西藏电力管理体制是政企不分的，西藏电力局和西藏电力公司是"一套人马、两块牌子"。2002 年电力体制改革时考虑到西藏的特殊情况，电力投资全要靠国家，而考虑到西藏经济不发达，西藏的电价只有每度 0.40—0.45 元，而发电成本，特别是燃油机组每度电成本要几元，每年国家要拿出巨额资金补贴。如果也搞厂网分开，西藏的电力建设就将受到影响，在电力体制改革中，西藏电力仍隶属国家电网公司管理。为适应西藏电力发展需要，西藏自治区提出政企分开，成立西藏电力公司，作为国家电网公司的子公司。关于电力行政职能，西藏自治区要求保留西藏电力局牌子，我主张并入西藏发改委，西藏电力体制改革方案于 2007 年批复。

由于西藏电网容量小，且电力结构以水电为主，季节性缺电问题突出，解决的办法或是建设一批燃油机组，在冬季缺电时发电。但正如前述，一是西藏海拔高空气稀薄，火力发电输出功率受到影响，效率降低。二是发电成本每度近5元，需要更多的财政补贴，长此以往代价很高。另一个办法就是下决心将青海电网与西藏联起来，一劳永逸解决问题。将来西藏水电多了可以在丰水期向青海西北网送电。另一个原则就是西藏突出环保，坚持以可再生能源为主，不发展化石能源发电。经与国家电网商量，他们从支援西藏经济社会发展大局出发，愿意拿钱建设青藏联网工程。另外从长远考虑，留有余地，国网公司建议按±50万伏直流输电建设。这看起来是件好事，资金也落实了，但有一位"老专家"直接给温家宝总理写信，反对青藏联网工程，主张在西藏建设一批燃油机组。温家宝总理照例批示我们论证。我看了反映的问题，都是我们反复考虑过的。但既然有不同认识，我便向当时电力司司长了解情况，他说这位同志没有去过西藏，我建议邀请那位"老专家"去西藏实地看看。这样论证工作又拖了一年，我们将论证的意见报告了国务院，领导批示原则同意建青藏联网工程。但又出了一个问题，国网主张按±50万伏直流输电建，而电力司司长说要建±40万伏直流。我很诧异，±50万伏不是标准吗？为什么又冒出一个电压等级？电力司司长说，专家意见是±50万伏留的余地太大，是浪费，说直流与交流不同，无所谓标准的电压等级。国网与能源局电力司为采用什么电压等级又争论了一段时间。后来国家电网公司刘振亚找我说，为了不再拖延，国网同意让步，按电力司的±40万伏直流输电建设。经过5年多的争论论证，青藏联网工程终于在2010年7月29日同时在格尔木和拉萨开工，李克强副总理参加了格尔木的开工仪式，我和张庆黎书记在拉萨参加开工典礼。青藏联网工程于2011年12月9日建成，从此全国各大区的电网也实现了互联。

　　10多年来我有幸分管电力工作，规划批准了西藏大大小小的电力工程，足迹踏遍西藏主要电厂，看到点亮的高原之光，我无比感慨和自豪。2007年7月，已年逾花甲的我再次随曾培炎、马凯同志进藏验收青藏铁路，看到西藏的变化，感慨之余写下一首小诗：

　　　　老夫再发少年狂，年逾花甲重进藏。
　　　　有幸策划筑天路，又谋点亮高原光。
　　　　满拉沃卡羊卓雍，直孔雪卡狮泉站。
　　　　农网通达无电乡，太阳能照牧民房。
　　　　南珈巴瓦雪峰寒，鲁朗原始林海广。
　　　　青山踏遍留丹心，人生奉献是辉煌。

# 西电东送工程的决策和实施

我国煤炭、油气资源主要分布在西部和北部，地形西高东低，河流流向大都是自西向东。所以北煤南运和西电东送是我国资源的自然禀赋决定的。西电东送有三条通道：北通道是从陕晋蒙能源金三角输往京津地区，现在则包括从新疆和河西走廊、宁夏向华北、华中、华东的送电；中通道是从三峡输往华东地区，现在又加上了将金沙江和川渝水电输往华东电网；南通道是本文所述从云南、贵州将主要为水电的电力输往珠江三角洲。

## 改革开放后广东省电力严重短缺

改革开放为广东的经济发展注入了活力，广东省的经济总量从改革开放前只有辽宁省的80%，一跃变为东北三省的经济总量只有广东省的80%。伴随经济高速增长的是基础设施的明显不足，能源和交通运输是制约经济发展的两大瓶颈。1991年至1995年的第八个五年计划期间，广东省年均电力增长18.21%，1996年至1999年年均增长8.4%。同时广东省还承担向香港、澳门和湖南南部供应部分电力的任务，1999年向这三地输电就达99亿千瓦时，比1998年增长

25.1%。因此，拉闸限电成了家常便饭。

由于电力短缺的困扰，广东省的企业和地方上了一批容量5万千瓦以下的小机组。截至1999年，广东省发电装机总容量为3033万千瓦，其中含小燃油机组980万千瓦，5万千瓦以下的小机组达1216万千瓦，占总装机容量的40.1%。省内结转到"十五"计划的大中型电源建设项目只有岭澳核电站两台90万千瓦机组一个项目。2000年至2005年的第十个五年计划期间，如果电力需求按年均增长7.2%来测算，年均需增长200万千瓦，五年需新增装机1000万千瓦左右，而广东省的预测还要更紧迫些，估计每年要新增290万千瓦，五年需新增1400万千瓦。

## 朱镕基总理要求搞西电东送

2000年8月初在北戴河会议上，广东省委书记李长春带去的一个重大议题就是要求中央批准在"十五"期间广东省新建1000万千瓦发电机组。

1998年3月，朱镕基就任国务院总理后就遇到了1998年夏季特大洪水。因此他上任后的第一个春节就到受水灾最严重的湖北省考察慰问，第二年春节选择到我国经济最落后的省份之一贵州省考察慰问。这两次春节考察慰问我都陪同前往。俗话用"地无三尺平，人无三分银"形容贵州省的经济困难。2000年春节朱镕基总理对贵州的慰问考察进一步给他留下了深刻的印象。如何帮助贵州发展经济，摆脱贫困是朱镕基总理心中考虑的一件大事。因此在2000年8月初的北戴河会议上朱镕基总理建议在贵州、云南建设1000万千瓦发电机组，以水电为主，因为那里虽然是穷山恶水，但是对于发展水电却具备得天独厚的条件，然后将电送往广东省，这样可以一举两得，既满足广东省日益增长的电力需求，又为西南部的经济落后省份找到一个新的经济增长点。在会上，究竟是在广东省建设 1000 万千瓦发电机组好，还是从贵州、云南向广东输送 1000 万千瓦电力好，有了一个小的争论。有人担心能否完成由外省向广东送电 1000 万千瓦。朱镕基总理有点动感情了，他站起来说："如果不能完成向广东送电 1000 万千瓦的任务，我总理辞职。"然后对与会的国家计委主任曾培炎说："你这个国家计委主任也辞职。"最后还是江泽民总书记出来打圆场说："朱总理是清华大学学电机的，他懂电，我们就听他的吧。"

针对有些人还是担心云南、贵州能否增供 1000 万千瓦电力给广东省的疑虑，时任全国人大常委会委员长李鹏同志因为非常熟悉情况，他提出可以将三峡原准备全部送华东地区的电力转送 300 万千瓦到广东省，建设一条从三峡到广东省的 ±500 千伏直流输变电工程，这样就能补足向广东送电容量的不足。当时正在就三常线（三峡至常州）的 ±500 千伏直流输变电设备技术与 ABB 公司进行商务谈判，李鹏同志还建议可以将三峡至广东的三广线与三常线捆在一起与 ABB 公司谈判，增加谈判的筹码。这个建议大家认为很好。我当时陪同曾培炎同志到北戴河开会，住在国家计委的北戴河培训中心。当天下午会散以后曾培炎同志向我传达了会上的情况，要我连夜根据会议的精神起草拟就从贵州、云南向广东送电 1000 万千瓦的报告。当晚曾培炎同志和我都没有返回北京，在北戴河培训中心曾培炎同志亲自和我拟就了给国务院的西电东送报告。

好在来北戴河之前我们已经有所准备和考虑，所以很快根据会议精神修改了有关报告，并且当晚就送设在北戴河的印刷机构打印盖章。当时因为有夏季在北戴河办公的机制，所以印刷和公章都带到北戴河，可以就近拟文、印刷、盖章。我在当晚就送李长春同志一份，第二天就通过公文交换将文件送有关领导同志阅。国务院很快就批准

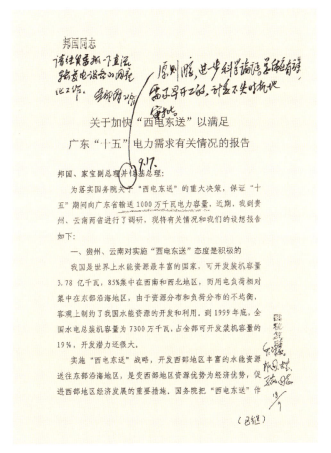

国家发展计划委员会向国务院报送的《关于加快"西电东送"以满足广东"十五"电力需求有关情况的报告》影印件。

了国家计委的西电东送报告，项目进入了实施阶段。

如何解决西电东送1000万千瓦的电源建设问题？广东省由于缺电，之前已经在红水河天生桥一级、二级水电站投资，获得了一些份额电，总计169万千瓦。在云南曲靖投资火电站，有5万千瓦份额电，加上在天生桥地区汇集的云南、贵州等地季节性水电40万—50万千瓦，合计可向广东输送的最大电力资源也就只有220万千瓦。要保证长远向广东送电1000万千瓦，必须建设云南小湾和广西龙滩两个关键性的大水电站。小湾水电站装机容量420万千瓦，龙滩水电站装机容量也有 420 万千瓦，建成后可向广东送电 230 万千瓦，但是这两个大型水电站建设工期要长达八年，即使马上开工也无法在"十五"期间向广东送电，因此必须加快开工建设贵州和云南省内一些电价低、工期短、见效快的电源项目，包括能补偿水电运行的一些火电项目，例如纳雍两台 30 万千瓦、安顺二期两台 30 万千瓦，加上新增云南省季节性水电 100 万千瓦，可在 2003 年增加外送电源 220 万千瓦左右，使云南、贵州东送广东电源能力达到 440 万千瓦左右，同时必须尽快安排广西龙滩和云南小湾两个骨干水电项目开工，以便到 2008 年以后逐步替代贵州火电容量向广东送电。广西当时还是一个电力输入地区，是没有能力向广东送电的。

这样平衡下来，向广东送电 1000 万千瓦还是有相当的缺口，因此三峡向广东送电 300 万千瓦至关重要，应当尽快建设从三峡到广东的三广 ±500 千伏直流输变电线路。同时，湖南省听到这个消息后积极性也很高，他们建议在湖广交界处的鲤鱼江建设两台 30 万千瓦火电机组，可以点对网全部送广东。在这个过程当中，很多同志出谋划策。原水利电力部副部长姚振炎同志曾提出将川渝电网与云贵联结起来，既可解决二滩电力消纳问题，也可增加对广东的送电。但是后来在论证的过程中，由于从四川联结云贵的输电线路建设也有诸多困难，所以最后还是放弃了从川渝电网向云贵，再向广东送电的方案。二滩的电仍通过建设万县到三峡的线路（三万线），再经过三常线向华东电网供电，把川渝电网和华中电网联结成一个新的华中同步电网。此外还设想过将福建电网和广东电网相联，将福建省内多余的电力送往广东。这个设想我是非常赞成的。广东、福建两个沿海省份经济发展迅速，居然电网是分割的。但是后来由于电力体制改革，福建电网归属国网公司，而广东电网归属南方电网，有了这两个不同的"婆婆"，广东与福建联网的设想就被搁置起来。对于广东、福建电网联网，福建省是很积极的，但广东省由于仍想着在自己省内建设发电厂，对两省联网不太积极，直至今天也未能实施，这是一个很大的遗憾。

## 拉开西电东送工程的大幕

西电东送工程横跨数省区，建设内容包括水电、火电等电源建设，也包括长距离的高压交直流输电工程，是一个系统工程，各地间的协调工作量也大，必须得到沿线地方各级政府和人民群众的支持和理解，发挥社会主义能够集中力量办大事的优越性，实施好这项世纪工程。

广东省虽然坚决执行中央关于西电东送的决定，但是在一部分干部中仍然对接受来自云南、贵州的电力持有疑虑，担心不能按计划完成向广东送电 1000 万千瓦，会影响广东省的电力供应，拖广东省经济社会发展的后腿。也有人担心西电东送的成本会比在本省建设电厂要高，本省得不到税收。还有人担心今后云贵发展了，无电可输或少输了。对此，我们要求做到云南、贵州输送到广东省的落地电价要比广东省本地燃煤发电的平均上网电价每度电低 2—3 分钱。这样广东省就没有理由不要西电了。

为了树立信心，营造一定的建设氛围是十分必要的。我决定要以大的声势拉开西电东送工程的序幕。经商南方电网公司和云南、贵州、广西、广东，把西电东送工程的第一个开工典礼选择在贵州乌江上的洪家渡水电站举行，同时东风水电站、引子渡水电站和乌江渡水电站扩机等六个项目也同时开工。主会场设在洪家渡水电站。2000年 11 月 8 日开工当天洪家渡水电站红旗飘扬，锣鼓喧天，开工命令一下，沿乌江峡谷两岸预埋的爆破炮眼万炮齐鸣，开工仪式举行得非常成功，极大地鼓舞了大家完成西电东送工程的信心。

2000 年 11 月 8 日，西电东送工程开工典礼在乌江洪家渡水电站举行。左三为贵州省委书记钱运录，右三为张国宝。

不久我们又组织了更大规模的第二次西电东送工程开工项目，一共有六个电源项目和三项输电工程项目，共计九个项目同时开工。电源项目有贵州的黔北电厂、纳雍电厂二期、安顺电厂二期、贵阳电厂扩建，湖南的鲤鱼江电厂和云南曲靖电厂二期工程也同时开工。输电工程开工项目有：三峡至广东的 ±500 千伏直流输变电工程，贵州至广东的 ±500 千伏直流输变电工程和贵州至广东的 500 千伏交流输变电工程。开工主会场设在贵州省的黔北电厂工地，由贵州省委书记钱运录同志和我主持。这两次大规模的西电东送工程项目集中开工可以说是拉开了西电东送工程的大幕，鼓舞了士气，振奋了精神，增强了信心，西电东送工程已经成了大家的共同意志。

## "五大战役"完成向广东送电 1000 万千瓦的任务

新的西电东送工程实施之前仅有天生桥向广东送电的输电线路还在建设中，要完成向广东送电 1000 万千瓦任务，输电工程的建设是一个重头戏，而且涉及跨省区的协调。南方电网公司承担了最重要的任务。南方电网董事长袁懋振同志是西电东送工程的积极支持者和实施者。他身体力行，进行谋划，率领南方电网公司广大职工积极投入西电东送工程建设。我和他之间工作配合得很好。我们共同商议实施"五大战役"，分期分批配合电源建设完成向广东送电的输电线路建设。

"五大战役"的具体建设情况如下：

第一战役是天生桥—广州 ±500 千伏直流输电工程。该工程起于贵州天生桥换流站，落于广东广州换流站，线路全长 960 公里，输送容量 180 万千瓦。该在建工程要确保于 2000 年底单极投产，2001 年 6 月双极投产。西电送广东的能力由原来的 120 万千瓦增加到 300 万千瓦，迈上了一个大台阶。

第二战役是天生桥—广东第三回 500 千伏交流输变电工程。该工程西起贵州天生桥换流站，东至广东茂名变电站，包括新建广西百色开关站、南宁变电站，扩建天生桥换流站和广西玉林变电站、广东茂名变电站等工程。线路全长 797 公里，变电容量 150 万千伏安。工程于 2002 年 6 月建成投产。由此，西电送广东形成"三交一直"新格局，整体送电能力由 300 万千瓦增加到 370 万千瓦以上。

第三战役是贵州—广东 500 千伏交流双回输变电工程。该工程西起贵州青岩变电站，东至广东罗洞变电站，包括新建广西河池变电站、贺州开关站，扩建广西柳州变电站、广东罗洞变电站等工程。线路全长 1800 公里，变电容量 150 万千伏安。工程于 2003 年 6 月底建成投产，增加向广东送电能力 150 万千瓦。同时建成投产广西平果、河池可控串补工程，增加输电能力 50 万千瓦。西电送广东总规模突破 500 万千瓦。

第四战役是三峡—广东 ±500 千伏直流输电工程（由国家电网公司投资建设）。该工程起于湖北荆州江陵换流站，落于广东惠州鹅城换流站，线路全长 962 公里，输送容量 300 万千瓦。该工程于 2004 年 1 月单极投产，2004 年 6 月双极投产，增加向广东送电能力 300

万千瓦。

第五战役是贵州—广东 ±500 千伏直流输电工程。该工程起于贵州安顺换流站，落于广东肇庆换流站，线路全长 882 公里，输送容量 300 万千瓦。该工程计划 2005 年 6 月、实际在 2004 年 9 月双极投产，增加向广东送电能力 300 万千瓦。

"五大战役"全部完成后，南方电网公司西电送广东总的通道输送能力达到 1088 万千瓦，至 2004 年 9 月，"五大战役"所有电网项目圆满完成，比原计划提前了 15 个月。

## 西电东送工程取得的巨大成绩

云南小湾水电站和广西龙滩水电站这两个各 420 万千瓦的大型水电工程在 2001 年之后也陆续开工建设，于 2009 年和 2010 年相继建成发电，按计划成为向广东送电的骨干电源。在完成西电东送向广东送电 1000 万千瓦任务之后，南方电网公司又持续开展西电东送工程的建设。"十二五"期间，南方电网已经形成"八回交流、八回直流"共 16 条 500 千伏及以上西电东送输电通道，最大送电能力达到 3500 万千瓦，累计送电量 7140 亿千瓦时，成为世界上最宏伟的交直流混合输电电网，也为广东省的减排作出了重要贡献。三广线和三常线两条 ±500 千伏直流输电线路捆绑在一起与 ABB 公司谈判也增加了谈判筹码，为引进消化吸收先进技术，实现 ±500 千伏直流输变电装备国产化发挥了重要作用，也为以后 ±800 千伏特高压直流研发奠定了基础。世界上首条 ±800 千伏云广直流输电容量 500 万千瓦，将金沙江向家坝、溪洛渡水电站左岸电力输往了广东。

西电东送工程的实施是西部大开发战略的一项重要内容，不仅满足了广东省日益增长的电力需求，同时也支援了西南部经济欠发达省份的经济发展，为云南、贵州找到了一个新的经济增长点，不仅保护了青山绿水，而且把资源优势转化为宝贵的能源资源，实现了绿色、协调发展。电力已经成为贵州省的支柱产业，上缴的财政税收占有较高比例。同时，来自云南、贵州的西电到达广东省的落地电价比广东省本地燃煤发电上网平均电价每度要低 2 分钱左右，对广东省而言，经济性也是好的。西电东送这一世纪工程发挥了多赢的效益，成为中国电力发展史中的一个重要篇章，也为全世界而瞩目。

# 神女应无恙，当惊世界殊 <sup>*</sup>

　　一百年前的 8 月 21 日，农历七月十七日，由云南民间资本集资兴建的中国第一座水电站——石龙坝水电站，在昆明市郊滇池出口螳螂川上动工建设，开创了中国人自己建设水电站的历史。工程历时 21 个月，实际耗资 50 余万银元。电站建设按国际招投标程序，成为中国最早进行全球招投标的股份制企业之一。工程同步建成了

当时我国电压等级最高（23 千伏）、线路最长（34 公里）的输变电线路。此后经过几十年的建设发展，一批批大中小水电站如雨后春笋般矗立在大江大河的干流支流上，中华大地许多地方通过发展

2010 年 8 月 26 日，中国大陆第一座水电站云南石龙坝水电站百年纪念举行。

---

　　* 本文是 2010 年 8 月 26 日张国宝在中国水电 100 年纪念大会上讲话的主要内容。

水电陆续告别昏暗的松明子油灯时代，经济社会发展有了源源不断的动力。

从 20 世纪初小型的石龙坝水电站，到 21 世纪初雄伟壮观的长江三峡工程，中国水电走过了光辉灿烂的 100 年历程，建成了大中小型水电站 45000 余座，总装机容量突破 2 亿千瓦，已雄居世界第一。100 年的栉风沐雨，祖国从积贫积弱的艰难岁月走向安定团结的和平发展年代，国际地位日益提高，中华大地发生了翻天覆地的变化。中国水电事业是中华民族自立于世界民族之林，是中国人民从此站起来了的伟大缩影。百年沧桑巨变，中国的水电事业历经了从无到有、从小到大、从弱到强的发展历程，自 2004 年起我国的水电总装机容量就连续位居世界第一，水电建设的综合技术水平迈入了世界先进行列。中国水电得以长足发展取得辉煌成就，得益于中国共产党的坚强领导，得益于社会主义能集中力量办大事的体制优势，得益于坚定走改革开放之路的发展方向，得益于几代中国水电工作者的辛勤劳动和无畏奉献。

党和国家领导人及有关各方、新闻媒体高度重视中国水电百年纪念，多位中央领导专门作出批示、发来贺信和题词，一些水电战线的老领导、老专家殷切寄语，对中国水电 100 年和全国水电装机突破 2 亿千瓦表示祝贺。今天，我们隆重庆祝中国水电百年，主要目的是回顾纪念中国水电发展的历程，总结发展成就和经验，分析发展面临的形势，明确今后水电发展的任务，推动水电科学有序发展。

## 一、光辉的历程

人类利用水力发电伴随着对水资源的探索利用而开始。早在两千多年前，我们的先辈就研制出了水车、水磨等利用水能做功来发展生产和满足生活需要的器具，是古人开发利用水能资源的雏形。水力发电诞生于工业革命时期，1878 年法国建成了世界上第一座水电站，这在水能资源开发利用进程中具有划时代的意义，从水力到水电的质的飞跃也是人类从农业社会进入工业社会的重要进步。我国开始利用水力发电 100 年，迅速发展成为世界水电大国和强国。石龙坝水电站建设和运营初期聘请了两名德国工程技术人员作为专家，一对 20 世纪初在这个水电站工作的德国 Von Karl、Mosig 夫妇在 1927 年德国西门子杂志第七卷第一期发表了《云南府：中国第一个水电站》，他们这样写道："在这个国家偏僻的内地，在那远离世界潮流和西方文化隔绝的地方，也已有人将西方技术成就移植到自己的土地上，一些卓越的知识分子和敢于开拓的人士就是这么干的。"

回首百年，中华民族的志士仁人为了国家和民族的伟大复兴，为了中国水电事业的发展前赴后继，奉献毕生。1910 年，抱着实业救国理想的民间人士，在云南螳螂川修建了石龙坝水电站，480 千瓦的电能为昆明市民送来了第一缕现代工业之光，建造了真正意义上中国第一座水电站，并运行至今。就是这座由中国人自己出资兴建的水电站，开始了中国水电事业艰难而辉煌的征程。虽然起步比法国世界第一座水电站只晚了 30 多年，但是，旧中国战事连年，民不聊生，水电建设坎坷艰难，水电开发速度远不及欧美等强国。直到 1949 年解放，全国水电总装机仅 36 万千瓦，年发电量 12 亿千瓦时，而主要还是日本占领东北建造的丰满水电站。

国运兴，则水电兴。新中国成立后百废俱兴，水电事业迎来了快速发展的新时代。中国共产党的领导和社会主义制度的建立，为我国水电发展奠定了政治基础。

历史不会忘记，毛泽东、周恩来等第一代党和国家领导集体十分重视水利水电事业。毛主席写下了"更立西江石壁，截断巫山云雨，高峡出平湖。神女应无恙，当惊世界殊"的豪迈诗篇。周恩来总理 1957 年 12 月 3 日为全国电力会议题词："为充分利用中国五亿四千万千瓦的水力资源和建设长江三峡水利枢纽的远大目标而奋斗。"中国水电战线的广大干部职工不畏艰难，矢志奋斗，翻开了中国水电发展崭新的一页。新中国成立不久，建成了新中国"自主设计、自制设备、自己建设"的第一座大型水电站——新安江水电站，并在第一个五年计划时期和"三线"建设时期掀起了两次水电建设的高潮，自力更生建设了一批中小型水电站和三门峡、刘家峡、丹江口、乌江渡、葛洲坝等大型水电站，为国家建设提供了优质的能源电力。这一时期，我们查明和规划了水能资源，锻炼和壮大了水电队伍，积累和发展了技术和装备，为中国水电加快发展创造了条件。

历史不会忘记，是邓小平同志带领中国走进了改革开放的新时代，为水电发展注入了创新前进的活力。由于水电建设投入大，工期长，寻找建设资金的出路，探索引导建设体制的改革，成了中国水电继续前进的重要课题。利用外资和集资办电，为水电建设和发展引入了新的模式与理念。鲁布革水电站开创了项目管理体制和建设模式的先河，在水电建设管理上形成了"鲁布革冲击波"，使广州抽水蓄能电站、岩滩、漫湾、水口、隔河岩五个百万千瓦级水电站相继实行了业主负责制、招标承包制、建设监理制，这些项目在工期、质量、造价等方面取得了公认的成绩和进步，被业内誉为"五朵金花"。根据十四届三中全会提出的建立社会主义市场经济体制若干问题的决定和《公司法》，对清江、五凌、乌江、黄河上游等公司进行了建立流域梯级开发公司的改制，完成了水电建设公司从以业主负责制到项目法人责任制的根本性转变，极大地推动了水电的发展。开放的形势下，我们打开国门，放眼世界，引进世界的先进技术、装备和管理经验，不少水电工作者参观了巴西的伊泰普、埃及的阿斯旺水电站，大开了眼界,水电技术水平上了一个大的台阶。

历史不会忘记,以江泽民同志为核心的第三代领导集体以非凡的胆略开工建设了三峡水利枢纽,使百年三峡梦想从宏伟蓝图变成了伟大的工程实践。西部大开发再次给水电发展创造了良好的发展机遇。1992—1999 年,水电投产连续七年超过 300 万千瓦,我国水电建设出现了又一次高潮。到 1999 年底,全国水电装机容量达到 7279 万千瓦,年发电量 2129 亿千瓦时,装机容量和年发电量的世界排名分别提升至第 2 位和第 4 位。

历史不会忘记,以胡锦涛同志为总书记的党中央继续带领我们走向辉煌。进入新世纪,龙滩、小湾、景洪、瀑布沟、拉西瓦等一批在国家西部大开发战略和西电东送战略实施之后开工的大型水电站相继投产发电,我国水电在装机容量与发电量、设计与施工、设备制造与运行管理等方面全面跨越,突飞猛进。2004 年和 2005 年,我国水电装机容量和年发电量先后跃居世界第一;2003—2009 年,我国水电投产容量的增幅每年超过 1000 万千瓦,2009 年达到 2369 万千瓦,创历史最高水平。到 2009 年底,全国水电装机容量达到了 19629 万千瓦,年发电量 5717 亿千瓦时,装机容量和年发电量分别是新中国成立初期的 545 倍和 476 倍。以小湾 4 号机组投产为标志,中国水电装机容量已突破 2 亿千瓦。在水电快速发展的同时,以三峡工程为标志,中国的水电技术迈入了世界先进行列,中国水电已迈入大电站、大机组、高电压、自动化、信息化的新时代。迄今,我国已从一个开发利用程度低下、装机和电量水平很小、技术和设备制造水平落后的水电小国和弱国,逐步发展成为世界公认的水电大国和水电强国,中国不但水电装机容量世界第一,也是世界上水电在建规模最大、发展速度最快的国家。中国水电在国际水电市场也崭露头角,苏丹的麦洛维水电站、马来西亚的巴贡水电站等,由中国水电建设者建造并提供设备，水电已成为我国在国际市场上具有较强竞争力的行业之一，中国水电人的身影已满天下，中国水电实现了几代人的梦想！那对在石龙坝工作过的德国夫妇，在近一个世纪之前曾预言，再过100年中国将是世界上的一个水电大国。目前预言已经变成了现实。

## 二、辉煌的成就

世界水电看中国，中国水电冠全球。我国水电事业日新月异，成就斐然，令世人所瞩目。

（一）查清了水力资源状况

水电站大多地处深山峡谷，人烟稀少，勘探和建设条件十分艰苦。为了最大限度地摸清我国水能资源理论蕴藏情况，为水电开发提供依据，国家先后组织了几次水力资源普查和复查工作。几代中国新老水电人不畏艰险，跋山涉水，翻山越岭，克服了重重艰难困苦，深入河流险隘腹地，一次次掌握的资料更加准确完备。许多水文地质工作者从大学毕业就在深山老林，年复一年积累水文资料，走过了孤寂的一生，为建立和补充完善我国水力资源查勘数据立下了汗马功劳。

新中国成立后，燃料工业部、水利电力部分别于1955年、1958年和1977—1980年组织了三次全国水力资源的普查与核查，基本摸清了中国水力资源的状况。但随着经济社会的发展和社会主义市场经济体制的确立，技术水平、经济社会及生产条件均发生了一定变化。为更好地开发和利用中国的水力资源，2000—2003年期间，国家发展计划委员会组织全国1000多名工程技术人员，历时3年，对全国水力资源总量进行了复查。复查的范围涵盖了我国大陆境内河流装机容量1万千瓦及以上的3886条河流。查清了大陆水力资源理论蕴藏量、技术可开发装机容量和经济可开发装机容量分别为6.944亿千瓦、5.416亿千瓦和4.0179亿千瓦，并对台湾水力资源情况进行了了解。2006年，水电水利规划设计总院的50多名科技人员徒步考察了雅鲁藏布江河谷，第一次翔实记录了雅鲁藏布江大拐弯处的水力资源情况。水力资源复查成果，为我国开发利用水能资源提供了重要的基础。

我国地域辽阔，山川众多，地形起伏，不仅常规水能资源丰富，而且抽水蓄能发电场地也相当多。据全国23个省区市初步研究和普查结果，已查明的优良抽水蓄能电站站址250余处，总装机容量可达3.1亿千瓦，工程技术经济指标优越，开发价值高，可以满足我国能源优化结构和电网安全运行的需要。

（二）水电开发规模不断迈上新台阶

水电作为清洁可再生能源，在世界能源结构中占有极其重要的地位。新中国成立以来，党和国家十分关心和重视水电的规划建设，但由于历史的种种原因以及新中国成立初期生产力水平比较落后，改革开放前我国的水电建设相对较慢。党的十一届三中全会后，国家重新调整了水电资源开发战略，不断加大水电建设力度，一项项国家重点工程相继开工建设，水电建设步伐明显加快，平均年投产量逐年上升，为如火如荼的社会主义经济建设源源不断地贡献着清洁能源。进入21世纪，水电建设也进入新的发展阶段，在继续加大开发力度的同时，不断完善水电开发方针，提出了有效开发水电的新思路。2004年9月，我国水电总装机容量突破了1亿千瓦大关，2010年达到2亿千瓦，一跃成为世界上最大的水力发电国家。我们用10年左右的时间，实现了水电装机容量比新中国成立50年的总和将近翻了两番的超越，水电能源开发利用率也从改革开放前的技术可开发量不足10%提高到34%。目前全国已建和在建的30米以上的大坝近5200

座，其中坝高 100 米以上的大坝有 140 多座，这些大坝和水电站集中体现了中国水电人的无限智慧和无穷创造力。水电事业的快速发展为改善和优化我国能源结构、减少温室气体排放、推进国民经济和社会又好又快发展作出了重要的贡献。

（三）水电坝工技术进入国际先进水平

科学技术是第一生产力。我国水电科技工作一直坚持以科学技术为引领，以电力建设为主战场，以国家重大工程为依托，以科技成果工程化为基点，不断推进水电建设和科技进步，走出了技术、资金和环保要求的约束，坝工技术不断提升。到目前为止，包括 200 米级特高碾压混凝土重力坝技术、200 米级特高混凝土面板堆石坝技术、300 米级特高拱坝及 100 米级特高碾压混凝土拱坝技术、坝工基础工程技术、高速水流的消能工程技术创新在内的重大关键技术得到全面突破。这些顶尖的坝工技术使我国的水电事业跃升到现代科学技术成就的最高峰，我国的坝工建设水平在数量规模、技术难度和技术创新等方面都已进入世界先进和领先行列，为我国电力科技作出了卓著的贡献。汶川大地震使中国的水电工程经受了一次考验，在特大地震下没有一座水电大坝垮坝。

（四）水力发电设备国产化水平显著提高

从 1927 年研制成功第一台水轮机算起，中国水电设备工业已经走过了 80 多年的历程。旧中国的水电设备工业十分落后，没有专业的水电设备厂，水电设备产量很低，生产的水电机组容量小，技术经济性差。新中国成立到改革开放前，是中国水电设备工业由小到大蓬勃发展的时期。在此期间，我国自主研制生产了混流式、转桨式、冲击式水轮发电机组，基本满足了国民经济发展的需要。改革开放以后，我国的科技事业蓬勃发展，科技实力持续增强，创新型国家建设使自主创新能力稳步提高，取得了一系列举世瞩目的科研成果，有

2005年12月，金沙江溪洛渡水电站开工。左一为三峡总公司总经理李永安，左二为云南省省长徐荣凯，左三为张国宝；右一为四川省省长张中伟，右二为中共四川省委书记张学忠。

力地推进了高新技术产业的发展和国际竞争力的提高。我国水电装备水平不断迈向新高度，前后经历了刘家峡、龙羊峡、岩滩、广蓄等一批单机容量30万千瓦级型机组投入运行，单机容量40万千瓦的李家峡，单机容量55万千瓦的二滩，特别是共30多台单机容量70万千瓦的三峡和龙滩机组顺利投产；正在建设或拟建设的溪洛渡、向家坝、拉西瓦、白鹤滩、乌东德等电站，单机容量普遍采用70万千瓦并拟向100万千瓦机组迈进。通过三峡等工程"技术转让、消化吸收、自主创新"的实践，我国大型水电装备制造业仅用了短短7年时间，实现了别的国家几十年的大跨越，标志着我国进入自主设计、制造、安装特大型水轮发电机组的时代。目前，我国已建单机容量50万千瓦及以上机组32台，在建109台，在建已建总装机容量达9075万千瓦，已建在建数量均居世界前列。

与此同时，随着宝泉、惠州和白莲河三个抽水蓄能电站通过统一招标和技贸结合的方式引进抽水蓄能机组的研发和设计技术，以及其后的黑麋峰、蒲石河等抽水蓄能电站机组作为后续依托项目，使得抽水蓄能机组设备国产化的步伐大大加快。我国抽水蓄能电站建设已进入大容量、高水头、高扬程的时代，机组设备制造技术水平的迅速提高，大大促进了我国抽水蓄能电站建设的发展。

（五）大型水电站建设推动大容量、远距离、高电压输电技术屡攀新高峰

随着国民经济的不断发展，为满足大容量、长距离的送电需求，我国电网系统运行电压等级也在不断提高。国家步入改革开放新时代后，进一步促进了我国电力工业的飞速发展，电网建设很快步入超高压输电时代。高坝、大库、大电站的建设促进了大电网和高电压的蓬勃发展。丰满电站 ±220 千伏、刘家峡电站 ±330 千伏、葛洲坝电站 ±500 千伏、公伯峡电站 ±750 千伏以及向家坝电站 ±800 千伏直流等高压输电线路相继建成投产，推动我国电网建设技术不断提高，达到了世界交直流输电技术的领先水平。

我国有 70% 以上的煤炭和水力资源位于经济相对落后的西部，而经济发达的东部能源资源匮乏，用电负荷相对集中。为了改变这种不均衡的能源结构，国家全面启动了西电东送工程。西电东送战略的实施，不仅为东部提供大量清洁电力，而且促进了区域联网。目前西电东送工程北、中、南三大通道送电能力已达到 6000 万千瓦。为了进一步满足我国西部水电开发输电需要，国家已启动建设的 1000 千伏交流和 ±800 千伏直流输电示范工程顺利进行，作为国家电网的骨干网架，跨接各大区域电网，将对实现跨大区跨流域输电、水火电互济调节和全国能源资源优化配置起到积极作用。

（六）水电开发给国民经济和社会发展带来了巨大的综合效益

我国水电建设在为经济社会发展提供优质电力的同时，在水资源综合利用，推进节能减排、改善大气环境，促进西部大开发，发展区域经济，建设社会主义新农村，以及防洪、航运、灌溉、供水、养殖等方面都发挥了重要作用。仅三峡工程就可使长江中游荆江河段防洪标准由十年一遇提高到百年一遇，大大降低了洪灾对人民生命财产的威胁，让江汉平原和洞庭湖区 1500 万人口得到安全保护。100 年来，

我国水电累计发电量 72990 亿千瓦时，相当于替代了 27 亿吨标准煤，减少二氧化碳排放约 70 亿吨，节能和环保效益显著。水电事业的快速发展为国民经济和社会又好又快发展作出了重大贡献。

小水电是水电建设的重要组成部分，以其点多面广、资源丰富的优势，在解决偏远地区用电问题方面发挥了重要作用。通过小水电开发，实施水电农村电气化和以电代柴等工程，解决了全国 1/2 地域、1/3 县（市）、3 亿多农民的用电问题，为改善农村生产生活条件，全面推进社会主义新农村建设作出了积极贡献。西部大开发和西电东送战略的实施，在加快西部水电开发的同时，带动了当地公路交通等基础设施的建设，促进地区工业、农业、旅游业、商业、养殖业等的发展，进而带动新农村建设和城镇化建设，对扩大就业，推动区域经济发展，将当地的资源优势转换为经济优势起到了积极的作用。

今天，在科学发展观的指引下，中国水电正以其在清洁可再生能源中的重要地位，显现出历久弥新的动人魅力。民生水电、绿色水电、生态水电、和谐水电，正以一种全新的面貌奏响我国能源发展和结构调整的时代强音。

## 三、成功的经验

高峡出平湖，当惊世界殊。100 年来，几代中国水电人奋发有为，大胆创新，推动我国水电开发取得了举世公认的卓著成就，总结中国水电的光辉足迹是留给世人的巨大经验财富。

一是与时俱进，水电开发遵循了国家能源战略发展方向。我国电力工业发展的政策方针，从新中国成立初期的水主火辅，到水火并举、因地制宜多搞水电，再到改革开放后的水火并举、逐步把重点放在水电上，"九五"、"十五"期间的优化发展火电、大力发展水电、适当发展核电、同步发展电网，到"十一五"规划提出的"在保护生态基础上有序开发水电"，水电始终作为国家能源战略的一个重要组成部分。在应对气候变化的新形势下，在保护生态、妥善解决移民问题的条件下，大力发展水电成为国家能源发展的重要方针。从2000年至2009年短短10年间，我国GDP由9.9万亿元增长到33.5万亿元，全国发电装机容量也由3.19亿千瓦增加到8.74亿千瓦，其中水电装机容量由7935万千瓦增加到1.97亿千瓦。我国的水电开发坚决贯彻落实科学发展观，在国家能源战略发展思想指导下，水电发展与国民经济同步发展，为加快全面建设小康社会进程作出了重要贡献。

二是推进改革，水电开发呈现了多元化发展格局。在国家改革开放的总方针和以社会主义市场经济为取向的改革思路指引下，我国的水电体制改革在20世纪70年代末开始启动，经过不断完善，完成了由计划经济模式向市场经济模式的变革。计划经济模式主要是自营制，市场经济模式则是从改革开放以后的投资包干责任制、概算总承包等过渡模式，经历了鲁布革招标承包制的冲击，逐步形成了以业主负责制、招标承包制和建设监理制为内容的三项制度，进而发展到按现代企业制度组建的项目法人负责制。如今，中国水电开发早已由单一形式走向了多元化发展格局，为水电开发注入了活力，使水电开发更加灵活和有序，进一步加快了我国水电开发建设的进程。

三是科学规划，促进了水电开发的可持续发展。能源安全是国家安全的重要部分。能源资源的储量和评估，与国民经济和社会发展规划和总目标紧密相关。中国水电开发在党中央、国务院的高度重视和亲切关怀下，前后四次的水力资源普查和复查，投入了大量的人力物力，相对准确地摸清了全国水能资源理论蕴藏情况。通过科学规划和布局，精心设计和施工，严格质量和管理，优先发展大江大河水电建设，逐步形成了金沙江、雅砻江、大渡河、乌江、长

张国宝考察溪洛渡水电站地下厂房。

江上游、南盘江红水河、澜沧江干流、黄河上游、黄河中游、湘西、怒江、东北、闽浙赣等十三大水电基地规划，实行资源优化配置，有序推进了水力资源的合理开发和利用，促进了水电事业可持续发展。

四是重视环保和移民，实现了水电开发人与自然和谐共处。重视环保和移民，实现人与自然和谐是水电建设的前提条件，是当前我国推进水电合理有序开发的科学理念，得到了社会各界的广泛认同，更为中国水电人所共识并在项目实施过程中认真加以贯彻落实，实现开发与环保、移民致富的多赢。多年来，水电开发移民工作在不断摸索中前进，移民举措也在不断调整完善。移民方针由过去的安置性移民向开发性移民调整，即不仅仅是对移民进行资金上的赔偿，更重要的是通过后期扶持政策，使移民的长期生产和生活得到科学合理的保障，实现移民工作"移得出、稳得住、逐步能致富"的目标。同时将移民的开发性安置与社会主义新农村建设有机结合起来，特别是进入21世纪，在搞好移民搬迁的基础上，水电开发更加重视实施移民安置的后期扶持政策，开发业主单位在充分理解和贯彻国家关于水电开发中的移民安置政策条例的前提下，创新出富有区域特点和地方特色的移民后期扶持政策，帮助移民走上勤劳致富的道路，推动电站所在区域的经济社会发展。多年来，水电工作者不断强化提升环境保护的理念，无论在规划设计阶段，还是施工建设期间，以及竣工撤场后场地清理和植被恢复，都十分重视环保。党的十七大报告提出了建设生态文明的理念，新时期水电建设对环保提出了更高要求，努力做到党中央、国务院要求的"在保护生态基础上有序开发水电"，实现在开发中保护，在保护中开发，真正达到水电开发人与自然和谐共处的境界。

五是坚持改革开放，不搞故步自封，善于吸收前人和他人的经验和智慧。在改革开放的新形势下，我们引进国外的先进技术和设备，迅速缩小了与国外的差距。包括石龙坝在内，我国吸收和学习西方的文明技术才开创了中国的水电事业。强调自力更生、自主创新绝不是闭关自守、故步自封。在新形势下，我们也不能妄自尊大，要不断吸取他人一切先进的东西。

六是大力推行科技自主创新，推动坝工技术进步和加速装备国产化进程。在党中央、国务院提出的建设创新型国家的战略目标引领下，依托重大工程项目，经过多年的实践、总结和坚决贯彻自主创新，我国的水电坝工技术、设备制造技术和建设施工装备现代化水平突飞猛进，使我国水电建设的设计、施工、制造、安装、运行、管理等水平大幅提升，达到了国际先进水平。通过引进先进设备和引进核心技术并举的方针，充分发挥了国家重大工程对水电科技创新和重大技术装备创新的带动作用，引进、消化、吸收、再创新，走出了一条装备国产化的成功道路。水电建设周期大大缩短，百万千瓦级的水电站由过去 8 年左右建设周期缩短到 5—6 年，大大降低了工程建设成本，提高了水电的经济效益，增强了水电的市场竞争力。水电建设质量大幅提高。2008 年发生的四川汶川"5·12"特大地震，很多城市建筑物在地震中倒塌，而震区内所有水电站没有一座出现垮坝事故，也没有造成一起次生灾害。地处震中的沙牌水电站高薄的碾压混凝土拱坝安然无恙，紫坪铺水电站在震后第五天就恢复了发电。我国的电站大坝建设质量经受住了最严峻的考验。

## 四、形势与展望

当前全球气候变化、生态环境破坏和能源资源紧缺，深刻影响着人类社会的生存和发展。减少化石能源消耗、大力发展清洁能源，遏制气候变暖、拯救地球家园，是全人类共同的使命。2009 年我国政府向国际社会作出了"争取到 2020 年非化石能源占一次能源消费比重达到 15% 左右，单位国内生产总值二氧化碳排放比 2005 年下降 40%—45%"的庄严承诺。水电是我国仅次于煤炭的第二大常规能源资源，更是目前可再生和非化石能源中资源最明确、技术最成熟、最清洁和最经济的能源。随着我国在降低二氧化碳排放方面的压力和责任越来越大，水电对我国降低二氧化碳排放、发展低碳经济的作用和效果将愈加显现。我国水能资源世界第一，技术可开发量 5.42 亿千瓦，以目前的 1.85 亿千瓦（常规水电）计算水电开发利用率也还只有 34% 左右，仍远低于发达国家 60%—70% 的平均水平。随着国家核电建设步伐加快和风电快速发展，区域性电网运行中峰谷差日益加大，亟待加快推进抽水蓄能电站的建设以发挥其削峰填谷、保障安全运行的重要作用，这也进一步为水电发展带来了新的要求和机遇。根据最新规划，为实现 2020 年节能减排目标，届时水电装机容量须达到 3.8 亿千瓦，其中常规水电 3.3 亿千瓦，抽水蓄能 5000 万千瓦。我们只有下决心有序开发利用水电，才能进一步改善我国的能源结构，实现 2020 年节能减排和非化石能源发展目标的承诺，推进国民经济社会的可持续发展。

进入 21 世纪，安全可靠清洁的能源资源供给已成为经济平稳、长期健康发展的重要保障。站在可再生能源和新能源发展的历史新起点，需要广大水电工作者认清形势，既看到水电发展面临的历史机遇，也要充分认识当前水电发展面临的环保、移民等突出问题带来的严峻挑战，要统一思想，团结一致，认真贯彻落实好国家在生态环保、移民安置、耕地保护、社会主义新农村建设等方面的政策法规，主动承担起社会责任，努力把水电开发打造成为生态工程、民生工程、文明工程、和谐工程，造福人类社会，惠泽子孙后代。

一是贯彻落实科学发展观，以水电和谐维护社会和谐。广大水电工作者要按照中央提出的构建社会主义和谐社会的总要求，进一步学习贯彻落实科学发展观，转变发展理念，提高认知水平，从单纯的工程水电转变到生态水电，从纯粹的技术工程转变到社会工程，更加重视移民利益和生态环境保护，把水电开发与水资源综合利用、生态工程建设和地区经济发展有机结合起来，保证我国经济建设和能源的可持续发展，以水电和谐维护社会主义和谐社会进程。

二是贯彻建设生态文明理念，构建水电开发的生态工程。合理有序开发水电、保障电力供应，实现国家确定的中长期水电发展目标，必须紧紧围绕"建设生态文明"新理念，遵循"开发中保护、保护中开发"的根本原则，进一步加大电站建设施工中的环境保护力度，完善各项环境保护措施，真正把水电开发与水资源综合利用、生态工程建设和地区经济发展相结合，实现流域水资源的综合开发，使水电建设有利于环境保护，建设更加优美的生态环境，用科学有序的开发促进人与自然的协调发展。

三是做好移民和稳定工作，构建水电开发的民生工程。移民工作是水电建设工作的重中之重，移民稳则建设顺，移民富则水电兴。要进一步坚持以人为本、构建和谐，在做好环保和移民的基础上有序开发水电的方针，切实加强水电建设中的移民工作和稳定工作，不断探索和创新移民后期扶持政策，使水电建设与移民利益更好地结合，让广大移民群众自觉支持和拥护水电建设，促进社会主义新农村建设，推动地方经济社会的协调发展，维护社会安定团结，着力构建水电开发的民生工程。

四是加大水电舆论宣传力度，为水电开发营造良好的社会环境。当前存在一些反坝反水电的舆论，并有一定的市场。对水电的利弊得失要进行科学的分析，趋利避害，认真整改水电建设中出现的问题，接受舆论监督，同时要正确引导社会各界对水电的客观认识和判断。做好水电开发舆论宣传工作，营造良好的社会环境，是新形势下水电建设的一项重要任务。要以科学发展观为指导，对我国水电进行科学、系统、全面、积极向上的正面宣传，重点宣传大型骨干水电工程的突出社会经济效益，为水电开发释惑解疑，努力提高水电开发在社会各界中的形象，为水电发展营造良好的舆论环境和社会环境，以水电的健康可持续发展支撑我国经济社会可持续发展。

五是深入推进流域梯级开发与统一调度，实现水电开发综合效益。要认真总结流域开发的经验，坚持流域梯级开发方针，搞好流域梯级联合统一调度和科学调度。以提高和保证社会效益、经济效益、电网安全运行为目的，在合理解决发电与水利之间，部门与部门之间，上下游和相邻省区之间，电站和电网之间的利益、矛盾的基础上，加快进行流域梯级统一调度的研究，加快推进流域梯级统一调度，争取早日实现全国各大流域的梯级电站群综合统一调度，促进流域电站综合经济社会效益最大化，更好地服务我国经济社会和谐发展。

六是不断完善水电建设体制机制，促进水电建设持续健康发展。针对水电开发面临的新形势和新任务，着力解决影响水电进一步发展的体制机制问题。建立健全水电开发法规制度，研究制定水电开发管理条例，明确水电开发的有关要求，进一步规范水电开发秩序；完善水电项目建设管理程序和办法，明确前期、核准、建设等各阶段的要求，建立符合投资体制改革要求和水电建设实际的核准制度；加强水电价格形成机制和合理定价机制研究，根据电价改革的目标和方向，按照社会主义市场经济要求，积极推动水火电同网同价和竞价上网改革；研究完善水电开发相关政策，将水电开发与移民脱贫致富和地方经济社会发展更好地结合起来，使水电开发更好地带动一方经济，造福一方百姓。

回顾百年历程，中国水电的辉煌成就令我们备受鼓舞和骄傲；展望未来发展，中国水电的开发建设将更加健康有序。中国水电事业前程似锦，中国水电人任重道远，更艰巨的任务等待着水电同仁们继续发挥聪明才智，锐意创新，再创辉煌！

# 一个草根产业在中国的崛起

中国 2016 年度光伏发电装机 35GW，累计装机 78GW，均是全球第一；2017 年上半年装机 24GW。截至 2017 年 6 月底，中国的光伏发电装机容量已经超过了 1 亿千瓦，比美国、印度、日本三国的光伏装机容量之和还要多。2016 年中国生产的光伏组件产量 53GW，全球产量 72GW，中国产量占到全球的 3/4，中国已经是名副其实的光伏发电和光伏电池生产大国，每次在国际会议上都让同行们惊羡不已。以风电、光伏发电为代表的清洁能源在中国的快速发展，国际社会有目共睹，为国际绿色能源发展作出了我们的贡献，受到普遍的关注和赞扬。

其实在中国，到本世纪初光伏发电才作为一种民用的清洁能源起步发展，远落后于美国、日本、澳大利亚等发达国家。虽然在 20 世纪 60 年代，为了发射人造卫星，我们在电子部的研究所中研发了卫星用太阳能翼板，可那只是象牙塔中的东西，和民用发电相距甚远。

1996 年在津巴布韦召开了世界太阳能高峰会议，会议提出在全球无电地区推行"光明工程"的倡议。我国政府积极响应，在 1998 年才由政府提出建设一个 3MW 的太阳能发电示范项目。2002 年由国家发展计划委员会能源局提出，为解决无电乡农牧民用电，开展送电到乡工程，主要采用太阳能光伏发电，也叫"光明工程"。开展这一工程的意义不仅是为远离电网的农牧民带来了光明，我觉得这一工程的另一个重要作用是为中国刚刚萌芽的光伏电池产业提供了市场。特别是在西藏实施的"光明工程"，到2005年中央政府实际向西藏投入了13.68亿元，建设光伏电站322座，解决了318个无电乡用电问题，还建设24座小水电站，在建73座，解决100个无电乡用电问题。在早期中国进入光伏电池生产行业的中小企业可能都从这一工程中获得了订单，为他们后来的生存发展打下了基础。另外，德国加大发展绿色能源的政策也为中国光伏产品提供了最初的市场。

现在，在中国，光伏发电还被用作扶贫的手段，叫作"光伏扶贫"。在国家资助下为贫困地区安装分布式光伏发电，所发电的收益给贫困地区乡村或个人，这样可以收到"一石三鸟"的效果，扶了贫，开拓了光伏市场，发展了清洁能源。

我们应该记住为中国光伏产业的发展作出历史性贡献的企业家们。他们正是在本世纪初以企业家的眼光创立了光伏电池生产企业，发展了光伏技术，带动了中国光伏电池的工业化生产。当然，他们中有的人在后来的经营中遇到了问题，但我们不能仅以成败论英雄，应承认他们的历史功绩。

在那个时候，包括国有和民营的许多企业进入了光伏行业，例如国有的东方电气、峨眉半导体研究所等。但是大浪淘沙，有成长起来的，也有在市场竞争中淘汰出局的。有趣的是，现在在中国光伏行业崭露头角的几乎都是当时名不见经传的草根企业，例如协鑫、天合光能、晶科、阿特斯、通威等都是民营企业。这一现象倒值得很好研究和总结。例如生产光伏电池的原料多晶硅，当时我们几乎不会生产，全要高价进口。我曾经为北京有色金属研究总院为了一点多晶硅向道康宁总裁求援，她还算给面子，从韩国给我们弄了一点。后来我分管国家发改委高技术司，给峨眉的研究所立了一个 1000 吨多晶硅的产业化示范工程，但是业主几经变换，变到四川电力公司，又转给东方电气，最后还是不成气候。但是该研究所培训的一批人才后来成了协鑫公司的技术骨干，也算是有了贡献。民营企业协鑫公司、新疆特变电工后来居上，不断改进工艺技术，降低多晶硅的生产成本，建成了年产约十万吨的多晶硅生产厂，生产成本也从一公斤十几美元降低到八九美元，使光伏组件的成本也大幅度降低，已经到了一瓦六七元的水平，使光伏发电的成本逐渐与煤电接近了。青海亚硅公司海外归国留学人员采用自主知识产权技术，也在多晶硅领域取得巨大突破。由于技术的进步，单晶光电转换效率已经达到 21%，多晶达到 19%，很有希望在不久的将来与传统能源发电成本相当。基本上解决了中国光伏产品的原料立足于国内生产的问题，使多晶硅产品有了国际竞争力。

中国民营企业机制灵活，依靠不断的工艺改进和技术进步，使得成本不断降低，例如采用了金刚线切割，降低了硅片成本，改进西门子法降低了多晶硅成本，使中国光伏产品有着很强的国际竞争力。中国光伏产业的发展还得益于强大的制造业基础。光伏发电的配套产品，例如逆变器，不仅有阳光公司生产，华为公司也利用他们在通讯设备制造上的优势成为逆变器的重要生产企业。还有生产光伏电池的焊接材料、玻璃基板、铝型材、金刚线等几十种配套产品及设备制造能力。强大的源于草根的配套制造能力成就了中国的光伏产业。这也是虽然有的国家对中国光伏产品制造贸易壁垒，但却难以在本国形成制造能力的原因。由于这些光伏原料、光伏器件生产商早期都是名不见经传的小企业，所以他们没有政府的直接投资，是从草根企业打拼出来的。

政府的作用是营造好的政策环境和市场环境。在国际市场上中国

安徽省金寨县信义小南京光伏产业园。

光伏产品占有了很高的市场份额。即便在美国、欧洲采取市场保护，对中国光伏产品征收高额关税的情况下，2016年中国累计出口太阳能电池仍有746.4亿元人民币。美、欧为打压中国光伏产品，利用高额关税进行市场保护，也使得中国光伏企业在国际市场布局。美、欧的高额关税并不能提高本国产品的竞争力，反而提高了本国光伏发电的成本，影响了绿色能源的发展。这是搬起石头砸自己的脚。中国光伏产业在如此短的时间内，从一个弱小的产业崛起成为全球行业领头羊，堪称中国近代工业史上的一个奇迹。

目前光伏发电量在全部发电量中占的比例还很小，也不及风力发电的比重，主要还是价格上还不具备与传统发电成本竞争的能力，要解决好储能也是一个重要课题。光伏发电的投资者还希望依赖国家的财政补贴，但是目前光伏发电补贴政策的设计存在缺陷，补贴时间也过长，虽然可再生能源基金的征收标准有所提高，但入不敷出，欠补问题越来越严重。事实上，现在的补贴政策已经难以为继，如果非要坚持，最终将制约光伏的发展规模，光伏从业者必须想明白这个辩证道理。出路还要靠我们自己，要不断通过技术创新降低成本，提高竞争能力。还应引入竞争机制，让有竞争力的企业优先获得投资建设资格。

在光伏产业发展历程中技术路线的选择也极其重要。我国最早引进宽幅薄膜太阳能生产设备的企业基本都放弃了。汉能选择薄膜太阳能作为主营业务也受到了挫折。在美国和其他国家也有许多因技术路线选择失误而夭折的例子。光伏产业正是在这种由市场大浪淘沙的残酷竞争中前进的。现在各种关于光伏技术的奇思妙想方兴未艾。例如，特斯拉把电动汽车与光伏发电整体考虑，双轮驱动。是否能孕育出绿色出行的新社会模式，我们拭目以待。再如，美国科学家在大胆尝试用光伏材料铺成的道路路面提供能源。估计现在经济性还会有问题，今后能否实用化也充满期待。光伏和建筑的完美结合也是分布式光伏发电的一个重要领域，许多采用光伏发电的美丽建筑被设计出来，而不是简单地将光伏电池板安置在建筑物上。施正荣先生又推出了轻、柔、薄、美的新型光伏产品，布局光伏建筑市场，准备东山再起，我们祝愿他能够取得成功。

我在任国家能源局局长时与美国能源部部长达成了一项协议，把美国搞的世界大学生太阳能竞赛引入到中国来，已经成功地举办了一届。每个参赛大学生要设计出完全依靠太阳能可以生活一周的房屋来，2018年将举办第二届，欢迎有兴趣的单位积极参与。

近两年国家能源局更加重视分布式光伏发电的发展，有一段时间甚至争论究竟应该搞集中式还是分布式。我认为集中式和分布式并不互相排斥，要因地制宜，能集中则集中，宜分布则分布，不要人为制造争论。欧洲曾提出沙漠行动计划，在北非沙漠搞大规模集中式光伏发电，用输电线路送往欧洲。当然他们没有集中力量办大事的能力，这只是个设想。但是如果在中国，只要真下决心干是能够在西北地区建成大规模的风力、太阳能发电绿色能源基地的。现在"十三五"正缺少这样战略性的大项目，只要政府下决心，可以和当年西电东送、西气东输一样搞起来。当年朱镕基总理力排众议，要求广东省少建电厂，使用从云南、贵州送来的以水电为主的1000万千瓦电力，至今已经累计输送了1.4万亿千瓦时以上的西电，减少了广东省的大气污染，帮助了西部欠发达的云南、贵州的发展。当时遇到的阻力是很大的。让广东省减少本省电力建设、接受西电，一开始也是有阻力的。现在全国性已经不缺电，如何消纳这些新能源才是问题。要有大的魄力和决心让东部发达省份少上电厂，接收来自西部欠发达地区的绿色电力，又能改善东部省份的大气环境质量，是对能否有大局观和正确的政绩观的一个考验。

习近平总书记就利用好青海的光热资源发展太阳能发电的指示[①]十分正确、十分及时。听说政府部门正在规划把青海的光伏电能输送到中东部地区，这是一个好消息。今后影响绿色能源发展速度的制约因素不是技术问题，而是绿色能源与燃煤发电争市场的问题。现在已经建起来大量燃煤火电厂，如果电力市场没有大的增长，消纳绿色能源就会成为问题。种种技术性的理由，只要想干都是可以找到解决办法的，就看是否能下决心找到办法增加新能源比重，削减燃煤发电比重。

---

① 2016年8月，习近平总书记在青海视察时就青海新能源产业发展特别指出："青海日照充足，光照资源富集，同时有大面积戈壁荒滩，发展光伏发电产业，具有得天独厚的条件。要进一步做好规划和布局，把光伏发电打造成具有规模优势、效率优势、市场优势的特色支柱产业，使青海成为国家重要的新型能源产业基地。"

# 打造"风电三峡" *

　　近年国际社会高度关注温室气体排放、气候变暖问题，更加重视发展可再生能源。我国制定了《可再生能源法》，国务院审议通过并发布了《可再生能源发展规划》，为可再生能源发展创造了良好的政策环境。

　　国家发改委通过开展风力资源普查、开展大型风力田特许权招标、推进风电设备国产化、出台风电价格政策等一系列措施推进风电事业发展，取得了成效，风电建设速度明显加快。2006年底累计风电装机267万千瓦，到2007年底累计达到605万千瓦，在建风电420万千瓦，仅2007年投产340万千瓦，比过去累计的还要多。目前，我国风电规模在世界排名第五，但与排名第一的德国装机2062万千瓦相比有不小的差距。

　　目前，2005年首批招标的10万千瓦以上风电场已相继建成投产，国内已有40多家风力设备制造厂和一批风电设备配套企业，形成国有、民营、外资多种所有制企业共同发展的局面。在国家发改委支持下比较成规模的制造厂家有大连重工的华锐，新疆金风，东方电机

---

* 本文原载 2008 年 2 月 4 日《人民日报》。

202

厂，目前有的企业手持订单 1.5 兆瓦风机在 1000 台以上，初步形成了规模化生产。国际知名的风电设备制造厂家丹麦的维斯塔斯、歌米飒和美国 GE 等都在中国开办了独资企业。内资与外资企业占国内市场份额各约 50%。风机设备中除周轴承、变频器现在还主要依赖进口外，其余部件都能立足于国内生产。我国已具备了加快风力发电建设的条件，正在蓄势待发。

社会上有些呼声，要求完全放开风电建设，不加干预。但我国风电尚属起步，产业竞争能力处于弱势，过去 20 年的经历表明，政府不加引导、扶持、保护，中国的风电市场成了外国设备的一统天下，近几年采取了相应政策措施，风电事业才快速发展起来，争回了约一半的市场份额。政府在风电资源普查，大型风电场布局，扶持设备国产化方面还需发挥作用。再过几年，国内风电产业体质增强了，相当于人从幼年到了青壮年，政府可以完全放开审批。

最近，我先后参观了江苏南通如东龙源公司 20 万千瓦风电场，内蒙古华电等公司辉腾锡勒 34 万千瓦风电场和甘肃玉门新源公司 10 万千瓦风电场。在江苏南通遇到了时任江苏省委书记李源潮同志，他说从南通如东往北直到连云港连绵几百公里沿海都是滩涂，涨潮时看似一片汪洋，退潮时露出 10—20 公里的潮汐带，在这一带建海上风电场不占土地，可建超过 1000 万千瓦风电场，相当于三峡的装机容量，堪称"海上三峡"，却没有三峡百万移民的负担，也不消耗水资源。目前我们已在南通、灌云、盐城沿海一线部署了三峡总公司、广东核电、国电龙源等多家公司近百万千瓦风电场。在玉门附近的 10 万千瓦风电场，100 多台风机分布于道路两侧，建于寸草不长的戈壁荒地。甘肃省已规划了六大片装机容量达 2000 万千瓦的风电场，又是一个"风电三峡"。有条件建设千万千瓦风电场的还有张家口沿鄂尔多斯、赤峰到辽宁、吉林西部一线。内蒙古已累计建成了百万千瓦风电场。我国幅员辽阔，风力资源远比德国丰富，完全有条件建设大规模的风力发电。

发展风电还有扶贫的作用。一般风大的地方，农业生产条件都比较差，绝大多数都是贫困县。我到内蒙古辉腾锡勒参加内蒙古风电装机百万千瓦庆典时了解到，一个风电塔 1.5 兆瓦，现行政策是减半征收增值税，即 8.5% 增值税率，按年发电 2000 小时计算，一年可缴 12 万元增值税。形象点讲，风叶转一圈五毛钱，立一个杆收税 12 万元，这对一个寸草不生的戈壁来讲是一个不菲的收入。现行的政策既要鼓励风电的发展，给予税收的优惠，又不能全部免除税收，使地方无利可图，影响支持风电的积极性。免除农业税后，地方财力如何维持？只有靠转移支付。如果地方政府能有资本金参与风电入股，每年分红，可以有稳定的财政收入。在德国，风电发展是比较快的，很多田野中的风机是农民投资的，但目前我国地方政府拿不出资本金来参与风电建设。如果在风电中能给地方一些增收的政策，可以增加这些贫困地区的财政收入，也可大大调动地方政府支持建设风电的积极性。如果一个县有 100 万千瓦风电装机，一年发电 2000 小时，能发 20 亿度电。每度电 0.50 元，售电收入是 10 亿元，按 8.5% 增值税可收 8500 万元税，再辅助一些增收政策，对一个县财政是笔不菲的收入。

今冬不少省由于电煤紧张，出现供电紧张，这再次给我们敲响了警钟。尽管我们年生产 25.5 亿吨煤，电煤仍是脆弱的平衡。继续增加煤炭产量面临资源、环境、运输等的制约，所以调整能源结构，增加核电和风电比重已迫在眉睫。我们应迅速下决心，行动起来，精心组织，建设甘肃河西走廊、苏北沿海和内蒙古三个千万千瓦级大风场，建设"风电三峡"。

# 建设河西走廊世界级清洁能源基地

甘肃酒泉地区风能、太阳能资源开发潜力巨大，是国家批复的第一个千万千瓦级风电基地，也是国家批准的第一个太阳能光伏发电特许权招标项目（敦煌光伏电站），是全国重要的可再生能源基地。现已建成并网风力发电装机 660 万千瓦，占全国已建风电装机的 1/10。已批在建风电 400 万千瓦，预计到今年底并网装机容量将达到 1000 万千瓦左右，实现建成"风电三峡"的目标，可占到全国"十二五"规划风电装机容量的 1/10。光伏发电装机容量 94 万千瓦，在建 200 多万千瓦。当前，我国面临的减排压力很大，加快东部发达地区雾霾治理任务繁重，加快能源结构调整和优化布局已成共识。

## 一、建设大型风光水电清洁能源基地的意义

甘肃河西走廊自然条件恶劣，处在贺兰山、祁连山之间，风力资源丰富，全年气候干旱，日照时间长。甘肃省在全国仍属经济欠发达地区，河西走廊土地贫瘠，戈壁荒野干旱，却正可发展风光发电，变害为利。加上已有的黄河上游刘家峡、龙羊峡等水电站，有条件建设成世界级的风光水电可再生能源基地，向东南部省市输送清洁能源。

一来为甘肃经济结构调整找到新的经济增长点，注入新的活力。二来可为启动内需，调整国内能源结构、减少温室气体排放作出贡献。特别是在美国、欧盟对我国光伏产业进行打压的情况下，有利于启动国内光伏市场。三来有助于树立我国大力发展可再生能源、减少温室气体排放的国际社会负责任大国形象。欧洲曾提出"沙漠技术工业行动计划"的设想，在北非撒哈拉沙漠建太阳能光伏发电基地，用电缆输往欧洲，但仍只是个构想，而我国最有可能建设类似的风光发电基地。这样一个规模的风光水电清洁能源基地是世界级的，影响巨大，可与西电东送、西气东输工程相媲美。

## 二、河西走廊风光资源开发利用情况和发展潜力

酒泉地区平均风功率密度 ≥ 300 瓦 / 平方米、70 米高度风速 7.5 米左右风能资源达 4000 万千瓦以上，基本分布在瓜州、玉门、敦煌和肃北等地。风能资源大致属于三级较好的资源，在风电场设计中

甘肃酒泉风力发电场。

等效发电小时数一般可达到 2200 小时左右。目前，已开发资源量约 1000 万千瓦左右，尚有 3000 万千瓦可待开发的潜力。2012 年风力发电量 94 亿千瓦时，占甘肃全省发电量 1107 亿千瓦时的 8.49%，太阳能发电 3 亿千瓦时。值得指出的是，这一地区太阳能资源也十分丰富，也是国家规划发展太阳能的重点地区，年太阳总辐射量大于 6000 兆焦 / 平方米，场址多为戈壁荒漠，具备建设千万千瓦太阳能发电装机的条件，在光伏电厂设计中等效发电小时数可达 1500 小时左右。

## 三、河西走廊发展风光水电清洁能源具备的条件和存在的问题

由于河西走廊风、光、水能资源丰富，在国家政策和布局的支持下，清洁能源发展迅速。已有风电装机 660 万千瓦，在建 400 万千瓦。太阳能发电装机 94 万千瓦，在建约 200 万千瓦。水电装机 730 万千瓦，2012 年水力发电 334 亿千瓦时，约占全省发电量的 30%。在全省 3000 万千瓦装机中火电约占一半，水电占 1/4，风电、太阳能占 1/4。已在酒泉地区建设了风电设备制造基地，拥有叶片、总装及部分电机生产能力，年生产能力 300 万千瓦，目前开工不足。塔筒钢材由酒泉钢铁公司供应。正泰、东方电气在甘肃建有太阳能光伏电池生产厂。在敦煌建设了我国第一个光伏发电特许权招标项目。已建成了新疆哈密—瓜州—兰州的双回 750 千伏交流输电线路和哈密—敦煌—格尔木 750 千伏线路，将改善甘电外送能力。为消纳过剩风电，酒泉钢铁公司已建成 45 万吨电解铝项目。在已建成风电场下部及周边，可不再征用土地建设光伏发电，已开展了部分试点。

存在的问题：甘肃经济总量较小，本省 2012 年用电 970 亿千瓦

时，外送 125 亿千瓦时，火力发电小时数 4300 小时，电力处于供大于求的状态，由于前一阶段外送通道不足，风力发电实际年平均发电1603 小时，比设计值 2250 小时少了 29% 左右，存在 29% 的弃风问题。今后扩大风电、太阳能清洁能源比重必须考虑外送通道。为消纳多余电力，酒泉钢铁公司除已建成 45 万吨电解铝项目以外，还自行开工建设了 90 万吨电解铝项目，目前尚未获得批准。

## 四、建设世界级清洁能源基地及电力外送设想

（一）开发时限

第一阶段：到 2015 年，建成酒泉风电基地二期工程，风电装机容量达到 1500 万千瓦；光伏及光热发电装机容量达到 500 万千瓦。

第二阶段：到 2018 年，建成酒泉风电基地三期工程，风电装机容量达到 2000 万千瓦；光伏及光热发电装机容量达到 1000 万千瓦。

（二）开发主体

鉴于我国风电装备制造水平已经成熟，风电场运营维护体系和成本也日渐明晰，加之有酒泉风电一期招标的成功模式可以借鉴，建议酒泉地区后续风电场的开发，在国家能源局协调下，由甘肃省采取招标的方式进行，由风电业主与风机制造厂商联合打捆投标，以合理电价中标，同时推进技术创新。为了防止盲目建设，集中有实力的企业参与建设，开发主体以 5 家左右为宜。已建风电场下的光伏电站原则上由原风电业主负责。根据目前的风电建设、运营和维护成本测算，采取联合招标模式，可使风电在现有 0.54 元 / 千瓦时标杆上网电价的基础上再降低 2—4 分。可为全国其他地区今后的大规模开发提供有益借鉴。太阳能发电在扩大规模并保证消纳的条件下，可在现在基础上下降 0.1 元 / 千瓦时。

（三）布局思路

考虑到以酒泉地区为主的河西走廊已建成的660万千瓦风电场和既有输电线路及规划，后续风电场的选择继续重点围绕瓜州、玉门、敦煌、马鬃山和金昌、民勤、甘州等地区开展，以便充分利用现有公辅设施。对于光电项目，在布局上重点与风电场布局结合，围绕风电场中间或内部进行规划，充分利用光伏发电出力在白天且较为平滑的特点，进行风光互补或平抑风电的大幅波动。对风光互补的建设规模，根据风电出力规律合理确定。此外，在风资源较差、但光照资源好的戈壁荒漠地区，结合电网建设，布局一批百万千万级光伏产业园区，推进集中规模化开发，加大公用生产生活设施布局，降低建设和运营成本。

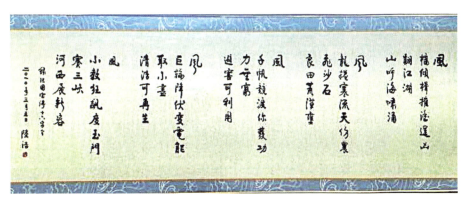

2010年3月，甘肃省省长陆浩手书张国宝十六字令《风》。

（四）配套电源

围绕风力发电、太阳能发电规模快速增长和保证电网安全可靠、稳定运行，充分利用河西内陆河流域水能资源开发潜力，配合风光电的大规模并网运行，在酒泉周边地区配套电源建设，增强调峰能力，提高区域电力系统运行灵活性和可靠性，保障电网安全稳定运行。一是适当安排调峰火电项目建设。二是加快肃南120万千瓦、玉门120

万千瓦两座抽水蓄能电站前期工作，目前都在做初可研论证，争取2015年前后能开工建设。并动员风电、太阳能开发商和电网企业建设一定比例的电池蓄能电站，对建有蓄能电站的风光电站要优先、足额吸纳所发电量，给予不弃风光的承诺。蓄能电站规模按风光电站的15%考虑。

（五）外送设想

第一阶段：到2015年，建成±800千伏酒泉至湖南特高压直流外送通道工程，实现1000万千瓦风电和400万千瓦火电打捆外送湖南，每年输送电量400亿千瓦时。

第二阶段：2015—2016年，建成750千伏瓜州至兰州第三、四回线路工程，进一步优化和完善甘肃750千伏网架结构，提高风光电往兰州、白银等负荷中心的输送，提升省内消纳能力。

第三阶段：2016—2018年，建成酒泉至中东部或川渝地区第二条特高压直流外送通道，进一步加大风光电的外送规模。

# 五、工作建议

鉴于这是一个包括风光发电、输电线路和储能调峰电源建设的庞大系统工程，为了开展河西走廊大规模风光水电蓄能互补大规模清洁能源基地建设工作，需要重点做好以下几个方面的工作。

（一）将河西走廊大规模清洁能源基地建设明确纳入国家战略。国务院常务会议或能源委员会会议研究决定，正式对外宣布，由国家发展改革委领导或能源局局长担任领导小组组长，国网公司和甘肃省领导任副组长，像西气东输、西电东送一样大张旗鼓开展工作。

（二）研究提出酒泉至中东部或川渝地区第二条特高压直流外送线路的受电区域。

（三）提出后续风光电场建设区域，开展选址规划研究，开展招标，确定投资业主，成熟一批，建设一批。

（四）指导加快蓄能技术在酒泉地区的应用。

（五）完成酒泉周边火电配套电源建设条件论证。

# 风力发电，功莫大焉[*]

　　谈到风电，现在舆论关注的多是"弃风"问题。作为不消耗自然资源、不产生排放的清洁可再生能源不能充分有效利用，的确可惜。造成"弃风"的原因很多，但电力供应出现了供大于求可能是最根本的原因。如果深入了解，岂止是"弃风"，"弃水"甚至是"弃核"的电量比"弃风"还多。以四川水电为例：在电力供应紧张的2006—2011年间基本没有"弃水"，而从2012年以后随着经济增速放缓和装机容量增加，电力供应出现供大于求，"弃水"逐年增加。到2016年仅四川省"弃水"就达300亿千瓦时，云南省2016年"弃水"也有300亿千瓦时，两省"弃水"远远超过全国"弃风"电量。现在很少有人说"弃煤"，其实"弃煤"更加严重。因为煤电在设计时是以年发电5500小时作为基准值的，在电力短缺时年发电6000小时以上也是很平常的，但现在煤电年发电只有4000多小时，差不多有20%的能力放空，这不是严重的"弃煤"吗？所以，观察电力行业，现在没有不弃的电了，这不是风电独有的现象，所以我说"弃风"的最大原因是电力过剩。电力不是那么短缺了，所以在调度分配时要照顾

　　* 本文原载国家发改委《经济情况与建议》。

到各种发电方式，在调度看来"手心手背都是肉"，有限的电力市场"蛋糕"要分配给各种发电方式的电厂，"弃风"自然也不可避免了。

其实就全国而言，风力发电量仅占不到4%，消化这点电量应该不成问题，风电比例比我国4%高的欧洲国家不少，达到20%—30%的都有，电网高抬贵手就解决了。但电网企业会说局部地区风电比例高，又不可调，送出不畅。那就要找找为什么输配能力滞后以及储能能力没有的问题了。我们讲智能电网，全球能源互联网，如果连家里面的这点问题都解决不了，岂不成了讽刺？储能能力与可再生能源发电能力不协调、滞后，作为政府管理部门应尽快制定储能电力价格政策，做好在主要"弃风"地区的储能能力建设规划。作为自然垄断行业的电网公司有责任解决清洁能源的消纳问题，应该从丰厚的利润中拿出一部分钱去建储能设施，不能认为电网公司只管输配电，储能不是我的事。由于没有储能设施导致弃电和没有输电线路道理是一样的。有钱建输电线路就应该拿钱建储能设施，作为垄断行业应该有这个责任，这个观念应该树立起来。

我之所以谈"弃风"问题，不仅是因为舆论在谈"弃风"时批评风电发展多了、发展快了，连政府主管部门都出了限批政策，好像发展风电犯了什么错。有人就质疑为什么不限批同样弃电的其他发电方式？其实，发展风电，功莫大焉。

我们可以和各种发电方式作个比较。辩证唯物主义观点是一分为二，世界上任何事物十全十美是不可能的。就拿发电方式来说，有哪一种发电方式没有问题和缺点？煤电自不待言，不仅发电时的温室气体排放，煤炭生产过程中的矿难，一直是最危险的生产行业。百万吨死亡率夺去了多少矿工生命？2004年煤矿矿难死亡6027人，百万吨死亡率超过3人，相当于为供应电煤死了3000人。经过治理有所下降，但仍保持一定比例，2014年还死亡937人。煤炭生产过程中的低浓度瓦斯大部分仍然排放在空中，这是比二氧化碳厉害多少倍的温室气体。煤炭采掘造成的地面沉陷，光是我亲眼目睹并花大钱治理的抚顺采空区，就迫使抚顺挖掘机厂和抚顺电瓷厂以及居民区搬迁，国家为此买单。两淮煤矿造成的地面沉降使相当一部分耕地变成了水泡子。如果将风电与煤电作一比较，风电不存在上述问题，没有温室气体排放。再看水电，一直以来受到诟病的是移民搬迁。三峡建设争议不断。会不会造成生态变化和鱼类洄游，甚至会不会诱发地震，一直都是争论的问题。三峡移民 100 万人，三峡主体工程投资可能达 1800 亿元，相关移民等全部投资可能超过 4000 亿元，2016 年三峡发电量 935 亿千瓦时。而悄然崛起的风电，没有移民，去年发电 2510 亿千瓦时，相当于建了两个半三峡。你说这功劳大不大？这点"弃风"和成绩相比简直是小巫见大巫了，比西南"弃水"少多了。风力发电与"弃风"问题成了九个指头与一个指头的问题。

再与核电比较。我国核电从 1970 年开始筹备，1981 年开始建第一个核电站——秦山核电站。历经 40 年的发展，去年发电量 2132.9 亿千瓦时，占全国发电量的 3.5%。而风力发电才 20 年的历史，去年发电量占全国发电量的 3.8%，超过核电。为发展核电，从上游铀矿勘查开采，浓缩，燃料棒制作和复杂庞大的核电设备制造，国家作了大量投入，至今核废料的处理存放问题仍没有完全解决。而风电主要靠民间社会力量，国家投入比核电少多了，又没有污染之虞。核电现在也有"弃核"，大连红沿河核电站至少有一台机组不能正常发电，弃电量比全国"弃风"大多了。

这样一比较，风力发电比起煤电、水电、核电环保得多，不消耗自然资源，不移民，不耗水，基本不占耕地（主要占荒漠和水域），发展风电何乐而不为！

20 世纪 90 年代我国风电起步时，电价低的 0.80 元/度，高的 2.50

元／度，现在风电经过竞争，四类风区电价，低的 0.50 元／度，高的
0.60 元／度，和化石能源电价已经非常接近。最近风电价格又下调至
0.40—0.50 元／度，如果政策对头，不"弃风"，和化石能源同价已
经有可能。

不仅如此，我国 20 世纪 90 年代初所使用风机几乎全部靠进口，
而现在 90％的风机实现了国产化，推动了就业，还大踏步走向了国
际市场。最近金风科技就出口澳大利亚 530 兆瓦风力发电机，而核电
出口还举步维艰。

对局部地区出现的"弃风"采取行政手段限批，实际还是有浓厚
的计划经济色彩。如果要控制规模也可以用市场经济手段，减少补
贴。成本低技术好的还可以干，成本高承受不了的淘汰出局。还能起
到防止产能过剩，避免重蹈某些行业的覆辙，规模不也可以用市场
手段降下来吗？更重要的是政府要在把弃的风用起来上下功夫，到
2020 年争取风力发电占到全国发电量的 6％。

# 中国新能源大踏步走向国际市场

2017 年端午小长假，两则关于中国新能源的消息振奋人心，这是中国新能源技术厚积薄发，跻身于世界新能源市场的写照。中国生产的风机和光伏电池大批量出口国际市场。

风力发电。金风科技将建澳洲最大风电场，满足 40 万户家庭用电。金风科技旗下全资子公司与澳大利亚大型电力零售商原产能源公司（Origin Energy）签署协议，成功收购后者在澳大利亚的最大的待建风电项目，此次收购是澳大利亚风电行业迄今最大的收购案。

项目位于澳大利亚维多利亚州，总投资约 10 亿澳元，规划装机容量约 530 兆瓦，年发电量约 20 亿度。金风科技负责该项目的融资、建设以及 25 年运营期内的运维服务。项目计划 2017 年开始建设，2020 年以前投入商业运营。该风电场项目采用 140 米叶轮直径的直驱永磁机组，这是中国最大容量的风电机组出口项目。

太阳能发电项目。2017 年 5 月 24 日，在阿联酋皇宫酒店，晶科能源与阿布扎比水电局和丸红株式会社的合资企业 Sweihan Solar Holding Company Limited（Sweihan）以及多家银行组成的财团，签署了关于阿布扎比 Sweihan 光伏独立发电项目的债权和股权融资财务协议，完成了 8.7 亿美元的融资。

阿布扎比 Sweihan 太阳能独立发电项目位于世界上辐照度最高的几个地区之一，占地面积约 7.8 平方公里，总规模 1177 兆瓦，目前为全球装机容量最大的太阳能独立发电地面电站。Sweihan 电站采用晶科组件，所发电量将全部出售给阿布扎比水电局的全资子公司——阿布扎比水电公司。晶科能源既是投资方，又是太阳能组件的唯一供应商。项目预计于 2019 年正式发电商业运营。

# 再为风电鼓与呼

风电遇到的问题，不是风电本身发展过快，而是电网企业拖了后腿。国家应该以《可再生能源法》为依据，要求电网公司全额收购可再生发电，而不是限批风电。

最近社会上对风电有这样那样的说法，说得最多的就是"弃风"问题，意思是发出了电却并不了网。说得多了，好像听起来风电的负面消息比正面的还要多，那就是九个指头和一个指头倒过来了——九个指头是问题，一个指头是成绩。但综合这几年风电发展的成就可以看出，风电九个指头是成绩，一个指头是问题。

## 风电成就巨大

2011 年，中国风力发电量达到 706 亿千瓦时，接近核电全年发电的 874 亿千瓦时。以平均每千瓦时耗煤 330 克计算，相当于少烧2330 万吨标准煤，少排放二氧化碳 8000 万吨以上，总装机规模达到5258 万千瓦，六年年均增速 87%，迅速成长为世界第一风电大国。

2012 年上半年，我国风力发电量达 502 亿千瓦时，第一次超过了核电发电量的 472 亿千瓦时。如果考虑到风电不像火电、核电那样耗水，特别适合在三北（东北、华北和西北）干旱少水多风的区域建设，优点更为明显。

当然，风电在迅速发展中不是没有问题，受到最多指责的是"弃风"问题，特别是内蒙古和东北的冬季"弃风"达到16%—20%，因此往往受到媒体的诟病。还有就是酒泉的一次脱网事故让400多万千瓦的风机全停了下来，一台一台做低电压穿越检验，历时接近一年，本来迅速发展的河西走廊风电一下跌入低谷，风机制造企业成品、在制品占压资金200多亿元。

有的时候对风电的批评声音甚至要大于肯定的声音，似乎是发展风电问题成了堆，以致影响到政府主管部门的政策，于是对"弃风"地区紧批、限批政策陆续出台。但是从上述数据不难看出，2003年之前我国风电只有40多万千瓦，风机设备几乎全靠进口，在不到十年的时间内跃居世界首位，建立起完整的风电工业体系，以至外国人惊呼，一个国家建立起完整的行业体系往往需要几十年时间，而中国在不到十年就办到了。这不能不说是个奇迹。

比较核电，我国从20世纪70年代初至今，历时40年，一年发电才不到900亿千瓦时，从铀矿的勘探、采矿、提纯，到庞大的核电设备制造体系，核电站的建设，投入之巨，风电难以望其项背，而且至今还未解决核废料的处理、储存问题。这样比较，风电成就可谓大焉。

一是风电投入主要靠民间资本，政府没拿多少钱，而核电体系的建立则主要靠政府投入；二是风电每千瓦造价八九千元，而核电每千瓦造价要1.3—1.5万元，风电总投入远小于核电；三是风电是可再生、清洁、无污染排放，核电尚有核废料处理埋藏问题；四是风电不耗水，而火电、核电都需要大量冷却水。这样比较绝不是扬风抑核之意，核电有其特点和需要，我也主张发展核电，但风电这种大自然存在的、用之不竭的清洁能源理应优先快快利用才是。

## 问题与误区

尽管存在问题，但毫无疑问成绩是主要的，可有些人不是看到问题的主流，对出现的问题不是以发展为前提积极去解决，相反用放大镜看存在的问题，遏制了风电的发展，概括起来主要有以下几个问题。

一是风电不是优质电源，只能在电网中占不超过 10% 的比例，否则影响电网安全。这是一个误区，也是一些人不积极接受风电的托词。美国能源部的研究机构曾对此做过研究，认为这是一个认识误区。在欧洲风电发达的丹麦、西班牙等国风电站的比重超过了 30%，瞬时占的最高比重甚至接近 50%。我国蒙西电网 4 月份风电比重一个月内创造了 26.7%、27.1%、27.3%、29.6%、30.5% 共五次历史最高水平。2012 年 4 月 26 日蒙西电网风电上网电量 11138 万度，风电比例达 30.5%，全天电网运行平稳。

目前东北电网风电比重已达 12%。就全国范围而言，风电发电量才占总发电量的 1.5%，远远谈不上风电比例高了，只能说我们工作还不够。在德国，老百姓一家一户的屋顶太阳能发电尚且可以上网，一个风机比一户太阳能电量要多许多，在中国上网却这么难，这不能怪风电，只能怪电网公司还有思想误区，接受风电工作还不够积极，政策还不到位。

二是风电的外送被电网规划绑架了。西北、内蒙古、东北西部是我国风力资源丰富的地区，风电比例也相对较高。而且这些地区尚有大片荒漠戈壁适合建风电场且不占可耕地，这些地区往往又是土地贫瘠的贫困区域，对发展风电寄予厚望，例如辽宁的阜新、吉林的白城子、内蒙古的锡林浩特等，但目前受到外送不畅，"弃风"地区限批的影响，风电陷入发展缓慢的状态。北部电力外送本可以实施，现在又受到建设特高压输电线路争议的影响，五年规划已过半，输电规划还出不来，外送输电线路建设处于停滞状态。

三是对存在"弃风"的地区停批、限批风电场。风力资源丰富而电力市场较小的地区，例如内蒙古、东北、西北确实存在"弃风"问题。但如上所述，风力发电量只占全国发电量的 1.5%，比重很小，所以这不是风电发展太快之过，而是输电网发展太慢之过。

如果我们的电网是坚强的，那么这一点点电在全国很快就抹平了，不存在什么波动、什么影响，所有这些问题都不存在。主要问题是电网是强势企业，加上存在特高压输出的争议，国家能源局至今没拿出电网规划，所以只能拿分散的风电投资者开刀，不批他们新建风电场。不难看出，这种政策才是只打蚊子不拍苍蝇。应该以《可再生能源法》为依据，要求电网公司全额收购风电，做不到就应该建网建线路，落实法律的要求。

2012 年以来风电事业遇到了很多问题，建设速度放缓，相互之间拖欠严重，订单不足，金风、华锐等几个好的企业也面临亏损。长此下去，一个兴旺发达的事业将会夭折。风电本来是不需要拿到国家层面来批的，当时主要是从扶持保护国产风机角度才把 5 万千瓦以上风电场拿到国家能源局来批的。现在应该放宽对风电的审批，着重监督电网公司贯彻《可再生能源法》消纳风电，而不是限批风电。

# 庆祝白鹤滩水电站全面开工

 

 

金沙江发源于青藏高原，是长江的第一大支流。据称，长江水量的 1/3、泥沙的 1/2 来源于金沙江。金沙江流经云南省境内，然后成为云南、四川两省的界河，在四川宜宾注入长江。云南以上处于藏区的河段称为金沙江上游；云南境内段为中游；两省界河段为下游。下游河段可以布置乌东德、白鹤滩、溪洛渡、向家坝四个巨型水电站，总装机比两个三峡水电站还大。白鹤滩水电站装机容量达 1600 万千瓦，大于伊泰普水电站，仅次于三峡水电站，为世界第二大水电站。

除了雅鲁藏布江，乌东德、白鹤滩水电站是仅剩的两个大型水电站厂址。鉴于以往水电建设的难点是移民问题，我向三峡公司提出先移民后建设，改变过去边移民边建设或先建设后移民的弊端，先建设新的巧家县城安置移民，使移民先安居乐业减少阻力。但是这需要先期投入，审计能否通

2005 年 12 月 1 日，金沙江中游水电开发有限公司发起人协议书签字仪式在人民大会堂举行。张国宝（二排右四）出席。

过？工程未批就先投入了，存在风险和不同意见，但是得到了三峡公司的支持。在我退休前由国家发改委于 2010 年 10 月 27 日批准了项目前期开工建设，这是确定要建设白鹤滩水电站的明确信号。但是国务院一直未正式批准，成了一个心病。国务院于 2017 年 7 月 31 日批准白鹤滩水电站正式全面开工，使大家松了一口气。三峡公司 2017 年 8 月 3 日举行了隆重的全面开工动员会。

这个水电站有几个看点：一是单个水轮发电机组达到 100 万千瓦，为世界之最。三峡是单机 70 万千瓦，到建设溪洛渡水电站时单机容量提高到 80 万千瓦，已经是世界之最。现在白鹤滩水电站又进一步将单机容量增加到 100 万千瓦，由哈尔滨和东方各承制 8 台，共计 16 台，这将考验我国的制造能力；二是洞穴群为世界之最。

我在观看了溪洛渡水电站的壮阔景象后作了一首诗，也同样适用于白鹤滩水电站：

> 川滇康藏擎天脉，
> 邛崃乌蒙①雪峰皑。
> 群山连绵气势雄，
> 长河逶迤奔腾来。
> 千里波光映暮霭，
> 万仞绝壁升烟霾。
> 后人指点青嶂处，
> 谁锁金沙展雄才。

---

① 邛崃，指四川的邛崃山脉；乌蒙，指乌蒙山，溪洛渡位于乌蒙山脉东北端。

# 特高压输电在争论中前行

## 不经意的预言

改革开放初期，我在国家计划委员会机械电子局工作，当时中国刚把国门打开，正是技术装备的引进热潮。那时发达国家对我们的戒心也不像现在这么大，因为我们很多技术和人家差距很大，几乎每行每业都需要引进技术。其中，输变电线路技术也是引进的重点之一，从变压器、开关到各种断路器、避雷器都引进，而且引进了不止一家的技术、装备，像变压器有 ABB 的，有西门子的，开关也有好多家，有法国、日本等很多国家的。开始时遇到很多问题，像变压器漏油，现在看起来很简单的问题，那时候很普遍。平顶山高压开关厂研发六氟化硫开关，还发生过爆炸。

那时全国电网不互联，东北、西北、华东、华中、南方几大区基本互不相联，即便在这几大区里面，电网也不互联。当年华中电网和川渝电网是不相联的，后来建设了从三峡到万县的三万线，川渝和华中变成了同步电网就是靠三万线。比较偏远的少数民族地区就更分散了，像新疆就分了好多电网，互不相联，后来慢慢把南疆和北疆联起来，然后把乌鲁木齐和阿勒泰地区、伊犁地区联起来，这时新疆才有一个统一的电网。

改革开放初期，两大瓶颈影响经济发展：一个是交通；一个是能源，拉闸限电是普遍现象，我们急着要把电搞上去。经济的快速发展对输变电线路提出了更高的要求，要把原来分散孤立的电网联成一个大的电网，这样可以相互补充调剂。但在当时，输变电线路的建设跟不上。当时流传一句话："重发、轻供、不管用。"大家对发电很重视，建电厂积极性都很高，但对输变电重视不够，而对用户侧管得更少。所以当时发电增长很快，但输变电没有能够及时跟上。

20世纪80年代，我国引进了电压等级为500千伏的输变电技术，在这之前，西北地区的最高电压等级是330千伏，多数地方是220千伏，再小就是110千伏。500千伏是改革开放后才开始引进建设的，第一条 ±500千伏直流输电线路是葛洲坝到上海的葛沪线，从葛洲坝往华东送电。那时我在国家计委也参与了这条线路的引进建设。因为这条线路是全套引进BBC公司（后与阿西亚公司合并成了ABB公司）的技术设备。

到了后来，西北电网的电压等级要提高到750千伏，因为330千伏不够了。那时电力部还没有撤销，电力部科技司司长张晓鲁来找我说要上750千伏，我当时就说现在要上750千伏，将来又要上1000千伏了。如今，我国装机容量和发电量都迅速增加，现在一个华东电网的电量也比当年全国的大好几倍，不能同日而语，从量变到质变了。由于中国的能源资源分布非常不均衡，能源主要集中在西部和北部，东部和南部无论是水力资源，还是煤炭资源都相对缺乏。西部和北部的资源如何送到东部和南部去，这是我们国家始终面临的问题，这是中国国情决定的。同时，输电线路越来越多。输电通道也是宝贵的资源，要精打细算，尽量少占输电通道。为了保证今后的供电更加稳定、可靠、安全，我们应该选择输电容量更大，长距离送电线损小的输电技术。

## 我为什么支持特高压

说起特高压，现在对国家电网公司搞特高压有些非议，成了敏感话题，包括对我们这些支持搞特高压的人也有非议。其实，第一次把特高压技术写入国家文件的，不是国家发改委，而是国务院文件《国家中长期科学和技术发展规划纲要（2006—2020年）》（简称《纲要》）。为什么要搞这个规划？新中国成立后搞过一次科技发展规划，是在周恩来总理主持下搞的，大家认为那次规划对中国的科技发展起了很大作用，包括"两弹一星"等，都是在那时科技发展规划的指引下取得的成绩。所以到了新的历史阶段，我们要搞一个新的科技发展规划。这个《纲要》，据说是全国几万名科技工作者经过数年努力得到的共识，并提炼出来的。这其中就把特高压写进去了。《纲要》中对特高压的定义就是 ±800 千伏直流和 1000 千伏交流，文件中把特高压列为国家要重点扶持的 20 项科技发展项目。

严格意义上讲，无论是国家发改委也好，还是电力部门也好，都是《纲要》的执行者。所以后来有人争论直流还可以，但不应该搞交流。还有人说《纲要》里没有说电压等级是多少，没有指出来特高压。后来我翻了一下，里边是写清楚了的，直流是 ±800 千伏，交流是 1000 千伏。应该说我们这些部门和企业都是贯彻科技中长期规划。假如说不应该搞特高压，那也只能说是那个文件搞错了。为什么这么说？既然说这是数万名科技工作者经过数年的努力提炼出来的，是集体智慧的结晶，难道提炼错了？不应该搞怎么写进去了？如果要责怪特高压没有经过充分论证，那首先就是国家科技中长期规划没有经过充分论证。我认为发展特高压还是多数科技工作者的共识。

国家电网公司主张要发展更高电压等级，是因为随着经济发展，装机容量越来越大，输送距离越来越长。我国远距离输电一直在增加，特别是西电东送以后，今后还会增加。因为在东部沿海，除核电站外，建设大型火电和水电的机会不多，所以需要大规模远距离输电，而且现在多地受雾霾的干扰，思想也在转变，过去强调在本地建电厂的思想开始弱化了，很多地方接受从外面来的电。比如江苏，在制定新的五年规划时，考虑更多地使用外来电，而不是强调一定要在自己的地方建电厂。所以，应集中建设大型煤电基地、水电基地、核电基地，比如锡林浩特褐煤很多，完全可以建立大型煤电基地，然后通过特高压把电送出来。

我为什么很支持特高压，就我个人经历还有一件事情，就是"二滩弃水"。当时二滩水电站建成后曾是中国最大的水电站，建好后正好赶上中国经济低谷期，二滩的电没人要。我负责主持分电，但也很勉强。因为当时联结川渝的输电线路（三万线）还没建，只能在四川范围内消纳，那个时候经济低迷，大家都不要。当时把二滩的电分成几档，其中一种是计划内的电，我记得好像连3毛钱都不到，两毛多一度。在这个电量以外再发的电，叫计划外电量，只有3分钱一度，当时我们说这连磨损费都不够。

为分电的事我到处求人，请他们帮着解决。其中我就找到了当时的电力部分管科技的副部长陆延昌，我了解到从二滩送出来的电，一条500千伏交流线路只能送90多万千瓦。我问为什么送那么少？他说这都是算出来的。怎么算的，说是根据导线发热情况计算的。我说要是这样的话，我们费了半天劲，建一条500千伏的交流线路，说多了才送 100—120 万千瓦，这样算的话，我们得需要多少条线路啊。建设线路也不容易啊，而且到处都是输变电线路既影响观瞻，更要占用沿线的森林和土地。

这件事给我留下很深的印象。我们原来的 500 千伏交流线路的输送容量并不大，大数说就是 100 万千瓦左右；±500 千伏直流当时输送容量大约 300 万千瓦。如此，要想输送容量大，就只有在提高电压等级上做文章。

## 关于特高压的论证

国家电网公司提出发展特高压之后，我们认真地做了几次论证。2005 年 6 月 21 日至 23 日，国家发改委在北戴河召开了特高压输电技术研讨会，有 200 多人参加，集中了全国专家的智慧，分了五六个组，这其中既有电工专家，也有电力设备专家。经过这几个组的讨论后，大部分人都赞成搞特高压，即便一些人提出了改进注意的问题，但大方向上也都赞成搞，只有 6 个人反对。回到北京后，反对的同志给国务院领导写信，说明他们反对搞特高压的理由。领导看到有人反对，就批示给国家发改委要认真论证。其实我们已经论证了，但领导要求论证，我们就又开会进行论证。

2005 年 10 月 31 日，召开了第二次论证会，这个会放在了国家发改委召开。会议特意通知，要邀请有不同意见的人来参加，就把对特高压持反对意见的人都通知到了，但最后只有陈望祥来了，他在会上讲了他的意见。我还问过，为什么这些同志没有来？有人说这些同志来了以后怕受你们围攻。本来开这个会是想让两种意见进行认真讨论，因此我把蒙定中的反对意见印成书面材料，发给与会者传阅。

　　参会的其他人都赞成，吴敬儒同志在会上提出，建议先建淮南—上海的特高压线路。国家电网公司那时提出的试验示范线路是晋东南—荆门。吴敬儒的理由是华东地区缺电，而在南方一带只有淮南、淮北有煤矿，所以在这里搞坑口电厂把电送过去，有利于解决华东地区缺电的问题。他讲的听起来有道理，那国家电网公司为什么要建设晋东南—荆门线路呢？国家电网公司解释说这个意见很好，他们也想建淮南—上海的特高压线路，但这条线路途经地方的人口密度更大，拆迁量更大，要建的话要更加紧凑，要搞同塔双回线路。而同塔双回特高压线路难度更大，第一次搞交流特高压一下子搞到同塔双回，难度更大。先搞一塔一回，这样先在晋东南—荆门的线路上取得经验，以后再在这个基础上搞同塔双回。国家电网公司是从技术难度上来考虑的。两边说的都有道理。会上只有陈望祥仍持反对意见。那天中午在国家发改委食堂吃饭时，我特意和陈望祥坐在一起，想继续听听他对这个问题怎么看。但他的意见毕竟是少数。

　　会后，又有人给上面写信，说没有认真听取他们的意见。我觉得我们还是听取了，只是没有采纳他们的意见。我们这些人各种运动遇到的事也都经历过，很多事情也是经验之谈。如果不留下书面东西，你讲完了，今后你说我不是这么说的，是别人理解错了，到时无据可查怎么办？所以，那次会上，发言都录音了，也让大家写出了书面意见材料，而且都签上名字。

　　那次讨论会，还请了史大桢、陆延昌等电力部的老领导，只要是在世的都请了，黄毅诚因为身体不好没来，但他写了书面意见是赞成的。其他的几位都来了，他们都表态赞成搞特高压。会议还特意请了老电力部的几任规划司司长，我记得是五任或六任。会议上绝大多数人是赞成搞特高压的，电力部的老部长也都是赞成的。这第二次会议是因为有人写信，根据领导批示我们又开了一次，实际上在北戴河就论证了，200多人开了好几天会，时间又长，参加人数又多。

## 争论应从科学出发

要说对发展特高压持不同意见的理由，事实上，理由变了很多次。最初的理由基本上是两条。一种是说科索沃战争，美国使用了石墨炸弹，如果建了特高压电网，将来美国使用石墨炸弹，一下子就把你的线路断掉了，可能造成更大范围内停电。为了证明这点，想得到部队的支持，专门找了军事科学院，希望军事科学院出具一份材料支持这种观点，可是军事科学院没有给出。石墨炸弹的原理是炸弹里的石墨丝挂在电线上，使正负极短路，但这种原理不是专门针对特高压电网的，其他电压等级电网也存在这种风险。比如在科索沃战争中美国攻击的就是低压电网。第二种理由是说特高压对人体有害。这也没有什么切实证据。国际电联出了个意见，至少到目前为止不能证明高压对人体有害。但人家既然说了，也不能说人家说得不对，怎么办呢，就采用物理办法。500千伏杆塔高度的对地电场强度是可以计算出来的，为了减少对地电场强度，可以把杆塔再建高点，离地面更远些。电压等级高，离地面远，所以电场强度保持不变。电场强度对人的影响到底有多大？现在500千伏带电作业很普遍，从电力学来讲，只要人体各部位处于等电位就不会形成电力流。带电都能作业，你说对人体有什么害处？

这两个问题从技术角度都没有得到支持，所以他们后来就不提这两个问题了，又提出另外两个问题。第一是美东大停电。建设更大的同步电网，如果发生停电就跟美东大停电一样，可能在更大范围内把电网拉垮。所以，应该分层分级用直流隔开，不同意搞特高压交流电网。第二条理由说国家电网公司是为了阻碍改革，认为国家电网公司怕进一步被改革拆分，所以他们用坚强的电网，用特高压把各大区都联起来，使得以后就是想改也改不成。一直到现在主要就是这两条理由。从技术角度来讲，有不同意见是正常的，有反对意见不能说是坏事，可以把方案搞得更完善。但各种争论要建立在客观公正的基础上，应该完全从科学出发，而不是从个人的好恶出发。

现在是反对的人还是反对，赞成的人还是赞成。那以什么标准判断呢？光靠概念性的反对或者支持都不能科学地说明问题。这时候，国家科技进步一等奖授予了中国电科院开发的电力系统分析综合程序，用计算机模拟电网安全。于是我们找到中国电科院的周孝信院士，让大家到中国电科院去参观一下。这个系统可以把全国装机容量在 6000 千瓦以上的发电厂和 110 千伏以上的输变电线路都输入计算机系统，然后用计算机进行模拟，假如说有电厂不发电了或有线路断了，会对全网造成什么影响。因为现实中不可能把哪条线路弄断了，所以模拟计算是可行的。他们的系统证明不搞特高压反倒不行，因为随着今后各个大区装机容量越来越大，一旦跨区的直流特高压出现双极闭锁，缺少有功无功补偿，反而容易把电网拉垮。我们把一些人请到中国电科院参观，其中包括媒体代表。大家看了以后很有信心，计算机模拟证明特高压是应该搞的，是有利于电网安全的，而不是增加了不安全因素。

## 缺席的电网规划

实际上，对建设特高压有反对意见很正常，其他的论证也会有这种情况。为什么在特高压论证问题上会这么尖锐复杂？就是没人来最后拍板。如果不是管理部门内部一些人表面公允，实际上暗中挑事，也不会那么困难。在特高压输电线路上有一条很关键，就是计划建设一条从锡林浩特到南京的 1000 千伏特高压交流线路。黄毅诚（曾任国家能源部部长）同志在任时找了我好几次，他非常重视锡林浩特褐煤的转化，那地方有大量的煤，而最缺电的是华东电网，可以在锡林浩特建大型的发电基地，再把电送到华东去。国家电网公司坚持要建特高压交流线路，想把三华（华东、华中、华北）电网联起来，而有人反对，应该是技术之争的问题掺进了非技术因素。例如，国家能源局电力司就有人找江苏省，要他们表态反对建特高压，否则就不批，这就有点意气用事了。我知道这个情况后还把电力司的负责人叫到我办公室，问他们是否有这种事。

在这样的情况下，特高压规划和建设都停顿下来了，一直到了"十二五"规划制定完成，分规划也都陆续制定完了，输变电规划却始终出不来，因为意见相左。让国家电网公司拿意见，国家电网公司坚持要规划建设几条特高压线路，而国家能源局就不同意。意见总拧着，直到现在输变电规划都没有出来，现在"十二五"就快结束了。这样就影响了内蒙古、东北等地区，有些风电多的地方，本来在全国平摊算不了什么，那么一点点电加在一起还不到 2%，但还是要放弃20% 左右，因为送不出来。尽快建设输电通道对于我国发展新能源是有帮助的，如果电网通畅，这点风电消纳是没有问题的。就是因为在要不要建设特高压电网的问题上一直没有形成统一意见，所以导致电网建设规划大大滞后。

如果这个问题不能得到很好解决，新的电网规划还可能受影响。我觉得"十三五"当中应当解决这个问题。过去我们已经有过经验教训，"重发、轻供、不管用"，所以应当在"十三五"规划当中更多关注输电、供电问题和需求侧管理问题，不是光盲目建设电源点就能解决电的问题了。我的观点是，不管建也好，不建也好，要尽快决策，不能久拖不决。

## 科学计算证明特高压是安全的

晋东南—荆门的交流特高压线路已是既成事实，那后来淮南—南京—上海 1000 千伏交流特高压这条线路是怎么批准的呢？当时这条也不同意。那时吴邦国同志还没有退休，两会期间他是安徽代表，所以他要到安徽团参会。安徽的代表提出来要建淮南—南京—上海的特高压交流线路。安徽有淮南、淮北煤矿，他们想在淮南、淮北建一些电厂，把电送到上海去。他们在安徽人大代表团发言要求国家尽快抉择。吴邦国同志对此作了批示，后来国家发改委批准了这条线路。

其他的线路都没有批，都搁置下来了，尤其是锡林浩特到南京这条是最受反对的一条，因为有人反对三华联网。现在采取的是折中办法，这条交流线路不修到南京，只修到济南，到南京建一条直流，济南还属于华北，所以还是形不成三华电网。

国家电网公司认为，三华同步电网并不大，美国和欧洲的同步电网比这还要大，美东电网的装机容量比三华电网要大，欧洲虽然国家很多，但整个欧洲电网是联结在一起的，总装机容量也很大。所以，即便把三华电网联起来，总装机容量也没有超过美东电网和欧洲电网。但反对者认为三华电网联起来，装机容量那么大，一旦出现问题，三个地方都要垮掉。

我认为不会出问题。从技术角度讲，电科院有个形象的比喻，华东电网相当于一个蓄水池，输变电线路把电都输到这个池子里，相当于好多条河流流到池子里，这些河流如果突然发生断流或突然泛滥成灾，那河水就要涨和落。比如一条 ±800 千伏直流输电线路突然发生双极闭锁，一下子 500 万千瓦的电就没了，这立即会引起电网频率的波动，如果没有及时的补偿，电网会被拉垮。而交流电网可以迅速从别的区域，从更大范围进行补偿，如果只有直流不能无功补偿，反倒会使波动很激烈。我想这些东西光靠概念来说是没有用的，还是要靠科学计算，模拟计算证明是安全的，还要靠实践。

## 特高压扶持了装备制造业

特高压使整个输变电装备制造业的水平上了一个大的台阶。如果说原来 500 千伏交直流电网的设备制造还磕磕碰碰，还有这样那样的问题，现在到了特高压，再回过头来看 500 千伏，那就是小菜一碟，我们都会做。很长时间，±500 千伏直流的大部分设备都是国外的，那时我都挺生气，老说今后再建就能实现国产化，但后来还是国产化不了，有好几个关键的部件不会做，比如晶闸管，就是大功率整流器。

到了交流 1000 千伏和直流 ±800 千伏，欧洲、日本企业有做试验的，但没有工程化应用的。发展特高压扶持了我们国家的装备制造业，我们不是简单地去买人家的设备，而是要在国内生产，特别是特高压的变压器、开关、绝缘等关键设备实现了国产化。事实上，别的国家因为没有特高压项目，也就没有工业化生产这些东西。

20 世纪 80 年代，我们国家成立了国务院重大技术装备领导小组，我也是这个小组的成员。我一直坚持一条原则就是，重大装备的研发一定要与重大工程相结合。如果不和重大工程相结合，空对空的研发，制造出来以后没人需要，你花了很大精力，投入了很大成本，却得不到回报。我们的特高压也有这个特点，我们不是像日本那样，为了将来找市场去研发，而是一开始就有目标，±800 千伏的有目标，1000 千伏的也有目标。通过招标，设备制造厂商对未来产品的市场看得见摸得着，这对我们国产化很有帮助。如果没有工程项目，谁会下大功夫去投入、去研发，即使研发出来也没有人要。这种模式很好。

此外，特高压还走出了国门，国家电网公司中标了巴西美丽山特高压直流项目。当时巴西能源部部长来华访问时，我陪同他们参观了向家坝—上海 ±800 千伏特高压直流输电示范工程的上海奉贤变电站。他反复问我，为什么选 ±800 千伏，而不选 ±500 千伏？我说，如果选 ±500 千伏，同样的输电量就需要多建一条线路，输变电线路的路由本身也很宝贵。他就很注意说，那变压器是不是你们自己制造

的？他要看看。当时有两排变压器，一半是 ABB 公司做的，一半是特变电工做的。他们回国后，巴西国内经过激烈的争论，最后决定建设 ±800 千伏直流输电线

张国宝陪同巴西能源部部长参观上海奉贤 ±800 千伏直流换流站。

路。国家电网公司竞标时，顺理成章中标。

特高压原来没有国际标准，±800 千伏直流、1000 千伏交流的标准都是我们国家制定的，国际电联也采纳了我们的标准，把我们的标准作为国际上这个电压等级的标准。这种变化太大了。我在机械电子局工作时，那时我们真是小学生，人家说啥咱根本不知道，一个六氟化硫开关对我们来讲就复杂得不得了，所以人家看我们连小学生都不

特高压输电试验基地。

如。通过这么多年的努力，现在我们跟人家平起平坐，而且有些领域还超过了人家。特别是我们发展特高压以后，在输变电技术领域，可以说我们已经达到国际先进水平。

## 特高压十年感悟

应该说，通过发展特高压交直流电网，我们整个技术水平，包括输变电技术水平和装备制造水平，都提升了很大档次，达到了世界先进水平，有些方面甚至处于世界领先地位。但这个过程中，由于有着过多的争议，延缓了特高压的建设，也使得搞特高压的人备感艰辛、身心疲惫，不要说刘振亚了，像我们这样的人都感到身心疲惫。争论太多而没有人拍板。其实争论不可怕，哪个事情没有争论？应该欢迎争论，但只争论不拍板，这是有问题的。

现在很多人把一个电网和多个电网当成改革成功与否的衡量标准。我在很多场合下呼吁，一个电网和多个电网不是衡量体制好与坏的标准。从国际上来讲，既有一个电网，也有多个电网。衡量一项改革或体制好不好，还是应该以生产力作为标准，有利于生产力发展的就是对的，不利于生产力发展的就要改革。

# 关于我国发展核电的认识和建议 [*]

## 一、我国能源结构的现状

2012 年我国能源消费总量 36.2 亿吨标准煤，其中本国生产 33.3 亿吨标准煤。我国能源结构以煤为主，占一次能源的 67%，核电、水电、风电、太阳能等清洁能源占 9.6%，主要是水电作出的贡献。天然气消费 1400 亿立方米，占一次能源的 5.4%。2012 年全国发电量 4.98 万亿千瓦时，核电发电 980 亿千瓦时，仅占 1.97%，风力发电 1004 亿千瓦时，占 2%，风力发电量已超过核电。2013 年发电量可能达到 5.3 万亿千瓦时，其中风力发电 1371 亿千瓦时，占 2.6%，核电上网量 1032 亿千瓦时，占 1.95%，风力发电继续领先核电。全国每人每年平均消费一次能源 2.7 吨标准煤，略高于世界平均水平的 2.6 吨标准煤。2012 年我国生产煤炭 36.2 亿吨，纯进口 2.7 亿吨，共消耗煤炭 39 亿吨，超过全球煤炭消耗的 40%，是世界最大的煤炭消费国和最大的温室气体排放国，也成为我国雾霾的主要成因。煤炭消

---

[*] 本文是 2014 年 1 月 9 日张国宝在全国政协双周协商座谈会上的发言稿。

费的一半以上是用于发电。2013 年末我国发电装机估计达到 12.4 亿千瓦，煤发电量比重 78.8%，和 20 世纪 80 年代大体相当。煤炭也是我国铁路运输最大宗货物，占铁路运力一半以上。

## 二、我国核电现状

1970 年 2 月 8 日，周恩来总理批准发展民用核电，设立上海 728 院。秦山核电一期，1983 年才开始正式建设，1991 年正式并网发电，1994 年验收。全国现共有 17 个反应堆在运行发电，在建 28 个反应堆。2013 年核电占全国发电量的 1.95%。全世界在役核反应堆 432 个，核电占全部发电量的 10% 以上。其中，美国 104 个，核发电占全部发电量的 15%—16%；法国 58 个反应堆，核电占全国发电量 80% 以上；日本 56 个反应堆，目前全部停运；韩国 23 个反应堆。我国核电远低于世界平均水平。

核电价格已低于煤电价格，对平抑电价，提高产业国际竞争力能起到重要作用。以广东为例，煤电上网的标杆电价已达 0.50 元 / 千瓦时，而大亚湾核电价格是 0.41—0.43 元 / 千瓦时，核电已是仅次于水电的最便宜的电价。我们国家整个产业竞争力应注意一个问题，美国平均工业用电价只有 6.7 美分 / 千瓦时，相当于人民币 0.41 元 / 千瓦时，而我国工业用电已高达 0.60—0.80 元 / 千瓦时，这将对我国产业竞争力产生很大影响，这点还没有引起我们足够的重视，增加核电比重有利于平抑我国的高电价。

## 三、日本福岛核事故后世界核电政策的动向

日本全部停止了 56 个反应堆，去年因电力实在短缺，恢复了大

阪核电站。德国宣布在 2022 年全部弃核，但现有核电站全部在运行。意大利也表示要弃核。而美国新开工了佛罗里达和南卡罗来纳两处共 4 个采用 AP1000 的核反应堆；英国公布能源法案，确定 8 个新核电站厂址；日本通过收购兼并拥有英国 3 个核电厂址；法国仍坚持核电强国立场，并在国际市场积极进取，拥有了英国 5 个核电厂址；俄罗斯是日本福岛核电事故后最大赢家，共获得十几个新核电订单；日本一方面在国内弃核，同时在国际市场上积极竞争，为得到土耳其核电订单，安倍去年 5 月、11 月两次访问土耳其。目前全球共有 66 个核反应堆在建，世界大国都没有放弃核电。相反，阿联酋、越南、土耳其、英国、阿根廷、约旦、白俄罗斯、罗马尼亚等国都开始新建核电站，成为各核电大国角逐的战场，俄、日、韩、法都得到了核电新订单。

## 四、我国核电和核电装备技术的进步

美国和欧洲的核电建设高峰期在 20 世纪七八十年代，美国同时在建最多时有 40 多个反应堆。我国自主设计和建造了秦山一期、二期核电站，并向巴基斯坦出口了 30 万千瓦和 60 万千瓦核电站。我国自拥有核电以来的 20 多年间一直保持了安全运行，采用法国 M310 机型的大亚湾核电站在全球同类机型评比中一直名列前茅。近年来我国核电自主化和核电装备国产化取得了积极进展，对引进的法国 M310 机型进行了十几项改进，形成更加安全的二代加机型。我国核电建设加快是在进入 21 世纪之后，为实现核电装备国产化，一批机械装备厂进行了技术改造，以一重为代表的重型机器厂已实现全部大锻件按国际标准生产，压力容器、蒸汽发生器、稳压器、堆内构件、环型吊、应急柴油发电机等主要部件实现了国产化，主泵实现了在国内合作制造，综合国产化率达到 80% 以上。技术要求高的控制系统也实现了在北京广利核制造，从岭澳二期起实现了半速机国产化，使效率提高了 3 个百分点。蒸发器内使用的要求极高的 U 型管，核燃料元件包壳的锆金属材料通过引进—消化—吸收实现了国产化。列入中长期科技发展规划的 CAP1400 自主设计三代核电，各生产厂都已造出了样机。清华大学开发的高温气冷堆已在山东威海开工建设。引进美国西屋公司的 AP1000 三代非能动技术的 4 个反应堆在我国浙江三

2008 年 10 月 7 日，张国宝（左一）与国家核安全局局长李干杰（右二）为山东石岛湾高温气冷堆示范核电站揭牌。

门和山东海阳建设，为世界首台（套）。由于是世界首台（套），建设中设计修改调整，主泵也数次不合格，延误了 1.5—2 年工期，但我们在确保质量的前提下在世界上最先掌握了三代非能动核电建造技术。在广东台山与法国电力合作建造采用法国单机 170 万千瓦的 EPR 三代核电技术的两个反应堆建造进度走在了世界前列。我国近年持续建设新的核电站，培养了队伍，形成了很强的制造能力和一支有实际建设经验的建设安装队伍，可以说在核电建设能力上已处于世界领先地位。

我国有从铀矿冶炼、浓缩、元件制造、核电装备制造、核电站建设，直到核废料处理的完整产业链，世界上只有美、俄、法、中具有这样完整的核工业体系。这是我们的优势。

## 五、为发展核电产业近年形成了完整的配套体系

围绕发展核电的人才队伍培养、保障充足的铀矿供应、形成装备制造能力、资金筹措、核废料储存和后处理，我国已做了充分的准备。在原有6所设有核技术专业院校的基础上，现在已有十几所院校培养核电专业人才，按每个核电站需要500名各类专业人才配置，我国现在高等院校体系已能满足核电发展要求。为满足我国核电到2020年达到8000万千瓦的原规划对铀资源保障的需求，除国内铀资源外，我们已进行了铀资源储备，并成功投资于哈萨克斯坦、乌兹别克斯坦、纳米比亚等铀矿，具备了长期供应铀资源的能力。近几年通

1999年10月，江苏田湾核电站开工。左一为中国核工业总公司副总经理张华祝，左二为财政部副部长高强，左三为张国宝；右一为国家环保总局副局长宋瑞祥，右二为中国核工业总公司总经理蒋心雄。

过技术改造，形成了大连棉花岛、广州南沙重型装备基地，三大动力集团已形成了年产十几套百万千瓦核电设备制造能力。由于受福岛核电事故影响，核电建设放缓，现有核电设备制造能力放空，企业面临亏损和人才流失的困境。核电建设资金现在不是问题，但我们还是创设了核电基金。在西北 404 厂我国自主建设了年处理 50 吨核废料中试线，并按引进年处理 1000 吨能力法国核废料处理大厂和自主建设年处理 200 吨生产线两条腿走路方针推进。

## 六、当前我国核电建设面临的问题

福岛核电事故后我国暂停了新核电厂的审批和建设，并用两年时间对在运行和在建核电厂进行了全面安全检查和整改。通过了新的核电建设规划，将 2020 年建成规模调减到 5800 万千瓦，并恢复了新核电站的审批和建设，但实际上新开工建设的还只有在福岛核电事故前已经批准了的山东荣成的清华高温气冷堆和因已承诺俄罗斯倒逼开工的江苏田湾 3、4 号机，广东阳江的 5、6 号机。包括在已有厂址建设的后续机组也尚未放行开工建设，例如大连红沿河 5、6 号机，福建福清 5、6 号机。审批缓慢的原因是后续机组全部采用引进—消化—吸收的 AP1000 技术，还是在已有二代加法国 M310 改进型机组的厂址后续机组仍允许采用二代加机型实行群堆管理。另外就是是否允许在非沿海地区建设核电站，其实目前只涉及江西彭泽、湖南常德桃花江、湖北咸宁三个厂址。

## 七、当前影响我国核电技术装备出口的因素

我国核电技术装备出口已具备能力，影响核电技术装备出口的制

2010 年 4 月 1 日，在广西壮族自治区政府副主席林念修（左三）陪同下，张国宝（左四）考察广西防城港核电项目前期工作进展情况。

约因素是我国核电技术装备缺乏自主知识产权，即便是秦山 60 万千瓦核电设备，燃料元件也面临法国专利技术纠纷。中核总、中广核都分别研发了自己的三代核电堆型，但技术不统一，没有在国内建造原型堆的业绩，目前只能采取与法国、美国公司合作的方式。

## 八、关于加快我国核电新项目审批和建设的建议

1. 尽快批准建设大连红沿河 5、6 号机，福建福清 5、6 号机，广西防城港 3、4 号机。允许大连红沿河 5、6 号机继续采用改进型 M310 机型以实行群堆管理。如果后续的 5、6 号机采用别的机型并不能提高安全性。福清 5、6 号机在中核总、中广核能统一自主研发的三代机型的前提下可作为首个自主知识产权机型的建设场址。

2. 尽快启动审批广东汕尾核电厂。广东汕尾核电厂是向香港送电

的，香港尚有 600 万千瓦燃煤机组要逐步淘汰。中央政府和香港特区政府签订过允许香港电力公司投资广东汕尾核电厂的协议。向香港供电的协议，应尽快启动。

3. 江西彭泽、湖南桃花江、湖北咸宁三个内陆厂址是因为华中缺乏一次能源而考虑的，已投入了大量前期费用，设备也已订货。应加强内陆核电安全性的讨论，在取得共识的基础上按先易后难原则处理。

4. 中核总、中广核已就各自自主设计的三代核电机组堆型统一技术路线达成共识，希望有关部门协调推进，两家公司真诚合作，尽快确定首堆厂址。

5. 支持我国核电"走出去"，给予低息买方、卖方信贷支持。同时必须强调各家核电公司"走出去"前实行备案，事先在国内协调好，避免到国外互相打架。

6. 利用当前国际铀价低迷，国际铀矿愿意转让的有利时机，国家支持收购或参股有价值的铀矿资源。

# 中国电力体制改革的实践与经验

　　近年中国迅速崛起为世界上最大的能源生产国和消费国。上层建筑必须和经济基础相适应，在长期计划经济体制下形成的能源管理体制需要不断深化改革，逐步改革阻碍生产力发展的制度因素，以适应发展了的经济基础的需要。改革开放以来不断深化的能源管理体制对促进能源生产力的发展起了重要作用。其中电力和铁路、民航、通讯曾被称为四个垄断性行业，它由计划经济体制下的电力部演变成政企不分、厂网不分的国家电力总公司。2002 年起实施了对电力体制进一步的市场化改革，主要内容是进行了政企分开、厂网分开和主辅分开。电力体制改革涉及面广，争论也多。对于历经争论、几易其稿的电力改革最后形成"共识"是一个漫长而艰难的过程。

　　作为这一改革的参与者，回顾总结改革方案的形成过程，对能源领域的其他改革，乃至对其他经济领域的改革有借鉴意义。任何一个改革都不是理想化的，都需随着历史的变迁不断进行调整、完善，改革是不断深化的过程。2002 年进行电力体制改革以来的十年间，中国电力工业飞速发展，装机容量从 2001 年的 3.386 亿千瓦增加到 2012 年的 11.44 亿千瓦，赶上了美国，成为世界上电力装机容量最大的国家。电网从六大区域电网基本互不相联到形成包括西藏和海南岛在内的全国联网。但毋庸讳言，对电力体制改革是否成功仍争议不断。也有人认为电力体制改革停滞不前，甚至认为不成功。在更广泛的油气、煤炭、新能源领域要求价格和审批制度的改革呼声也很高。另一方面国际国内的能源事务发生着重大变化，国际上也在研究中国的电力体制改革，借鉴中国电力体制改革的某些做法。回顾、总结电力体制改革的实践和经验对了解改革开放的中国走中国特色社会主义道路有着典型意义，也可供能源及其他领域改革参考和借鉴。

本文回顾了电力体制改革的进程和主要争论问题以及经验与启示。针对社会上对电力体制改革的种种议论和看法，我在本文中也提出了评判一项改革和一项制度正确与否的标准，坚持实践是检验真理的唯一标准的准则，充分肯定自改革开放以来邓小平同志提出的"摸着石头过河"的渐进改革过程，兼顾推进改革和考虑社会承受能力，在维护社会稳定的前提下稳步推进改革的做法。

## 一、电力体制改革方案形成的过程

### 1. 多家办电引入竞争

20 世纪 90 年代末，相对民航和电信改革，要求对电力体制进行改革的呼声很高。过去政府管理经济的架构很大程度上受到苏联的影响，设置了很多专业性的工业部门。随着中国经济体制改革的进行，众多的专业部门被撤销归并成几个综合性的管理部门。改革之后，许多专业性的部门没有了，相对集中和精简了。其中有一些专业部门变成了企业，这些企业既管了一些企业性的事情，但又继承了原来部门政府管理的部分职能，电力也是这样。过去的电力部演变成了国家电力公司，国家电力公司仍然行使部分政府行政管理职能，也有企业管理职能。当时有这样一种说法，庙里有这么多的菩萨，只把菩萨请走了还会有其他的菩萨来,所以要先拆庙后搬菩萨。这一涉及几十个部委的动作,涉及的机关干部起码有好几万人,这么大的改革需要很大的魄力。回顾来看,这是我国改革进程中一个非常重大的步骤,也是一个阻力比较大的步骤。第二步是对一些已经变成公司但又兼有行政管理职能的机构进行进一步改革,首当其冲的就是电力、民航和电信部门。如果让这些部门自己改自己是很难的,需要一个综合部门设计改革方案。这个任务落到了当时国家发展计划委员会头上,体改办以及被改革的几个部门的同志参加了改革领导小组的工作。

电力体制改革比较有共识的首先是政企分开,把政府的职能从原来的国家电力公司剥离出来放到政府部门里去;第二个是改革的模式,大家比较统一的看法就是政企分开、厂网分开、主辅分开。发电企业和电网输配业务在改革之前均属于国家电力公司,把原来属于国家电力公司的发电企业剥离出来,不是垄断,不由一家公司办电,而是允许多家办电,允许多种所有制办电,引入竞争。多家办电实际上是两个步骤:一个步骤是把原来国家电力公司所属的发电企业剥离出来,组成了五家发电企业。五家可以相互竞争,根据企业的服务和其他方面的能力进行竞争。另一个重大的步骤是原来国家电力公司范围以外的发电企业也允许参与竞争,就是多种所有制都允许参与到发电领域中来,包括外资以及中外合资、民营企业,也包括非电力部门的企业来办电。例如香港华润、台湾的台塑,煤炭行业的神华、同煤集团,民营的协鑫、珠江,地方投资主体的河北建投、江苏国信、粤电等,都办了一些电厂。现在从事发电的企业近上百家,原属于国家电力公司的五大发电公司所占发电容量的比例现在连一半都不到了,引入了多家办电的竞争局面。

改革过程中比较难的是电网怎么办?有人提出电网也可以引入竞争,类似于把发电变成五大公司一样把电网也变成几个公司。曾经有过设想，按照原有的六个电管局（东北、西北、华北、华中、华东、南方）变成六个电网公司。但是也有人提出，就算把电网变成六个电网公司，在任何一个电网公司的管辖范围内它还是一家。例如东北网，在东北地区内，也不可能把南方电网的电送到东北去跟它竞争，所以在它的范围内还是自然垄断，只是这个自然垄断的范围从全中国变成了某一个区域而已，所以这个改法不行。也有人主张电网不能拆分，应当是全国"一张网"。电力改革碰到了很大的阻力，电力部门和其他部门的一些同志对厂网分开，还要拆分电网觉得难以接受。新中国成立以来都是这样的体制，并且发展成现在有相当规模的电力工业，现在给拆了，心里不好受。但是社会舆论都认为应该要进行政企分开和厂网分开，这已经是大势所趋。再进一步把电网分开的意见阻力就大了。最后归结起来电力体制的焦点是：到底全国是"一张网"还是"多张网"？高层也有不同看法，有主张"一张网"的，也有主张"多张网"的。电力体制改革到了具体方案设计的阶段，遇到了很大的难题。国家电力公司是被改的对象，厂网分开直接关系到国家电力公司的拆分，不仅仅是发电企业分离出去，还有电网公司拆不拆的问题，这要比现在想象的复杂得多。为了形成改革共识，当时组织人去国外考察，借鉴其他国家的电力管理体制经验，举办了很多国内外的研讨会和座谈会。电网能不能拆开，成了当时电力体制改革方案能不能出台的一个焦点问题。社会上也很关注，大家提出了各种建议，有主张分开的，也有主张不能分开的，各抒己见。我们搞过很多大的研讨会，也请了很多国外的咨询机构和能源机构，比如高盛、美国剑桥能源研究所都来过，别的一些国家也介绍了他们电力管理的经验。一些投行为了找商业机会也来出主意，想以后帮助这些企业上市，达到某种经济利益。其实全世界各国电力管理模式没有哪个是完全一样的，大家公认是最好的，每个国家都能遵循的模式是没有的，包括西方国家，也各不相同，当时各种意见鱼龙混杂。由于在这个问题上争议很大，电力体制改革搞不下去。江泽民总书记也亲自过问，电力体制改革为什么到现在还没有改成？到底有什么阻力？分歧在哪里？他直接打电话给曾培炎同志。实际上，最后问题就集中到"一张网"还是"多张网"上了。为什么后来变成了国网和南网？由于当时已有从天生桥向广东送电，有了从西南部往广东送电的雏形。在电力体制改革之前，实际上已经开展了一系列西电东送工作，在此基础上，已形成了云南、贵州、广西、广东联网的雏形，其余的不再拆分。所以说后来形成的国网、南网是各种意见，包括高层领导意见协调统一的结果，也是根据当时中国电网的状况作出的决定。曾培炎副总理在《西部大开发决策回顾》一书里面回忆说，电力体制改革的主要背景是二滩弃水，还有就是西电东送。2000 年夏天中共中央政治局在北戴河召开会议。李长春同志当时任中共广东省委书记，提出广东经济发展迅速，缺电问题已成为制约广东经济发展的瓶颈，要求在新的五年规划中为广东新增 1000 万千瓦电力。讨论中，到底是在广东建 1000 万千瓦，还是从贵州、云南向广东送电 1000 万千瓦，意见分歧较大。朱镕基总理极力主张广东不用再建这么多电厂，要搞西电东送，由贵州、云南向广东送电 1000 万千瓦，也是对西部欠发达省份的支持。这个意见最后在中央政治局会议上达成了共识，包括江泽民总书记也同意按照朱镕基总理这个意见办。按照这个意见，具体落实向广东送电 1000 万千瓦的方案。李鹏委员长在会上提出了一个建设性的意见，因为担心短期内向广东送电 1000 万千瓦有困难，即使在贵州或云南建水电站可能也来不及。李鹏委员长提出，把三峡的电建一路直流送往广东。三峡的输电方向是早定的，华东和华中是三峡电力的消纳地，以前没有考虑过把电送到广东，这是这次会议上定的。那时候已经开始进行三峡输电（三常线，三峡到常州）的招标。我们把三峡到广东这条三广线加进去，变成了两条 ±500 千伏直流输电线路，打捆拿去和 ABB 统一招标谈判。这一意见很快被大家接受，这跟二滩初期有电送不出有些关系。二滩水电的建成正好是我国经济受亚洲金融危机影响的低谷时期，那个时候电力的需求并不是非常旺盛，二滩的电送不出去。那时每年都要开一次会，讨论怎么把二滩的电消纳掉，但是消纳不掉，没人要。到了丰水期的时候，计划外发的电一度只有 2—3 分钱。如何让二滩的电送出来，经研究后来建了三万线，从三峡到万县用 500 千伏交流联起来，让"川电出川"，想办法把四川的电送到华中、华东。二滩这件事说明了我国电力需要在更大的范围进行配置。原来川渝和华中电网是不联的，川渝是一个网，华中是一个网，由于建了三万线，才把川渝电网和华中电网联成了一个同步电网。三峡的电当时同样有这个问题，不像现在三峡电谁都觉得好，以前三峡电分给谁谁都不要。找重庆谈，重庆说千万不要分给我，我们重庆为三峡建设移民做了这么大的牺牲，你还要给我。湖北说湖北水电这么丰富，我不要。当时的分配是沿江都有份，包括河南、安徽、江西都属于分电的地区。河南说我有这么多煤，以火电为主，三峡电就不要给我了。找江西、安徽，他们说我们是农业省，经济欠发达，也不要这么多电。只有江浙沪没有说过这些话。因此三峡电往广东送，在当时情况下是非常正确的选择，使三峡的电在更大的范围内消纳。方案还包括了离广东很近的湖南鲤鱼江电厂上马扩建两台 30 万千瓦火电机组，直送广东，一共凑足了 1000 万千瓦，满足了广东的目标，这就是西电东送的南线方案。西电东送方案发生在电力体制改革之前，从云南、贵州向广东输电的任务肯定是落到了云南、贵州、广西、广东电网的头上。当时云南、贵州、广西电网归国家电力公司管，广东是地方电网，合起来有了南方电网这个雏形。所以议论到电力体制改革的时候，和 2000 年以后决定往广东送电 1000

万千瓦有关，这是形成南方电网的基础。提出搞两个电网，既吸收了主张电网不拆分的意见，也不是以前讲的六张网，确实是一个折中的意见，过去争论的两种意见都吸纳了一部分。

这个方案出来以后，各方面基本上认可，但不是没有阻力。比如说，当时海南省认为海南电网是独立的，南方电网没电送给海南，海南也没电送给南网，为什么海南要进南方电网？最后决定建海底电缆把海南和南方电网联起来，海南才同意了。另一个问题，原先广东省的电网投资主体实际上是广东省，并不是中央资产，当时南方电网中作为地方电网的广东电网资产最多，大股东应是广东省，但后来把南方电网，包括人事任免收到中央管了，在大的形势下广东顾全大局也同意了。

10年过去了，基本上按照改革方案进行了改组、建设，实现了向广东送电1000万千瓦，最后还超了。结合我国拉动内需的战略，开展了西电东送，南方电网打得很漂亮，让大家确实感受到了南方电网的作用。现在两张网的架构比较稳固了，但是后遗症也有，不是完全没有。当时往广东送电还有其他的方案，把福建和广东联起来。从东南沿海来说，福建和广东都是经济比较开放发达的地方，把这两个省的网联起来是顺理成章的事情，但是后来由于变成了国网和南网，至今福建和广东还是没有联起来。从电网的规划来说，应该把这两个地方联起来，这是留下的一个后遗症。

2. 电监会与英国模式

中国的电力改革方案很大程度上参考了英国模式，成立电监会也是借鉴了英国做法。电网在某一个特定区域内的垄断性实际上没有改变，再怎么分，在一个区域内还是自然垄断。因此，如何做到公平交易，加强对自然垄断的监管是必须考虑的。发电侧形成了竞争关系，多种所有制都可以办电，发电厂把电卖给电网，电网是不是公平对待所有发电的企业？游戏规则需要有人来监管，所以出来了电监会。电网公司在某些方面还保持了垄断特征，为了保证各种电力企业都能够公平地竞争，需要一个电力的监管机构，也就采用了英国模式。电监会，顾名思义就是要对电力行业的游戏规则进行监管。这是过去在政企不分的情况下，或者是在老电力部、老电力公司的情况下所没有的新机构。这届新政府把电监会和能源局又合并成新的能源局。有人把设立电监会称为政监分离，把电监会和能源局合并称为政监合一模式。

水电基本上按照一个流域给一个公司，不再拆分，比如说黄河上中游，就划给了中电投。一个流域基本上是一家公司，没有把流域里的电站再进行拆分，留了一些调峰水电站给电网公司。另外还留出了970万千瓦发电资产，将来出售变现后用来支付老职工退休金，主辅分离解决历史遗留问题的改革成本，以保持社会稳定。这个决定现在看来也是非常正确的。

3."墙内开花墙外红"

现在有些人认为电力体制改革不彻底，甚至是失败的。看问题要有历史唯物主义的视角。全世界没有哪两个国家的电力体制管理模式是完全一模一样的。法国电力至今为止依然是国有，它依然属于法国政府，而且还是厂网不分的，全部核电站都归法国电力管。看到中国的电改，他们也想改，曾经他们也想民营化，也想做厂网分开，但立即引起了法电职工罢工，法国政府就不敢改了。

第二个例子是日本，日本和中国不太一样，每个区域都没有能源，不像中国有一些地方有能源，有一些地方没有能源。因此，日本的电力基本上是每个区域自求平衡，而不是像我们这样要把贵州的电送到广东去，他没有这个需求，他们互相之间也联结，但是这些联结完全是属于保安电，这是日本的特色。中国的国情和日本完全不一样。

美国的情况则更加复杂。例如，美国最大的发电企业杜克公司，在美国六个州经营电力，既经营包括火电、水电、核电、风电、太阳能的发电业务，也经营输电、配电业务，是一个厂网不分、输配不分的全能公司。

其他发展中国家就更没法和中国比了，例如印度有五个管能源的部门，缅甸还有两个电力部。

俄罗斯和中国是一样的，实际上中国的电力体制是苏联帮我们建立起来的。虽然苏联解体了，但是俄罗斯电网和发电还是一家，叫作统一电力公司。统一电力公司的第一任总裁是俄罗斯改革的设计者，曾任俄罗斯总理的丘拜斯。那时俄罗斯仍然是厂网不分。后来中国改了，对俄罗斯的触动很大，俄罗斯就比照了中国改革的模式来进行改革，厂网分开，把发电侧组成了六家大的发电公司，加上各加盟共和国的有了 40 多家发电公司。但远东地区仍然厂网不分，组成了东方电力公司。改革后网还是在一家，但是将输配分开，成立了一个全国的电网公司和一个配电公司。但经过几年的实践后他们发现输配分开的模式效率并不高，因为骨干电网和配网必须同步发展，而且应该使入网程序最为简化，减少建设和运营成本，而输配分开后反而使效率更为低下。所以，普京总统亲自召开电网发展专题会议，讨论俄罗斯电网发展战略草案和组建俄罗斯统一电网公司，决定把国家电网公司和配电公司重新组成统一的电网公司。俄罗斯的电力体制改革基本上是比照了中国的模式，我们是"墙内开花墙外红"。中国内部有这样那样的不满，觉得不够理想，但是别的国家从外部看中国的改革，看到中国飞速发展的电力事业，认为我们中国最成功，恰恰是好得很。其他国家发生了若干次大停电，但是中国没有发生，中国整个网架结构是非常清晰的，没有出现很多国家的重复、混乱甚至带有安全隐患的情况。这是由于中国有市场经济和改革的动力，也有当年计划经济比较合理的规划因素在里面。中国的电网在世界上是最好的电网。有的国家连频率都不统一，有 50 赫兹、60 赫兹，这反而成为了安全隐患。而中国没有这种情况，都非常清晰，电网的布局或者某一条线路该不该建，大体是合理的，这一点是别的国家不如我们的地方。中国的电力这些年发展得这么快，别的国家羡慕得不得了，我们也很自豪。中国一年建一亿千瓦，这么快的速度，在别人看来是一个奇迹。不干这个事的人，可以坐而论道，当批评家。批评家非常容易当，因为既不用负责任也不用实际操作，但是当实际操作的时候，碰到的复杂问题比纸上谈兵难得多。

电力体制改革或者其他体制改革是个渐进的过程，一开始肯定有不完善的地方，还有需要进一步改革的地方，有批评的意见有利于不断深化改革。但是，衡量一个改革是否正确成功的标准应看是否有利于生产力的发展。电力体制改革十年是我国电力事业发展最快的十年，也创造了世界电力发展史上最快的发展速度。如果没有竞争机制，如果没有发动多家办电的积极性是做不到的，这是电力体制改革的主流。电力体制改革为整个国家的经济腾飞作了重大的贡献。

4. 摸准了先走一步

有一种观点认为，电力体制改革没有达到国发〔2002〕5 号文件要求的市场化目标，原因是国办发〔2007〕19 号文和 5 号文都没有写出电改的时间和进度表。给出一个时间表好还是不给时间表好？能不能给出时间表？改革的总体指导思想是"摸着石头过河"，先完成一步，在这个基础上，在时机成熟的时候再迈出第二步。回想改革开放 30 多年来走过的路，举个例子，当时人民银行的贷款贷多少钱还由国家计委来分配，在当时是很合理的，这样不乱，民航都归军队管，但是今天来看可能是一个笑话。但这是一个过程，不可能非常理想化。不顾历史发展阶段，全盘模仿照搬西方国家的做法，不是走有中国特色的社会主义道路，改革可能是失败的。俄罗斯的休克疗法，全盘私有化都不成功，输配分开也走了回头路。改革是一个渐进的过程，是大家认识逐渐深化的过程。铁路改革一放就是十年，还是电力体制改革迈出了步子好。

为了支付主辅分离的改革成本，方案中还设计了 647 万千瓦和 920 万千瓦的两笔资产，这些资产的处置后来也引发过争议。电力部门过去是一个完整的系统，不光是发电，还有输配电，还有施工企业。施工企业又分了两大类，一类是电站的施工企业，一类是电网的施工企业，几乎每个省都有这样一个公司。这些公司都属于老电力公司管，这部分改革后归谁？当时电力体制改革的意见是明确的，在适当的时期要把它剥离出来，叫作主辅分离。改革的思路有几种方案，把辅业下放到各个省，但这些辅业企业不干。为什么他们不干？因为他们长期是以"中央军"的身份出现，现在要下放到地方，怕吃亏，怕被歧视，架子身段放不下来。我们不希望在改革中产生过多的社会矛盾。如水电建设企业，当时效益并不好，离退休职工非常多。我们改革有一条经验就是"摸着石头过河"，看准了的就改，不是一次都到位，如果想一次都到位，可能社会的负担就比较大。如果只做政企分开、厂网分开，虽然老电力部的人有意见，但是还不会波及到下面去。如果再把输配也分开，把主辅也分开，波及的人就更广了。比如说把各个地方的供电局划给各个地方政府管，或者是把施工企业划给地方政府去管，由于离退休职工这个包袱非常重，地方政府愿意不愿意接都是问题。这些问题都搞清楚再去改的话，估计两三年也改不动。走一步总比不走要强，所以当时就先完成一个阶段性的任务，这个阶段性的任务就是政企分开、厂网分开。第一个阶段性任务基本上达到了，把可能会引发更多反弹的问题留到以后适当的时机再去改。如果什么都想一步到位，可能三年五年都改不动。三年五年后情况一变说不定不改都有可能，就像铁路改革一样。现在有一些人在批评电力体制改革，他们应该从当时的历史背景看这个问题，那就比较好理解了。电力体制改革迈出了重要的一步，即使放到国际上比较也是重大的改革成就。

5."主辅分离为什么会滞后"

有观点认为，电网在分离辅业方面滞后。但这不能怪电网。有人说电网公司不愿意分离。其实不是，电网公司是愿意分离的。这些施工企业参差不齐，有一些还不错，有一些就很糟糕，电网公司怕长期捂在自己手里面，包括已经离退休的劳保问题怎么解决？谁来照顾他们？电网公司承接了原电力部的老干部工作。按道理，电力公司分家了，不应该是电网公司一家来承担。电网公司现在已经是企业了，不是政府，凭什么还要承接电力部的这类工作？但是现实情况就是这样。电网公司找过政府多次，希望尽快地把辅业剥离出去。为什么电力体制改革以后若干年都没有完成这个任务？5号文件下了以后，主要的任务目标达到了，实现了政企分开和厂网分开，大的格局已经形成了。这时机构也发生了很大变化。电监会成立后，电力体制改革领导小组交给了电监会，但是电监会一家来挑起改革的任务确实很困难，它是国务院直属的事业单位，一个事业单位去做这么大的动作，去进行主辅分开，或者是其他的改革，没有政府部门强有力的支持，确实很为难。有几个部门绕不过去，一个是国家发改委，一个是国资委，电监会既没有干部任免权也没有资产划拨权，怎么改？所以后来就出现这样一个结构，组长是国家发改委主任来当，而办公室放在电监会，有什么事还得到国家发改委来开会，很难有效开展工作。主辅分开，电网公司是愿意的，但是分开以后交给谁，就是一个麻烦了。一种意见是施工企业下放到各个地方自己找饭吃，相当于现在建筑公司一样，这是一种市场化改革的想法，但是这个方案的阻力最大。另一个简单的操作办法是把所有的辅业、施工企业再成立一个公司。这个过程中，又发生了两件事情，一个是2008年的雨雪冰冻灾害，还有一次是汶川大地震。在这两次救灾中，电网的施工企业发挥了巨大作用，如果没有施工企业统一调动，后果不堪设想。四川汶川地震最严重的重灾区，一个是汶川，一个是茂县，电网全部垮塌以后，才知道这个网不是电网公司的，也不是地方的，而是私人的，是希望集团的，抢险时还得要求电网公司上。后来电网公司根据这两次救灾的实践提出电网的施工队伍还留在电网公司，而不要分出去。现在这个剥离方法简便易行，也满足了施工企业不愿下放到地方，或者完全独立走市场化道路的需要，主辅终于分离了，满足了舆论的需要。如果走市场化，就应该让它自己独立，让它自己找饭吃。

6. 关于竞价上网

实现竞价上网也是电力体制改革希望最终能做到的目标。其实在2002年电力体制改革之前的1999—2001年，受1998年亚洲金融危机的影响，我国用电需求下降，一度有过供大于求的情况。后来成为严重缺电省的浙江当时也一度电力供应宽松，所以率先尝试了竞价上网。他们引进了国外的竞价上网的报价软件，结合浙江省的情况进行了修改，通过计算机自动比对，择优调度上网。电力系统的其他单位参观了浙江的做法，试图推广。但亚洲金融危机的影响很快过去了，2002年起全国大部分地方又变得缺电了，浙江省尤为严重，竞价上网已难继续下去，自动消亡了。电力体制改革之后，有的同志仍想推动此事，于是新成立的电监会把电力供应相对宽松的东北电网作为试点，推行竞价上网，但实施不久，包括电网公司和几大电力公司的同志纷纷反映问题，认为竞价上网时机还不成熟，条件还不具备，企业亏损，要求停止试点。不久，这项试点也告终止。总结我们尝试竞价上网的实践，这是需要一定条件的，电力供应相对宽松是首先必须的，还需要定价制度等的配套改革。前几年电力供应一直偏紧，通胀的威胁领导十分重视，煤电矛盾突出，尽快解决电力供应紧张成了主要矛盾，竞价上网一直难以实施。现在社会上对电力体制改革的意见有相当部分集中在价格改革上，把电价改革看作是电力体制改革的重要内容。其实，在现在的体制下这应属于价格改革的范畴，这需要在一定的条件下继续探索。

电力体制改革是一种渐进的过程。输配是否应该分离？输配分离要和整个社会的进步、社会能够承受的能力相匹配，还要和其他的改革相匹配，比如说价格体系改革。价格体系不到位，输配怎么分开？社会上还有人建议应制定能源法，使能源管理体制改革有法可依。能源局2007年发了一个征求意见稿，但至今一直推不下去。因为它涉及方方面面。究竟难在哪里？各部门都想把自己部门的一些权力、一些诉求放在法律里，想把三定方案没有解决的问题通过法律来解决。但是不能用法律解决三定方案没有解决的问题，电监会和能源局的关系没有扯清楚，电监会希望在电力法中明确电监会的地位、职权，这样的问题靠电力法能扯清楚吗？这就为修改或制定法律增加了难度。电监会现在又取消了。没有把电监会的法律地位放在法律里是对的。

7."改革要和生产力发展水平相适应"

有些人认为，我国电力体制改革启动后，并未建立竞价上网的市场机制，市场化改革仍停在路上，目前电力体制非计划非市场，最为糟糕。但事实是在总的改革开放大局下，电力体制改革迈出了历史性的步伐，开创了很好的局面。任何一个改革都是随着历史的变迁在不断地进行调整完善的，不能拿后来的认识简单来衡量改革渐进过程中一些做法的对还是不对。目前改革的过程充满着艰险和不同意见。"摸着石头过河"，不争论，这是邓小平同志给我们留下的很大的精神遗产。当年因为有人对搞不搞特区有不同意见，为了化解这个矛盾，有人向邓小平同志建议，是不是派个调查组到深圳再去搞一次调查？邓小平同志说，时间宝贵，不搞争论。如果我们不断地争论，恐怕连深圳特区都搞不起来。我们现在不要忘记他这句话。电力体制改革能走到今天这个局面是非常不容易的，接着往下走，不能凭空设想，应该立足现实。

8. 我国能源体制改革的方向

社会上对电力乃至整个能源体制的改革十分关注，有很大的期许，但毋庸讳言，关于改革的方向和改革的内容也有很多争议。例如：电力体制改革，有人认为应将电网进一步拆分，应该进行输配分开。对电价、油价、气价形成机制应进一步进行市场化改革。但如何进行市场化改革也缺乏具体的操作内容，多数停留在口号式的议论上。对原油、天然气进口权是否应该放开等等都是社会热议的话题。什么是大家心目中最理想的能源体制模式实际上是不清晰的。

## 二、经验启示

总结和回顾电力体制改革的过程，有一些启示性的经验。

第一，世界上没有统一的电力或能源体制模式，采用什么体制要根据各国的国情、发展阶段而选择，并且在发展过程中逐步调整完善。西方资本主义国家采用的电力或能源体制也是五花八门、各不相同。例如：法国电力至今仍是国有独家经营的模式，美、英、日、德采用的体制也各不相同。美国在美洲大开发后逐步发展起来的电力体制推崇自由化的模式，结果网络不清晰，事故频发，连他们自己都承认美国电力系统目前在世界上并不是最先进的。俄罗斯的电力体制正如前所述，普京总统亲自开会部署，还在调整。中国的能源管理体制究竟好不好，在世界上没有参照国，还是要根据中国国情和发展阶段走中国自己的道路。

第二，别的国家采用什么体制不是我们衡量体制和改革正确与否的标准；在电力体制改革中"一张网"还是"几张网"也不是电力体制改革正确与否的标准。衡量一个体制、一项改革正确与否的标准是看该体制和改革是否有利于生产力的发展，是否与该国的发展阶段相适应，就像检验真理的唯一标准是实践一样。而我们有些人习惯拿外国是怎么做的来批评我们的体制，尤其喜欢拿发达资本主义国家的体制为参照衡量我们的体制。但是美债、欧债危机的发生，美东大停电的事实告诉我们，资本主义制度并不是十全十美的。

第三，电力体制改革十年来特别是近五年来我国电力建设和技术进步空前。近五年新增装机容量是前55年的总和。十年新增装机容量超过7亿千瓦，相当于一年一个英国的装机容量。水力发电五年新增装机容量是自1910年中国有水电以来95年装机容量的总和。2011年底水电装机容量总和达到2.3亿千瓦，居世界第一。新能源发电异军突起，中国的风力发电十年前在世界上还默默无闻，十年间装机容量达到6000万千瓦，崛起为世界第一风电大国。十年过去了，物价上涨，但电力建设成本不升反而稳中有降。这十年中国的电力发展创造了中国电力建设史上前所未有的速度，也是世界电力建设史上前所未有的速度，电力没有拖国民经济发展的后腿，相反发展速度高于国民经济发展速度，保障了我国经济持续稳定快速发展，结束了长期困扰我国经济发展电力短缺的瓶颈制约。电力技术和电力装备也迅速赶上了世界先进水平。通过引进—消化—吸收—再创新我国在世界上创造了多项第一：第一个开发了百万千瓦风冷机组，第一个生产60万千瓦循环流化床锅炉，生产建设运行世界上电压等级最高的 ±800

千伏直流输电和 1000 千伏交流输电工程，生产建设运行 33 台百万千瓦超超临界机组，等等。我国迅速崛起为世界上最大的能源生产国和消费国，13 亿人口的大国年人均能耗上升到 2.7 吨标准煤，略高于世界平均水平。作为世界上最大的能源生产国却没有设能源部，在世界各大国政府中能源管理机构最小。这说明了这十年我国电力和能源生产力得到了极大的解放和发展，我国的电力和能源体制是适合我国现有发展阶段的体制，我们的体制比许多资本主义体制更具优越性。不能罔顾事实把我国的电力和能源体制改革说得一塌糊涂！这种唱衰我国建设成就和改革成果的论调不符合事实。

第四，我国改革的一条成功经验是"摸着石头过河"，看准了的、成熟了的就改，一时看不准、尚不成熟的缓一缓待时机成熟了再改。实践证明我国的改革方法要比苏联解体后采取的休克疗法和激进的私有化都要成功，也为世界所公认。

第五，改革必须配套进行，电力和能源体制的改革必须和价格、政府管理机构改革、投融资体制改革相适应，要和法制建设的进程相适应。除电力以外的能源领域还包括油气、煤炭、新能源，电力体制改革的基本经验同样适合于这些领域。社会上批评油气垄断在中石油、中石化少数央企手中，被戏称为"两桶油"。对油价形成机制和原油、天然气的进口权集中于两家央企手中批评意见很多，要求改革的呼声很高。在煤炭领域，计划经济时代延续下来的煤炭订货会进行产需衔接的方式正在改变，煤电矛盾引发了对电价改革的思考。新能源的崛起和挫折将新的改革课题放在了我们面前。已经二十多年的电力法、煤炭法有不少内容已不适应变化了的体制和形势，需要修订。能源法至今尚在研究中。

改革的根本目的是为了促进生产力的发展。我国在短时间内变成了世界上第一大能源生产国和消费国，但我国能源结构以煤为主非常突出，煤发电占了发电量的78%，核电只占1.97%，风电、太阳能虽然发展迅速，但只占发电量的2%，近年来愈演愈烈的雾霾引起了社会的关注，警示我们应加快产业结构和发展模式的调整，加快能源结构的调整。经过这几年的快速发展，我国水电、风电、太阳能为代表的可再生能源发电已超过20%，今后的发展潜力依然很大。应该进一步增加核电的比重，世界上核发电约占全部发电的15%，而我国目前不到2%，这是造成煤在能源中比例一直居高不下的一个原因。应该加快完善电网结构，使新能源能在更大范围内消纳，改变弃风弃水的状况。我国能源结构改革没有终点，是与时俱进不断完善、与社会发展相适应的过程。我们需要的是改革和发展的弄潮儿，不是在改革发展大潮旁指手画脚、纸上谈兵的观潮派。实干兴邦，空谈误国。我们要理直气壮地走中国特色社会主义道路，面对别的国家的体制我们应吸取适合我国国情的部分，但不必妄自菲薄，处处照搬外国的做法。

# 及早建设跨区域特高压输变电线路

发展特高压等大容量、高效率、远距离先进输电技术，形成若干条采用先进特高压技术的跨区域输电通道已经列入国家"十二五"规划纲要；要求尽快建设特高压输电线路是 2010 年全国人代会代表意见较集中的提案，被列为全国人大需重点办理的 11 个提案之一。北非、中东政局动荡，利比亚战局和日本福岛核电危机，再次为我们敲响了能源安全的警钟。同时，原油、煤炭价格快速上涨，通胀压力加大，市场煤和计划电的矛盾依然突出，已经威胁到电力的正常供应。浙江省遭遇七年来最大的电荒，而福岛核电危机又必将影响到核电建设，跨区域电力交换设施建设更加迫切地摆到我们面前。

但有的同志对建设特高压输电线路，特别是有无必要把华北、华中和华东区域电网用特高压交流输电线路联结成"三华"（华北、华中、华东）同步电网持有疑义，意见主要集中在：一是建设特高压同步电网，特别是"三华"同步电网，担心电网规模太大，系统发生严重故障产生连锁反应引发垮网，存在造成大面积停电的安全隐患；二是既然特高压交流输电存在较大争议，能否跨区输电只发展特高压直流输电；三是对特高压输电的经济性存在疑虑，争论输煤好还是输电好。但这些议论大多局限在感性看法上，科学计算论证的定量依据不足。

国家能源委专家咨询委员会认为，各种意见均应以科学计算论证为依据。为此，于 2010 年 4 月 22 日组织电力专业委员会中的电力系统专家、院士和能源技术经济方面的专家，邀请原电力部部长史大桢、副部长陆佑楣、陆延昌等老领导和高等院校的电力系统教授、院士，到中国电力科学研究院（以下简称电科院）进行了学习调研和研讨。

讨论中回顾了我国电网的发展历程。2010 年，我国总发电装机达到 9.62 亿千瓦，是 1978 年的 16.78 倍，装机总量从世界第 21 位跃居到第 2 位；全社会用电量 4.19 万亿千瓦时，比 1978 年增长 16.78 倍。220 千伏以上输电线路达到 44.3 万公里，增长 19.1 倍；变电容量 20.8 亿千伏安，增长 81.6 倍。电力工业无论从量上，还是从质上都发生了巨大变化。随着电网规模的迅速扩大和电压等级的升高，电网稳定破坏事故却日益减少。20 世纪 70 年代电网稳定破坏事故年均 19 次，1981—1987 年减少到年均 6.7 次，1987—1997 年降到年均 2 次，1997 年以来主网没有发生稳定破坏事故，而同期北美、欧洲、日本、巴西都发生过大面积停电事故，中国电网技术已经跻身国际先进水平。

随着计算机科学的发展，大规模仿真模拟计算成为可能。电科院历时 8 年成功研制出世界上第一套可模拟上万节点级大规模电力系统的实时数字仿真装置，达到国际领先水平，于 2010 年荣获国家科技进步一等奖。电科院构建了三种方案开展全国电网安全稳定计算和安全性对比研究，进行仿真模拟故障计算。一是 500 千伏方案：维持现有 500 千伏电压网架，各大区域间以直流输电线路相联。二是"三华"特高压异步方案：华北、华中以 1000 千伏交流相联，形成同步电网；华东电网与华中、华北电网以直流相联，为异步区域电网。三是"三华"特高压同步方案：用 1000 千伏特高压交流将"三华"区域电网联结成"三华"同步电网。

电科院将我国现有的 220 千伏、330 千伏、500 千伏和 750 千伏交流线路和 ±500、±660、±800 千伏直流输电线路，以及拟建设的 1000 千伏交流、±800 千伏直流线路的数据输入仿真系统。方案一共输入支路线 35750 条、母线 11485 个；方案二共输入支路线 35932 条、母线 11547 个；方案三共输入支路线 35921 条、母线 11540 个。涵盖了接入 220 千伏及以上线路的大型水电、火电、风电、核电等各类发电机组。针对三个方案均进行了安全稳定性评估、直流系统发生故障情况比较、多馈入直流受端系统的支撑能力、系统潮流转移能力、应对连锁反应性严重故障能力比较，计算结果如下。

1. 系统安全稳定性评估

500 千伏方案：个别地区交流系统不满足"N—1"要求，华中存在交流系统"N—2"故障导致受端损失大量负荷情况，华东存在交流系统"N—2"故障造成系统崩溃情况。

"三华"特高压同步方案：交流"N—1"故障下系统能保持稳定，部分送端交流线路"N—2"故障下需采取切机措施，不会损失负荷，系统保持稳定运行。

2. 直流系统发生故障情况的比较

500 千伏方案：锡盟、蒙西外送直流单极闭锁需要采取切机措施；双极闭锁故障下，华中电网存在损失大量负荷情况，华东电网会导致 500 千伏线路超过热稳，引发连锁反应，造成大停电事故。

"三华"特高压同步方案：直流单极闭锁，系统均能保持稳定；部分直流双极闭锁，需采取切机措施，不会损失负荷。

3. 多馈入直流受端系统的支撑能力比较

500 千伏方案：多馈入直流受端系统支撑能力弱，电网运行难度大，抵御严重故障能力差，易发生连锁反应，导致电网崩溃。

"三华"特高压同步方案：直流馈入规模合理，受端电网支撑能力强，安全稳定运行难度小，抵御严重故障能力强，电网稳定水平高。

这一计算结果回答了全部采用直流输入华东电网是否合理的问题。直流系统需要交流电网提供支撑，如受端交流系统因故障电压下降，导致换流站从系统吸收无功功率大幅增加，破坏无功平衡。国内外研究表明受端系统直流落点个数越多、落点越集中、直流输电规模越大，系统的电压稳定问题越突出。500千伏方案在线路故障断开后，受端系统对多馈入直流支撑能力下降明显，会发生连锁反应性故障。

4.系统潮流转移能力比较

500千伏方案：川渝与华中主网联系薄弱，特高压直流闭锁后潮流转移带来的热稳定、功角稳定和电压稳定问题突出，川渝相对华中电网呈弱阻尼振荡。如发生直流双极闭锁故障，将导致华东省间联络线超过热稳极限，引发连锁反应，导致系统失稳。

"三华"特高压同步方案：形成"强交强直"混合电网结构，电网能够抵御特高压直流闭锁故障带来的冲击，特高压交流潮流转移能力强，能够承载直流单双极闭锁带来的潮流转移。

5.应对连锁反应性严重故障能力比较

"三华"特高压同步方案：多馈入直流地区电网不会引发交流通道的连锁反应。电科院对方案二，即华东电网与华北、华中电网为异步电网进行了模拟计算分析，结论是，如果采用第二方案，大容量直流集中落点带来的受端系统电压稳定问题严重，存在交流"N—2"故障后造成系统崩溃、大面积停电的情况。"三华"特高压同步方案减少了直流馈入，交直流协调发展，承受严重故障能力强。

通过以上多方案的模拟计算比较，电科院认为随着我国电力装机容量越来越大，而我国资源禀赋又必然要进行跨区电力输送，"三华"特高压同步电网不是优和劣的比选问题，而是电网发展的必然选择，否则不能满足电网的稳定要求。

考察和研讨还对输煤和输电的经济性进行了讨论。大家认为输煤和输电都是能源远距离输送的方式，要因地制宜，相辅相成，互为补充，不存在相互排斥的问题。电力部的老领导认为，远输煤、近输电是 20 世纪 60 年代提出来的，当时各大区电网都未相联，煤很廉价，运输也不像现在这样紧张，运价也低，而输电线路当时只有 220千伏，不适于长距离输电。但现在煤价、运价有了很大提高，输电技术也有了很大进步，500 千伏交直流甚至 ±800 千伏直流、1000 千伏交流已开始运用，远距离送电成为可能，经济性也在提高，所以远输煤、近输电的看法不是一成不变的。

在研讨中，专家们就特高压输电的技术合理性、经济性、社会效益等方面展开了充分讨论，形成了以下意见。

1. 专家们认为电科院的仿真模拟建立在科学计算的基础上，所研究的成果已获得国家科技进步一等奖，是对各类输电技术进行比选的科学手段。

2. 发展特高压经济社会效益明显。福岛核事故对我国核电发展将产生深远影响，东部地区发展更多核电来平衡负荷需求的规划受到影响。东中部地区缺煤、缺电现象将长期存在，跨区域输送电力必须提上议程。目前华东地区每吨标煤价格已超过 1000 元，通过全过程的输煤输电经济性比较，西部地区煤炭就地发电，特高压输送到东中部消费端，电价可以低于当地的平均上网电价，而且东部地区火电分布已很密集，不适于在东部地区再建大规模火力发电，造成更大的输煤压力。西部地区煤炭就地发电对拉动当地经济发展有着明显作用。

3. 我国的水能、风能、太阳能等可再生资源具有规模大、分布集

2012 年 12 月，世界上输送容量最大、送电距离最远、电压等级最高的直流输电工程——四川锦屏—江苏苏南 ±800 千伏特高压直流工程全面完成系统调试和试运行。

中的特点，但所在地区大多负荷需求水平较低，需要走集中开发、规模外送、大范围消纳的发展道路。而且水电、风电、太阳能发电等清洁能源具有周期性、间歇性等特性，采用特高压输电技术，跨区域调剂，在更大电网范围内有利于消纳这些稳定性差的清洁能源。

4. 发展特高压能够有效带动能源装备制造业技术升级和产业发展。目前，我国已有晋东南—荆门，向家坝—上海等多条特高压交直流示范工程投入使用，依托这些工程实践，我国掌握了自主特高压输变电核心技术，特高压输变电设备已具备大规模工业应用的条件，确立了我国在国际电工技术领域的领先地位。巴西甚至俄罗斯、美国也已开始与我国洽商建设特高压输电线路。应支持我国这一少数在国际上占有优势的自主创新技术，不要因过度争议而迟滞或影响这一优势技术的推广。

专家们认为，特高压输电具有输送容量大、远距离输电、损耗低、占地少等优势，技术上可行、安全上可靠、经济社会效益明显，发展特高压是从国情出发、适应发展需求的理性选择。历史经验表明，新技术的出现引发争论有利于深化认识、完善技术方案，充分讨论和民主决策，对推动新事物的发展有着积极意义。发展先进技术是科学发展潮流所趋。专家们建议：

1.应尽快完善晋东南—荆门的1000千伏交流输电示范工程，并筹划好可输电力，发挥其经济效益。

2.尽快开工建设淮南—上海的1000千伏交流输电工程，以两淮煤电基地的电力缓解华东地区的电力供应紧张状况。

3.尽快审批锡林浩特—华东的1000千伏交流输电线路，建设锡林浩特煤电基地，使用锡盟丰富的露天褐煤资源，供应华东电力，华东地区仍应从严控制新上燃煤火电项目。

4.积极推动，将我国特高压输变电技术及装备推向国际市场。

5.经全国人大批准的"十二五"规划已将建设若干条跨区域特高压输电线路的内容纳入，今后不再争议要不要建设特高压输电线路的问题，尽快制定"十二五"电网建设规划。

# 世界规模最大的互联互通
# 大电网是怎样建成的

## 一、从落后弱小破碎的"烂摊子"上起步

新中国的电力事业是从旧中国的落后、弱小、破碎的"烂摊子"上起步的。

1949 年新中国成立时，全国的电力装机容量只有 185 万千瓦，仅相当于现在的两台机组。2015 年全国装机容量达到 15.06 亿千瓦（未包含新疆生产建设兵团、陕西地方电力公司供电区域），是 1949 年的 814 倍。1949 年全国发电量 49 亿千瓦时，2015 年发电量达到 5.55 万亿千瓦时，约是 1949 年的 1133 倍。改革开放前，330 千伏已是电网的最高电压等级。如今，中国已拥有世界上最高电压等级的 ±800 千伏直流输电和 1000 千伏特高压交流输电线路。

1953 年至 1957 年实施的第一个五年计划，电力发展目标是装机容量 205 万千瓦，发电量到期末的 1957 年达到 159 亿千瓦时。这个目标也只相当于今天两台机组的水平。1952 年我国建设的第一台高温高压热电机组是黑龙江富拉尔基热电厂，单机容量只有 2.5 万千瓦，设备由苏联援助。到 1978 年改革开放前，我国电网的最高电压等级

是 1972 年 6 月 6 日建成投产的西北电网龙羊峡—天水—关中的 330 千伏交流输电线路，其余都是 220（110）千伏以下的电网。我国自行设计施工的 220 千伏输电线路是丰满—虎石台—李石寨线路，1954 年 1 月 27 日建成投产，丰满水电站开始向鞍钢供电。

经过一个甲子，几代人坚持不懈奋斗、努力，我国已经建成世界上规模最大的全国互联互通的电网，拥有世界上最高电压等级的 ±800 千伏直流输电和 1000 千伏特高压交流输电线路，并且迄今没有发生过像美东、欧洲电网曾发生过的大面积停电事故。

2015 年，我国发电装机总容量达到 15.06 亿千瓦，居世界第一，拥有世界上最多的单机 100 万千瓦以上的超超临界发电机组。中国的电力事业起步比西方国家晚了 80 年，现在成为名副其实的世界电力大国，这是值得中国人民自豪的骄人业绩，也是中国电力战线上广大职工一代代努力的结果。还特别应该记住李鹏、黄毅诚、曾培炎、姚振炎、史大桢等能源电力的老一代领导及林宗棠、陆燕荪、孙昌基等电力设备领域的领导同志对我国电力发展作出的特殊贡献。

2018 年 4 月，准东至皖南 ±1100 千伏特高压直流输电工程放线施工。

## 二、改革开放使中国电力技术上了新台阶

1978 年我国实施改革开放政策以来，接触到发达国家的电力技术和装备，也看到了我们自己的差距。从 20 世纪 80 年代初期开始，我国引进了大量先进的发电装备和技术，通过消化吸收再创新，我国的电力技术迈上了一个新的台阶。我正是在这个时候进入国家计委工作，在机械电子局负责机械领域的技术引进工作，经手了几乎所有的电力装备的技术引进。我的前任是方万柏同志，机械电子局局长是唐自元同志，他是朱镕基同志的湖南老乡，也是和朱镕基同志同时期在国家计委机械电子局工作的同事。我有机会见证了这一时期的技术引进和国产化工作。

那个时候国家外汇十分短缺，因此每一项引进技术的用汇指标都要经过审批。全部引进技术的外汇指标都集中到国家计委外资司管理。当时外资司负责技术引进外汇的是谢仰安。引进技术的申报和执行都是由电力工业部和机械工业部负责，国家计委负责最后审批。在这一时期，从变压器、高压开关、避雷器、充油电缆到绝缘器材、电缆接头与输变电有关的设备制造技术都引进过。

1981 年通过全套购买国外的设备和技术，我国建成了第一条 500 千伏交流输电线路，从河南平顶山到湖北武昌，以解决武汉钢铁厂一米七轧机的电力稳定问题。

1984 年建成了第一条自行设计、建造的元锦辽海 500 千伏交流输电线路，从元宝山电厂经锦州、辽阳到达海城。这条线路所使用的设备几乎都是我国用引进技术第一批自行生产的装备，因此充油电缆漏油、变压器漏油等质量问题不断。当时平顶山高压开关厂用引进技术生产的六氟化硫断路器还发生过爆炸。

1989 年，中国第一条 ±500 千伏特高压直流输电线路——葛洲坝—上海的葛沪直流建成投入使用。这条线路的装备和技术都是全套购买自 BBC 公司的产品。后来 BBC 公司与阿西亚公司合并，就是现在的 ABB 公司。我国 ±500 千伏和后来的 ±800 千伏特高压直流都是在这个基础上发展起来的。

在电力行业中还有一项重大的技术引进项目，是从美国西屋公司引进 30 万、60 万千瓦发电机组。此前我国自行生产的发电设备最大是 12.5 万千瓦的双水内冷发电机组和 20 万千瓦发电机组。"文革"期间，国家也安排了东方电力设备公司等攻关 30 万千瓦发电设备，但没有生产出来。从西屋公司引进的 30 万千瓦和 60 万千瓦发电机组为我国发电装备的升级换代发挥了重要作用。

说起美国的西屋公司，这是一家对中国电力装备提供过重要技术的公司，当然这家公司现在自身已逐渐衰落。在全国解放前，国民党政府就派出了 200 多人到美国西屋公司实习，这些人中的大部分后来成为我国电力装备行业和电力行业的骨干。这在江泽民同志倡导编写的《中国电机工业发展史——百年回顾与展望》中有介绍。改革开放后，我国又从西屋公司引进了 30 万千瓦和 60 万千瓦发电装备技术。第一个依托工程是山东石横 30 万千瓦电厂和安徽平圩 60 万千瓦电厂。这项技术的引进使我国的发电设备制造技术上了一个新的台阶。现在 AP1000 三代核电技术也是从西屋公司引进的。

20 世纪 80 年代初，为了实现一批重大工程项目装备的国产化，国务院设立国务院重大装备办公室，设在国家经委，由国家经委副主任林宗棠同志担任办公室主任。林宗棠同志当年在一机部沈鸿副部长领导下，是上海重机厂万吨水压机的设计师，他后来当了第一任航空航天部部长。据说最初国务院重大装备办公室是要设在国家计委的，由于时任国家计委主任宋平同志的推辞，建议设在了国家经委，国家计委作为组成成员单位参加工作。我就是以国家计委工作人员的身份参加国务院重大装备办的工作。江泽民、李鹏等同志当时都是国务院重大装备领导小组成员。在最初确定的 12 大成套装备中涉及电力装备的有葛洲坝—上海的 ±500 千伏直流输电线路、500 千伏交流输变电设备、秦山核电站设备、三峡工程设备和 30 万千瓦、60 万千瓦发电设备。

## 三、分步走构建全国互联互通互供的统一大电网

1999 年前，我国电网仍是各区域电网互不相联状态，各管各的。此后陆续完成了东北电网与华北电网、华中电网与西北电网等的互联互通，乃至完成了海南岛与内地的联网、内地向港澳的供电。

到了 1999 年，我担任国家发展计划委员会副主任，分管能源交通基础设施和工业科技等方面的工作，那时我国已经形成东北、西北、华北、华东、南方联营公司电网，但是山东、福建、四川（含重庆）、海南和新疆维吾尔自治区、西藏自治区都是与周边省区互不相联的独立电网。东北、西北、华北、华东、南方联营公司电网以及川渝电网也都互不相联。200 万千瓦以上装机容量的电网系统有 11 个。在地广人稀的新疆维吾尔自治区和西藏自治区，区内又分为若干个小的地方电网。如西藏自治区最初只有拉萨和日喀则相联的藏中电网，林芝、昌都、阿里都是独立的小电网。在新疆维吾尔自治区，有以乌鲁木齐为中心的北疆电网和以库尔勒为中心的南疆电网，奎屯以西的伊犁地区的电网互不相联，一个区内存在若干个独立的小电网。那时候远未形成全国互联互通的统一大电网，各个电网自己管自己的事。

再进一步细看，全国还有那么多的小水电县归水利部门管。有一

年黑龙江有一个军工企业发生群体性事件，朱镕基同志带队去黑龙江处理，我也作为中央代表团成员随团前往。在黑龙江省汇报中特别提到了林区的困难。我才知道林区的电网，电力部门不管，由林业部门管理，也是一个独立的电网，后来林业困难了，无钱对林业电网改造和发展。

汶川大地震发生后，我随回良玉副总理到前线指挥部工作，恢复电力基础设施，才知道阿坝州的电网叫牧业电网，由农业部门管，也不归电力公司管。

最近这两年在争论特高压问题时，反对特高压的人强调分层分级管理的问题。我有时候就纳闷，在我 1999 年分管能源交通基础设施时，电网尚且如此分散、多头，怎么个分层分级管理法？当时的状况是各自独立管。所以我上任后对电网建设的想法是要把这些分散、独立的大大小小的电网建设成在全国范围内能够互联互通互供的统一大电网。但是我不敢确定能否在我任内完成这项任务。我的这一想法和当时国家电力公司想法是一致的，在建立全国互联互通互供的国家大电网中大家互相配合、互相支持。

（一）东北电网与华北电网相联结

首先在 2001 年 5 月建成了辽宁绥中至河北姜家营一回 500 千伏交流线路，使东北电网与华北电网相联，东北电网和华北电网成为一个同步大电网。但两大电网靠一条 500 千伏交流线路相联实在太脆弱，所以后来又断开，在高岭建了 ±500 千伏直流背靠背的换流站，把东北电网和华北电网联结成一个异步电网。绥中电厂扼东北电网和华北电网，位置十分重要。所以后来陈德铭同志调任国家发改委副主任，让他分管能源时，我利用在北戴河开会的机会专门请他到绥中电厂参观了一下，并希望他能关注绥中电厂以及东北电网与华北电网的联网工作。

（二）华中电网与西北电网相联结

灵宝换流站于 2003 年 2 月开工建设，2005 年 4 月 11 日直流系统成功解锁，实现了华中电网与西北电网的联网。2005 年 8 月，灵宝换流站正式投入商业运行。

将华中电网与西北电网相联，是通过河南灵宝到陕西临潼的输电线路联结。西北与华中联网，河南灵宝背靠背换流站扩建工程 2009 年 12 月 14 日正式投入商业运行。

2013 年 11 月又建成了陕西宝鸡到四川德阳的 ±500 千伏直流输电线路，使西北电网与华中电网联结成异步电网，四川水电开始输往西北。

（三）华中电网与南方电网相联结

为了解决向广东送电 1000 万千瓦的问题，2000 年 8 月，根据李鹏委员长提议，建设从三峡到广东的 ±500 千伏直流输电工程（湖北荆州至惠州博罗响水镇）。2004 年 6 月，三峡到广东 ±500 千伏直流投产。华中电网与南方电网成为互联的异步电网。

（四）华中电网与川渝电网相联结

位于四川的二滩水电站在建成之时遇上了亚洲金融危机，受此影响，用电需求处于低潮，二滩的水电不能有效消纳。三峡电站原定的输电方案是由三峡向重庆供电，由于电力疲软，决定三峡电站的电不再输往重庆，而改由消纳二滩的电力。后来经济又恢复了高速增长，用电负荷急剧上升，重庆开始缺电，重庆市市长王鸿举因此找到我，责怪为什么三峡不向重庆供电。此乃此一时，彼一时也。为了有效消纳二滩电力和四川在丰水期的水电，决定建设三万线，从三峡到重庆的万县，建设一条 500 千伏交流输电线路，将川渝电网与华中电网联结成一个新的同步华中电网。

### （五）三峡电力外送

三峡工程位于中国的中部，其一大功能是生产出大量的清洁电力，在当时中国缺电的情况下，这是十分宝贵的资源。三峡周边的省市都抢着要分三峡的电。

最初三峡分电的范围包括向西输往重庆地区，其余的基本上是沿江向华中、华东地区输送，包括湖北、湖南、河南、江西、安徽、江苏、上海、浙江。规划的第一条输往华东电网的是三常线（三峡龙泉至常州）±500千伏直流线路。此外还有三沪线（湖北宜昌至上海青浦华新镇）等。后来根据形势变化，在2000年8月北戴河会议决定，建设三广线，从湖北荆门至广东惠州博罗县。

但是三峡工程建成的时候恰逢用电低谷时期，许多省市表示难以接受三峡的电力。重庆过去说，重庆为三峡移民作出了牺牲，应该分三峡的电。后来又说重庆为三峡移民作出了巨大的贡献，不能接受三

长江三峡水利枢纽。

峡的电。再后来重庆地区主要消纳四川二滩电站的水电。但是后来用电又紧张了，特别是在枯水期缺电，重庆就责怪三峡为什么不给重庆供电。

河南说自己是以火电为主，不需要三峡的电。江西说自己是一个农业小省，不需要多少电。安徽也说自己是农业省，而且有两淮煤矿，也不需要三峡的电。只有江苏、上海、浙江始终表示接受三峡的电。为此我让国家发改委基础产业司由王骏牵头，成立三峡分电小组，将三峡电力分年分配到各省市。三峡工程建成后国家组成三峡工程验收委员会，分成两部分验收：一部分是三峡枢纽工程，另一部分是三峡输电工程。国家三峡输电工程验收组由时任发改委主任马凯任组长，我当时是负责能源的副主任，任副组长。经过一年多专家们的辛勤工作，完成了三峡输电工程的国家验收。

在供电紧张的时期，湖北省代表团曾有人质疑为什么要把三峡的电力远送到华东地区，为什么不能留在湖北发展湖北经济，但是他们不知道，三峡发的电在丰水期和枯水期相差悬殊。在丰水期可以发到近2000万千瓦，而在枯水期仅有550万千瓦左右。要解决这一丰枯期的巨大缺口，必须在湖北建设1000万千瓦以上的火力发电来平衡，但在丰水期时这1000万千瓦的火电又将停发，这是非常不经济的，只有互联互通互供才是解决问题的正确之道。

（六）西电东送，南方电网的形成

南方电网形成之前叫南方联营公司。广东省的电力资产主要是广东省的地方资产，不属于国家电力公司。由于广东省经济的快速发展，缺电非常严重，成为常态。广东电力此前就在天生桥一级、二级电站投资，获得一定份额电力，并正在建设天生桥到广州的±500千伏直流输电线路。2000年8月北戴河会议中央决定实施西电东送工程，在"十五"期间由云南、贵州向广东送电1000万千瓦。大规模的南通道西电东送工程就此展开。经过"五大战役",提前完成了向广东送电1000万千瓦的任务。"五大战役"全部完成后,南方电网公司西电送广东总的通道输送能力达到1088万千瓦。截至2004年9月,"五大战役"所有电网项目圆满完成,比原计划提前了15个月。在电力体制改革中南方电网就此形成。

(七)华北电网与华中电网相联结,形成两华同步电网

国家电网公司提出从山西的晋东南建设一条1000千伏特高压交流输电线路到湖北荆门,使华北电网和华中电网联结成一个同步大电网,进而再形成华北、华中、华东的"三华"同步电网。这样做的一个好处是可以在枯水期将华北的火电送往华中,而在丰水期可将在华中地区三峡、四川等水电站的水电送往华北。但是建设1000千伏特高压交流输电工程引起了争议。有一部分人反对建设晋东南至湖北荆门的1000千伏特高压交流输电工程,反对形成"三华"同步电网。但是经过反复论证,国家发改委还是报经国务院同意,批准建设了从晋东南至湖北荆门的1000千伏特高压交流输电线路。目前华北电网和华中电网已经形成一个同步大电网,但是仅靠一条1000千伏特高压将华北电网与华中电网相联仍显不够坚强。

(八)建设青藏联网工程

从青海格尔木建设一条±400千伏的直流输电线路到西藏拉萨。从此,西藏电网与西北电网相联,不再是孤网。

青藏联网工程是经过反复论证和思考的。因工作关系我多次到过西藏,第一次去是为了西藏满拉水电站,当时是由武警水电部队施工,出现了一些问题。刘源同志当时是武警水电部队政委。由于西藏的特殊地理环境,西藏始终保持了一个清洁能源电力市场,没有燃煤火电站,仅有少数应急的燃油机组。在建设青藏铁路时,我曾考虑过青藏铁路建成后有条件通过铁路将煤炭从西北运到西藏,是不是可以

在那曲建一个燃煤火电站？但是考虑再三，还是宜保持西藏清洁能源电力为妥。此外，西藏高原空气稀薄，火力发电厂出力受到影响，在那曲建燃煤火电厂的想法也就放弃了。

但是由于水力发电的丰枯季节差，西藏以水电为主，丰水期没有问题，枯水期严重缺电。我们曾动员华润电力将在广东建设的燃油燃气机组拆往西藏，支援西藏的电力建设。但是燃油电站发电成本极高，每年用于西藏的电力补贴数额很大，甚至当时西藏自治区发改委分管电力的副主任李本珍曾提议由西藏在安徽等地投资电厂，收益作为对西藏电力的补贴。

随着青藏铁路的建成，西藏的经济社会发展加速，电力短缺的问题比较严重，特别是在枯水期显得尤为突出。经过反复论证，为一劳永逸解决西藏的供电问题，还是应当建设青藏联网工程。在枯水期由西北电网向西藏供电；在丰水期，如果今后水电在西藏进一步发展，有富余电力可以向西北供电。但是青藏联网工程受到了一些未曾到过西藏的专家的质疑。他们认为青藏联网代价太高，主张在西藏建设燃油机组，没有必要建设青藏联网工程。他们上书给国务院领导，国务院领导又批转我们论证。我请国家能源局电力司邀请反对者到西藏实地考察，但是电力司反映该同志年事过高，不宜到西藏考察。最后我们与国家电网公司协商，还是下决心建设青藏联网工程。国家电网公司董事长刘振亚同志对建设青藏联网工程非常支持。从长远考虑，国网公司建议建设 ±500 千伏输变电线路。

可是一个新的问题发生了。国家能源局电力司司长听了一些人的意见，认为建设 ±500 千伏容量太大，没有必要，建议降低电压等级，用 ±400 千伏直流输电。当时我还纳闷，±500 千伏不是一个标准的电压等级吗？为什么要搞一个新的电压等级出来呢？那个司长对我说，直流输电没有什么标准电压等级，多少千伏都可以。估计他

建设中的青藏联网工程。

也是听一些专家讲的。这样国家能源局和国网公司在建设什么样的电压等级的问题上产生了意见分歧，又僵持了一段时间。最后我与刘振亚同志协商，他说为了尽快建设青藏联网工程，国网公司让步，就按能源局意见建设 ±400 千伏直流输电线路。青藏联网工程经过 5 年的论证才这样在争议声中落地了。

2010 年 7 月 29 日，我们在西藏和青海格尔木两地同时举行了隆重的青藏联网开工仪式。国家发改委主任张平同志和国家电网公司董事长刘振亚同志在格尔木参加了开工典礼。中共中央政治局常委、国务院副总理李克强发来贺电。西藏自治区党委书记张庆黎和我，以及国网公司舒印彪总经理在西藏出席了开工典礼。

（九）将新疆电网与西北电网相联结

早在电力体制改革前，国家电网公司尚未成立，国家电力公司科技司长张晓鲁是我研究生时的同学，向我汇报要将西北电网的 330 千伏高压升级为 750 千伏高压输电。我曾质疑电压等级是不是太高了？但是鉴于西北已有 330 千伏输电线路，建设 500 千伏或 1000 千伏输电线路都不太妥当，只好同意将西北电网升级改造为 750 千伏高压输电网。2010 年 7 月 22 日建成了乌吐哈 750 千伏输电工程，年底完成了哈密至甘肃永登 750 千伏输电线路，实现西北电网与新疆电网相联。

（十）西藏自治区内部电网相联结

西藏电网最初是从拉萨和日喀则这两个西藏最重要城市发展起来的。1950 年西藏和平解放以后，中央政府最初是从重庆电力部门抽调人员帮助西藏进行电力建设。拉萨、日喀则地区逐渐联结成藏中电网，山南地区也联结进藏中电网。我去西藏时，林芝地区、昌都地区和阿里地区由于距离太远，都是独立的小电网。后来利用农网改造的机会，将拉萨和林芝电网联在一起，形成了拉萨、日喀则、山南、林芝地区这几个西藏最重要的人口和经济集中地的藏中电网。但是由于昌都地区和阿里地区距离遥远，仍然是独立的小电网。

张国宝在西藏林芝老虎嘴水电站向马凯主任介绍西藏电力规划。

（十一）新疆维吾尔自治区内的电力联网

首先是将乌鲁木齐地区和南疆库尔勒地区联结成一个电网，伊犁地区的电网仍然是独立的。后来通过修建恰甫其海水利枢纽工程和吉林台水电站，从奎屯修建输电线路到伊犁地区，形成了全疆互联互通的统一电网。

（十二）海南岛与内地的联网

海南岛原是一个孤岛电网，与广东并不相联。电力体制改革组建南方电网，南方电网覆盖的范围是贵州、云南、广西、广东和海南。后来时任海南省委书记汪啸风同志给曾培炎同志打电话说，我们海南岛是一个独立的电网，进入南方电网没有实质性的意义，除非将海南岛和广东电网联结起来，才能真正融入南方电网。曾培炎同志答应南方电网组建后将建设从湛江到海南海口的海底电缆，将海南与南方电网实现物理相联。南方电网成立后兑现承诺，虽然造价较高，仍然建设了广东到海南的 500 千伏海底输电线路，目前容量并不算很大，只有 60 万千瓦，但是海南电网与南方电网的相联，自此除台湾岛外全国各省份形成互联互通的统一大电网。2015 年 7 月 23 日，南方电网主网与海南电网第二回 500 千伏跨海交流联网工程项目获国家发改委正式核准批复。联网二回工程建成后，联网输送能力将达到 120 万千瓦，解决海南电网"大机小网"问题，将有利于提高昌江核电机组运行安全经济性以及海南电网安全可靠运行能力。

（十三）山东、福建等省独立电网联结融入大电网

由于山东经济发展快，电力不足，在山西建设的王曲电站向山东点对网供电，后来建设宁夏宁东至山东青岛 ±660 千伏直流输电线路，山东电网已经融入华北电网。福建省与浙江省电网相联，融入华东电网。

（十四）金沙江水电基地电力输送

金沙江发源于青藏高原，流入云南省，在云南省境内称金沙江中游，金沙江下游是云南省和四川省的界河。在金沙江下游规划有向家坝、溪洛渡、白鹤滩和乌东德 4 个大型水电站，装机容量总和接近于两个三峡，是我国重要的水电基地。金沙江水电开发规划时，电力体制尚未改革，统一由水电部管。但是在金沙江水电基地开始建设时已

经形成了国家电网公司和南方电网公司两家电网公司。国家电网公司希望金沙江下游的水电能够全部由国家电网公司区域内消纳，而云南省和南方电网公司认为，云南省电力已划入南方电网，金沙江云南省一侧的发电机组的电力应向云南省、南方电网输送。我说服了刘振亚同志，就按照这个方案，金沙江右岸机组通过建设向上（向家坝至上海奉贤）直流送往华东地区；金沙江左岸电力则由南方电网送往广东地区。向上直流是我国建设的第一条 ±800 千伏特高压直流输电线路。后来巴西建设美丽山水电站，电力输往里约热内卢地区。美丽山水电站的装机容量、输电距离和向上直流非常接近。我邀请巴西能源部长参观访问向上直流，陪同他参观了上海奉贤变电站，引起了巴西能源部长的兴趣，问了很多问题。以后经过多次考察，确定采用中国的 ±800 千伏特高压直流输变电技术，在后来的招标中，国网公司经过不懈的努力，赢得了投资建设巴西美丽山水电站至里约热内卢 ±800 千伏特高压直流输电线路项目。

（十五）内地向港澳的供电

早在大亚湾核电站建设时，香港的中华电力就是主要股东之一，大亚湾核电站的电力有相当一部分要送往香港。大亚湾核电站的建成实现了向香港的供电。但是香港仍有 600 万千瓦左右的燃煤电厂。香港地区面积狭小，燃煤电厂不仅有排放问题，而且堆煤场和固体废物也将占据一定的面积，而香港的土地资源十分宝贵。当时，邱腾华先生是香港环境局局长。他们的环保意识很强，有计划要淘汰香港的燃煤电厂。邱腾华先生多次找过我，希望能增加从内地购电，逐渐淘汰香港的燃煤电厂。经请示中央，中央政府希望香港特区能保持繁荣稳定，对香港方面提出的要求尽可能予以满足。与我工作有关的，一是香港担心来自海南莺歌海海底管道的天然气供应会逐步减少，希望能通过西气东输管道延伸建设由深圳到香港的天然气管道，每年向香港供气 10 亿立方米；第二个要求就是向香港供电问题。当时成立了内地与港澳基础设施建设联络小组，内地方面由我负责。2008 年 8 月 28 日，我受中央政府委托与香港特区行政长官在香港共同签署了关于供气供电问题的谅解备忘录，内容是向香港 20 年供气和供电。

我同时还拜访了中华电力，中华电力主要是负责九龙半岛的供电；还拜访了李嘉诚旗下的港灯公司，港灯向香港本岛供电。之前只有中华电力投资了大亚湾核电站，从内地购电，这次港灯也表示有兴趣研究从内地购电。考虑到香港投资者的利益，同时也考虑现有大亚湾和岭澳的模式，我还口头答应可以在粤东地区寻找一个核电厂址，初步定在汕头的汕尾地区，欢迎香港方面采取类似于大亚湾投资的方式共同投资建设向香港供电的核电站。

开始的时候，香港方面是非常积极的，认为核电是清洁能源。之所以没有提在大亚湾再建核电机组向香港供电，是因为这个地区已有 6 台百万千瓦级核电机组。但不幸的是，2011 年初发生了日本福岛核事故，居民恐核情绪上升，香港特区政府担心香港居民的接受程度，对从内地购买核电开始讳莫如深起来，不再像过去那样积极。但是香港并未放弃从南方电网购电的想法，成本也比在香港发电便宜。

澳门方面主要是燃油发电机组，而且装机容量比香港小得多，他们对从内地购电一直持积极态度，在当时高油价情况下曾表示可以考虑放弃所有燃油发电，全部改由从内地购电。

（十六）大陆与台湾的联网问题

台湾缺少能源资源，台湾发电主要靠燃油、燃气、燃煤，同时现有三个核电站，台湾的四核问题因为两党政治争端而搁浅。台湾现有三个核电站产生的核废料虽然数量很少，存放于一个叫兰屿的小岛，设计储量已经快储满，但是因为台湾没有核废料处理设施，也一直在寻找解决方案。台湾岛内反对建核电站的声音还是很大的。其实，解决台湾岛的供电问题从技术层面看并不复杂。从福建平潭到台湾新竹海上距离仅 140 公里左右，比海南岛的海底电缆长不了太多，所以从大陆通过海底电缆向台湾岛内供电是完全可以实现的。现在的问题不是技术问题，而是政治问题。只要台湾方面有意愿，这是不难做到的。

## 四、全国联网尚留遗憾

所幸的是，在我 2011 年初从能源局局长岗位上退下的时候，实现了全国大陆电网的互联互通，但是也留下了一些遗憾。

一是作为沿海两个经济发达的省份，福建和广东没有能够实现联网。当初为了解决广东的供电问题，我曾提出过福建电网与广东电网相联的问题，但是后来由于电力体制改革，形成了国家电网公司和南方电网公司，福建电力归属国家电网公司，广东电力归属南方电网公司。这样两省的电网相联问题就被搁置起来。从省的态度看，福建省是较为积极的，广东省积极性不高。其实国网、南方电网公司都是央企，只要政府下决心，实现福建和广东的联网并不是一件很难的事。

二是现在其他区域电网之间都实现了电力互供，但唯有华北和华东电网之间尚未有高电压输电相联，未能实现跨区供电。原因是国网公司提出的建设"三华"电网的设想遭到一些人的反对，实际上最后剩下的也就是从华北到华东的输变电线路的建设了。虽然我力主积极推动，但是国家能源局电力司的个别人采取暧昧态度，一直未办理。上届政府领导面对不停地收到不同意见的来信，始终没有一个明确的态度，所以一次次被搁置起来。虽然后来把皮球踢到中国国际工程咨询公司，中国国际工程咨询公司组织的专家评审中多数专家还是赞成建设华北到华东的特高压交流输电线路，但是中咨公司内部意见却无法统一，最后只能采取和稀泥的办法，建设一条从锡林浩特到山东泰安的 1000 千伏交流输电线路，就是不建到近在咫尺而又需要电的华东南京，这样做就是为了避开形成"三华"电网。同时同意建设一条从锡林浩特到华东的 ±800 千伏直流输电线路，这样处置的目的仍然是为了避开形成"三华"同步电网的问题。这个问题只能留待后人去解决，但是我想就和宁西铁路一样，早晚是会解决的。目前各大区电网唯有华北电网与华东电网未实现相联和互供，这是很大的遗憾。

回首我国的电网发展历程，我感慨万千。现在在辽阔的国土上，从世界屋脊的青藏高原到南海之滨的海南岛都由一个互联互通的电网覆盖了，这真是一个伟大的世纪工程。如果你现在到西藏，在夜晚，拉萨的八廓街灯火通明，和内地的大城市没有什么两样。再到国外看到一些发达国家的老旧电网，真为我们国家的建设成就而自豪。

# 三、交通运输篇

# 世上无难事，只要肯登攀[*]

## ——记建设青藏铁路的伟大决策

举世瞩目的青藏铁路 2006 年 7 月 1 日已全线建成通车。其中，一期工程西宁至格尔木段 814 公里，1984 年建成运营。二期工程格尔木至拉萨段全长 1142 公里。青藏铁路作为世界上海拔最高、线路最长、穿越冻土里程最长的高原铁路，是世界铁路建设史上最具挑战性的工程项目，它结束了西藏自治区没有铁路的历史。

被称为世界屋脊的青藏高原，昆仑山、唐古拉山、念青唐古拉山绵亘，地质构造复杂，平均海拔 4000 米以上，空气稀薄，加上大面积的冻土层，频繁爆发的地质灾害，被认为是工程禁域。因为技术和经济上的巨大困难，青藏铁路的建设，从最初设想到决策上马，再到全线建成经历了一个漫长的岁月。

中国民主革命先行者孙中山在《建国方略》中描绘中国发展蓝图时，曾专门提到要修建青藏铁路，把青藏铁路和三峡工程相提并论。

新中国成立后，解决通往西藏的交通问题在 1950 年和平解放西藏时就是我军面临的一大问题。当时解放军以 18 军为主力，从西康、云南、青海、新疆四省区多路向西藏进军，遇到的一个最大问题就是

---

[*] 本文原载《中共党史资料》2006 年第 3 期。

291

后勤保障问题，部队需要的武器弹药、粮食给养的运输遇到很大困难。我在分管国防建设工作时听过总后勤部关于西藏边防道路建设的汇报，听他们讲，在1950年进军西藏时曾发生过由于粮食给养供应不上导致一排军人冻饿致死的事件。

按20世纪50年代初我国的国力和技术水平，没有能力建设进藏铁路，先后建设了康（川）藏、青藏公路，成为进藏的主要通道。当时康（川）藏公路工程建设极为艰苦，11万战士民工苦战5年，费用惊人，伤亡巨大。"二呀么二郎山，哪怕你高万丈，解放军铁打的汉，誓把公路修到那西藏"成为当时广为传唱、富有时代特色的歌曲。

青藏公路的建设比康（川）藏公路建设更曲折，更富有传奇色彩。时任中共西藏工委组织部长兼运输总队政治委员的慕生忠将军，是一位富有传奇色彩的红军老战士、置生死于度外的革命家。1953年，他率领的后勤保障部队进军到格尔木。这里是昆仑山上雪水流下来形成的水泡子，芦苇丛生，他遂令部队驻屯下来，然后继续向昆仑山方向探路。据记载，当时部队动员了2.8万峰骆驼运送进藏物资，经过极为艰苦的行军，到达拉萨，摸索出了现在青藏公路的走向。后经过再次派部队蹚路确认，1954年在周恩来总理批准和彭德怀的支持下，慕生忠率队修成了青藏公路，比康（川）藏公路还早建成了10天。青藏公路的走向，也是现在青藏铁路的走向。因此，今天青藏铁路建成，慕生忠将军仍然功不可没。

1958年，主要从军事上和政治上考虑，经党中央、国务院批准，铁道兵部队开始修建青藏铁路。勘测工作是1957年夏由铁道部兰州第一勘探设计院庄心丹带领的一个小分队进行的。根据记载，他们当时所走的线路是德令哈—泉吉—格尔木—昆仑山—风火山—沱沱河—雁石坪—唐古拉—安多—那曲，再沿着当雄草原，直抵拉萨，都是紧贴着青藏公路一侧的山野，一个木桩一个木桩连成一线，在翻越唐古拉山之后，铁路勘测线与公路分离，转而进入万里羌塘无人区。遗憾的是，在那个年代的特殊经济条件下，青藏铁路修建很快因压缩基建以及西藏局势不稳定而停工。

1974 年，青藏铁路二次上马。直接原因是 1973 年毛泽东与尼泊尔国王比兰德拉的会晤。在会谈中，为声援尼泊尔，抗衡印度，毛泽东谈到可修一条进藏的铁路，跨越喜马拉雅山。20 多天后，国家建委召开了关于高原、冻土和盐湖的科研会议，随后将上马青藏铁路的报告呈报国务院。1974 年初，铁十师和铁七师上到德令哈，打开了封闭多年的德令哈到关角的隧道。但第二次上马在经历了 3 年的建设期之后波澜又起，遇到了许多工程难题，而且在路线上发生了滇藏与青藏之争。1977 年，铁道兵党委和铁道部党组联名向中央递交文件，提出《关于缓建青藏铁路格尔木至拉萨段、修建昆明至拉萨铁路的请示报告》，1978 年，又提出《关于进藏铁路的请示报告》。这两个报告历数了修建青藏铁路的困难，而以滇藏"列车通过的地方人烟较多，气候较好，大部分公路可通，施工运营条件比较有利"等原因，建议"舍青藏，改修滇藏"。当时主持中央工作的邓小平同志批准了停建申请，开始探索从云南方向进藏的滇藏铁路方案。但滇藏线立项不久，又因为国力不济，国库里没有那么多钱，以及技术上的原因而很快被搁置终结了。这样，历时 21 年，直到 1979 年，青藏铁路才建成了从西宁到格尔木段，作为青藏铁路一期工程，1984 年开始运营。我在考察青藏铁路时曾沿这段铁路看到了我国海拔最高的关角隧道和穿越盐湖的万丈盐桥，并曾听介绍说当时修建关角隧道遭遇到极大困难，铁十师死亡超过 50 人。以当时的国力财力，在没有解决冻土问题的情况下，停止修建青藏铁路是明智之举。不过，这次在风火山上建立了冻土永久性观测站，为后来解决这一问题立下了汗马功劳。

到 20 世纪末，我国综合国力大大增强，工程技术水平也有了很大提高，青藏铁路二期工程建设时机趋向成熟。1994 年第三次西藏工作会议召开后，恢复进藏铁路建设的呼声高涨，铁路建设的前期准备工作也加紧进行。

2000 年 11 月，铁道部长傅志寰给江泽民总书记写信，建议恢复建设进藏铁路，并仍推荐从格尔木进藏的青藏线方案。2000 年 11 月 10 日晚 11 时，江泽民总书记在傅志寰部长的报告上作了长篇批示："镕基、锦涛、邦国、家宝同志：看到傅志寰同志转来的一份关于修建进藏铁路有关情况的材料，引起我的深思。这次讨论'十五'计划时，我们也谈起这个问题。我到中央工作以后，一直在议论这个问题。但过去我对修建这条铁路的综合考虑不够，从经济性方面分析比较多。现在看来，修建进藏铁路，从政治、军事上看是十分必要的，从发展旅游，促进西藏地区与内地的经济文化交流看也是非常有利的。建成后运行初期可能要给一些补贴，但从长远观点看拿出这些钱来是完全值得的。总之，无论从经济发展、政治稳定和国防安全，还是从促进民族团结，更有力地打击达赖集团的民族分裂主义活动考虑，我们都应该下决心尽快开工修建进藏铁路。这是我们进入新世纪应该作出的一个重大决策，一个政治决策，要抓紧考虑。从铁道部报来的材料分析，综合比较下来，第一个方案（指青海格尔木至西藏拉萨段铁路建设方案——作者注）比较有利，投资少，工期短，线路不长，且较为平坦。当然对该方案尚存在的一些问题还要进一步做好研究，尤其要加强对冻土地区的工程地质应用性勘探、研究和试验。对青藏高原铁路的运输、管理、维修模式也应该事先有比较完善的预案。明年要召开第四次西藏工作会议，届时应正式宣布修建进藏铁路，必将对包括西藏广大干部群众在内的全国各族人民带来很大的鼓舞。建议国务院抓紧认真研究一下，总的意向定下来后，责成计委、铁道部尽快完成可行性研究，以便党中央、国务院及时讨论并作出这个战略决策。"朱镕基总理 11 月 11 日即作出批示："请国务院领导同志阅，并送各有关部门领导。请培炎同志负责，会同铁道部、中国国际工程咨询公司，抓紧论证，提出方案报国务院。"

虽然党中央、国务院领导作了明确批示，但建设这样一条难度极大的高原铁路，投资必定很大，技术上是否可行还需要以科学的态度进行论证。时任国家计委主任曾培炎同志即指示我（当时我是负责铁路工作的副主任）迅速行动，论证建设进藏铁路的可行性问题。

2000 年 12 月 14 日，曾培炎同志在北京铁道大厦召开了第一次青藏铁路项目立项报告汇报会。会议由我主持，主要听取铁道部兰州第一勘察设计院冉理总工程师的汇报。该院一直在研究进藏铁路问题，1979 年停建后仍然没有停止工作，先后比选了青藏、甘藏、川藏、滇藏多个入藏方案，但川藏、滇藏方案地形险峻，建筑难度更大，桥涵更多，滇藏线还有一段是地质状况不明的无人区。青藏线虽然穿越青藏高原，但很多路段地势平坦，隧道很少，最大的问题是冻土带。很多人可能不知道，冻土带如果在常温融化状况下，实际上是沼泽烂泥地，有的地方土只占 30%，水占 70%，冻土层最厚的地方达 500 米，只是在高寒状态下常年处于冻结状态。如果温度升高，或地层受到扰动，冻土融化，则铁路建设和运行将难以进行。为了攻克冻土难关，中科院兰州冻土研究所开展了长期的科研工作。铁道部第一勘探设计研究院在海拔 4900 米高的风火山建了一段试验线路，进行了长达 20 多年的观察。会议统一了思想，多种入藏方案比较仍首推从格尔木方向入藏的青藏线。这条线路只有在昆仑山越岭地段和快到拉萨的羊八井有一组隧道群，在进入拉萨时有一个柳梧隧道。后来在拉萨的青藏铁路开工典礼就是在这个隧道口进行的。但这些隧道都不长，除海拔高外，建设难度不大。会议还就投资估算、运量预测、高原卫生保障、环境保护、通电、道路等事项进行了研究。

2001年2月7日，国务院召开第93次总理办公会，审议青藏铁路项目建议书，由我代表国家计委进行汇报。根据铁道部长期论证的意见，并综合各个方面的利弊因素，我们建议确定从格尔木翻越昆仑山、唐古拉山、念青唐古拉山的进藏铁路路线。由于这条路径桥隧不多，静态投资概算估计194亿元，比想象的要少，按我国已有的国力，完全有能力建设青藏铁路。为了让国务院领导对青藏铁路沿线的地形地貌有个直观的了解，我们准备了12分钟的多媒体动画，模拟青藏铁路全线的状况，并配以"走进西藏"乐曲，使汇报不至于枯燥。国务院一致同意青藏铁路项目立项，并成立青藏铁路建设领导小组，由曾培炎同志任组长，成员包括国家计委、铁道部、交通部、国土资源部、环保总局、卫生部、国家电网公司、中科院等单位。青藏铁路的各项准备工作从此正式启动，以铁道部兰州第一勘察设计研究院为主的上千名工程技术人员进入青藏铁路沿线加快勘探设计。

2001年6月，青藏铁路二期工程建设的各项准备工作已经就绪，计划在7月1日开工。6月3日，由铁道部长傅志寰和我带队，从西宁出发沿青藏铁路全线做最后一次检查。从西宁到格尔木的既有铁路受当时筑路条件的限制，标准不高，车速缓慢，当时我们就议定，随着青藏铁路建设，必须相应改造这段铁路。到达格尔木后，确定青藏铁路开工仪式地点。当时有两种方案：一是在格尔木火车站举行；二是在格尔木南山口现有铁路终端，也就是青藏铁路的真正起点举行开工典礼。南山口海拔3080米，风大，前方是巍巍昆仑。大家都赞成第二种方案。6月3日凌晨4点，我们组织了40辆吉普向拉萨进发。从南山口向昆仑山，一路沿昆仑河（也称格尔木河）谷上行，约90公里，到达了海拔4776米的昆仑山越岭山口。此时虽是6月，雪花飘飘，寒风朔朔，经幡摇动，从此开始了长达960公里海拔在4000米以上的征程，也进入了从昆仑山到安多的长达550公里的冻土地带。我们一路沿青藏公路前行，公路两侧是星星点点的大小水泡子。这些都是当年建筑青藏公路时取土形成的凹坑。由于受到扰动，冻土出现融化，并逐渐扩大，形成了一个个大大小小的冻融湖。因此，建筑青藏铁路必须吸取这一教训，形成了避免在铁路两侧取土，选线尽量靠山的高处，并以桥代路的筑路原则。过了昆仑山后大约有一两个小时的路程，两侧似乎是一马平川的大平原，看不到有山峦起伏，除冻土因素外，筑路条件如同平原。车到不冻泉、五道梁，走在青藏公路上虽都是柏油路面，但路面凸凹不平，如同搓板，时而穹起，时而凹陷，这就是冻害。同时青藏公路上的桥涵承重力极差，今后经不起重达40—50吨的铁路桥梁运输，因此下决心必须对现有青藏公路进行整治，保障铁路建设运输。在昆仑山到唐古拉山的一路上我们经历了暴雨、雪花和艳阳高照的灿烂晴天，真可谓"一山看四景，百里不同天"。此行一路，跨过楚玛尔河、长江源头沱沱河、通天河、可可西里无人区。沱沱河川流纵横，冰雪覆盖，这里有江泽民总书记题词的"长江源"石碑。到达唐古拉山，也是青藏铁路的制高点，海拔5072米。这一段铁路将离开公路沿线，绕行100多公里，是青藏线建设的最艰难的路段。到达安多，进入西藏境内，也进入了羌塘草原，这里海拔依然在4000米以上，是著名的藏北草原，牛羊星星点点出没于草原上，蓝天白云，一片诗情画意。过了安多，冻土带也结束了，筑路不存在什么困难。铁路再次离开青藏公路，经过被称为圣湖的措那湖。过了那曲——我执意不在那曲住宿，因这里海拔仍在4500米以上，很多人夜里有高原反应，车队在黑暗中到达羊八井隧道群，只能点起篝火，观看隧道位置，这里离拉萨只有90多公里了。

第二天，我们开始考察进入拉萨市的铁路线路和拉萨火车站站址。拉萨火车站选在布达拉宫的背面，隔拉萨河与布达拉宫隔河相

2001 年 6 月，张国宝在长江源头沱沱河考察。

望，风景煞是壮丽。在拉萨河上筑起的铁路桥今天已是拉萨市的一景。拉萨火车站站址是拉萨河边难得的一片平地，当时还种着庄稼，6 月正值麦苗儿青、菜花儿黄的季节，一片田园风光。在进入拉萨的线路上，铁道部与西藏自治区政府产生了分歧，所以考察的重点是确定进入拉萨的线路。我们经考察后建议，最后在西藏自治区党委书记郭金龙同志的拍板下，还是采用了铁道部的方案，这也考虑了今后铁路向日喀则方向延伸时线路比较平顺。进入拉萨火车站前最后一座隧道叫柳梧隧道，这里成了青藏铁路在拉萨开工典礼的所在地。

2001 年 6 月 29 日，举世瞩目的青藏铁路二期工程开工典礼终于在格尔木南山口和拉萨两地同时举行，我随时任国务院副总理吴邦国同志参加了拉萨的开工典礼。

五年过去了，为解决青藏铁路二期工程建设面临的世界性三大难

2001 年 6 月 29 日，青藏铁路开工典礼在青海省格尔木市和西藏自治区首府拉萨市同时举行。张国宝（二排右一）陪同吴邦国副总理在拉萨会场出席开工典礼。

题，即多年冻土、生态环保、高寒缺氧的问题，各部门通力合作，做了大量的工作。

针对冻土问题，中国科学家采取了在施工中采用片石通风路基、片石护道、通风管路基、铺设保温板和热管等多项对提高冻土路基稳定性有明显效果的工程措施。在清水河等含冰量非常高的冻土地区，施工单位还实施了以桥代路工程，将桥基修在地下一百多米深的永久冻土层上，地面上则架起了长达数公里乃至最长近 12 公里的大桥作为铁路路基。

为保护沿线生态环境，青藏铁路在中国国内第一次使用了全线环保监理制度。对于穿越可可西里等自然保护区的铁路线，在工程设计中尽可能地采取了绕避的方案。同时，根据沿线野生动物的生活习性、迁徙规律等，青藏铁路还在格尔木至唐古拉山一带设置了 25 条野生动物通道，并适当调整施工及取土的地点和时间，以保障野生动

299

物的正常生活、迁徙和繁衍。

为了解决施工人员高原缺氧的问题，青藏铁路各参建单位采取了多种手段，包括配发氧气袋、氧气瓶，建立制氧站，配置高压氧舱等等。此外，为配合青藏铁路建设，我们还做了大量的配套工作，包括整修青藏公路，从青海、西藏两侧架通输电线路等等。

为保证青藏铁路的正常建设、运营，国家在财政上也给了青藏铁路特殊优惠政策。青藏铁路的工程投资约为330亿元，其中有75%是国家财政预算内资金，其余25%是铁路建设基金，没有向银行贷款一分钱。国家还规定，在青藏铁路建设、运营期间，免征各项税费，免缴铁路建设基金，并且可以实行特殊运价。

青藏铁路建设期间，中央领导同志一直非常关注。胡锦涛总书记

2001年6月，青藏铁路建设工作会议在拉萨召开。正面左起：西藏自治区常务副主席徐明阳，西藏自治区党委书记郭金龙，铁道部部长傅志寰，国家发展计划委员会副主任张国宝，西藏自治区党委副书记热地，拉萨市委书记向巴平措。

曾就施工人员的身体健康问题，专门作过一个批示，强调青藏铁路建设要以人为本，要给施工人员增加营养，但不要直接发钱，而是要切实提高伙食标准，让他们真正吃到嘴里。

现在雄伟的青藏铁路已横亘于青藏高原，几代人的夙愿已化为宏伟现实，千千万万筑路大军顶风冒雪奋战于高原之上，创造了工程奇迹和人间伟业。我不禁要感慨高吟毛主席豪迈的诗句："世上无难事，只要肯登攀。"

# 上海洋山深水港建设论证和决策 <sup>*</sup>

上海是中国最大的工商业城市，也是中国最大的港口城市，在中国经济中发挥着重要的作用。上海开埠仅 150 多年的历史，最初的上海对外贸易港口都是沿黄浦江、苏州河的河浜形成的。例如大家所说的洋泾浜英语，实际上洋泾浜就是一个小内河码头的名字，在那里中国最初的买办用蹩脚的英语进行国际贸易，所以有了洋泾浜英语的称谓。别小看这些只会说蹩脚英语的买办，他们成了上海最初的银行家。

随着时代的进步，技术的发展，船舶运输逐渐大型化，油轮、矿石船已经发展到 30 万吨级，集装箱船也发展到 10000 标箱以上的第 10 代。上海最初形成的港口显然已经不适应发展的趋势。没有深水良港是上海发展成国际大港口的一个瓶颈。上海的历届领导人都在谋划如何建设上海深水港。尽管长江在上海的吴淞口入海，但是长江的淡水夹杂着泥沙在这里遇到了海洋的咸水，形成絮凝效应，大量泥沙在长江口沉积，并且硬度很大，被称为铁板沙，也叫拦门沙，这是世界所有河流入海时都会遇到的现象。长江口的拦门沙使进入长江的水

---

\* 本文是 2015 年 12 月张国宝应上海市洋山深水港建港十周年纪念活动撰写的回忆纪念文章。

深骤然变浅，仅有不到 8 米深左右。而进入长江以后，由于江底长期受到水流冲刷，并没有淤泥，长江内港口水深反倒可以达到十几米甚至于二十米。长江内的太仓港是深水港，但长江口的外高桥港却不是深水港。1998 年大洪水时，曾有过一个疏浚江河的计划，但是李鹏同志指出：长江口内的江底部是没有淤泥的。解决上海深水港的一个思路是打通长江口的拦门沙，简单说，就是挖深阻挡大船进入长江的铁板沙。为此，国家计委科技司早在 20 世纪 80 年代时就开展了"缩水冲沙"的研究，即在长江口的拦门沙淤积地挖出一条深槽，在这一深槽内水流变窄，流速加快，将泥沙冲入海中，但成效有限。

改革开放后，特别是党中央、国务院作出浦东开发开放的战略决策后，上海的经济发展进一步加快，建设上海深水港显得更加迫切。特别是经济进一步全球化和集装箱运输大型化，在亚洲、美洲、欧洲的太平洋和大西洋沿岸形成若干个跨洋运输的集装箱集散地，而其他港口只能作为喂给港。上海因为没有深水码头，也只能成为一个喂给港。这是和上海的地位不相适应的。而韩国的釜山，中国台湾的高雄，以及中国香港、新加坡成为从亚洲到美洲、欧洲的集装箱编组港。随着中国成为世界制造业大国，集装箱越来越多，上海深水港这件事变得十分迫切。对于上海深水港曾经有过多个选项。一是把长江对岸的南通港利用起来，但是南通也处于长江泥沙的沉积地区，成为一个永久的深水港不是理想之地。另一个方案是建设上海组合港，以上海港为中心，以宁波港和太仓港为两翼。宁波有建设深水港的条件，太仓港水深也具备条件，但是这个方案形成上海组合深水港显得有些分散，且行政管辖权分属上海、江苏、浙江，今后协调难度大，也不是最终选择。后来，上海市选择了临近上海的舟山群岛所属的崎岖列岛的两个小岛，一个叫大洋山，一个叫小洋山。这两个岛之间的海域水深竟达 90 米，可以建非常理想的深水港，但是距上海陆域有

30 多公里的距离，而且要进行一定的填海作业。此外，大小洋山行政隶属浙江省，也给规划造成一定的难度。但是经过反复的比较，这个方案是当时能够找到的最佳选择。

但是，上海市与交通部在是否有必要在大小洋山建设上海深水港问题上出现了分歧。交通部最初倾向于打通长江口拦门沙，在外高桥五号沟建设深水码头。而上海市则希望尽快建设洋山深水港，一劳永逸解决上海市没有深水港的问题。当时我作为国家发展计划委员会分管交通的副主任，组织了建设上海深水码头的论证。同时我在负责其他工作时，包括外高桥电厂、污水处理厂等，知道五号沟作为上海深水大港是欠缺的。

其实我们已经开展了长江口整治的一期工程，在长江口拦门沙区域挖出一条 12.5 米深的水槽，将挖出的泥沙在水槽两侧堆积出两侧堤坝，涨潮时淹没在水下，落潮时可以看到这两条堤坝，并且计划在一期工程取得成效的基础上进一步将深槽延伸 42 公里，直到海洋深处。三期工程计划进一步挖深深槽。但是这也需要巨额的投资和相当长时间的建设。建成后的效果也有待观察。在 1998 年发生大洪水后，长江上游的大量泥沙下泻，造成已挖深槽的淤积，需要 4 亿立方米的疏浚量。上海市市长徐匡迪还将这些数据上报给了朱镕基总理，意思是说疏浚长江的方案，从问题角度考虑，今后疏浚的工作量大，不能彻底解决上海拥有一个全天候深水港口的战略考虑。

关于建设上海深水港的计划引起了党中央和国务院领导的高度关注，并指示国家发展计划委员会主任曾培炎同志深入进行研究和协调。曾培炎主任在国家计委东配楼 202 会议室特别约请交通部部长黄镇东同志和我传达了中央领导的指示。黄镇东同志表示坚决按中央领导的指示做好上海深水港的论证和建设工作。但是到了国务院会议上，在长江口整治和洋山港建设哪个优先的问题上仍然出现分歧。由于建设上海深水港工作投资巨大，影响深远，且存在意见分歧，仍然需要进行科学论证和分析。于是我和国家发展计划委员会交通司司长王庆云同志（现任国家体育总局纪检组长）商量，拟请一个国际上有资信、有权威的咨询公司，站在第三方立场进行咨询评估。最初是想请荷兰的港口咨询公司，因为荷兰的港口情况有些类似，但是由于咨询费过低，最终委托给了同样负有盛名的美国路易斯·伯杰集团公司进行咨询。美国公司的咨询报告表明，洋山具备建设深水码头的条件，但是由于大小洋山行政隶属浙江省，协调地方的工作量很大。为此，国务院副总理吴邦国同志于2001年1月30日亲自带队，和上海市市长徐匡迪、我，以及其他有关人员从芦潮港乘船前往大小洋山进行实地考察。由我在船上用多媒体向吴邦国副总理等进行了汇报。在小洋山登陆后，居民都能认出徐匡迪市长，因为洋山港离上海近，能够收看上海电视台的电视。这个小岛还有当年东南沿海形势紧张时建

2001年1月30日，张国宝向国务院副总理吴邦国汇报洋山深水港建设论证情况。

2001年春节前，吴邦国率领国务院有关部委领导视察大小洋山，为国务院正式批准洋山深水港一期工程项目立项打下了基础。左一为上海市市长徐匡迪，右二为中共中央政治局委员、中共上海市委书记黄菊。

设的战备坑道，我们沿潮湿坑道穿过。考察后吴邦国副总理等基本倾向于应当建洋山港，但是如何组织好长江口整治和建设洋山港的问题仍然存在意见分歧，需要协调。为此我特意请同济大学原校长、桥梁专家李国豪先生夫妇在锦江饭店吃饭，向他请教，并且请他遴选国内专家进行评估。在国家层面委托中国国际工程咨询公司组织论证，由中国国际工程咨询公司的负责人佘健民负责。由我主持在上海浦东会议中心举行专家论证会。论证的结果，专家们都同意建设上海洋山深水港的意见，由于交通部仍然希望打通长江口的拦门沙，使长江沿岸的太仓、张家港直到南京都成为深水岸线码头。这意见也值得认真考虑，关键是资金的筹措。于是我在国家发展计划委员会召开由上海市、江苏省、浙江省、交通部、水利部等相关省市和部门参加的协调会，协调的结果由上海市和江苏省各出3亿元人民币，其余大头由国家出资，约30亿人民币开展长江口整治二、三期工程，在洋山深水港建设的同时开展长江口整治工程，最终使得建设洋山深水港的意见得到了包括党中央、国务院领导，地方领导和各部门意见统一，洋山深水港的建设方案得到了国务院的批准。为此，上海市委书记黄菊同志还特意请我吃了一次饭，感谢我在协调和论证中作出的努力。他表扬了我实事求是科学论证的精神。后来黄菊同志调任中央工作，担任国务院常务副总理，还曾和我谈起此事，我们的工作关系一直处得很好。

洋山港的具体建设中还遇到了两个需要解决的问题。一是将洋山港的集装箱送往上海，需要建设一座长达 30 公里以上的东海跨海大桥，这需要巨额的投资。谁来出资？并且在此前我国还没有建设如此之长桥梁的经验。为了不给中央增加困难，黄菊同志决定由上海市全额承担建设东海大桥的费用。接下来的问题是，今后桥梁建成了，集装箱通过桥梁时是否要收过桥费？如果为了回收资金，按传统的思维是要收过桥费的，但这必将增加洋山港集装箱的运输成本，会影响国际集装箱在此集散的积极性。上海市再次作出有战略眼光的决定，经过东海大桥的集装箱不收过桥费，桥梁的建设费用由综合效益来还。当时也已经分析到今后随着集装箱量的增加，只有一座桥是不够的，有建设铁路桥的设想，还有就是用小船倒驳。另一个问题是洋山港行政隶属浙江省，周边海域由浙江分管，在船舶进入洋山港海域时需要领航，会收取一定的费用，今后由上海港务局还是由浙江的港务部门领航，由谁来收费？又成了一个难题。但是从对管理顺利考虑，洋山港应该隶属上海港，不能隶属于两个行政部门，处理不好会给今后的运行造成很大的麻烦。因此我出面协调浙江省同意，将洋山港的管辖权归上海管理，行政隶属关系不变。浙江省表现了大局观念。同时上海市也作出姿态，所有领航费的收入归浙江省，并且原岛上的居民搬迁由居民自由选择。愿意迁往上海落户的由上海市负责安置。这些问题总算都得到了合理的解决。

2005 年洋山港顺利建成，成为东海上的一颗明珠，也成了上海市建设的一张靓丽名片。东海大桥在上海陆域的衔接区域建起了上海的滨海工业区，东海大桥沿线建起中国第一个海上风电厂，在洋山岛上又建成了上海第一个 LNG 接收站。

上海洋山深水港。

一晃 10 年过去了，洋山港迎来了建成 10 周年的纪念，洋山港已经超越中国香港、新加坡，成了世界上最大的集装箱码头，三期工程到 2017 年建成，年吞吐量将达到 4000 万标箱，占全球集装箱吞吐量的 1/10，为浦东开发开放和国际贸易作出了巨大的贡献。所有参与洋山港论证决策的同志们看到洋山港今天的成就，都会体会到当年建设洋山港决策的正确性，感到欢欣鼓舞。

# 杭州湾跨海大桥论证中的小故事

  杭州湾地区是我国经济最发达，人口密度最大的地区，交通运输繁忙。沪杭甬高速公路已经不堪重负。钱塘江的喇叭形河口是形成闻名天下钱塘涌潮的成因，但却给交通带来极大不便。从杭州湾南岸的宁波到上海，必须绕过钱塘江的喇叭形河口，要多绕行120公里。因此，浙江省人民政府一直想在杭州湾上建一座跨海大桥，形成以上海为中心的江浙沪两小时经济圈。但是对于这座长近40公里世界之最的跨海大桥，过去从工程技术和财力上想都不敢想。改革开放给浙江省带来了勃勃生机，建造这座大桥已经成为可能。经过浙江省人民政府论证，正式上报到国家计委。国家计委又委托中国国际工程咨询公司组织全国各方面专家进行论证，认为建设杭州湾跨海大桥可行。经国家计委办公会议审议后，正式上报国务院审批。2001年12月19日，国务院召开第118次总理办公会议，杭州湾跨海大桥项目是这次办公会议审议的议题之一。我代表国家计委作了详细汇报，但是总理办公会议对杭州湾大桥建设提出了三个问题。

  第一个问题是，"杭州湾跨海大桥跨度大，地处杭州湾口，要对建桥后给杭州湾沿线港口的影响再作认真评估"。这个问题主要是针对杭州湾上的乍浦港提出来的。乍浦港在孙中山先生制定的建国方略

杭州湾大桥位置示意图。

中被规划为东方大港。因为桥址很靠近乍浦港，如果桥址建在乍浦港下游则对乍浦港今后的发展影响很大。我过去就多次听说过孙中山的《建国方略》里边写入了乍浦东方大港，还有三峡水电站，但是没有见过正式资料，心里总有点将信将疑，100多年前就能对重大工程项目作出这样细致准确的规划真让人惊叹。后来我从图书馆找到了《建国方略》，里边真有乍浦港和三峡水电站的清晰描述。

第二个问题是，"建设杭州湾跨海大桥对钱塘江观潮会带来什么样的影响"？因为钱塘观潮自古以来已经成为一大知名的旅游胜景，在此建桥会对钱塘江的潮汐产生什么影响，的确应该科学论证搞清楚。

第三个问题是，"工程设计方案，包括大桥通航净空等还要慎重进行研究"。会议最后，朱镕基总理总结说："就这样了。"根据总理办公会议提出的问题，杭州湾跨海大桥项目要继续论证评估，继续补充材料。对于急迫想建设杭州湾跨海大桥并为此做了大量工作的宁波市来说，当然十分关注总理办公会议的审议情况。他们通过自己的渠道打听到总理最后说"就这样了"，以为是通过了，庆祝酒也喝了。当我到达浙江宁波慈溪水路湾拟定的桥址，向宁波市计委和已经搭建的建设指挥部工作人员传达需要继续论证的几个问题时，他们当时就蒙了，不是说"就这样了"吗？怎么还要论证？好像是挨了当头一棒。我向他们解释，建设这样一座跨海大桥是世界之最，是百年大计、千年大计，必须对总理办公会提出的问题作深入细致的科学论证，"磨刀不误砍柴工"，这是尽快得到国务院批准的唯一正确做法。

浙江省、宁波市针对总理办公会议提出的三个问题，认真组织设计论证部门在科学实验的基础上形成了一份4000字左右的报告交到了国家计委。这份报告对三个问题作出了回答。

第一个问题是杭州湾跨海大桥项目建设对沿线港口有没有影响？在设计时，对大桥桥位和跨度、净空已充分考虑到对沿线港口的影响。最终选择的是对港口影响最小的乍浦方案，该方案避开了乍浦深水港发展区域，给乍浦港的远期发展留有足够的空间。桥址在乍浦港的上游，到乍浦港的船舶通航不受桥梁影响，也不会对通航带来阻滞。根据交通部对杭州湾跨海大桥通航净空的批复，已经给远期桥下通航能力的提高留着充分的余地，也完全能满足上虞港、杭州港等上游港口的需要。并且做了水利模型实验，实验分析结果表明，桥轴线上下游各500米范围内，涨落急流速变幅小于5%，4公里以外基本没变化。因此，建桥对乍浦港及乍浦至秦山航道基本没有影响，大桥也不会影响杭州湾沿线港口的运营和规划建设。

第二个问题是杭州湾跨海大桥项目的建设对钱塘江观潮有没有影响？"八月十八潮，壮观天下无"，"滔天浊浪排空来，翻江倒海山为摧"。钱塘江大潮以其壮观的景象，名扬天下。她和南美洲巴西的亚马逊河、印度的恒河并称为世界著名的三大涌潮之地，被世人誉为"世界第八大奇迹"。建造世界上最长的跨海大桥无疑将是一个世界奇迹。大家担心创造一个世界奇迹的时候毁了另一个世界奇迹。浙江省水利河口研究所的专家们的回答打消了这个顾虑。原来，涌潮是入海河流河口的一种特殊潮汐现象，是水位骤然升高的涨潮波前峰。钱塘江涌潮是世界上最典型的涌潮。它的形成有两大基本因素：一是杭州湾是典型的喇叭形海湾，河宽收缩率很大，外口宽达 100 公里，向内断面仅为 20 公里。这一收缩使潮波能量积聚，潮差增大。二是钱塘江河口溆浦往上游沙坎堆积，河床迅速抬高，水深急剧变浅。钱塘江在高阳山（大桥推荐桥位上游约 32 公里）附近开始形成涌潮，高阳山即起潮点，涌潮在上溯过程中不断发展壮大，至海宁盐官达到最大，成为天下奇观钱塘江涌潮。那么，这两大因素会不会因为造桥而发生变化呢？为了获得有充分说服力的科学依据，专家们采取了实体模型涌潮模拟方法进行研究。模型实验数据全部自动采集，在实体模型中模拟出涌潮的形成和发展，以便准确地得到建桥前后潮头高度的变化。经过无数次的实验，通过专家组的鉴定，大桥对钱塘江大潮的影响为 0—2 厘米，钱塘江大潮的平均潮高为 2—3 米，也就是说大桥对大潮的影响在 1% 以内。2 厘米的影响是微乎其微的，也是常人肉眼看不见的。

总理办公会议关心的第三个问题是杭州湾跨海大桥项目的工程设计方案是否可行？报告认为，根据杭州湾特定的气象、水文、地质等自然因素，建设杭州湾跨海大桥的条件是许可的，不存在不可克服的技术难题。依靠国内桥梁设计、施工队伍和技术完全能够将杭州湾跨海大桥高水平高质量地建成。当然，由于大桥总体上处于海洋性环境，大桥结构的耐久性和防腐措施是下一步工程设计中需要重点解决的问题。工程设计方案在可行性研究阶段还将进一步优化。

我认真看了这份报告，认为这份报告是建立在科学论证实验的基础上，有很强的说服力。我知道上报这份报告的分量和责任。第一，这不是一个普通的工程，用现在的话来讲称得上是世纪工程，所有参与这项工程的人都要对历史负责。第二，这是在国务院审议提出问题后打回来的"二进宫"，如果再被国务院否决，担任审查工作的国家计划委员会和具体负责这项工作的我本人都难辞其咎。第三，我知道朱镕基总理是清华大学的工程技术专业出身，工程基础知识扎实，而且毫不留情面，如果自己没搞懂，"以其昏昏，使人昭昭"顺嘴乱说，被他抓住了很难下台。我最后慎重地在这个报告上签了字，真有下笔如千金之感。这份报告以国家计委〔2002〕499号文件上报到了总理手里。现在，这份报告已经妥善地被保存在大桥的档案室里，它是大桥历史的一个重要见证。现在大桥建成通车已经10年了，钱塘涌潮依旧，观潮胜景丝毫没有受到影响，实践证明了当初论证的正确。

2002年4月，好消息终于来了：国务院再次召开审议会议通过了杭州湾跨海大桥的立项。在会上因为我事先做足了功课，对总理和其他国务院领导提出的问题都一一作答，通过了"考试"。仅仅过了一个星期，收到国务院总理办公会议纪要后，国家计委就立即正式转发了。这次宁波市的具体工作人员真的是一颗悬着的心落了地，估计又有人喝醉了。

然而，好事多磨，事情却没有就此结束。浙江省人大常委会副主任，我印象是浙江大学一位民主党派校长给朱镕基总理写信说，杭州湾跨海大桥选址有问题。信中反映，这个大桥的选址破坏了周恩来总理选定的钱塘江潮汐发电的地址。这可是个大问题。因为钱塘江的涌潮很有名，当时考虑在钱塘江建一个潮汐发电站完全有可能。朱镕基总理叫我再到现场看看，浙江省必须对此有一个说法。我正好要到秦山核电站去，我把宁波市计委主任殷志远和杭州湾跨海大桥指挥部负责人王勇请到秦山来，我告诉他们：浙江省一位人大领导给朱镕基总理写信，反映大桥的选址破坏了当年周恩来总理选定的潮汐发电站站址，希望你们把情况搞清楚。

信中提出的问题因为涉及周恩来总理，所以很尖锐。信里还算了一笔经济账。根据他们的估算，造潮汐发电站每年能有几亿元收入，现在因为造大桥就会让这笔巨额收益打了水漂。而且，他们认为大桥将对整个杭州湾生态环境带来严重破坏。信中最严重的一条是：周恩来总理美好的设想在造此桥之后将会变为空想。因此，写信者要求朱镕基总理紧急叫停建造杭州湾跨海大桥，不要对子孙后代留下无穷后患。朱镕基总理批示："请国家计委阅处。"我把信的复印件交给了他们。

听到这个消息，当地领导再一次蒙圈了，马上组织各方面专家开紧急会议。专家们听后说：是有这么回事。在1958年左右，有人提出浙江的钱江潮是世界上最好的潮汐能，可以利用潮汐发电。当时周恩来总理很赞同，就说：这里要留好位置。不过，这个位置并不是指具体的某一点，而是泛指一个区域，这个区域离现在跨海大桥的选址还有5公里，并不在大桥的位置。另外，按照目前世界上潮汐发电的趋势来看，总的还是处于试验摸索阶段。法国曾经搞过一个世界上最大的潮汐发电工程，2.4万千瓦，是目前世界上最大的，后来浙江台州搞了个0.32万千瓦，成了全国之最，世界第三。杭州湾潮汐电站的规模是百万等级的，要建造这么大电站还有很多难题。而且潮汐发电成本相当高，大大超过火力发电及其他能源发电的价格，目前还无法推广应用。而且，如果要在此建潮汐发电站还必须筑一个大坝，潮水来了通过涡轮机发电。但是，如果真的在这里拦座大坝，对整个上游的生态将会造成严重影响，因为富春江一带下来的泥沙都是通过杭州湾带出去的，杭州湾的泥沙也是通过这里进出。造了大坝，整个杭州湾的生态都会发生变化，这后果才是不堪设想，而且可能真的要影响到钱塘观潮的奇观了。

他们将专家会的意见迅速整理成一份材料。但是，这毕竟是浙江省人大常委会副主任、有影响的社会人士反映的问题，他们同时向时任浙江省委书记李泽民作了汇报，因李泽民书记还是浙江省人大常委会主任，亲自听取这位副主任的意见，并且将专家们的意见转告给他，再次征求他的看法。这位副主任后来表示，他并不是潮汐发电方面的专家，这些意见也是他听到有人议论，并未对问题认真研究，最后他对建设杭州湾跨海大桥表示支持。当我接到这份报告时刚从秦山到杭州，很惊讶这一问题处理如此之迅速。我拿着材料翻看了几段说："我同意这些意见，但是必须由省计委形成正式文件为依据，你们用正式的文件报到国家计委，由我们再报国务院。"

杭州湾跨海大桥雄姿。

真的是一波三折。这时正面临政府换届，浙江省、宁波市希望能赶在政府换届前国务院最后批准可行性研究报告。可就在这关键时刻，在中国人民欢度春节前又一封信递到朱镕基总理面前。这回写信的却是一位美籍华人、桥梁专家，在江泽民同志任上海市委书记、朱镕基同志任上海市市长时曾向他咨询过上海的杨浦大桥和南浦大桥建设。信的内容称，如果杭州湾跨海大桥让他们咨询，采用轻质混凝土结构，可以节省投资。但是他们在和宁波市商谈时要价很高，要在节省的投资中提成很大一部分，比国内的设计费用高出很多，因此未能和宁波市达成协议，就直接反映到了总理那里。朱镕基总理批示："请家宝同志处。"时任国务院副总理温家宝批示："请国家计委处理。"把此事的处置权交给了国家计委。我和这家公司没有直接接触，但是间接处理与这家公司有关的问题已经好几次了，对这家公司有一定的了解。在审批润扬长江大桥时也发生了同样的问题，同样直接告状到了总理那里。美籍华人这家咨询公司要按斜拉桥型建设，而国内交通部门要按悬索桥建设，各不相让，甚至红了脸，总理收到信后也很生气，批示让我处理。我夹在中间着实难办。我还是采纳了国内交通部门的意见。后来汇报时总理问起此事，我回答说大家的意见都充分听取采纳了。因为润扬长江大桥在长江主航道上的桥型是悬索桥，一跨到底，而到达北岸世业洲后再到扬州的北汊河道跨度小，采用了斜拉桥。但这件事确实让我费了脑筋。我收到温家宝副总理的批示后，觉得这个美籍华人咨询公司与宁波市的分歧属于技术和商务条件范畴，应由项目业主权衡后自行决断。宁波市也与中国国际工程咨询公司商量，实事求是地把情况如实报告给朱镕基总理和温家宝副总理。以后此事不再被提起。

2003年2月，国务院第151次总理办公会议批准了杭州湾跨海大桥的工程可行性研究报告。2003年11月正式开工，2007年6月贯通，2008年5月1日通车。杭州湾跨海大桥南起钱塘江南岸的浙江省宁波慈溪市，全长36公里，到达钱塘江北岸的浙江省嘉兴市海盐县。北与上海过江通道——苏通长江大桥相连接，形成了我国北起黑龙江的同江市，南到海南三亚的同三南北高速公路大通道。在建设过程中克服的种种艰难险阻远比我讲述的审批论证过程中的波澜起伏要复杂得多。要知道，当时我国连海上打桩船都没有，在施工中遇到钱塘江沉积地带的天然气鸡窝矿，打出一团火来等等未曾预料的工程难题。要感谢我国广大的工程技术人员和建桥劳动者付出的聪明才智和辛劳。杭州湾跨海大桥的论证建设过程经历了浙江省李泽民书记、吕祖善省长，宁波市张蔚文市长，金德水市长（后来任浙江大学党委书记），邵占维副市长（2013 年 3 月在任杭州市市长期间参加第十二届全国人民代表大会，心脏病突发英年早逝）。我有幸经历了这座世界长桥的论证立项的全部过程，把其中的小故事写出来与大家分享。2012 年青岛胶州湾大桥建成，杭州湾跨海大桥长度降为世界第二。

# 第一个铁路中长期规划的制定和修改

2004 年 1 月 7 日，国务院总理温家宝主持国务院第 34 次常务会议，听取国家发改委关于第一个铁路中长期规划的汇报。会后，国务院下发批准了这个铁路中长期规划。

## 一、铁路中长期规划的编制程序

按照制定重大经济发展规划程序的要求，通常行业规划首先由行业主管部门做大量的基础工作，拿出规划的初稿意见，报国家发展改革委员会做好与其他经济部门的衔接，综合平衡。例如，铁路是包括水运、民航、公路等在内的综合交通运输中的一个组成部分，需要与其他交通运输方式做好衔接，合理配置。铁路承担着大宗货物的运输任务，例如煤炭产量的一半，十几亿吨煤炭要靠铁路运输，必须与煤炭需求增长情况相衔接，做好煤炭产地和消费地的铁路建设规划。做好煤炭运输大通道的规划是铁路规划的一项重要内容。

铁路还承担着粮食、矿石、农用物资的运输任务，也必须与这些经济部门的规划布局相衔接。改革开放特别是加入世界贸易组织以来，我国外贸进出口货物量迅速增长，铁路也必须与主要外贸进出口港口做好规划衔接。与周边国家的铁路系统相连接也是新的对外开放形势下铁路规划必须考虑的内容。

同时，铁路还承担着兵员运输，每年的新兵入伍和复员转业军人运输等国防动员的公益性任务，与国防建设密切相关，这需要在更高的宏观层面来做好综合规划。这就是为什么重要行业规划在行业主管部门的工作基础上，要报国家发改委综合平衡、衔接才能形成向国务院的报审稿，由国务院最后审定。

## 二、铁路中长期规划的编制背景

中国国土辽阔，人口众多，资源分布不均衡。铁路作为最重要的公共交通载体，一直承担着大宗商品，人员流动的主要运输任务。不仅是改革开放后，自新中国成立以来，如果说能源还有在经济发展低迷时供应相对宽松的时候，铁路运输则始终处于紧张状态。铁路一票难求，春运不堪回首的拥挤状况相信过来人都记忆深刻，因此铁路晚点、服务差、地下黑票横行是常态。每年煤炭订货会如骡马大会，其实分配的不是煤炭供应量，而是能不能拿到铁路运力。随着改革开放后经济的快速发展，铁路越来越不堪重负。

同时铁路还承担着兵员调动，新兵、复员军人运送，大学生寒暑假半价，抗灾救灾等公益性任务，所以又被领导称为准军事部门。铁路部门的经济效益很难计算，计划经济色彩浓厚，投入不足，欠账越来越多。以和公路建设比较为例，改革开放后公路都从交通部下放到地方，允许多种所有制投资公路，公路每年的投资达到4000亿元。而铁路投资资金来源单一，靠铁路自身经营收入投资几乎为零，主要靠每吨公里铁路货运收取3分3厘的铁路建设基金，粮食等运输还免征铁路建设基金。按当时的运输量一年可筹集四五百亿元，还要有一部分以新还旧，实际能投入铁路建设的也就三四百亿元。再每年发一部分债，贷点款，每年能投入铁路建设的资金只有 500 多亿元，只有公路投入的 1/8。

同时，我国的铁路技术虽然有了一些进步，但是与国际相比十分落后，电气化铁路和复线比重很小，铁路机车车辆普遍运行速度在每小时几十公里，车厢以绿皮车为主。而日本自 1964 年就有了引为骄傲的时速达每小时 200 公里以上的新干线，德国和法国分别开发了动力分散型的 ICE（城际高速铁路），动力集中型的 TGV（法语缩写，译为高速列车）。

《国家发展改革委关于印发〈中长期铁路网规划〉的通知》影印件首页。

但另一方面，一些经济学家受西方某些做法的影响，把铁路说成是夕阳产业，并且以美国在拆铁路为例。这些观点显然是脱离了中国的实际。中国国土辽阔，人口众多，资源分布不均，作为公共交通的铁路运输有着举足轻重的作用，这和有些国家不一样。美国的国土面积和中国差不了太多，美国高峰时有 40 多万公里的铁路通车里程。随着一些废旧矿山的退出，一些通往矿区的铁路，美国确实废弃了一些。铁路运输也受到发达高速公路网的竞争，但仍有铁路通车里程 20 多万公里。而中国在制定铁路中长期规划的 2004 年，也只有通车里程 6 万多公里，和美国差距甚远。以美国拆铁路为例说明不宜发展铁路，显然是脱离了中国国情。

朱镕基总理一直十分重视铁路的重要性，关心铁路建设。我记得他在任总理以后的第二年，即指示国家发展计划委员会在 1999 年的原定铁路建设计划中增加 1000 公里的建设任务。他在视察四川回北京后，还特意指示我们要加快内昆铁路的建设。铁路中长期规划就是在这样的背景下开始编制的。规划的目的是要扭转铁路运输滞后于经济发展的问题。铁路中长期规划的编制工作始于朱镕基任总理后的 1998 年，到 2004 年初国务院批准，经两届政府，也经历了两任铁道部部长，铁道部为此付出了巨大的努力。

## 三、铁路中长期规划的主要内容和亮点

新编制的铁路中长期规划的规划期从 2003 年到 2020 年，并且提出了 2005 年和 2010 年的阶段性目标。除了提出到 2020 年铁路运营里程达到 10 万公里、建设客运专线 1.2 万公里、客运专线时速在 200 公里以上等量化指标外，还有以下亮点：

一是规划了客货分流的"四纵四横"快速客运通道。此前，我国

的铁路都是客货混运的，所以运输效率低下。

二是在经济发达和人口稠密的珠江三角洲、长江三角洲和环渤海地区规划了城际客运系统。

三是顺应铁路运输方式的变化和进出口贸易需要，在主要枢纽站和重要港口规划了 18 个集装箱运输中心站，开行双层铁路集装箱运输。

四是重点规划了北煤南运铁路运输通道，并且与重要海运港口衔接，运能达到 15 亿吨 / 年以上。

五是大幅度提高了电气化铁路和复线的比例，达到 50%。新增复线 1.3 万公里，既有线改造成电气化线 1.6 万公里。

六是规划了西南中越、中老、中缅通往东南亚国家的铁路通道，西北经新疆阿拉山口和霍尔果斯口岸通往中亚和欧洲的欧亚大陆桥。扩大经绥芬河和满洲里口岸与俄罗斯远东地区连接的铁路通道，这实际上为今天提出的丝绸之路经济带预做了安排。

七是维护国家安全，加大西部路网布局，增强向西南、西北、东北的运力。

八是提高铁路装备国产化水平，大力推进装备国产化工作。

## 四、国家发改委对铁道部上报的<br>铁路中长期规划草案的修改

铁道部对铁路中长期规划编制做了大量工作，其间与国家发改委也多次沟通。草案上报国家发改委后，我在征求地方和部门意见基础上提出了以下修改意见：

1.哈尔滨到满洲里铁路是通往俄罗斯西伯利亚地区的主要通道，随着中俄睦邻友好关系的改善，振兴东北老工业基地，两国的贸易额逐年

增加。但是可能是历史遗留的原因，哈尔滨至满洲里复线只通到海拉尔，海拉尔至满洲里仍是单线，铁道部草案可能忽略了这一点，报来的草案仍是单线。我建议哈尔滨至满洲里应全线改为复线，铁道部欣然接受了修改建议，写入了后来国务院批准发布的铁路中长期规划中。

2.广西北部湾沿海有北海、防城港、钦州三个港口城市，广西壮族自治区一直想依托这三个港口城市建设出海通道。但是广西沿海的北部湾海域水深条件却不够好，航线的水深有的只有五六米深，对于大船进出水深不够，需要加深航道。比较邻近的广东湛江港，水深条件较好，有条件建设出海的深水港，所以铁道部的规划中，湖南向南的焦柳线到广西黎塘后，就折向广东湛江，把湛江作为河南到湘西，再到广西的铁路的终点。焦柳线是"三线"建设时重要的铁路，这条西部的南北通道的出海口选在了广东湛江，广西壮族自治区当然感到失落。当时马飚同志任广西壮族自治区主席，多次向我反映，希望能将出海口选在防城港、钦州。广西壮族自治区和铁道部在这个问题上意见不一致。我经过反复考虑后，认为现在的路网密度还不够，从长远看，通往湛江和通往广西防城港、钦州、北海都是需要的，所以建议铁路中长期规划中焦柳线到广西黎塘后，同时规划两条线路，一条通往广东湛江，一条通往广西北部湾沿海港口，把两家的意见都吸纳进来。

3.铁道部中长期铁路发展规划草案中太中铁路（山西太原到宁夏中卫）是在两城市间画了一条直线，这样铁路建设距离最短，但是却绕开了宁夏回族自治区的首府银川。如果太中铁路要经过银川，铁路线就要稍做一些拐弯，增加了线路的长度。我觉得宁夏回族自治区的这一意见是应该考虑的，银川毕竟是宁夏回族自治区的首府，所以商铁道部将太中铁路线经过了银川。

4.铁道部中长期铁路发展规划草案中，从新疆的喀什到西藏的拉萨沿边境线画了一条弧线，规划了一条新藏线。从路网分布来看，从新疆到西藏沿西南边境铁路线是一片空白，画上这条线看上去使路网规划比较完整，但是这条线的沿线人烟稀少，也几乎没有什么运输物资，从长远看国防建设也许是需要的，但是由于刚刚建设了青藏铁路，正在规划滇藏和川藏铁路，新藏铁路线的建设还可以延后再考虑，所以我主张在这次铁路中长期规划中暂时不考虑从新疆喀什到西藏拉萨沿西南边境的新藏铁路线。在向国务院常务会议汇报时，我特意说明了这一点。时任国务院秘书长华建敏同志在会上问我，你的意见到底是同意建这条线还是不同意建？我明确回答，我的意见是这次铁路中长期规划暂不考虑这条线的建设。他听了点了点头，其他的国务院领导也都赞成这一意见。所以后来发布的铁路中长期规划中，没有将这条线路列入。

5. 铁路中长期规划中，还有一条从新疆哈密到内蒙古临河画一条直线，这样可以使北京到新疆有一条直线距离最短的铁路线相连。这条铁路线经过的地段也都是一些荒漠和人烟稀少的地区，但是长期以来中国东部通往新疆只有从连云港到兰州，再从兰州到新疆这条欧亚大陆桥，所有通往新疆乃至中亚和欧洲的货物和人员都只能经过这条铁路线。而且这条铁路线起自连云港经徐州、郑州、西安到兰州，如果是从东北、华北来的货物或人员都要绕道到这条线上，增加了运输距离。所以从方便东北、华北、内蒙古到新疆，从哈密到临河铁路距离最短，是十分必要的，可以改变现在单纯依靠连云港至新疆这条铁路线运输的情况。增强了东部地区与新疆的铁路交通联系，无论从经济意义和国防安全考虑都是十分重要的。所以在向国务院汇报时，我特别强调了这条线路虽然经过地区也是荒漠，且人烟稀少，但是开辟了一条距离最短的欧亚大陆桥，应当优先考虑建设。在国务院审议时采纳了这一意见，将哈密至临河铁路线列入了铁路中长期规划。

6. 铁路中长期规划中故意留下的一个漏洞。由于对建设中国的高速铁路网，此前在技术路线选择上是按磁悬浮铁路建设还是按常规的轮轨高速铁路建设一直存在争议，后来主流的意见还是认为京沪高铁还是按轮轨技术进行建设。铁路中长期规划高速客运专线采用轮轨高速组网，这样就只在上海龙阳路至浦东机场建设一条长 30 公里的磁悬浮铁路，这条短距离的磁悬浮铁路只能说是一个样板工程，距离太短，所以有领导人一直希望能够有一条线路按磁悬浮来进行建设。考虑到上海和杭州是两个相邻的经济发达大城市，人员来往密切，距离约 200 公里，为了平衡各种意见，所以暂时将上海至杭州这一最重要路段在铁路中长期规划高速客运专线中开了"天窗"。在上海杭州之间没有客运专线连接起来，只规划了京沪高铁终点站是上海。杭州至宁波，至温州，再沿东南沿海到福建厦门，直到广东的深圳，这也

京沪高铁，一道靓丽的风景线。

是"四纵四横"当中的一纵。这样，上海和杭州之间的这一重要路段没有规划专用的轮轨客运专线。所以，快速客运通道开了一个不合理"天窗"，以便为今后继续讨论磁悬浮和轮轨方案留下讨论余地。铁道部很明白这一点，当然他们是主张按轮轨高速组成全国客运专线铁路网的，不能让这一重要路段开"天窗"。所以铁道部一天都没有停止在沪杭间建高速客运专线，包括京沪高铁终点上海站的选址，最初铁道部选在七宝，而不是现在的虹桥站，也有这个影响因素，为了将来将京沪高铁延伸到杭州更为方便。当然，现在看，不论上海和杭州间将来要不要建磁悬浮列车线，将京沪高铁和杭甬温客运高铁用轮轨高铁连接成网都是必需的。当时是为了避免争议暂时搁置起来。

在编制铁路中长期规划的工作中，国家发改委和铁道部相互密切配合，互相尊重，对国家发改委提出的修改意见，铁道部完全采纳。2004 年的铁路中长期规划得以顺利批准，并且在这个规划指导下，有序地开展了铁路建设。2008 年根据铁路建设快速发展形势，也为了应对国际金融危机，加大基础设施建设，又对 2004 年的铁路中长期规划进行了修订。现在 14 年过去了，我国的铁路技术和运营状况都发生了天翻地覆的变化，2017 年重新制定了新的铁路中长期发展规划，将原定的"四纵四横"铁路客运专线扩大到"八纵八横"。高铁已经成为中国制造的一张靓丽名片。

# 上海几个重大工程项目的争论、
# 比选和决策

　　上海浦东开发开放是我国改革开放以来，继深圳特区设立之后的又一个重大战略决策。历史已经证明实施浦东开发开放战略的正确性，它使上海的发展迈入一个新阶段，为国家作出了重大贡献，同时带动了长江经济带乃至全国改革开放工作。

　　上海的发展、浦东的开发开放需要建设一系列重大基础设施工程，包括机场、深水港、电站、过江通道、高铁车站等。这些重大工程的建设有力地保障了浦东的开发开放和上海的经济腾飞。但是在这些重大项目的决策过程中，地方与部门、部门与部门、地方与中央之间，从不同的角度思考问题，最初的方案难免不尽一致。可喜的是，上海市在党中央、国务院的领导下，从大局出发，不仅从上海的角度出发，更从全国的规划布局出发，最终都达成了统一的意见。现在回首这些争论、决策和全局的思考，给我们留下了十分宝贵的经验。

## 过江通道路由的决定

　　崇明岛是我国继台湾岛、海南岛之后的第三大岛。建设到崇明岛的过江通道，继而再到苏北，是我国沿海高速公路大通道的一个组成部分。

　　最初通往崇明岛的过江通道，有东、中、西三个方案。当时，江苏已经向国家计委上报并获批建设苏通长江大桥，连接毗邻上海的常熟与长江北岸的南通。上海市最初考虑通往崇明岛的过江通道方案以紧邻苏通长江大桥的西方案为主，但是如果按此路由建设过江通道，距离苏通长江大桥太近，两者相距只有 40 公里左右。而在长江上，苏通长江大桥和江阴长江大桥的桥间距离约 90 公里；江阴长江大桥到润扬长江大桥的桥间距离也是约 90 公里；润扬长江大桥到南京长江大桥的桥间距离也约 90 公里。如果按西方案建设过江通道，从全局看显得不够协调。因此，我们强烈建议，上海市应主要考虑按东方案建设通往崇明岛的过江通道，即从外高桥通过江底隧道先到长兴岛，这一段是长江的主航道，再从长兴岛以桥梁方式到达崇明岛，与岛内公路相连接。

上海长江大桥。

从崇明岛到南通也同样有东、中、西三个方案。按此路由建设，有隧有桥。全部通道的距离比西方案当然要长，工程的造价也会高。但是按此方案到苏通长江大桥的距离约90公里，与前面所述的长江上各桥梁之间的距离比较协调，今后随着经济的发展，还可以考虑加密过江通道。上海市委、市政府从全国规划大局出发，最终确定采用东方案建设通往崇明岛和苏北的过江通道。

## 西气东输天然气管道进入上海行政区划后的管道路由

西气东输天然气管道进入上海市的第一站是白鹤镇，但当时中石油的有关负责人向我反映，白鹤镇处于上海市边缘，那里有许多老旧仓库和棚户区，上海市给出的天然气管道路由要经过这些仓库和棚户区，会使拆迁的工作量很大，将大大增加管道建设的成本。他们甚至怀疑上海市让管道走这样密集的需拆迁的区域是否是趁机向管道公司转嫁拆迁成本。我如实地向上海市领导反映了中石油方面的意见，上海市领导不争议、不讨价还价，立即与中石油协商，确定了一个双方都能够接受的进入上海市区域的管道走向方案，使得西气东输管道建设进度没有耽误，顺利建成。

## 京沪高铁上海火车站站址的选择

由于当时存在高速列车是采用轮轨还是磁悬浮技术的争议，最终还是确定京沪高铁采用轮轨方案，只在上海建成了从龙阳路到浦东机场约30公里的一段磁悬浮线路。这段磁悬浮线路显得太短，所以曾有领导同志设想，能否用磁悬浮线路把上海和杭州这两个大城市连接起来。为了给沪杭之间采用什么技术建设高铁留下今后讨论的余地，

2001年12月2日，上海磁悬浮列车示范运营线轨道梁启运仪式举行。左起分别为：施罗德夫人，德国总理施罗德，中国国务院总理朱镕基，朱镕基夫人劳安，中共上海市委书记黄菊，上海市市长徐匡迪，国家发改委副主任张国宝。

在2004年1月通过的第一个铁路中长期规划中，上海和杭州之间是开了"天窗"的，没有将京沪和杭甬这两条高铁之间的连接段标明采用什么方案建设。

铁道部的意见一直是坚持全国高速路网都采用轮轨建设。他们担心今后把这段重要的路由甩在外面，所以把京沪高铁上海站的站址选在七宝镇，这样下一步建设从上海到杭州的轮轨高铁线路会比较平顺。但是七宝镇和上海其

上海虹桥站。

他交通设施，如机场、地铁等距离较远，不易形成综合交通枢纽。上海市的意见是在虹桥建设交通枢纽，这样虹桥地区既有机场、地铁、路面交通，还有京沪高铁终点站，可以形成一个立体的交通枢纽。在这一点上，铁道部和上海市的意见相左。铁道部认为，如果京沪高铁终点站放在虹桥，将来高铁延伸到杭州，就要又进来又出去，路由不平顺、不方便。上海市考虑问题的角度不同，时任上海市副市长杨雄同志专程到北京来向我报告了上海市的想法。后来经过艰苦的工作，我和上海市终于说服了铁道部，将京沪高铁上海站选在了虹桥。

## 上海轨道交通明珠线车辆的生产点问题

随着上海的发展，城市轨道交通的作用显得越来越重要。上海市认识到，作为中国最大的工商业城市，轨道交通车辆将会有很大的需求，是一个很大的市场。为了发展上海市的产业，上海市的制造部门希望能够在上海电气集团已有的基础上，建立一个轨道交通车辆生产厂，以后上海需要的轨道交通车辆就由该厂生产提供。当时分管工业的上海市副市长蒋以任同志带领上海电气集团的领导到北京来向我反映上海市的诉求。

可是，当时从全国的情况看，类似有上海这样诉求的大城市还有北京、广州、大连等地，他们也都希望在自己的城市建设新的轨道交通车辆生产厂。另外，原铁道部系统有分布在全国各地的多家车辆生产厂，如果每个大城市都去搞轨道交通车辆生产厂，今后各城市的车辆都用本地生产的，不仅市场仅限于本地，不能发挥规模经济的效益，又会割裂全国竞争有序的统一市场。因此，当时我的想法是不铺新摊子，利用已有的铁路机车车辆厂来生产城市轨道交通车辆。当时在全国比较有实力的车辆制造厂有长春客车厂、青岛四方机车车辆厂、株洲车辆厂和南京浦镇车辆厂，足以为全国大城市提供城市轨道交通车辆，形成一定的规模经济。

我先后说服了北京、广州、大连等城市放弃新建城市轨道交通车辆厂的想法，而在以上铁路机车车辆厂中招标竞争选用。南京浦镇车辆厂就在上海附近，应该充分利用南京浦镇车辆厂已有的条件，而其他轨道交通上需要配套的产品，如列车空调器、电器产品等，尽可能利用上海已有的工业基础，发挥上海市的作用。尽管这个想法没能满足上海市的愿望，但上海市顾全大局，采取了和南京浦镇车辆厂合作的方案，没有坚持在上海生产车辆。上海明珠线开通后首次运营，副市长韩正同志还特意邀请我和他同乘一节车厢，参加了首运仪式。

## 上海汽车公司和南京汽车制造厂合并重组

南京汽车制造厂曾是中国汽车工业的骨干企业。中国汽车工业总公司成立后，南京汽车制造厂还是中国汽车工业总公司的直属企业，而上海汽车公司属于上海市的地方企业。改革开放后，上海汽车公司发展迅速，这两个地理位置接近的汽车生产企业各自布置配套零部件体系，显得分散重复，没有形成规模效应。在铸件生产上，南京汽车制造厂计划在南京市迈皋桥建设一个新的铸件生产厂，而上海汽车公司也准备在上海市市郊建设一个新的铸件厂。此事引起了时任国家计委主任曾培炎同志的关注。曾培炎同志亲自协调，希望上海和南京两个汽车制造厂共同投资建设一个规模化、现代化的铸件生产厂，厂址就选在两地之间——发展空间较大的镇江。这件事现在看来似乎简单，但在当时地方各自为政的情况下，捏在一起还真不容易。在曾培炎同志的亲自推动下，最终两地政府和企业都同意，共同在镇江投资一个现代化、量产规模化的铸件生产厂，引进当时世界上最先进的意大利泰克西铸件生产企业的技术，共同投资组建了华东泰克西汽车铸造有限公司。这件事现在回顾起来做得十分正确。

后来又发生一件事。英国老牌汽车公司罗孚汽车公司濒临破产时，上海汽车公司购买了罗孚公司的产品技术专利。后来罗孚公司又准备出售其生产资产时，南京汽车制造厂和上海汽车公司都去英国竞购，结果南京汽车制造厂捷足先登，拆回了罗孚汽车公司的生产设备。实际上，由于内斗，两家的引进都不完整。随着我国汽车工业的发展，国家计委希望这两个地理位置接近的汽车制造企业能够合并重组为一家汽车企业，并且共同规划分工生产引进的罗孚汽车，也就是现在的荣威和名爵汽车。这件事在南京汽车制造厂的阻力很大，他们觉得自己是被上海汽车公司兼并了，感情上难以接受。最终在曾培炎同志和国家计委的协调下，加上两个地方政府的支持，两家企业合并成了一家汽车制造公司，南京汽车制造厂整体并入上海汽车公司，在荣威和名爵汽车的生产上也发挥各自优势，做了合理分工配置。这个曾经中国最大汽车兼并重组项目即使在今天来看，也是一个大动作。当时从上到下有不同看法，难度和阻力可想而知。好在在国家计委的统一协调之下，上海市和江苏省、南京市政府都能从全局出发，从组织机构上、人事安排上做了重大调整。如今，南京汽车制造厂发展得很好，可以说在全国也是一个非常成功的汽车工业合并重组案例。

## 长兴岛岸线的分配

随着造船工业向大型化发展，原来主要部署在黄浦江岸边的江南造船厂、沪东造船厂等企业需要从黄浦江畔搬迁到长江沿岸去发展，江南造船厂在外高桥率先建设了外高桥船厂。后来上海申办世博会成功，促使江南造船厂要尽快整体搬迁，原老厂场地作为世博会场馆。

当时船舶工业集团（江南造船厂母公司）看好的位置是长兴岛，但是长兴岛的岸线资源有限，长度总计也就 8 公里左右。而且除了造船工业以外，其他的一些企业也都看好长兴岛的岸线资源。在船舶工业集团之前，振华港机和中海集团两个企业已经在长兴岛占有了一部分岸线。当时我希望船舶工业集团抓住有利时机，尽早跳出黄浦江到长江岸线去发展。所以我找到上海市发改委主任蒋应时，希望他将长兴岛的岸线全部留给上海的船舶工业集团企业，争取把江南造船厂和沪东造船厂都迁往长兴岛，在长兴岛建设大船坞。但是，由于长兴岛有限的岸线，许多企业都在争抢，不仅有作为央企的船舶工业集团，也有上海的地方企业。最终，上海市将除了原有已经被占用的两小段岸线留给振华港机等两个企业外，其余的岸线都给了船舶工业集团，这才使得今天上海的船舶工业集团可以生产高技术含量的 LNG 运输船和深水钻井平台，并为建设强大的海军提供装备保障。

## 洋山深水港建设中的几个问题

受长江口拦门沙的影响，作为中国最大的港口城市、中国最大的工商业城市，上海却一直受困于没有一个大型深水码头。几届上海市委、市政府都在研究如何建设深水码头的问题，设想过多种方案，但是都不能解决上海市所需的深水码头问题。最后，上海市经过反复研究，决定利用浙江省舟山群岛中崎岖列岛中的两个小岛——大小洋山岛来建设深水码头。大小洋山岛间的水道最深达 90 米，是建设深水集装箱码头的良好港址。由于洋山深水集装箱码头的建设，上海已经成为世界上集装箱吞吐量最大的港口。现在回过头看，建设洋山深水港是十分正确的，极具战略眼光。可是，洋山深水港的建设在当年决策过程中却争议很大。当时交通部认为应该治理长江口，打开影响船舶进入的拦门沙，后来也曾提出过在外高桥五号沟建设深水港口。是建设洋山深水港还是打通影响长江航运的拦门沙，意见不能统一。为了推进上海深水港的建设，同时改善长江航运，国家发改委决定这两个项目同时进行。

建设疏浚长江口，打通拦门沙约需 30 亿元，国家决定负责投资的大头，剩余部分由上海市和江苏省分摊，上海市承担较多一点投资。为了使洋山深水港建设尽快得到批准，上海市同意在国家投资以外承担较多一点的投资，终于解决了影响洋山港审批的一个障碍。

洋山深水港到上海临港距离较远，必须建设一座长约 30 公里的跨海大桥来运送集装箱。这座东海大桥当时是全国最长的海上桥梁，需要的投资不少。按照当时解决资金的思路，一是向国家要一点；二是贷款，贷款建桥，收费还贷。也就是说，对每个经过该大桥的集装箱要收取一定的费用，用于归还贷款。但是如果采取这种办法，会使

上海洋山深水港。

在洋山港装卸的集装箱成本提高，影响货主在洋山港装卸集装箱的积极性。为了解决这一难题，时任中共上海市委书记黄菊同志拍板决定东海大桥的全部投资由上海市出，并且今后对集装箱不收过桥费，自由通行。这个决策也是洋山港得以繁荣的重要因素。

重大工程项目是百年大计，必须科学论证，同时也必须有大局意识、全局意识，经得起历史检验。

# 城市轨道交通建设的历史性跨越

## 一、从滞后 102 年到 20 年跃居世界第一

到 2016 年底我国运营轨道交通的城市达到 26 个，运行总里程 3748.67 公里。其中，上海运营城市轨道交通总长达到 617 公里，已成为目前世界上运营轨道交通线路最长的城市。北京运营了 554 公里，广州运营了 308 公里，都进入了世界运营城市轨道交通最大的城市行列。全国在建城市轨道交通的城市已经达到 42 个。这里讲的城市轨道交通指的是城市地铁和轻轨。

世界上第一条地铁是 1863 年在伦敦建设的，总长只有 4.8 公里。中国建设的第一条地铁是北京地铁 1 号线，于 1965 年开始建设，1971 年正式投入运营，比世界上第一条地铁整整晚了 102 年。但是，中国仅仅用了 20 多年时间不仅在城市轨道交通的运营总长度上跃居世界第一，而且无论是在施工技术还是装备方面也发挥后发优势，实现了国产化，技术先进性居于世界前列，开始输出轨道交通装备。中国已经向美国波士顿、印度孟买、伊朗德黑兰、土耳其伊兹密尔、中国香港等多个国家和地区出口地铁车辆，成为中国又一个有竞争力的

出口产品。中车公司在美国波士顿附近的春田市（Springfield）投资建设的地铁车辆厂正在建设中。现在城市轨道交通已经成为许多城市不可或缺的最主要的公共交通工具。20 年前，这简直是一件不可设想的事情。

1993 年，我国出现了严重的通货膨胀。当年国民经济运行的重要任务是控制通货膨胀，所以在国家计委投资司中新设立了一个房地产处，后来改名为城市基础设施建设处，主要任务是控制楼堂馆所的建设规模。该处开始时的主要职责是拟定经济适用房的建设规模和贷款总额，控制五星级酒店的建设以及城市轨道交通的建设，此类项目都要经过这个处审查。这个处的第一任处长是秦玉才，后来在国家发改委西部司司长的职务上退休，从建设部也调入了干部。当时我任国家计委投资司副司长，也分管该新设的处。因此在此后的工作中了解并切身经历了城市轨道交通的发展历程和政策变化。

1995 年时全国拥有城市轨道交通的只有三个城市，分别是北京、天津、上海，全国运营的轨道交通一共只有四条线，总里程 70 公里。它们是北京沿长安街地下的 1 号线，开始建成时叫复八线（复兴门至八王坟），后来不断向东西两端延伸。沿二环路地下的环线，又叫 2 号线，长 23.1 公里。1 号线和 2 号线两条线总长 42 公里。天津市只有一条 1970 年开工建设、1976 年 1 月 10 日投入运营的地铁，运营里程 7.4 公里。上海地铁 1 号线于 1990 年 1 月 19 日开工建设，1993 年 5 月 28 日投入运营。上海地铁于 1956 年就开始酝酿，但到 1990 年才开始建设。建设北京、上海、天津这三个城市的地铁最初目的都是为了战备需要。

1993 年在国家计委投资司设立城市基础设施建设处时还有上海和广州两条地铁在建，但还未投入运营。这两条地铁都是在改革开放后使用德国政府贷款建设的，80% 都必须用于购买德国的设备，所以设备费用昂贵，致使 1 公里的造价需要 8 亿元，这在当时可是一个昂贵的数字。开始建设后，1989 年碰上了动乱，西方国家制裁我们，德国政府停止了贷款，工程停滞。但后来德国在西方国家中率先解除了制裁，恢复了贷款。我想这不是因为德国对我们特殊友好，主要是因为其中也损害了他自己的利益。以上是 1993 年起成立国家计委投资司城市基础设施建设处负责城市轨道交通时我国城市轨道交通的全部家当。而当时世界上运营城市轨道交通超过 300 公里的有五个城市，分别是纽约、伦敦、巴黎、莫斯科和东京。中国全国 70 公里和一个城市 300 公里简直没法比，所以当时我根本想不到中国现在有 3700 公里以上的城市轨道交通会投入运营，全国省会城市除拉萨外都已运营或在建轨道交通项目。当时想全国能有 300 公里地铁就不错了。

## 二、国务院办公厅曾发文暂停审批<br>城市地下快速轨道交通项目

1995 年发生了一起外交事件。西班牙国王访华，他此访的主要目的是要签订向沈阳市出售城市轻轨成套设备。可是当时沈阳市的财政状况不好，难以承担昂贵的城轨建设费用，所以这笔买卖签不下来。这事一直闹到了李鹏总理那里。李鹏总理了解了情况后非常生气，批评了沈阳市，没这个财力就不要把人家引进来，造成骑虎难下的局面。鉴于城市轨道交通在当时是非常昂贵的建设，而且运营费用也很高，除中国香港将地铁沿线物业开发交由地铁公司尚有盈利外，其他城市都靠政府财政补贴，财政收入不高的城市承受不起。同时当时又处于通货膨胀严重的经济环境，要控制固定资产投资，于是李鹏总理指示国家计委起草一个文件，以国务院名义发布，暂停对城市轨道交通的审批。这就是国办发〔1995〕60 号文——《国务院办

公厅关于暂停审批城市地下快速轨道交通项目的通知》。文中开头就说，"城市快速轨道交通（包括地铁、轻轨等）在城市交通骨干体系中具有重要作用，但由于其建设投资大、运营成本高，国家和所在城市财政目前难以承受。根据我国城市现有经济发展水平和国家财力状况，当前必须严格控制城市快速轨道交通的发展，并对在建项目加强管理"。

这个通知的第一条规定：除北京、广州两个在建地铁项目和上海地铁二号线项目外，今后一段时间内暂停审批城市地下快速轨道项目。对国务院和国家计委已批准立项和原则同意建设的天津、青岛、南京等城市的地铁项目和沈阳轻轨项目要停止对外签约，国家计委要暂停审批其可行性研究报告和开工。

第二条规定：要严格执行基本建设审批程序。所有的城市快速轨道交通项目均属大型项目，必须报国务院审批。任何地方均不得自行批准此类建设项目，不得擅自对外开展工作。凡未经批准自行立项和对外签约的项目一律无效，造成重大损失者要追究有关领导人的责任。

第三条规定：做好城市轨道交通发展的规划工作。国家计委要会同有关部门组织制定我国城市快速轨道交通的发展规划和地铁设备国产化规划。今后城市快速轨道交通项目的审批均以国家轨道交通发展规划为依据。

这个通知下达后实际上停止了所有城市轨道交通项目的审批。根据通知第三条的规定，我们开始着手制定城市轨道交通规划和设备国产化工作。我认为，城市轨道交通是城市公共交通的主要组成部分，不建设是不行的，通知的主要担心是造价昂贵，城市财力无法承担。所以首先是要制定一个标准，什么城市可以建设轨道交通项目。另外，要解决城市轨道交通设备国产化的问题，把建设成本降下来。经过研究和征求各方面的意见，根据当时我国城市的状况，拟定了三条可以建设城市轨道交通的标准：第一，该城市人口在 300 万人以上；第二，国内生产总值（GDP）1000 亿元以上；第三，地方本级财政收入 100 亿元以上。同时满足以上三条标准才可以建设城市轨道交通。按此标准一卡，当时全国共有 15 个城市符合条件。我记得当时南京都差点没进去，头两条符合，但地方本级财政收入 99 亿元，差一点点，但是后来还是放在 15 个城市内了。暂停批准建设城市轨道交通的禁令在 1998 年遭遇亚洲金融危机我国转而采取扩大内需的宏观调控政策后彻底取消，转而把城市轨道交通建设作为扩大内需的一个内容。这时，我国城市轨道交通国产化的工作也得到长足的进展，建设造价显著降低，达到了国办文件的政策效果。

## 三、落实城市轨道交通装备国产化

最艰巨的工作是落实轨道交通设备国产化。在 1995 年之前我国地铁车辆基本上只是长春客车厂一家生产，北京、天津的地铁车辆此前都是长春客车厂生产的。但我国城市轨道交通装备的水平与国际先进水平差距太大。改革开放后，长春客车厂和德国阿德川斯公司、青岛四方与加拿大庞巴迪都搞过合资厂，但外商看中的是中国市场，并不真想把技术拿来，他们是看中国的订单安排生产。当时中国的城市轨道交通还没有发展起来，订单很少，所以后来都没有搞好。

我主张轨道交通车辆的国产化依托现有的铁路机车车辆厂，不铺新摊子，防止重复建设和地方保护主义，争取能做到全国竞争有序的统一的大市场。但是一些有较多轨道交通规划线路的大城市看好未来城市轨道交通设备市场潜力，不希望肥水流入外人田、本市所需的轨道交通车辆去买别的城市生产的产品，所以强烈希望在本市建轨道交通车辆生产厂。最典型的是北京。北京是中国最早有地铁的，也是此后轨道交通设备市场最大的城市，已经建有地铁车辆修理厂，北京市希望在车辆修理厂的基础上发展为地铁车辆生产厂。此前北京地铁都是用长春客车厂生产的车辆。而我担心一旦北京市建设了地铁车辆生产厂，北京市地铁所需的车辆就会因地方保护主义优先考虑用本市生产的产品，把全国统一的竞争有序的大市场割裂，从而失去了竞争。

为此，在1993年前兼任国家计委主任的邹家华副总理就开会进行过协调。长春客车厂当然是心里不愿意，但也不能得罪大用户北京市。而我竭力反对，最后邹家华副总理裁决由长春客车厂拿出50节地铁车辆在北京的地铁修理厂总装，总算打消了北京市想建地铁车辆生产厂的念头。邹家华副总理问我，铁路车辆不是和地铁车辆样子差不多吗？为什么我们能生产火车车厢，而地铁车厢生产这么难？这一问题当时我也不知道，被问倒了。会后我去向有关同志求教，被告知至少有三点不同。第一，地面火车站间距长，例如20公里，而城市轨道交通站间距也就2公里左右，所以频繁加速减速，加速度高，动力性能要求更高。第二，过去的列车都是动力集中型的，即火车头拉着一长列车厢跑，而地铁采用四动两拖，即六节车厢中有四节有动力，两节无动力是拖车，采用的是动力分散型。对动力集中型和动力分散型概念的了解给我留下了深刻的印象，所以后来在论证高铁动车组技术方案时法国的TGV是动力集中型，而德国ICE和日本新干线采用的是动力分散型，我和铁道部的主流意见一致，是赞成采用动力分散型的。第三，地铁车厢的载客量比普通列车要多，车体要宽，地下行驶安全性也有一些特殊要求。

和北京市一样，想在本市建轨道交通车辆厂的城市还有上海、广州、大连等。上海的蒋以任副市长带着上海电气集团的领导多次找我，希望同意依托上海发电设备制造集团与德国西门子合作制造轨道交通设备。上海的考虑是，上海是今后发展轨道交通的一个重要城市，有这样一个市场当然希望上海厂家来生产。而我的考虑是全国已有长春客车厂、青岛四方车辆厂、株洲机车车辆厂、浦镇机车车辆厂等多家生产铁路机车车辆的企业，生产能力已经不小，应该依托这些车辆厂来生产城市轨道交通车辆，不要另起炉灶，将来造成生产能力过剩。不要重蹈汽车行业遍地开花，重复建设，造成几乎全国每省都有汽车厂的局面。另外，如果每个要建轨道交通的大城市都以本地有市场为由，肥水不流外人田的话，那么今后必然是地方保护主义。北京、上海、广州各个主要城市都用自己城市生产的车辆，别的车辆厂产品进不来，自己的产品也进不到别人的市场去，失去了竞争。自己城市的需求市场再大，也毕竟只是一个城市，难以支撑一个生产厂家的产量所需要的市场规模，生产厂家的规模经济上不去。欧洲、美国已经有了前车之鉴，他们在地铁发展高潮时各国都搞了轨道交通车辆生产企业。以欧洲为例，他们有法国的阿尔斯通、德国的西门子，还有西班牙等国，现在建设高潮期过了，生产能力过剩，企业亏损，面临兼并重组去产能，有的已经破产关闭，我们不能重蹈他们的覆辙。另外，上海附近就有浦镇机车车辆厂，这是一个在国民党统治时期就有的老企业。当时还没有长江大桥，京沪铁路在南京长江被隔成两段，长江以北叫津浦路，浦就是南京长江北岸的浦镇。我 1962 年上大学时还自己拿着铺盖卷坐轮渡到长江北岸的浦镇去上火车。所以浦镇作为重要的铁路站点，建有浦镇机车车辆厂，也曾有不少外国专家在此工作，是个历史悠久的企业。在国务院办公厅文件下发后我们已经把浦镇机车车辆厂作为生产城市轨道交通车辆的生产厂，正在与法国阿尔斯通进行技术合作。所以上海没有必要另起炉灶再去建设一个生产企业，完全可以用浦镇机车车辆厂的产品。我说服上海市的同志，希望他们不要再建轨道交通车辆厂了，而是与近在咫尺的浦镇机车车辆厂合作。上海制造业基础雄厚，凡是上海已有企业有能力为轨道交通车辆配套的零部件厂，例如车辆的空调、自动门等，尽量用上海的产品。上海的同志还是顾全大局，听中央意见的，没有再坚持上车辆厂。上海后来建设的明珠线就使用了浦镇机车车辆厂与法国阿尔斯通合作的产品。

2000年12月26日，采用浦镇机车车辆厂与阿尔斯通合作生产车辆的上海市轨道交通明珠线一期工程试通车仪式在上海举行。

广州市应用德国政府贷款进口的第一列西门子车辆如走海运要两个月时间，赶不上运营日期，租了俄罗斯的大型运输机将一列地铁车厢空运到了广州。广州当时也想依托铁路机车修理厂建设轨道交通生产厂，时任市长林树森找我，我也以同样的理由说服他。他曾任广东省计划委员会主任，对经济全局的思维非常理解，很快放弃了在广州建轨道交通车辆厂的打算，转而积极支持国产化，采用了长春客车厂生产的地铁车辆。时任广州地铁公司总经理的卢光霖同志也是地铁装备国产化的积极推动者，并将直线电机作为推进动力应用于地铁车辆，后来广州地铁还实现了全封闭的地铁站台，提高了安全性。

大连有机车车辆生产厂，大连市主要领导也找过我，要在大连生产城市轨道交通车辆。我同样劝他们从国家全局出发，不要再上城市轨道交通车辆生产了。他们还是希望能同意大连生产。我对他们说：站在地方的角度考虑，当然会这样要求，但当你们如果在中央工作，从全国的情况考虑，就不能同意每个城市都去生产城市轨道交通车辆了。但后来大连机车车辆厂还是为大连的轻轨交通线生产了三节车厢一组的轻轨列车，但档次较低，并正如我所料，没法进入别的城市的市场，也就不可能发展起来。

经过一番艰苦的工作，终于说服了各城市，在全国确定了长春客车厂、青岛四方车辆厂、株洲机车车辆厂和浦镇机车车辆厂四个地铁车辆生产厂，在我任内一直维持了这一格局。这样做有计划经济的色彩，到底对不对？肯定会有不同看法。但我认为，在城市轨道交通车辆生产上没有像汽车一样遍地开花，产能过剩问题据说现在已经有所显现，但比起汽车、船舶、机床等行业来并不突出。实践证明，计划经济的布局和市场竞争机制的优越性在城市轨道交通设备领域得到了较好的体现。

落实城市轨道交通设备国产化，除车辆外还有许多关键的零部件，比较突出的有信号系统，这是我国产业技术的薄弱环节，早期地铁的信号系统均是从国外进口。在开始做国产化规划时，我们想利用电子工业系统的优势研究机构和企业，眼光基本上还是盯着国有企业，结合南京建设地铁，我们选择电子工业部 14 所为南京地铁配套信号系统合作单位。现在信号系统已经能够国产化，北方交通大学的北京交控和卡斯科，铁道部的通号公司都生产出了国产的地铁信号系统。

地铁车辆的车体已从过去的碳钢变为不锈钢车体和挤压蜂窝状铝型材，这种车体此前我国没有生产过，开始我们也是盯着央企来实现国产化，选择最有实力的西南铝加工厂研发，给予扶持，但央企最终还是没有竞争过崛起的民企。现在，吉林麦达斯铝业有限公司、利源精制股份有限公司、忠旺控股有限公司、广西南南铝加工有限公司、明泰铝业有限公司、中铝萨帕特种铝型材（重庆）有限公司等都能提供挤压车体铝型材了。

轨道交通设备的其他零部件我们都安排了国产化方案。车用空调，现在由上海的法维来做；车门，南京的康尼公司等都成了主要的供应商。经过十几年的努力，城市轨道交通设备国产化率达到了90%，变进口为出口，成本价格降低了几乎一半，加上施工机具、技术的进步，地铁的造价也降低了近一半，这使得更多的城市大规模建设地铁成为可能。

在推进轨道交通装备国产化的过程中得到了大多数地方的认可和支持，这是国产化工作得以落实的重要因素。我那时对推进国产化到了痴迷执着的程度，态度十分坚决，不容通融。法国阿尔斯通公司高管和我几次接触后虽感到我推进国产化态度坚决，但私下里和他们自己的翻译说，他是一个为自己国家利益努力的人，值得敬佩。西门子则在背后送了我一个"国产化先生"的绰号。中国加入 WTO 后，有些人不敢提国产化了，怕有违 WTO 的规则。国家发改委办公厅原有一个负责核稿的副主任，看见文件中有"国产化"字样的都改为"本地化"。我对他说这不是自欺欺人嘛！翻译成英文都是"localization"。我在考察纽约地铁和加拿大庞巴迪时了解到，美国已经没有生产地铁车辆的工厂了，所需车辆主要从加拿大庞巴迪进口，但庞巴迪公司告诉我，美国有个法律叫作"Buy America"（买美国货），直截了当要求在美国的生产成分要占到 80%，我当即要求庞巴迪公司给我复印了一份该法律文本带了回来。1999 年国家发展计划委员会原副主任包叙定同志调任重庆市市长，当时重庆正在筹建第一条城轨交通。根据重庆山城的特点，他们选择单轨列车方案。当时我们国家尚未有单轨轨道交通，日本东京从市内到成田机场有一条单轨线路。我担心首次采用单轨技术，全套装备又会进口国外的。所以在包叙定市长赴任前，我对他的临别赠言竟是谈了我的担心，希望他到任重庆市市长后坚持国产化的路线。他表示，他曾是机械工业部部长，搞国产化是他的任务，他会贯彻国产化的方针，尽可能采用国产装备。现在包叙定同志担任城市轨道交通协会会长。

南京市的第一条地铁是在副市长戴永宁领导下建设的，深圳市第一条地铁市里负责的是常务副市长李德成，他们都有全局观点和宏观视野，坚决支持国产化的工作，带头吃第一只"螃蟹"，为国产设备的首台（套）应用提供了市场。

在轨道交通装备国产化过程中，对工厂的技术改造升级也十分重要。我曾对确定为轨道交通车辆生产厂的长春客车厂和浦镇机车车辆厂作过考察。长春客车厂的马厂长和浦镇机车车辆厂的蓝厂长带我参观工厂的生产车间时，我直言不讳地批评，这样的生产条件无法生产出高质量的地铁车辆。车间天窗是破的，地面肮脏油污，根本谈不上洁净度和恒温恒湿。装配车间里挖个槽，装配工站在槽里为车辆底盘装配，就像过去修理汽车一样。而在西门子的车辆工厂，车间是洁净厂房，地面整洁光滑，待装配的车辆用气垫悬浮起来，工人站着甚至坐着装配车厢底盘，根本不用钻进槽内在地坑中去装配车厢底盘。我还对长春客车厂的同志讲，第一汽车制造厂对吉林省长春市的经济贡献很大，相比较处于同样地位的长春客车厂对地方的贡献和影响力就不如一汽，中国轨道交通市场这么大，长春客车厂应该为地方经济发展作出更大贡献。后来在扩大内需的国债资金中有一块是补助企业技术改造的贴息资金，我为这几个厂都安排国债资金进行了大规模的技术改造，工厂真是鸟枪换炮了。马厂长、蓝厂长都为城市轨道交通的国产化作出了重大贡献。温州高铁发生撞车事故后，铁路降速，对高铁的质疑声骤起，订单迅速下降。本来连节假日都需加班加点的生产车间一下子变得冷冷清清。我也忧心忡忡，跑到长春客车厂去看。这时的长春客车厂已经在新区建起了一大片崭新的现代化厂房，连西门子、阿尔斯通的同行看后都羡慕不已。中国的轨道交通装备和船舶工业已经在世界上处于领先地位。

## 四、影响城市轨道交通装备生产的体制障碍

还有一件体制造成的有意思的事情。铁路机车生产企业和铁道部脱钩后成立了南车集团、北车集团，理论上不隶属铁道部管，归国资委领导，但由于铁道部仍是机车车辆的唯一买家，所以机车车辆工厂对铁道部唯唯诺诺，怕得要死。而体制上，铁道部不管地铁，城市轨道交通是建设部的事，所以铁道部原部长刘志军到机车车辆工厂视察和落实动车组制造时不准企业生产地铁车辆，谁要不听就不给动车组任务。所以长春客车厂等生产地铁车辆的工厂都怕，每次刘志军来视察时他们就要把地铁车辆生产藏起来，不让他看见。浦镇机车车辆厂因为生产地铁，所以刘志军就不给浦镇机车车辆厂安排动车组生产任务，做了许多工作也没用。当时浦镇与法国阿尔斯通合作很好，刘志军硬要拆散，要阿尔斯通去与长春客车厂合作。当时长春客车厂正与西门子谈得火热，刘志军要西门子去与唐山客车厂合作。为了得到中国订单，阿尔斯通和西门子不敢不听刘志军的，原来的合作关系就这样被拆散拉郎配了。后来在安排高铁动车组国产化生产厂时，刘志军始终把浦镇机车车辆厂排斥在外，浦镇机车车辆厂找了很多关系，做了很多工作，仍然不管用。究竟他心里怎么想的谁都不知道。

在当时体制下地铁车辆生产在机车厂是"小媳妇"，只能是在夹缝中生存。现在体制又变了，国家发改委内部管理业务把城市轨道交通从投资司转到基础司。国家发改委要放权，原来的城市轨道交通装备国产化方案不再适用了，事实上在原规划外又有一些城市企业生产轨道交通车辆，行业担心各地又会一哄而起。在新的形势下如何宏观管理好城市轨道交通产业的确也将面临考验。希望这一产业能持续健康发展起来。

# 五、发展城市轨道交通事业的经验

回顾 20 年来我国城市轨道交通事业的发展历程让人振奋，引以为豪。这里第一条经验，正是我们国家的优势所在，既发挥社会主义能集中力量办大事的优势，又发挥市场机制竞争的作用，有正确的规划和政策，并坚决贯彻之。现在有人在讨论要不要产业政策。还是一句老话：实践是检验真理的唯一标准。20 年我们在城市轨道交通领域取得的举世瞩目的成绩已经说明过去我们的做法是符合我国国情的、行之有效的。理论再对，不能取得成效，不过是纸上谈兵而已。知易行难，与其纸上谈兵不如付诸实践。

第二条经验，重大基础设施是百年大计，不能只看眼前，要有长远的规划。我记得在讨论北京市从崇文门到北边的立水桥这条南北走向的地铁时，开始时为了省钱，想在北三环就露出地面，三环以外是地面的轻轨。而我希望从长远看问题，尽可能在地下走，为今后地面发展留出空间。后来折中在北四环露出地面。现在回顾，如果当初在北三环就露出地面变成轻轨会是怎样？同样，广州市在建设通往南沙新开发区轨道交通时，林树森书记说过，全部建成地下的地铁，为今后地面发展留出空间最好，但是因为资金问题还是在地面建了轻轨。

轨道交通事业发展给我们一个启示，城市轨道交通能做到的，其他领域也同样能做到。现在中国高铁、船舶、通讯设备等和城市轨道交通一样都已经站在世界的先进行列，相信今后会有更多的行业脱颖而出。

# 以世界一流标准建设好
# 首都机场扩建工程 *

首都机场新航站楼即将以宏伟、大气磅礴之雄姿展现给世人，首都机场将成为世界一流的国际枢纽机场迎接奥运会的召开。被誉为祖国之大门的首都机场伴随着中国的对外开放脚步而发展，是中国经济蓬勃发展的缩影，是中国国力强盛的写照。

首都机场 1 号航站楼始建于 1959 年，1999 年扩建了 2 号航站楼。总占地面积 961 公顷，建筑面积 40.45 万平方米，设计年旅客吞吐量 3500 万人次，货物运输量 78 万吨。由于中国经济的快速发展，2006 年首都机场实际旅客吞吐量达到近 4865 万人次，货物运输量达到 102 万吨，超负荷运转已经不堪重负。2007 年旅客吞吐量又进一步增加到 5200 万人次，航班班次曾一度增加到每天 1450 架次，但无论是空域还是机场地面设施，都无法适应这样高密度的起降，航班晚点成为常态。从安全考虑，民航总局不得不将航班减少为每天 1000 架次左右，只能减少各航线的航班，各地意见很大。

首都机场的现状，无论如何满足不了奥运会的需要，必须进行扩建。我国申办奥运会成功之后，2002 年 9 月，民航总局和北京市政

---

\* 本文原载 2008 年 2 月 15 日《经济日报》。

家宝同志：

您十分关心首都机场的扩建项目，在首都机场本期工程
实施前您与黄菊、培炎两位副总理亲自到首都机场调研、视
察。三位总理、副总理同时到一个工程视察在我的记忆中是
没有过的，充分体现了国务院对建设首都空中门户的关心。

首都机场经过一期、二期工程建设，现设计吞吐能力为
3500 万人次。今年预计实际吞吐能力要超过 4500 万人次，
已经不堪重负。在限制航班的情况下大部分航班仍然晚点，
每天起降 1100 多次，高峰时一分多钟就要起降一次。晚点
的原因主要是要排队起降，空中走廊拥挤。我今年出差，在
首都机场几乎次次晚点，有几次不得不求助民航总局和空管
委。另外通往首都机场的高速公路也已满负荷，在遇雨雪和
专车队经过时经常堵车。随着经济社会发展，各地要求增加

2006 年 11 月，张国宝就首都机场扩建问题给温家宝
总理的信件首页。

府联合上报了扩建首都机场项目建议书。首都机场扩建工程规模宏
大，是北京成功举办奥运会的重要配套工程，必须在 2008 年举办奥
运会前建成，只剩下四年时间相当紧迫。国务院领导同志亲自到首都
机场视察，定下了在原址扩建的意见。2003 年 8 月，国务院第 18 次
常务会议同意，首都机场按照 2015 年吞吐量为 6000 万人次规模立项
扩建，要求于 2008 年前建成，迎接北京第 29 届奥运会召开。鉴于首
都机场扩建工程是一个庞大的系统工程，涉及中央、地方多个部门的
工作协调，国务院决定成立首都机场扩建领导小组，由我任组长，民
航总局一名副局长、北京市一名副市长任副组长。对首都机场的扩建

方案，我主张一定要吸取以往扩建的经验教训，不建则已，建则必须世界一流。经过招标比选，选定了 Naco-Foster-Arup 公司提交的建筑方案，由世界著名设计大师诺曼·福斯特设计，造型寓意龙形，正立面宽 780 米，气势宏伟，大气磅礴。2003 年 10 月，我们将扩建工程模型抬到国务院会议室，国务院第 26 次常务会议研究并确定了首都机场扩建工程 3 号（简称 T3）航站楼建筑方案。2004 年 3 月，我向国务院第 42 次常务会议汇报了首都机场扩建工程可行性研究报告并获批准。至此，首都机场扩建工程审批程序完成。建设方案主要有建设 T3 航站楼，建筑面积 98.6 万平方米，新建长 3800 米的第三跑道、34 万平方米的交通中心，以 2015 年为目标年，旅客吞吐量 6000 万人次，后经过调整，提前建设了 T3C，作为奥运专机航站楼，实际旅客吞吐量达到 7600 万人次，货物运输量 180 万吨，年飞机起降 58 万架次，高峰小时飞机起降超过 124 架次，即 1 分钟要起降两架次。首都机场总占地扩大到 1480 公顷，需新征用地 2.2 万亩，其中机场用地 1.97 万亩，国际航空公司和新华航空公司基地 2500 亩，需搬迁 9 个村庄 10000 余人，安置劳动力 7000 余人，总投资概算 270 亿元。

首都机场扩建工程从 2004 年 3 月 28 日开工，到 2007 年 12 月 28 日基本建成验收，只用了三年零九个月的时间。高峰时现场施工民工达到 5 万人，打桩机 2 万余根，浇筑混凝土 180 万立方米，用钢筋 50 万吨，铺设电缆 5000 余公里，建成电梯步道 4.8 公里，屋顶网架面积 33.6 万平方米，用钢 1.9 万吨。各项工程百分之百合格。在建设中涉及小中河改道，水闸迁建及通往顺义区的通讯电缆、天然气管道等均要改道。在北京市、顺义区的高度重视和配合下，艰难的搬迁任务按工程需要完成了。

首都机场扩建工程是第一个建成验收的奥运配套工程，也是建设规模最大、投资最多的奥运配套工程。它和国家大剧院的不同点是国

2004 年 11 月 28 日，张国宝（左三）与首都机场建设指挥部相关同志研究建设方案。前右二为首都国际机场扩建工程总指挥陈国兴。

家大剧院没有规定建成日期，而首都机场扩建工程必须在 2007 年底建成验收，2008 年 2 月投入试运行，5 月投入正式运行，8 月迎接奥运会。

为保证首都机场年 7600 万人次的地面交通运输需要，北京市投资 62 亿元建设从东直门到 T3 航站楼的轻轨列车。现有的机场高速公路适应不了交通流量的增加，必须增建机场第二高速公路，建设机场南高速（李天路）和六环路到机场的北通道。这些交通系统都将在 2008 年 6 月份完成。首都机场扩建工程能在这么短时间内按期建成，充分体现了社会主义制度能集中力量办大事的优越性和大协作精神。在建设中，T3 航站楼累计安装钢管桩 298 根，736 节，重 1.7 万吨，必须限期完工。所有钢材只有舞阳钢厂能生产，材料供应和制作都非常紧张。一声令下，舞阳钢厂按期提供了钢材，江南造船厂协助制造完成了任务。首都机场的电力系统需要增容，并新建 220 千伏变电站，华北电管局和北京供电局在接到通知后立即召开现场办公会，保证了全部供电系统在 2007 年 12 月 25 日完工。

首都机场扩建工程充分体现了科学发展观的要求，采用多项创新成果，许多科技新成果在世界上尚属首次采用，使我国机场建设的科技水平登上了崭新高度。新航站楼的高速传输和自动处理行李系统，每小时处理能力达到 2 万件，自动分拣不允许有差错，行李运输系统长达 61 公里。在我国首次采用多楼联通的旅客捷运系统（APM），从 A 航站楼到 B 航站楼长约 4 公里，可乘捷运系统换乘。在我国机场首次使用单灯引导系统和双层多功能登机桥，可保证空客 A380 等大型客机停靠；机场信息系统达到高度集成和现代化水平；多点相关监视系统是第一次在我国机场尝试使用。

首都机场扩建工程在建设中强调建筑与环境环保同步建设，体现

2005 年 7 月，首都机场扩建工程三号航站楼交通中心核心区砼完成庆典现场。

绿色奥运、人文奥运的精神，从建设第一年起就边建设边绿化。国家发展改革委、民航总局机场公司每年都组织干部职工植树种草，共建设绿化面积 100 万平方米。首都机场扩建工程停车场，为体现绿色奥运的精神改变了建设方案，在停车场顶建成 15 万平方米的花园式绿地，循环水、回用水建成了清澈的湖泊，掩映在绿树丛中。由于在建设一开始就注意了绿化和环保，在首都机场扩建工程启用之时，展现在乘客面前的就将是环境优美、绿树成荫的花园式机场。

为了体现中华文化，在机场里设置了 10 组文化景观，有汉白玉的九龙壁，苏州园林式的茶舍，体现中国古代杰出科技成果的地动仪模型，九龙吐水的喷泉，清明上河图的壁画，使来自世界各地的旅客一到达首都机场，就能感受到独特的中华文化。

2008 年 2 月 29 日，首都机场 T3 航站楼就要通航了，首都机场扩建工程就要接受来自国内外旅客的检验和评判。"事非经过不知难"。三年零九个月来，先后召开了 11 次建设领导小组会议和多次工作会议，决策设备招标、土地征用、概算调整、相关工程同步建设等重大问题。首都机场扩建工程凝聚了包括外国专家在内的中外工程技术人员的智慧和汗水。外国工程技术人员负责行李系统的调试，一干就是一两年，过年也不休息。2005 年 7 月 27 日，正当骄阳似火，我在 T3A 四层楼面看到施工现场 5 万民工挥汗如雨的场面，深深为他们鞠了一躬。任何一个重大工程都要无数人付出辛勤的劳动和艰辛甚至是生命。这使我想起了毛主席的诗句："为有牺牲多壮志，敢教日月换新天。"

# 拉日铁路决策往事 <sup>*</sup>

　　青藏铁路的建设和毛主席接见尼泊尔国王比兰德拉夫妇有关，我看过这段录像。当时毛主席大手一挥说：我们要把铁路修到尼泊尔去。

　　此后，青藏铁路开工建设。但由于受技术条件和财力所限，在关角隧道伤亡巨大，还有万丈盐桥，建设难度极大。从西宁建到格尔木

青藏铁路。

＊　本文是 2015 年 8 月 15 日张国宝为庆祝拉萨至日喀则铁路通车一周年而作。

后，铁道兵给中央打报告要求停建青藏铁路，再对进藏铁路进行比选。还是经当时主持工作的邓小平同志批准停了下来。江泽民同志担任总书记以后在第三次西藏工作会议上听取了傅志寰、热地等同志关于建设青藏铁路的建议，在 2000 年 11 月的一个晚上作了关于建设青藏铁路的批示，青藏铁路建设第三次提上日程。青藏铁路建设领导小组由时任国家发展计划委员会主任曾培炎同志担任。我当时任国家发展计划委员会副主任，负责能源、交通、工业等方面的工作，因此成为青藏铁路建设领导小组成员，负责具体工作。

接到江泽民同志的批示后，曾培炎同志在铁道大厦主持召开青藏铁路建设论证会议。由铁道部兰州第一设计院冉理总工程师主汇报，会议一致同意在青藏线、滇藏线、新藏线、甘藏线等几条路由比选中优先考虑青藏线。第一设计院几十年来一直坚持进藏铁路的勘探设计，就建设青藏铁路作了详细的论证。2001 年 6 月，铁道部部长傅志寰和我率领各有关方面同志乘几十辆吉普车从格尔木到拉萨进行实地考察，铁道部第一设计院总工程师冉理和我同乘一辆吉普车。凌晨四点从格尔木出发。

考察后，国务院总理朱镕基主持国务院总理办公会议听取关于建设青藏铁路的汇报。会上由我代表国家计委和铁道部汇报建设青藏铁路的必要性和有关问题。我用多媒体动画的方式作了形象的报告。国务院总理办公会议审议决定建设青藏铁路格拉段，即从格尔木修建到拉萨。2001 年 6 月 29 日，青藏铁路格拉段开工典礼分别在西宁和拉萨举行。国务院总理朱镕基在格尔木参加开工典礼，曾培炎同志和各部门主要领导陪同。国务院副总理吴邦国在拉萨参加开工典礼。国务院副秘书长马凯和我等国务院有关部委的同志陪同吴邦国同志在拉萨柳梧隧道口参加了青藏铁路格拉段的开工典礼。

青藏铁路格拉段建成通车后胡锦涛总书记在青海格尔木参加青藏

铁路格拉段通车典礼。时任国务院副总理曾培炎同志等国务院部委领导陪同参加。国务院办公厅通知我到拉萨参加典礼。但是当时我心脏发现较频繁的早搏，心律不齐。参加青藏铁路的竣工典礼无疑是一个非常有意义的事情，但是经过激烈的思想斗争，我认为身体不好也不能勉强，于是打电话给时任国家发展计划委员会副主任张茅同志，询问他是否可以代替我去参加青藏铁路的竣工典礼，他欣然前往。青藏铁路格拉段竣工典礼期间，西藏自治区反映了立即建设拉萨至日喀则（拉日）铁路的意见。当时铁道部意见是希望在格拉铁路竣工后人员、设备不下山，继续建设，避免人员物资停顿和调动。铁道部多次向我反映了他们的意见，我也很赞成这种看法。一方面如铁道部所说，如果能在格拉段竣工后立即开工建设拉日铁路，建设队伍人员、设备可以继续工作，已经在西藏建成的轨梁厂可以继续使用。另一方面我更多想到了毛主席接见比兰德拉国王时说的话："我们要把铁路修到尼泊尔去。"如果青藏铁路只修到拉萨作为终点站，离中尼边境、中印边境还有相当的距离，建设青藏铁路的战略意义还未能充分发挥出来。只有把青藏铁路从拉萨延伸到日喀则才能更加靠近中尼和中印边境。这点正如江泽民同志在批示中所说的：我们不仅要算经济账，而且更多的还要算政治账。

我到过拉萨和日喀则，日喀则的海拔在 4000 米以上，比拉萨的 3700 米还要高。但是过了日喀则海拔就逐渐降低，主要的高海拔路段已经完成。过了中尼边境都是下坡路了，比较我们在青藏高原建设铁路难度要小，因为那边海拔低，而且地势较平坦，没有冻土层。只要把青藏铁路建到日喀则，再往前延伸一点就可建到中尼边境的聂拉木樟木口岸，那里海拔只有 1000 多米，是亚热带气候，植物也是像芭蕉一类的亚热带植物，和拉萨、日喀则完全不一样。什么时候需要把铁路修到尼泊尔去要看政治外交形势了，不仅能促进西藏外贸，更重要的是战略意义十分巨大。

建设青藏铁路这样的大工程必须要有战略思维，就像俄罗斯尼古拉二世决定建西伯利亚大铁路更多是从战略上考虑一样。拉日铁路现在确实是造价最高的一段铁路，每米 5 万元，但战略意义很大。

到了 2010 年底，我已经快退休了，我知道我只有最后一两个月的工作时间了，再要做多少工作已经不可能了，我只想能做最后几件事。云南的糯扎渡水电站、宁东 400 万吨煤制油希望能在我退休之前批下来。就在这时，国务院审议拉日铁路，这时我已不分管交通工作了，时任国家发改委主任张平同志突然找到我说，让我去国务院常务会议汇报拉日铁路等项目。这正遂了我的愿，但也许这是我最后一次到国务院汇报工作了。头一天晚上我认真准备了有关材料，仔细看了地图，熟记了地理位置，几乎快背下来，一定要为我的工作生涯画个圆满的句号。这次国务院常务会议只审议三个项目，一个是拉日铁路，另一个是重庆的德国巴斯夫的 MDI 项目，第三个是内蒙古的巴彦淖尔机场，这是一个小的支线机场。对重庆的 MDI 项目我是有看法的，这是一个化工项目，建在长江上游，出于环保的担忧，我内心不大赞成这个项目。但是我是代表国家发改委去汇报的，不能讲个人意见，只能按国家发改委主任办公会通过的单位意见来讲，这使我左右为难。这在第二天的汇报中还引出了一段喜剧性的结果，会议当天未批准重庆巴斯夫的 MDI 项目。对这个故事将来可以另讲。

第二天温家宝总理主持国务院常务会议，我因对情况比较熟悉，一气呵成，清楚地把拉日铁路汇报了，国务院常务会议没有什么问题，批准了建设拉日铁路。现在已经快五年了，2014 年 8 月 15 日拉日铁路正式通车了，我由衷地高兴，今天是拉日铁路通车一周年，是为记。同时希望能将日喀则至聂拉木的樟木口岸铁路列入"十三五"规划。

# 同江铁桥架虹霓

我在 2004 年至 2010 年担任国务院振兴东北老工业基地领导小组办公室主任，因此对东北的经济发展有着特殊的感情。

在谋划振兴东北老工业基地发展规划的初期，我们意识到东北老工业基地在改革开放后与广东、福建、江浙一带沿海地区的差距，主要是对外开放有差距、社会主义市场化的改革有差距、多种所有制经济发展有差距。而东北地区的对外开放首先是要加强与东北亚周边国家的经济联系，最主要的是加强东北老工业基地与俄罗斯远东地区的经济合作。

中俄两国的边界长达 4300 多公里，以黑龙江为界河。但由于各种原因，中俄两国之间有过一段不愉快的历史，两国的互信关系不够。因此，在如此长的界河上却没有一座桥梁，这在世界各邻国间也是少有的。当时黑河大桥虽酝酿多年，但没有实质性的进展。我们意识到，要加强东北老工业基地与俄罗斯远东地区的经济联系，首先必须加强这两个地区间的交通基础设施建设。国务院振兴东北老工业基地领导小组办公室与俄罗斯地区发展部以及后来成立的远东发展部进行了长时间的磋商和讨论，拟定了中国东北老工业基地与俄罗斯远东地区基础设施发展纲要。

这个纲要与以往两国间的协议有一个显著的不同，就是在附录中详细列出了拟发展建设的项目名称，其中规划了黑龙江上的洛古河大桥、同江大桥、黑河大桥等桥梁。可以说，这是一份非常务实的协议。2009 年 9 月 23 日在美国纽约召开联合国大会期间，中国国家主席胡锦涛和俄罗斯总统梅德韦杰夫代表两国政府共同签署了这份合作纲要，充分体现了两国

中俄同江铁路大桥建设现场。

领导人高瞻远瞩发展新时期中俄战略协作伙伴关系的愿望。

纲要签署后，同江铁路大桥的前期工作进度最快。习近平主席和普京总统也十分关注同江铁路大桥的建设。根据普京总统和习近平主席达成的共识，由俄罗斯交通部长带队在俄方一侧举行了隆重的同江铁路大桥开工典礼。同江铁路大桥中方一侧的建设进度较快，已经基本建成。俄方一侧由于资金和其他问题曾经停停建建。但是由于两国之间已经有了合作的强烈共识，克服了资金和投资主体等各方面的困难，俄罗斯方面也加快了施工进度，大桥有望在 2017 年年中建成通车。

我在担任国务院振兴东北老工业基地领导小组办公室主任时，与

建设中的中俄同江铁路大桥。

佳木斯市委原书记郭晓华同志在 2006 年曾经考察同江铁路大桥的桥址。我们指着对岸的下列宁斯科耶说，希望在不久的将来在这里看到耸立起雄伟的铁路大桥。因为在我心中，同江铁路大桥是中俄界河黑龙江上的第一座桥梁，不仅是连接两国两大经济区域的一个重要基础设施，同时也极具中俄两国加强互信合作的象征意义。受此突破性影响，相信不久在黑龙江上会出现连接中俄两国的更多的桥梁。

目前中俄贸易有绥芬河和满洲里两个陆路铁路口岸，同江铁路大桥通车后比走绥芬河口岸通往俄罗斯欧洲部分缩短 600 公里，开辟了新的铁路通商口岸。同江铁路大桥通车后首先受益的是物流业。将来通车后不仅是货物运输，还可以研究跨境铁路游，让中俄两国人民通过铁路到彼此的风景名胜游览观光，也一定很具吸引力。

同江铁路大桥的中俄两侧地方政府对这条铁路的通车寄予厚望，已经提前部署，在大桥两端各规划了 6 平方公里的经济开发区。俄罗斯一侧的犹太自治州有丰富的自然资源，可以开展木材、水产品、粮食加工业和旅游业。从俄罗斯进口的运输物资首先是铁精粉，每年约可达500万吨。从俄罗斯进口的大豆、小麦等粮食产品也在逐年增多。从中国向俄罗斯出口的有蔬菜、家电、建材等。同江市是我国南北高速公路大通道同三（同江到海南三亚）高速公路的起点，铁路大桥开通后，同江将成为公铁联运、江海联运的交会点。我举正反两个例子来说明铁路对城市兴衰的影响。2004年制定第一个铁路中长期规划时我就举了石家

张国宝（左二）考察中俄同江铁路大桥建设情况。左一为佳木斯市工业和信息化委员会主任司雅娟。

庄的例子，如果没有京广线和石太线在石家庄交会，石家庄可能还是一个村庄。由于成为了铁路交会点，石家庄变成了大城市，成为河北省省会。在清朝时的多伦曾经是蒙古最重要的城市，当时从北京经蒙古去往俄罗斯多伦是必经之地，当时多伦在蒙古人口最多，全国的商家林立，知名度很高，所以天津有多伦道，上海有多伦路，很少有人知道呼和浩特和包头。但是后来建京包铁路，没有经过多伦，多伦逐渐被边缘化，而包头、呼和浩特成了大城市。可以展望，同江铁路大桥建成后，两侧很快会热闹起来、繁荣起来，同江将迎来一个发展的新时期。

# 支线航空，大有可为 <sup>*</sup>

中国民航事业经过几十年的发展，从总体上看，已基本具备了规模经营的实力，在综合交通运输及国民经济中起着十分重要的作用。

但是，我国民航经营效率不高，机队和机场配置结构不合理。过去 20 年中，我们把精力主要集中在干线运输的发展上，忽视了支线航空的发展。129 个机场中，飞干线飞机的有 4E 级机场 22 个，4D级机场 35 个，4C 级机场 40 个，飞支线飞机的 3C 级机场只有 32 个。支线飞机只占机队总数的 13%，支线机场只占机场总数的 25%。新购置的飞机几乎全是 B737 和 A320 以上的大飞机；新建机场几乎全按能起降 B737 飞机考虑。这是一种不合理且不经济的结构比例。在西方航空业发达国家，支线飞机的比例一般在 50% 以上，世界平均水平也在 30% 左右，支线飞机、支线机场与干线飞机、枢纽机场有机结合，形成经济便捷的民航运输体系，这样才能使民航良性发展。

针对上述问题，人们已开始意识到支线航空的重要性，有关部门已把发展我国支线航空列为今后若干年民航发展新的增长点，从政策上给支线航空市场提供良好的发展空间，扶持国产民用支线飞机工业

---

\* 本文原载 2000 年 9 月 21 日《人民日报》。

2009 年 8 月，伊春林都机场首航典礼。

的发展。

　　要真正能使支线航空得以发展，首先要培育支线航空市场，必须从航线布局、机队配置、机场建设、价格机制等方面采取必要的措施。

　　民航发展到今天，已逐步形成了北京、上海、广州、昆明、成都、西安、乌鲁木齐、沈阳、武汉等中心枢纽机场，以这些机场加上其他省会机场所构成的干线航空网络已基本形成，这一网络所承担的运量占民航全部运量的 90% 以上。随着我国经济的发展及西部大开发，中小城市民航运输将成为今后一段时间发展的热点。从旅客的构成及流向分析，这部分机场客流量相对较小，流向相对单一，应首先将旅客集中到上述中心枢纽机场，再由中心枢纽机场飞往其他地区，形成辐射式航线结构。这是今后我们需形成的支线航空网络，形成支线、干线、国际航线有层次的航线结构。

　　目前我国航空公司的机队结构极不合理，国际远程飞机飞国内，干线飞机飞支线，这是航空公司亏损的主要原因之一。B747、B777、A340 等大型客机仍在国内航线上普遍使用。例如广州至海口、北京至西安等短航线也在使用这类飞机。支线航空基本上是 B737、A320 飞机承担，客座率低于 50% 左右，效益不好。造成这一现象的主要原因：一是市场竞争机制不健全，小机型无竞争力；二是缺乏科学规划，片面夸大机场作为城市象征的作用，不切实际地扩大规模，要求飞大飞机。在今后一段时期内，首先要控制大型远程飞机在国内飞行，同时增加 70 座级以下支线飞机，使支线飞机的比例达到 30% 以上的水平。我国多数支线机场因机型限制，建设规模多按 B737、A320 飞机的使用要求建设，实际上已建成了干线机场，这是很不经济的，除部分高原地区的机场外，支线机场一般只考虑 3C 级规模，以减少机场建设投资。采用小机型，提高航班密度，既方便旅客，又提高效益。

航空价格干支线同一政策，不利于支线航空发展。为培育支线航空，让旅客乘坐支线航空得到实际利益，应放开支线航空票价，由市场决定。支线旅客与干线旅客支付相同的机场建设费显然也不合理，不仅不利于支线航空发展，甚至整个民航发展都会受到影响。有一段时间我们把民航亏损的直接责任归结为价格浮动竞争上，采取了强行统一票价的办法，但实际效果并不明显，甚至扭曲了价格，反倒抑制了民航发展。去海南票价比去东南亚旅游还贵就是较明显的例子。市场的建立是要靠合理的价格机制培育。我国的航空票价统得过死，一律八折，甚至采取统一服务标准的所谓联营，这不符合市场经济规律，可从支线航空入手放开价格，并由航空公司根据市场情况自主决策，在支线航空取得经验后再扩展到全部航线。

要积极扶持国产支线民机工业，这样才能使我国支线航空的发展有充分的保障。民用飞机产业体现了国家综合技术经济实力，我国的

2000 年 3 月 12 日，中共中央政治局委员、国务院副总理吴邦国来到北京南苑机场，乘上西安飞机公司制造的首架新舟 60 飞机参加首飞。首飞完成后，吴邦国副总理与有关部委的负责同志在飞机前留影。右二为张国宝。

政治经济地位以及幅员辽阔的市场需求，要求我们发展自己的民用飞机产业，完全依赖国外飞机不符合我们的国家利益。我国的民机工业走过了漫长的历程，从自行研制到合作生产，从支线到干线，经过几十年的奋斗，取得了很大成绩。支线民机工业已具备一定基础，新舟 60、运 12 飞机生产已取得良好的经济效益。运 12 飞机已出口近100 架，运 7 飞机也有多架出口。我们可在现有基础上自主开发或利用改革开放的有利条件，与外商合作设计制造，探索多种方式，发展30—70 座级的民用客机，建立适应市场经济的民机工业现代企业机制，为我国的民航事业作出切实的贡献。

# 九寨沟机场建设争论和决策

　　九寨沟纵长 40 公里，因山沟内有 9 个藏族村寨而得名，20 世纪 60 年代还是一个林场的砍伐地。1975 年，农林部一个考察组考察了九寨沟，林科院院长吴中伦上书四川省和农林部，九寨沟是一个世界上少有的自然风景区，建议作为自然资源和风景保护区停止砍伐。1978 年，国务院正式批准九寨沟为国家级自然保护区。1982 年，国务院批准九寨沟为国家级风景名胜区。从此九寨沟逐渐成为全国知名的风景旅游胜地。但是九寨沟距离成都市有 400 多公里，交通十分不便，很多游客去九寨沟实际上是从甘肃省方向驾车进入。

　　20 世纪 90 年代，为适应九寨沟游客不断增加的需要，四川省向国务院提出建设九寨沟支线机场。由于九寨沟处于崇山峻岭之中，为了保证飞行安全净空的需要，最初四川省和国家民航总局提出的选址方案是在黄龙附近的一个山头上。但是土方工作量将很大，需要削掉两个山头和填平一个山谷。总土方量是 4000 万立方米左右，差不多相当于正在酝酿的青藏铁路的总土方量。这样形象的比喻，使人感到九寨沟机场建设工作量太大。在国务院会议讨论时，大家对建设一个九寨沟支线机场都是赞同的，但对于建设方案需要如此大的工作量感到有必要进一步研究比选。当时我任国家发展计划委员会副主任，也分管交通工作。根据国务院讨论时领导同志的意见，我与民航总局和四川省多次沟通，研究有无其他优化的方案。但是民航总局认为按照现在的飞行条件，要求飞机从跑道起飞后，8度仰角的延长线上不应有山头等障碍物才能保证飞行安全。国家民航总局坚持在山顶上建设机场的方案。我们还研究了阿坝藏族羌族自治州尕米寺场址，但距离更远，也被否定了。研究意见报告递交国务院后，李岚清副总理了解到国民党统治时期曾经在九寨沟附近的岷江河谷建设过一个漳腊机场。当时建这个机场的目的是为了采金。李岚清副总理当时也分管科技教育工作，他十分支持国家发展航空工业，推广使用国产飞机，包括西安飞机制造厂生产的运7飞机和哈尔滨飞机制造厂生产的运12飞机等国产飞机。李岚清副总理从优化建设费用和推广使用国产飞机的角度出发，仍然想利用国民党时期建设在岷江河谷的漳腊机场，使用国产小飞机通航。于是他找了当时航空二集团的张彦仲总经理，调了一架哈尔滨飞机制造厂生产的19座运12飞机。这种飞机是螺旋桨的小型飞机。这架飞机从成都起飞在岷江河谷原国民党时期建设的漳腊机场旧跑道上着陆。由于该机场长久无人使用失修，飞机降落时尘土飞扬，现场录了像，在国务院再次开会研究九寨沟机场时，李岚清副总理讲述了运12飞机降落在岷江河谷漳腊机场的情况。他认为，既然运12飞机在原有旧的老跑道上都能降落，为什么不能利用这个漳腊机场？但是民航总局认为：19座螺旋桨小型飞机对于发展今后九寨沟旅游还是太小，应该考虑波音737飞机降落的条件，而且据说当时国民党时期建设的漳腊机场飞机飞进去后没有能够飞出来，是拆解后运出来的；从航空事业发展的情况来看，按现代的飞行安全要求，还是不宜建在岷江河谷。在这样的意见分歧下，国务院会议决定由时任国家发展计划委员会主任曾培炎带队到漳腊机场实地进行考察。我当时是分管交通的副主任，陪同曾培炎主任一同前往。我们一行到达成都后，四川省委主要领导会见了我们。第二天由四川省副省长邹广严同志陪同曾培炎主任一行前往九寨沟进行实地考察。

途中第一站经过都江堰上游拟建的紫坪铺水库场址，我们也对拟建设的紫坪铺水库进行了考察。紫坪铺水库是岷江上最大的一个水库，应该有 11 多亿立方米库容。考察后我们认为建设紫坪铺水库很有必要。后来紫坪铺水库正式开工建设。在 2008 年汶川大地震时，我跟随回良玉副总理到四川前线指挥部工作，当时很担心紫坪铺水库大坝的安全，但是紫坪铺水库经受了最强大地震的考验，大坝有均匀沉降，处于安全状态，并且为最初通过水路到达汶川震中发挥了作用。因为温家宝总理到达现场指挥抗震救灾后，要求限期立即打通通往汶川震中的道路，但是由于地震引发的山体塌方掩埋的不是一个短距离，而是几十公里的路段都被掩埋了，事实上不可能在短时间内打通道路，所以后来国家发改委主任张平和交通部的领导同志是在紫坪铺水库乘部队的冲锋舟沿水路上去的，这是后话。

曾培炎主任一行到达黄龙附近时天色已经全黑，这里是红军长征经过的地方，建有烈士纪念碑。天虽然已经全黑，我们一行仍摸黑向红军烈士纪念碑献了花圈。备选的九寨沟机场场址就在黄龙附近。这里其实离九寨沟还有近 90 公里的距离，可是再也选不到离九寨沟更近的合适机场场址。考察时我们感到有些气喘，因为这里海拔已经高达 3500 米左右。所以，虽然该机场是 4D 级的小型支线机场，但由于海拔高，空气稀薄，跑道长度仍需长 3700 米左右。在现场我们观察，也听取专业人员介绍，如果机场放在岷江河谷，飞机起飞的前方就会遇到山头，为安全起见，在飞机起飞的延长线上必须要对山头进行削低处理，可能需要有更大量的土方工作量。最后经过考察和听取专业人士的意见，经研究，我们认为九寨沟机场的场址选在黄龙附近的山头上确实需要削平山头，填平一个山谷，土方工作量很大，而且海拔高达 3500 米，距离九寨沟还有 88 公里远。但是选不到其他更适合的场址了。我们经过考察后的意见是同意按国家民航总局的选址意见。后来包括李岚清副总理在内的国务院领导同志听取了汇报，就九寨沟机场场址选择取得了一致意见，也就是现在九寨沟黄龙机场的位置。

九寨沟黄龙机场。

　　九寨沟黄龙机场场址的选择可以说充分体现了决策民主，尊重科学，认真调查研究，即便是领导同志也能认真听取专业人士的意见。现在九寨沟黄龙机场已经成为四川省旅客量第二大机场，为发展四川的旅游事业发挥着重要的作用。经过三期建设，九寨沟机场已经可以降落波音 757–200 型飞机。

# 舟山连岛工程

2017 年 11 月 5 日，我参加杭州湾论坛后，通过已经与大陆相连的舟山连岛工程大桥，看到金塘大桥、西堠门大桥（悬索桥）的雄伟气势，心中油然而生豪迈之情。

舟山群岛是我国东海毗邻浙江宁波至上海的一组群岛，是我国著名的渔场。其中，金塘岛离宁波镇海区最近，并有海天佛国的普陀山景区。自古以来，舟山诸岛间和大陆之间靠摆渡交通联系。20 世纪 90 年代，我国建桥技术有了很大进步，浙江省和舟山市的综合经济实力也有了很大增长，于是想把舟山几座主要岛屿和陆地以桥梁连接起来的规划思路提了出来。为化解 1998 年亚洲金融危机，我国采取扩大内需，加大基础设施建设来应对。浙江省和舟山市政府领导向国家发展计划委员会提出希望批准建设舟山连岛工程。他们到北京来向我汇报，我当时的反应是，舟山群岛是一组自然形成的岛屿，有它们自己的地理特点，是否有必要用五至七座桥把它们连接起来，再和大陆相连，这样反倒失去了舟山群岛的特点。另外，舟山群岛中的旅游景点普陀山是著名的海上佛教名山，如果用桥梁把它和大陆连接起来，是否失去了特色？所以我劝他们再重新考虑一下是否真有必要搞连岛工程。此外，如果要建桥，还必须考虑这一海域的航行问题，不要影响到海上航行，特别是与国防有关的海上军舰航行问题。但是，舟山的同志非常坚持，认为舟山孤悬海上，是影响舟山经济发展的一个重要制约因素，必须考虑与大陆连接起来，并且舟山几座岛屿之间的距离并不长，与宁波的镇海区距离也不长，建桥的技术难度并没有想象的那么困难。我这才仔细了解连岛工程的几座桥梁情况，发现虽然是需要五到七座桥，但是其中多数桥梁的长度都在1000米以内，有的只有500多米，按照当时的审批权限，1000米以下的桥梁并不需要报到国家计委来批，可以由地方自己决定。在这几座桥梁中，只有连接金塘岛与宁波镇海区的桥梁与连接册子岛和金塘岛横跨西堠门海峡的大桥长度较长，在1500米以上。所以我与舟山的同志达成了一致意见，长度少于1000米的桥梁由地方政府自行去确定建设，作为连岛工程的一期工程。金塘大桥和西堠门大桥桥梁较长，工作量较大，而且与航道的关系比较紧密，可以把这两座桥梁作为二期工程，上报国家发展计划委员会审批。国家发展计划委员会在征求协调了交通、国防、海洋等部门的意见后作出决定。

1999年9月26日，连岛工程由浙江省批准，舟山大陆连岛工程这雄浑壮丽诗篇的第一章——岑港大桥正式动工。整个连岛工程由金塘、西堠门、桃夭门、响礁门和岑港等5座跨海大桥及接线公路组成，起于舟山本岛，途经里钓山、富翅、册子、金塘四岛的通首，与宁波沿海北线高速公路相接，接点位于镇海炼化厂西侧，全长约50公里。2003年岑港大桥、响礁门大桥、桃夭门大桥全部建成，2004年完成扫尾工作。三座大桥被称作大陆连岛工程一期工程，投资仅11亿元。2005年2月，舟山大陆连岛工程最为关键一环——金塘大桥、西堠门大桥项目获国家正式立项。作为大陆连岛工程二期工程，是舟山有史以来最大的基础设施建设项目，总投资超过100亿元。整个大陆连岛工程建成后，舟山与宁波、杭州的车程距离大大缩短，再加上

西堠门大桥。

　　已经建成的杭州湾大桥，舟山经杭州湾南岸到达上海的车程缩短到 3
小时，舟山更紧密地融入长三角经济圈。2009 年 12 月，大桥正式通
车，舟山进入了大桥连接陆地的时代，连岛工程也成了蔚为壮观的世
纪工程。

　　西堠门大桥采用悬索桥方式，长度仅次于日本连接本州和四国的
明石大桥，是世界上长度第二的悬索桥。1985 年，我在国家计委机
电局工作，当时会外语的人很少，我曾兼任翻译陪同由机电局局长
唐自元当团长的代表团参观过正在建设中的日本濑户内海大桥，团员
中有时任安徽省计委副主任张平，后来张平当了国家发改委主任，现
在是全国人大常委会副委员长。我被当时工程的雄伟震惊了，没想到
20 年后我们在海上建成了同样的大桥。在 20 世纪 80 年代几次访问
日本时团员中还有十九大当选中共中央政治局委员的刘鹤同志，其他
人都退休了。

# 四、工业与装备制造篇

# 将我国建设成世界第一造船大国<sup>*</sup>

当我列出这一标题时，可能会有人质疑其现实可能性，希望它不要像某些不能实现的口号式目标，这也是我久久思索而又不敢轻言的一个原因。

我们现在还不能把中国说成是世界的制造中心。我们应清醒认识到，现在的制造业还是以低端产品、劳动密集型产品、资源消耗型产品为主，附加值低、自主知识产权产品少，而且在技术开发能力、高端产品方面与发达国家相比还有不小差距。但在某些有比较优势的制造业领域，中国正越来越多地成为世界第一，至少在数量上是如此，例如彩电、钢铁、摩托车、VCD等。如何培育我们的优势产业？什么是下一个可能的世界第一？船舶制造应是最有希望的一个产业。

---

张国宝在中国首艘052B型导弹驱逐舰下水仪式上讲话。

# 一、船舶工业的特点

　　船舶制造既是技术密集型产业，又是劳动密集型产业。造船是一个传统产业，需要钢铁工业和众多机电配套产业的支持。船舶制造、钢铁等原材料、配套机电产品大约在船舶成本中各占1/3。比较航空和船舶制造业，航空科技含量高，附加值更高，但船舶对相关产业的拉动很大。一条30万吨的油轮就需要钢材4万吨，能创汇7000万美元，不同于一些小商品。船舶中配套机电设备的产值占了近1/3，而我国国产船用设备装船率不足40%，日本是97%，韩国是85%。发展船舶工业可带动配套机电设备制造业的发展。

## 二、世界船舶制造业中心转移的历史给我们的启示

回顾船舶制造业中心转移的历史，可以清楚地看到某些规律性的东西。1955 年之前，欧洲的临海国家是世界造船业中心，造船份额占世界的 80%。当时欧洲是工业发达地区，钢铁业、机械制造业均很强。在技术开发能力、工业化基础方面日本和韩国均无法和其竞争。但 1955 年之后，日本凭借其在战后恢复和发展中形成的工业基础，特别是在劳动力成本上欧洲无法与日本竞争，造船业中心迅速从欧洲向日本转移。到了 1985 年，日本造船份额已占世界的 54%，而欧洲一路下滑到 21%。

1965 年以前，韩国和中国在世界造船业中的比重都几乎为零，这种状况一直持续了 10 年，到 1975 年中国和韩国都差不多各占世界造船份额的 1%，而当时日本造船份额已占 50%，欧洲下降到 43%。但从 1975 年起，韩国凭借其比日本更具竞争力的劳动力成本开始崛起，从欧洲和日本手里抢占造船份额，使其份额一路飙升，到 2000 年占到世界的 33%。而日本此时已受韩国竞争，份额从 1985 年占世界 54% 的最高峰下降到 2000 年的 35%，虽仍略高于韩国居世界第一，但两国已几乎平起平坐。欧洲则进一步衰落到只占世界的 16%。韩国的崛起和日本当年一样，得益于劳动力成本的比较优势和逐渐健全的工业基础以及政府看准了造船产业的竞争优势予以重点扶持。遗憾的是，中国从 1975 年起和韩国拉开距离，虽有缓慢的均衡增长，但到 2000 年占世界造船份额的比重只是 8%。

和韩国比较，中国在劳动力成本上更有优势，造船企业工资水平只有日本的 1/17，韩国的 1/9；钢铁和机电产品的配套能力韩国也并没有明显的优势，关键在发展战略的选择上。从 1975 年起韩国政

府和企业大力发展造船产业，相继建设了 10 个 20 万吨级以上的船坞，而中国到 20 世纪 90 年代初才开始建设大连造船新厂 30 万吨船坞，并仅此一个，在此之前最大船坞也只有七八万吨能力，在承接大船的能力上明显不如韩国。到了 2002 年中国造船份额占世界的 9%，按国别已居世界第三，但和第一的日本（占 35%）、第二的韩国（占 33%）相比差距很大。现在中国钢产量已达 1.8 亿吨，是第二位日本的两倍，船舶配套机电产品能力大大提高。"文革"时期还把万吨级风庆轮的柴油发动机国产还是进口上升到爱国主义和卖国主义的争论，现在我们可以为 20 万吨、30 万吨级船舶配套发动机。只要我们把发展船舶工业作为战略选择，予以培育、扶持，完全可能再现日本、韩国的发展历史，比日本、韩国更具竞争能力，把中国建设成世界第一造船大国并不是痴人说梦。

## 三、中国已积累了船舶工业腾飞的基本要素

经过多年的建设积累，中国船舶工业已具备了腾飞的条件。特别是 20 世纪 90 年代初建设大连造船新厂 30 万吨级船坞是我国造船史上一个具有里程碑意义的决策，从此我国才有了建造 10 万吨级以上船舶的能力。现在回过头来看，如果不建造这个船坞，我国不可能有承接 30 万吨油轮、5600 箱以上的第五和第六代集装箱船、海上作业平台等大型船舶和海洋工程的能力。大连 30 万吨船坞在建设过程中遇到了船坞漏水、工程超概算等困难，曾一度动摇，拟减小原设计 80 万吨 / 年的造船能力，但后来终于坚持下来，才使今天大连造船新厂有能力承接伊朗 30 万吨油轮，成为手持造船订单最多的船厂。其后原国家计委又批准了广州文冲船厂和山海关船厂两个 15 万吨修船坞、渤海重工 15 万吨船台建设，中远和日本川崎在南通合资建设了

20 万吨船坞。特别是原国家计委在 20 世纪 90 年代中期批准在长江口外高桥附近围堰吹填造地 100 万平方米，并引入了多元投资结构，协调宝钢、上海发电设备制造集团公司入股共同建设，2000 年报经国务院批准建造了外高桥船厂两个大型船坞，2003 年 5 月已形成 104 万吨造船能力，手持 15 条 17.5 万吨散装货轮订单，今年 5 月就有第一条船下水。

以上大型船坞形成了当前我国最基本的造船硬件条件。现在我国在建和已建成 7 万吨以上大型船坞 15 座，总能力 331 万吨，其中 30 万吨级以上船坞 7 座，总能力 250 万吨。另外，针对我国船用配套业发展滞后的状况，2000 年以来原国家计委利用国债支持有关企业进行技术改造，主要有大型曲轴、螺旋桨、锚机、船用吊机、船用柴油机等，船用配套能力大大增强。

20 世纪 90 年代我国船舶 80% 靠出口市场，而国内远洋运输 80% 船舶靠进口，被戏称为"墙内开花墙外红"。2000 年原国家计委、财政部等部门拟定了鼓励"国船国造"的政策，国内远洋运输公司 80% 船舶留在国内制造，"十五"期间三大远洋运输公司在国内订造船舶 144 艘，5600 箱的集装箱船、LNG 运输船等一批高技术船舶留在国内生产，在政策方面为船舶工业的发展营造了良好的市场环境。综上所述，以大型船坞为代表的硬件条件，钢材、机电产品配套能力、政策环境三大要素已使我国具备了加快发展船舶制造业的基本条件。

## 四、世界船舶市场的潜能

世界船舶市场的容量到底有多大？如我国大力扩充造船能力，能不能获得足够的订单？随着经济越来越全球化，世界贸易一直在

2003 年 6 月 22 日，张国宝在海洋石油 FPSO 油轮下水仪式上讲话。

稳步增长，特别是原油、天然气等能源贸易，矿石等原材料贸易增长速度很快，对船舶的需求一直在增长。从 1993 年到 2001 年，世界各大造船企业的手持订单从 4000 万吨左右增长到近 8000 万吨，几乎翻了一倍。其中韩国造船企业的手持订单从 800 万吨增加到 3000 万吨。而中国在这一时期虽有增长，但与韩国的差距进一步拉大，只在市场上分到很小的一杯羹。现在在役的船舶中油轮的 40% 船龄在 20 年以上，且多为单壳船，按新的安全要求都要换成双壳油轮。另外，杂货船的 48%、客船的 45%、散货船的 24% 船龄都在 20 年以上，只有集装箱船船龄较年轻，仅 13% 超过 20 年，但集装箱船在向大型化发展，需求增长快，所以今后 10 年船舶更新需求量会很大。如果我们不早创造条件，又将失去一个机会。

## 五、发展船舶工业的初步规划设想

一是尽力消除大型船坞少这一制约生产能力的主要硬件障碍。我国现有和在建的 7 万吨以上船坞 15 座，总能力 331 万吨，而韩、日分别为 21 座和 30 座，总能力为 955 万吨和 1013 万吨，分别是我国的 2.9 倍和 3.1 倍。30 万吨以上船坞，我国已有和在建的共 7 座，总能力 250 万吨，而韩、日均为 14 座，总能力为 835 万吨和 800 万吨，分别是我国的 3.4 倍和 3.2 倍。发展大型船坞是我们与韩、日争雄世界船舶市场的首要硬件条件。初步设想可在渤海湾、长江口、珠江口发展三大造船基地。在大连再建两座、葫芦岛渤海船厂再建一座、青岛海西湾建设两座 20 万—30 万吨级船坞；在长江口利用上海城区和船舶工业的调整，将江南造船厂迁建到长兴岛，对上海、沪东、中华、求新等船厂进行整合，再建两个大型船坞；在广州南沙，调整广州的船舶工业，将黄埔、广州造船厂整合，建设两个大型船坞。以上用 8—10 年时间建设 9 座大型船坞，使我国大型船坞数和韩、日相当或略多。

二是大力培育配套产业。首先船用柴油机能力发展到 500 万马力。随着宝钢 5000mm 大型中厚板轧机建成，可向船舶工业提供宽幅中厚板，减少船舶焊缝。在软件上以提高生产

2018 年 5 月 29 日，由中船集团上海外高桥造船有限公司为中远海运集装箱运输有限公司建造的超大型（20000TEU）集装箱船"中远海运室女座"号命名交付。

效率、改革管理体制、增强技术开发能力、用信息技术改造传统产业等为主要内容提升管理水平；在投资上改革投融资体制，学习外高桥船厂建设模式，吸收钢铁厂、机电制造企业和金融资本入股，搞多元股份结构。

三是在政策上应进一步完善对船舶工业的扶持政策。各政府职能部门要以改革发展的思路，转变观念，把船舶工业培育成"能下金蛋的鸡"，而不是急功近利、杀鸡取卵。特别是在进出口信贷、担保、船舶租赁等政策上要设计出一套有利于船舶工业发展的办法。

我相信，经过"十五"三年，到2005年船舶产量从现在的400万吨提高到600万—700万吨应不成问题。到2010年船舶生产能力争取达到1300万—1500万吨，届时占国际市场的份额接近30%，价值25亿—30亿美元。再经过5年到2015年国际市场份额达到35%，届时世界第一造船大国将不再是梦想。只要国务院决策，各职能部门配合，这是完全办得到的。

# 装备强则国力强

2011 年 3 月 5 日，国务院总理温家宝在向第十一届全国人大四次会议所作的政府工作报告中明确指出，"十一五"期间，"工业特别是装备制造业总体水平和竞争力明显提高"。将装备制造业作为工业的一个门类特别提出，写进政府工作报告，并获得如此高评价，这是第一次。装备制造业的水平决定了一个国家的生产力水平，同时也代表了一个国家的综合国力水平。装备制造业对于一个国家，特别是对于正在发展和壮大中的中国具有特殊重要性和标志性。

对中国装备制造业实现跨越式发展的艰难历程和取得的进步我们深有感触。从发电设备，到特高压输变电，再到造船业，直至新能源的风电设备和光伏电池，中国都已跻身世界领先行列，造船业更是登上了全球第一宝座。中国已经从当年的设备进口国发展为如今的出口国。这一成就的取得应归功于改革开放这一基本国策和自主创新的发展道路，中国装备制造业的崛起走的正是引进—消化—吸收—再创新的这条路子。

本文回顾一下我国装备制造业在"十一五"期间的发展进程，并对我国装备制造业的现状和国际竞争力进行一些专业分析和深入的解读。

## 发电设备：从净进口到出口大国

改革开放初期，我在国家计委机电局负责机械行业的技术引进。国门打开以后，发现我们的装备技术水平比人家差了一大截。例如发电设备，我国当时能自主研制的最大规模机组为 12.5 万千瓦，30 万千瓦及以上机组则是一片空白。但现在，中国已经能够生产百万千瓦超超临界机组，30 万千瓦、60 万千瓦及以上机组已占全国装机容量的 70%，每年出口 2000 万千瓦左右的发电设备，年出口电力设备 500 亿美元以上，已成为全球最主要的电力装备生产国。从高温高压、亚临界机组到更高参数、更大容量的超临界和超超临界机组时代，中国的火电行业在 10 年不到的时间内，就完成了发达国家几十年才实现的产业升级换代之路。

除了火电设备，中国核电设备也毫不逊色。最早建设的秦山一期核电站，最初希望国产化率能高一些，但是最后压力容器和蒸发器等关键设备还是不得不拿到日本去订货，控制设备就更不待言了。大亚湾核电站，用的几乎都是法国进口设备。以后又上了岭澳一期，国产化率我估计最多也就是 30%—40%。但到了岭澳二期，国产化率已迅速提高到 70%—80%。

我国的高压输变电设备的巨变，更让我们自豪。20 世纪 80 年代，500 千伏输变电设备都要从国外引进；但后来不仅建成了世界上第一条 ±800 千伏特高压直流输变电线路，还自主研发了全球独一无二的 1000 千伏交流特高压输变电线路，并被国际电联吸收确定为特高压的国际标准。世界上最高电压等级的准东 ±1100 千伏特高压直流输变电设备也已经开始筹划建设。中国的特高压变压器目前已出口美国、俄罗斯等国家，如俄罗斯远东地区的伊尔库茨克州，有 100 多台老旧变压器需要淘汰更新，新采用的都是从我国采购的变压器，美国现在也用上了沈阳特变电工生产的 500 千伏大型变压器。今年两会期间，我所在组有好几个地区都提出要求发展特高压，如重庆、宁夏等。

## 造船业：提前 5 年圆梦世界第一

2003 年 5 月 7 日，我在国家发改委的《经济情况与建议》上发表了题为《将我国建设成世界第一造船大国》的文章。这篇文章对造船业鼓舞很大，当时有人甚至说是中国造船业"世纪预言"，实际上这句话既有期许也有怀疑。我在这篇文章中也毫不掩饰写出了我的顾虑，反映了当时中国造船业的落后状况。

我在这篇文章开头就写道："当我列出这一标题时，可能会有人质疑其现实可能性，希望它不要像某些不能实现的口号式目标，这也是我久久思索而又不敢轻言的一个原因。"之所以有顾虑是因为截至 2000 年我国在全球造船市场上所占的份额仅为 8%，而同期日本、韩国和欧洲所占的比重分别为 35%、33% 和 16%。但就是面对如此落后现状，我仍然作出了大胆预言："（中国造船业）到 2015 年国际市场份额将达到 35%，届时世界第一造船大国将不再是梦想。"

我的这种自信源于对世界船舶制造中心转移历史的回顾和规律性总结——船舶制造既是技术密集型产业，又是劳动密集型产业；船舶对相关产业的拉动很大；发展船舶工业可以带动配套机电设备制造业和钢铁业的发展。而对比当时的韩国、日本，中国船舶工业的潜在优势明显，"关键在于发展战略的选择"。

在这些分析和思考的基础上，我在 2003 年的这篇文章中也对中国船舶工业提出了初步规划设想："我相信经过'十五'三年，到

2005 年船舶产量从现在的 400 万吨提高到 600 万—700 万吨应不成问题。到 2010 年船舶生产能力争取达到 1300 万—1500 万吨，届时占国际市场的份额接近 30%，价值 25 亿—30 亿美元。"

不过，后来的事实证明，我的预言还是谨慎了许多——2009 年底，我国当年造船完工量占世界份额的 34.8%，仅比韩国少 1.1 个百分点；新接订单量和手持订单量分别占世界份额的 61.6% 和 38.5%，超过韩国居世界第一；到 2010 年上半年，我国造船完工量已占到世界市场份额的 40.4%，提前 5 年实现了世界第一造船大国的目标。

在成为世界第一造船大国的同时，中国又开始迈向世界造船强国目标。LNG（液化天然气）船由于所装载货物的特殊性，造价高、建造难度极大，被誉为世界造船工业皇冠上的明珠，过去多少年来一直是我国造船企业的"禁区"。但 5 年前，我国开始在广东惠州的大亚湾进口澳大利亚的 LNG，同时在沪东中华船厂建造 LNG 船。沪东中华船厂目前已自主开发出 17.4 万立方米电力燃油驱动的新型 LNG 船。

2011 年 1 月 15 日，我应邀参加中船集团公司举行的美国埃克森美孚／日本商船三井中国 LNG 造船项目中标签约庆祝仪式。我当时激动地发表讲话："埃克森美孚是世界最大的也是受人尊敬的石油天然气公司，商船三井是世界上著名的航运公司，而且日本船东一向以对质量严格要求甚至是苛求而著称。这两家国际知名公司选择沪东中华造船（集团）有限公司作为这批 LNG 船的建造者，充分表明了他们对沪东中华的信任，也是对中国船舶工业的信任。"

## 未来展望：依托重大工程发展重大装备

从火电设备、核电设备到输变电设备，从船舶工业到石油石化重大装备，从风电风机叶片、轴承、齿轮箱到太阳能、数控机床，中国装备制造业发展和崛起的每一项成就背后的动因是什么？

依托重大工程，加强组织协调，这是我们多年来推进重大装备自主化的宝贵经验。国家能源局既负责重大能源工程，又负责能源装备，这为依托重大工程推进能源装备自主化提供了得天独厚的条件。重大装备国产化必须依托重大工程项目。因为重大装备研制技术难度高，前期投入大，制造周期长，首台（套）的应用推广难度大。因此，在重大装备研制和推广初期，必须加强政府的协调和组织，解决"市场失灵"问题。此外，重大技术装备自主化还需要用户单位的积极参与和支持，如中石化公司和中石油公司积极采用沈鼓集团制造的压缩机作为乙烯装置的核心设备，结束了"乙烯三机"长期依赖进口、价格居高不下的历史。

重大技术装备自主化要立足于开放式的自主创新，这是发展民族装备工业不可忽视的一个重要观点。引进技术和自主创新并不矛盾。"现代化是买不来的"。面对近年来一些国家强化对中国转让技术的控制，禁止关键技术关键产品向中国转让和出口的局面，我认为我们必须坚持自主创新的战略导向，获得自主知识产权的产品和品牌。这点在今天看得就更清楚了。

# 花钱买不来高端装备制造核心技术

这些年我国的装备制造业进步非常大，从产量和产值上来讲，已成为世界首位。但仔细来看，我们的高端装备制造业当中有一些关键零部件还是要依靠进口。

我们能生产世界上最大的水力发电设备，但仍要进口大量高端装备。包括船舶也是一样，我们造了这么多船，但是导航系统都是国外的。再比如说风力发电，我们这几年发展特别快，虽然里面的主要部件大部分都是我们自己生产，但是轴承特别是变速箱里的轴承现在大部分还是要从德国进口。2010年，我国仍进口大量高端装备，进口额2553亿美元，其中进口高档数控机床120亿美元。

毫无疑问，那些最前沿最先进的关键技术和核心技术从国外是买不来的。

高端装备制造没有一个量化的定义，但泛指来说，技术含量比较高、我们目前还难以掌握的重大装备都是高端装备。

"国产装备，装备中国。"这是几代人的梦想，我认为这个梦现在百分之八九十都实现了。2000年我国机械装备工业总产值是1.44万亿元，2005年达到4万亿元，2010年达到14.38万亿元，年均增长25%；2010年资产总额10.4万亿元，"十一五"比"十五"翻了一番，相当于 5 年再造一个机械工业。据统计，2009 年其销售额即达到 1.5 万亿美元，跃居世界第一，成为全球机械制造第一大国，国内市场占有率达到 85%。

有一个说法，中国的装备制造业有"两个病"，一个是"心脏病"，一个是"神经病"。"心脏"就是发动机，比如飞机、战斗机的发动机，民用航空的发动机 100% 还都是国外的。"神经"是指机械设备里面的控制系统，在前一段时间几乎也都是用国外的。这几年我们培育了几个系统，但比如说核电站里的控制系统我们还是不敢碰。数控机床的研发现在抓得很紧，但是几乎都分布在中低端，特别精密的控制系统还是不能做。这两块在整个机械制造产业里的附加值非常高，技术含量非常高。我们讲的高端制造业主要指的是这两部分，我们自己还不会做，所以不得不以高价从外国进口。

不过，现在随着中国越来越强大，外国对我们的戒心也越来

江苏田湾核电站反应堆。

大，不像在 20 世纪 80 年代初的时候他们对我们没什么戒心，认为你们中国不可能怎么样。但是现在他们看见中国创造能力太强了，在这种情况下，一些高端技术真的要靠自己的力量去研发。

实践证明，我们要发展和拥有高端装备、新技术新设备，必须坚定不移扩大对外开放，坚持自力更生、独立自主的方针，尽可能争取一切可以争取的国际技术合作，引进消化吸收国外先进技术和管理经验，不断增强我们的自主创新能力。

国产化和自主化并不矛盾。从字面上来讲，国产化是指在中国制造，引进国外的技术来中国制造也是国产化。而自主化是指这个技术本身是我自己研发出来的，这样的例子在中国也很多。这两个有交接点，自主化一般来说都是国产化，但是国产化不代表就是自主化。

拿汽车工业来讲，目前存在的争论是，有些人批评我们大量引进国外的汽车，扼杀了中国的自主品牌。我认为，首先要允许合资独资，不要全盘否定。在改革开放前我们一直在搞自主品牌，但国门一打开，我们无论是性能还是质量都没办法和外国竞争。闭关的自主创新肯定是不对的。

有人提出有三种创新：原始创新、引进消化吸收创新、集成创新。从字面上理解，原始创新就是别人没有的我们中国率先搞出来的，这就是原始创新，比如说人工合成胰岛素。引进消化吸收创新就是开始是人家的技术，但被我们升级了，又开发出新的东西。什么是集成创新呢？我认为乔布斯就是典型的集成创新，苹果手机就是集成创新，无线技术、触摸屏技术、图像处理技术，他把艺术和科学结合起来，这就是集成创新。中国这样的技术也很多，比如数控机床，就是把控制技术、信息技术和机械制造技术结合在一起。总之，拒绝引进国外先进技术或一味地依赖引进都是不正确的，都应该注意防止，这是我们创新先进技术、自主创新过程中必须牢记的一条基本原则。

自主创新的关键环节是国家的意志。国家想不想干这件事，这是最关键的。我们现在很多的成功，都是因为当年决心要干。中国再穷，有那么多人力资源，集中起来也是不小的财富。政府投入资金倒是其次的事了。

发展高端制造业，中国人有足够的聪明才智，改革开放以来的发展充分证实了这一点。虽然我们有很多阻力，但是中国人总是有办法克服。最典型的就是"两弹一星"，把火箭飞上天也够难的了吧，我们也造出来了，还是在经济并不发达的情况下。关键在于决心——如果不造出来我们就要受别人的威胁。我觉得，"两弹一星"精神既包含了中国人民的爱国情怀、艰苦拼搏奋斗的精神，还包含了国家意志。

韩国制造业比我们起步要晚，但是现在汽车工业、钢铁工业、电子工业、造船工业都走到中国前面去了。海上钻井平台我们也做，但是高端部分也被韩国走在前面了。另外，他们采取价格策略，把价格压得很低，占有了市场。还有豪华游轮，我们国家目前还都不会做。我觉得只要想做我们都是能做到的，但是必须要有强有力的人和国家意志来组织做这件事。在意志的前提下，中国从来不缺人力，最重要的是国家有没有决心形成统一意志干这件事，这是最关键的；第二就是要有一个有效的执行机构来推动这件事情；第三要有相应的配套政策。比如船舶工业，我过去曾提出来我国要建世界第一造船大国。那时候中国造船工业不像现在这么大，但是我国制造的船80%都是出口的，而我们自己用的船80%都是进口的。为什么？因为政策不对，出口的船都可以退税，要是卖给中国自己人则要上税。后来我们把税收政策调了过来，国民待遇就是进口和出口待遇应该是一样的，一下子就调动了积极性，这就是政策导向。另外，政府应该把重点工程和重大装备研制结合起来。我们的装备制造业不能盲目发展，要有国家强有力的协调。

# 装备自主化是中国城市轨道交通快速发展的重要保障

没有高端装备的国产化就不能真正实现国家的现代化。城市轨道交通的发展也是这样。今天，中国城市轨道交通得以大发展和坚持装备研发生产自主化有很大关系。

## 缘何要国产化

何为国产化？为什么要国产化？特别是对于现代化初期的大国来说，这其实是一个很普遍的问题。发达国家走过的道路也是这样。中国这样一个发展中大国，通常讲"买是买不来一个现代化的"就是其中之意，必须是这样。

1989 年"政治风波"之后，西方国家制裁中国。当时在上海、广州建设地铁交通线，使用德国政府贷款用于购买德国的地铁设备也受到影响。1990 年，德国率先放弃制裁，同意继续与我们做生意，原来签署的对华贷款协议继续生效。

几年之后，上海地铁 1 号线和广州地铁 1 号线建成，但造价昂贵，每公里花费竟达人民币 8 亿元！原因就在于地铁设备中国不能自己生产，主要都是从德国进口。进口设备一方面价格高，根本没有讨价还价的余地；另一方面售后服务也仍受制于人，既贵又影响工期进度。20 世纪 90 年代，日趋紧张的城市交通状况使许多大中城市纷纷要求建设地铁、轻轨等城市轨道交通项目。近 30 个大中城市都提出建设或筹划建设城轨交通设施。如果所需大量设备全都依赖进口，将极大地增加工程建设成本和运营成本，政府和项目业主不堪重负。为此，轨道交通装备的国产化被提上日程。

国产化可以降低生产成本和培育本国产业，使本国能够生产原来依赖国外进口的设备。发展中国家在引进外国产品和技术的时候，必须注意消化吸收和自主创新。

国产化是现代化进程中发展民族经济的重要措施，对发展中国家有特别重要的意义。发展中国家要发展本国经济，就必须实施装备制造业的国产化。一些小的发展中国家缺乏完整的工业体系，要做到这一点很难，而中国是一个拥有完整工业体系、有广阔市场和丰富劳动力的国家，完全有条件做到装备的国产化自主化。城市轨道交通是国民经济的重要领域，轨道交通装备的国产化直接关系到当时我国这个行业能否迅速发展。1995 年 12 月，国务院在考虑到城市轨道交通建设投资巨大，大部分城市财力尚难承受，要求暂停城市轨道交通审批，制定允许建设轨道交通的城市标准，并要求国家计委抓好城市轨道交通国产化工作。

1999 年 2 月，国务院办公厅转发了国家计委《关于城市轨道交通设备国产化的实施意见》。《意见》提出，城市轨道交通项目，无论使用何种建设资金，其全部轨道车辆和机电设备的平均国产化率要确保不低于 70%。这里的"平均国产化率"指的是国产地铁设备的价格在设备总价中所占的比率。70% 的平均国产化率的指标意义很重要，对于促进城市轨道交通建设工程大量采用国产设备具有明显的促进作用。当然，后来中国加入了 WTO，平均国产化率不能提了。

# 国产化的难题

国产化的难题，从政府管理层面，我们首先碰到的是：一是地方政府都想在自己城市建设设备生产厂；二是国产设备生产出来后首台（套）的使用问题，开始总是无人敢用。

在哪里设立中国的地铁装备制造企业，是当时规划部门的一个难题。各城市都想建设轨道交通设备生产企业，都希望提升本地 GDP 和税收，增加本地就业。当时北京、上海、广州、南京、大连等城市的主要领导都想争取把生产轨道交通设备的工厂放在自己的城市。当地方领导的要考虑地方的利益也很自然。站在国家立场上，首先要考虑形成竞争有序的国家大市场，防止各地搞地方保护，造成一哄而上的盲目发展，最终又导致产能过剩。地方的利益要服从国家的利益。最后，还是根据原有基础，全国合理布局，确定了长客、四方、株洲、浦镇等一批轨道车辆整车生产厂家以及挤压铝型材、车门、空调、信号系统等一批配套企业。后来的事实证明，当时防止搞地方保护、各地一哄而上完全是正确的。不然的话，如果遍地开花，不仅地铁设备的质量无法保证，各地区各自为政，搞地方保护，造成产能过剩，国产化的任务最后也无法完成。

最难的事情是，国内厂家生产出来了设备，在实际工程建设上却无人敢用。事实上，任何参加招投标的企业都必须拥有工程业绩，而首台（套）又没有业绩。这是一个类似于"蛋生鸡还是鸡生蛋"的悖论！不只轨道交通行业是这样，所有装备制造行业的国产化普遍遇到这个问题。20 世纪 80 年代《人民日报》还刊登过一篇关于"千万吨级露天矿设备全国大游行"的批评文章，说的是当时太原重型机械集团和一重集团引进美国大电铲技术，研制成功后，原定给霍林河

张国宝在第一重型机器厂 15000 吨水压机
竣工投产仪式上讲话。

露天煤矿用，但霍林河煤矿不用，不得已找到江西德兴铜矿，从太原把设备运到江西德兴，但德兴铜矿也不用，经多方协调最后找到首钢的河北迁安铁矿。就这样从北到南，从南到北，费了很多周折，千万吨级露天矿设备才找到了用户，但开始还是免费试用。

以城市轨道交通车辆为例，改革开放前北京的首条地铁装备是长春客车厂生产的，但技术水平和国外有很大差距。改革开放初期的上海、广州 1 号线地铁车辆全部依靠进口。直到 21 世纪初，在国家发改委和有关行业协会的协调下，长春客车厂与北京地铁建管运营部门协商，依托北京地铁工程，实施由车辆主机厂、牵引制动系统研制单位和工程建设单位共同参加的"城轨交通装备国产化工程"，才逐步解决了国产轨道车辆及其牵引制动等关键设备的推广应用问题。

为了从根本上解决国产设备的推广难问题，国家发改委除了此前提出的 70% 平均国产化率要求之外，同时还积极推动国家出台鼓励业主采用国产设备的首台（套）政策。2006 年 6 月，出台了《国务院关于加快振兴装备制造业的若干意见》，规定对订购和使用首台（套）国产重大技术装备的国家重点工程，可确定为技术进步示范工程，优先予以安排，并研究制定了由项目业主、装备制造和保险公司风险共担、利益共享的重大技术装备保险机制，引导装备制造企业和项目业主对首台（套）国产重大技术装备实行投保。

2002 年，广州地铁 2 号线开通。与地铁 1 号线相比，工程造价下降近 50%。所需 156 辆车由长客厂中标承造，比广州 1 号线进口车辆价格下降了 33%。广州地铁 2 号线是城轨交通第一个国产化示范工程，显示 1998 年开始的国产化工作取得明显成效。

2007 年 2 月，国家发改委在广州召开第三次城市轨道交通设备国产化工作会议。一批国产化先进单位受到表彰。我们在会上指出，经过不懈努力，城市轨道交通车辆、信号、牵引制动系统等一批关键设备成功自主化，城市轨道交通装备的平均国产化率达到 70% 以上，我国城市轨道交通设备的国产化工作取得极大成功。

## 城轨交通国产化的经验

我曾经写了一篇《装备制造业的自主创新问题》的文章。在"加快推进我国装备制造业自主创新的思考"一节中提出，"要以 16 项重点装备领域为主攻方向，以国家重大工程和大宗设备订单为依托，研发制造与使用运行相结合，引进消化吸收再创新与自主研发相结合，国内分工协作与统一对外谈判招标相结合，深入开展重大技术装备国产化工作"。其中"16 项重点装备领域"是《国务院关于加快振兴装备制造业的若干意见》规定的重点装备领域，也包括"高铁列车和地铁车辆"。我当时分管交通司、工业司等单位，我试图论述清楚中国装备制造业国产化进程中的经验与教训。

对城市轨道交通行业，我认为，在确定轨道装备生产基地的时候，我国的社会主义市场经济体制发挥了积极的作用。当时如果每个城市都建设自己的生产厂，然后搞起地方保护主义，那地铁设备不仅生产质量不能通过竞争提高，而且形不成全国有序竞争的大市场。在当时科技水平和技术基础极为薄弱的情况下，地铁等城市轨道交通建设事业也不会有今天蓬勃发展的局面。

引进消化吸收和自主创新相结合是一项行之有效的政策，许多装备行业都是这样做的。城市轨道交通行业也走了这样一条道路。如果只是一味地引进，没有自主创新，就会陷入"引进—落后—再引进—再落后"的怪圈。高铁和地铁车辆、信号、牵引制动系统等关键核心技术，现在都已经实现自主化，是轨道交通行业技术引进和国产化成功的重要标志。

特别值得一提的是地铁工程业主与技术创新单位的合作经验。与铁路不同，地铁工程的业主是各个地方政府。实际工程建设中，北京、深圳等许多业主单位直接参与到轨道设备国产化自主化的创新过程中，应该说是城轨国产化最难得的经验。

今天我国的地铁车辆已经走出国门，出口到阿根廷、巴西、伊朗等国。实现市场的国际化，都有赖于当初国产化奠定的基础。回顾20世纪90年代初我国只有50公里地铁，只有北京和天津两个城市有地铁。当时世界上有5个城市地铁超过300公里，当时想在我退休的时候中国有100公里地铁就不错了。没想到现在北京、上海等城市地铁长度超过了400公里，几十个城市建起了地铁，每天运送数亿人次。没有地铁装备国产化，以每公里8亿元的造价，城市轨道交通事业不可能有今天的成就。

# 中国汽车工业的喜与忧<sup>*</sup>

## 一、汽车工业成绩喜人

（一）成绩。过去的 2002 年是中国加入世贸组织的第一年，曾被认为加入世贸组织后最易受到冲击的汽车工业经受住了第一年的考验。3 升以下和 3 升以上轿车关税税率分别平均下降了 26.2% 和 29.3%，进口配额增加 15%，达到 79 亿美元。在"入世"第一年就发生如此大的变化，国产汽车能否经受住国外汽车大举进入中国市场的竞争压力，业内外人士都捏了一把汗。但我们在盘点 2002 年业绩的时候，都大喜过望。全年汽车产销达到 325 万辆，分别增长了 38% 和 36.65%，销售收入达到约 6465 亿元，增长约 30.8%；工业增加值 1515 亿元，增长 28.7%，利润总额 431 亿元，增长 60.94%。在进口汽车商品大幅上涨到 65 亿美元、增长 48% 的形势下，出口也有了可喜的增长，达到 35 亿美元，增长 29%，这表明中国汽车工业融入国际市场的步伐加快。全年进口整车 12 万辆。

---

* 本文原载 2003 年 2 月 9 日国家发改委《经济情况与建议》。

（二）主要原因。我国汽车工业在"入世"后得以健康发展的原因，主要是我们有忧患意识，对"入世"后可能受到的冲击有充分的思想准备，采取了一系列对策，而更重要的是得益于国家采取扩大内需的方针，实行积极的财政政策和稳健的货币政策。在政策运用上既注重投资对经济增长的推动，也注意培育消费热点，发挥消费对经济增长的贡献度，两个轮子一起转，使经济在持续健康快速增长的轨道上前进。2002 年全社会固定资产投资达到 4.3 万亿元，增长 16%，公路投资达到 3000 亿元，全国公路通车里程达到 176 万公里，其中高速公路 2.5 万公里。实施了贫困县通路工程，使每一个贫困县至少有一条硬化路面道路与国道干线相连。到 2002 年底，全国 592 个贫困县和农垦农场实现了这个目标，新建公路 1.9 万公里。实施了西部县通油路工程，使西部地区每个县至少有一条油路与所在地、州、市政府所在地相通（西藏除外）。这些工程的实施和完成无疑拉动了汽车的需求。2002 年青藏铁路，西气东输，西电东送，龙滩、小湾特大型水电站等一大批大型工程全面展开，南水北调在年末也开工建设，开工规模是新中国成立 50 多年来最大的。这是我国载重汽车，特别是重型载重车在 2002 年增长 37.09%、达到 110 万辆的重要原因。

由于人民生活水平提高，汽车已经进入家庭，特别是在人均 GDP 超过 1000 美元的地区，私人购车迅速兴起。北京市百户家庭平均已有 12 户购车。银行开办了个人购车贷款，全国个人消费信贷余额已达 10189 亿元，比 2001 年增长 52.1%。汽车、住房、教育、旅游已成为新的消费热点，这使得 2002 年轿车产量达到 109 万辆，增长 55%，销售 112.6 万辆，增长 56%。在汽车产销两旺的形势下，多数汽车厂家都取得了较好的业绩，一汽、东风、上汽三大集团市场占有率约 49%，盈利水平大幅度上升。汽车工业的发展也为国民经济的增长作出了很大的贡献，仅汽车消费税 2002 年就达到了 83 亿元，增长 12.8%。

## 二、汽车工业存在的问题令人担忧

在一片莺歌燕舞的大好形势下，我们一定要保持清醒的头脑，切不可估计过高，切不可放松忧患意识，切不可轻言已应对了加入世界贸易组织的冲击。正如中国古代哲学所说"祸兮福所倚，福兮祸所伏"那样，当我们额手相庆取得成就的同时，也许危机正向我们走来。

（一）我国汽车工业散、乱、低水平重复建设，形不成经济规模，单车成本高的弊端不仅没有改善，而且已经失控，愈演愈烈，给以后的结构调整留下了隐患。在汽车高额利润的刺激下，各地不顾今后市场状况，投入高额资金建设轿车厂。据我自己统计，全国已有23个省（区、市）建设了轿车（含微型车）生产线。如果把卡车算进去，至少有26个省（区、市）建设了汽车生产厂。我国汽车整车生产厂已超过110个，2002年产量在5万辆以上的只有13家，年产1万辆以上的只有27家。国际大汽车生产厂家觊觎中国正在崛起的汽车市场，都想在中国市场上分到一杯羹，几乎世界所有汽车厂家都在中国设立了合资企业，产量多数从几万辆能力起步，很难提高国产化比重，多数只能说是简单装配厂。2002年的汽车产量中至少有10万辆是KD件装配，其中有的只是装装四个轮子，名曰DKD装配。这更加加剧了中国市场的竞争程度。可以说，中国汽车市场即将是世界上竞争最激烈、车型变换最快的市场。由于多数汽车厂达不到经济规模，成本降不下来，基本上还要靠国家高关税保护，根本谈不上国际竞争力。僧多粥少，也影响了大企业做强做大。地方政府为保住本地汽车厂生存，必然采取地方保护政策，影响了全国大市场的形成。世界上汽车企业正在加快合并重组，本来相当知名的汽车企业为应对激烈竞争的挑战，纷纷重组，如雷诺和日产、克莱斯勒和三菱汽车。沃尔沃把轿车生产部分卖给了福特，通用购买了大宇。世界上形成了11个大汽车集团，并有继续合并成6大集团的趋势，但中国却恰恰相反，生产厂点在不断增加，不能不引起我们警惕。今后一旦企业亏损破产，又将造成一批银行坏账、职工下岗。我认为，鉴于世界各大汽车厂都有了在中国的合资厂，今后可在已有厂基础上发展，除以出口为目的的厂外，原则上不再批准新设立汽车整车生产厂。

1992年9月4日，东风汽车公司以CKD组织生产的首批雪铁龙富康轿车下线仪式在襄樊装试厂隆重举行。

（二）过高的利润和扭曲的价格不利于汽车工业长远健康发展和提高国际竞争能力。我国的汽车工业虽然生产集中度不高，很多企业达不到经济生产规模，但利润却很丰厚。全世界汽车制造业平均利润5%左右，而中国汽车制造业平均利润高达20%—30%，一辆中档轿车利润5万元左右，高档轿车利润更高，而美国卖到欧洲的汽车平均利润只有十几美元。这种高额利润虽然短期内会给汽车企业带来利益，但长远看，它会损害汽车业的健康发展。在高额利润刺激下，很多小规模生产的厂家纷纷设立，这是造成低水平重复建设的一个重要诱因。我们的汽车厂家一方面要求国家采取高关税政策保护国内产业，一方面又在赚取高额利润，使我国汽车价格比国际同类车型高50%—100%，从而毫无国际竞争力，最终是该死的死不了，该活的活不好。所以我的意见，中国汽车减价还有空间，应乐观汽车降价，这会使一些汽车厂家难以为继，但这正是结构调整所需要的。过度保护不利于汽车工业培育国际竞争力。

（三）汽车整车厂专业化生产程度低，自制率仍偏高。分散和弱小的零部件产业是汽车成本居高不下、缺乏竞争力的另一重要原因。我国几个主要汽车厂本厂自制率一般在40%左右，而国外大汽车厂一般只有20%，80%是市场采购，近年更是利用电子商务实施全球采购，降低制造成本。而我国的汽车零部件制造体系初期是由一厂一个体系发展起来的，所以厂点多、生产批量小、技术创新能力差。只有少数几个品种，如刹车片、火花塞尚有一定竞争能力。而近年由于经济全球化速度加快，国际汽车业对在我国采购零部件期望值很高，如福特提出要在我国采购10亿美元汽车零部件，但在生产成本、质量上具备国际竞争力的零部件厂家并不多。可以说，零部件产业既是薄弱又是充满希望的一个产业，关键是要梳理出头绪，做强做大一些有希望的零部件产业，不仅为中国配套，更要为全球配套。

# 我国机械工程学科百年的辉煌历程<sup>*</sup>

我国机械工程学科百年的辉煌历程<sup>*</sup>

交通大学的机械工程学科伴随着社会的风云变幻，与祖国的命运息息相连，饱经艰难和曲折，承载着光荣和梦想已经走过一个世纪的不平凡历程。交通大学机械工程教育百年来为祖国培养输送了千千万万的人才，校友们在祖国的各条战线上为建立中国的现代工业、现代科技、现代国防、现代教育体系奉献力量，为中华民族的抗争、崛起和伟大复兴作出了自己的贡献。

我在交通大学机械学科完成了研究生学业，成为交通大学机械学科众多校友的一分子，40多年来亲历目睹了我国工业的发展历程，并有幸走上领导岗位，投身到中华民族伟大复兴的事业中，回首我国工业发展的历史，我们充满骄傲和自豪。

交通大学的机械学科从电机学科起步。中国的电机起步比西方国家晚了七八十年，在旧中国由于装备工业落后，电机工业的出现甚至比电力工业还晚了38年。从1905年天津教学品制造所生产出威姆爱斯特发电机，1917年上海华生电器厂研制成功中国第一台实用直流发电机，中国的电机工业才蹒跚起步。中国近代史上敌不过西方国家

---

　　* 本文是2013年3月1日张国宝在人民大会堂交通大学设立机械工程学科百年纪念大会上的演讲。

的坚船利炮，受尽屈辱，清末发起的洋务运动喊出了"师夷之长技以制夷"的口号。

正是在这样的时代大背景下交通大学设立了机械工程学科。诞生于积贫积弱旧中国的机电工业，不畏列强的围困、冲破半殖民地半封建社会的桎梏、穿越军阀混战的烽火、经历了国民党政府的专制统治，在漫漫长夜中循着依稀星光蹒跚缓行。

到 1949 年新中国成立时仅有 184.9 万千瓦装机容量，且几乎全部是进口设备。1954 年新中国在捷克的援助下生产的第一台汽轮发电机仅有 6000 千瓦，而如今我国已拥有 11.44 亿千瓦的装机容量，与美国并列为世界上电力装机容量最多的国家，是新中国成立初的 620 倍，改革开放初的 17.6 倍，已生产单机 100 万千瓦的超超临界发电机组 55 台，在建 25 台，成为世界上生产使用该高参数机组最多的国家。上海外高桥三期电厂使用上海发电设备集团生产的该型机组每千瓦时 275 克标准煤，达到世界先进水平。

从 2004 年起我国平均以每年 1 亿千瓦装机容量的速度增长，创造了世界电力建设史的奇迹。特别是近几年国产设备已有了绝对竞争优势，不仅国内电站全部采用国产设备，2008 至 2012 年分别出口发电机组 1452 万千瓦、1648 万千瓦、1540 万千瓦、3012 万千瓦、1584 万千瓦，5 年共计出口 9236 万千瓦，其中 2010 至 2012 年三年向印度出口 4639 万千瓦，成为世界上重要的电力设备提供者。

改革开放以来的 30 多年我们走过了引进—消化—吸收—再创新的成功之路。近年我国装备制造业进步很快。"国产装备，装备中国"是几代人的梦想，我认为这个梦想现在百分之八九十实现了。2000 年我国机械装备工业总产值达到 1.44 万亿元，2005 年达到 4 万亿元，2010 年达到 14.38 万亿元，年均增长 25%；2010 年资产总额 10.4 万亿元，"十一五"比"十五"翻了一番，相当于 5 年再造一个机械工业。据统计，2009 年机械产品销售额达到 1.5 万亿美元，跃居世界第一，成为全球机械制造第一大国，国内市场占有率达到 85%。我国装备制造业的进步是中国工业发展的缩影，是中国从半殖民地半封建旧中国在中国共产党领导下走向民族复兴、祖国强盛的写照。

正如《中国电机工业发展史》序言中写道："一个国家尤其是我们这样一个人口众多、国土辽阔的大国，如果没有以重工业为骨干并与轻工业相互协调的强大工业体系，就不可能建立独立的完整的国民经济体系，就不可能用先进工业技术设备武装农业、服务业和国防事业，也就谈不上国家的真正独立自主、安全和强盛。"序言中还写道："中国不仅发展起来了，而且正在加快走向现代化；中国人民不仅获得了解放，而且正在实现共同富裕；中华民族不仅获得了民族独立，而且正在实现伟大的民族复兴。近代以来所有志士仁人和全国各族人民追求的救国、兴国、强国的理想已经或正在成为现实。"

我国能源工业的快速发展得益于重大装备国产化的支撑，对于中国这样一个发展中的大国，买是买不来一个现代化的。"工欲善其事，必先利其器。"装备是人大脑和四肢功能的延伸，是一国工业技术的综合体现。我在担任国家发改委副主任和国家能源局局长期间坚持依托重大工程推进装备国产化工作，到今天我们批量生产百万千瓦超超临界发电机组，生产世界上最大的单机容量 80 万千瓦的混流式水轮机组，中国的电力设备制造能力无论在质上还是量上都已步入世界先进行列。

特别是近年依托能源建设项目发展燃气—蒸汽联合循环技术、百万千瓦核电装备、1000 千伏特高压交流输电设备和 ±800 千伏特高压直流输电设备，以及 3 兆瓦、5 兆瓦陆上海上风机，百万千瓦空冷机组，在消化吸收 30 万千瓦循环流化床锅炉技术的基础上自主开发 60 万千瓦循环流化床锅炉。与之相配套的大型铸锻件，5 英寸、

6 英寸晶闸管、DCS 控制系统、泵阀、高压管道等都取得了长足的进步。

我国机电工业从小到大、从弱变强、从落后走向先进，不少产品进入到"百万量级"，这是一个巨大的进步。在相当一段时期内，百万千瓦级超超临界火电机组、百万伏电压等级特高压输变电设备、百万千瓦级水轮发电机组、百万千瓦级核反应堆就是世界先进水平了。

2011 年，上海电气生产的首台自主知识产权百万核电发电机。

总结我国机电工业发展实践我们可以看到，要发展和拥有电机工业及其他各种工业的新技术新设备，赶超国际先进水平，必须坚定不移扩大对外开放，尽可能争取一切可以争取的国际技术合作，引进、消化、吸收国外先进技术和有益管理经验，不断增强我们的自主创新能力。拒绝引进国外先进技术，或者一味依赖引进，都是不正确的，都应该注意防止。这是我们在发展和创新先进技术过程中必须牢记的一条基本经验。这是引进和自主创新的辩证关系，值得我们认真汲取。

虽然中国的工业技术水平与国际水平差距在缩小，有些领域还达到了国际先进水平。装备制造业进步很大，产量和产值都已成为世界首位。许多装备的硬件我们逐渐能够制造了，但我们还要冷静地看到我国的整体创新氛围和美国等发达国家还有不小的差距。

我们高端制造业的一些高技术含量产品和关键零部件或者还不能生产，或者质量不敌国外产品，还是要依靠进口，高端装备在整个机械制造产业里的附加值非常高，技术含量非常高，由于我们自己还不会做，所以不得不以高价从外国进口。国产产品主要分布在中低端，自主创新能力、原创技术还落后于发达国家。

以工业控制系统为例，尽管浙大中控、和利时这些企业在工业控制系统领域近年取得了不少成绩，一些化工企业，60万千瓦核电常规岛开始采用国产控制系统，但在大型、关键的工程上仍然是国外产品具有竞争优势。核电站的关键控制系统我们还是不敢碰。数控机床的研发现在进步很大，但大部分分布在中低端，特别精密的控制系统还是和国外产品有差距。正因为如此，工业控制系统价格昂贵，一台30万千瓦发电设备的控制系统价格是1500万美元，而后来国产化以后只有500—800多万美元。

师昌绪老先生给胡锦涛同志的信中提出了我国燃气轮机的落后。现在国家设立了燃气轮机专项，正在论证。的确，相对于我前面提到的动力机械，燃气轮机我们还有很大差距。飞机发动机、工业用重型和轻型燃气轮机，还主要是国外产品的天下。我在任时抓了依托燃气轮机电厂的打捆招标，虽然有一些进步，但知识产权全是人家的，关键部件还要外商提供，出口也受到限制。三菱重工告诉我，他们研制的单机70万千瓦重型燃气轮机即将推向市场，并且还可以使用低热值燃气，而我们自主设计的 6 万千瓦燃气轮机还在图纸上。所以有时我们戏称中国工业产品有"心脏病"和"神经病"。

再如船舶工业，我国船舶生产量、新增船舶订单和累计手持订单 2010 年已居世界首位，但是导航仪表系统基本是国外的。发动机有的船东仍喜欢选择国外产品。LNG 运输船、海工装备等高端船舶的设计制造能力仍不敌韩国，2011 年以来在新增船舶订单上高端产品大部分落入韩国造船企业之手。

再如风力发电设备，我们这几年发展特别快，虽然风力发电机大部分是我们自己生产的，但是至今轴承，特别是变速箱里的轴承大部分还是国外进口产品。2010 年，我国高端装备进口额 2553 亿美元，其中进口高档数控机床 120 亿美元。在汽车制造领域，中国也在数量上超过美国，成为名副其实的汽车制造业大国，但我们的自动变速箱还主要依赖于进口。

我国关键核心技术原创的少，核心技术对外依存度超过 50%。高端装备、关键设备在很大程度上仍依赖进口，例如动车组的轴承、火车轮对等设备全靠进口。2011 年我国申请国际专利合约共 16406 件，仅是美国的 1/4，且技术含量有较大差距。2011 年世界品牌 500 强中，中国内地仅 21 个品牌入选，其中制造业仅 7 个，远低于美国的 239 个、法国的 43 个、日本的 41 个。

技术创新是企业在市场竞争中赖以生存发展的必由之路。在激烈的国际竞争中，那些最前沿、最先进的关键技术、核心技术是买不来的。现在随着中国的制造能力增强，外国对我们的戒心也越来越大，不像在改革开放初期的时候他们对我们没什么戒心。高端技术必须要靠自己的力量去研发。

2012 年 2 月份我到美国去参观生产核电主泵的 EMD 公司，看看我国在那里购买的 AP1000 三代核电技术的主泵试验得怎样了。前两次试验都有缺陷。据介绍，EMD 公司的前身是发明飞机的莱特兄弟创建的，开始是生产飞机，历史上曾经是美国的第二大公司，后来在波音等公司的竞争下退出了飞机生产，转而生产发动机等部件，一直演变到现在生产核电厂里边技术最复杂、安全要求最严格的主泵，总是在高端技术产品方面发展。我当时的感触是怎样才能让企业成为百年老店？在激烈的市场竞争中总是生产一种产品、抱着一种技术，一定会被淘汰出局，只有不断创新才能生存。

20 世纪 80 年代初我在国家计委机电司负责技术引进工作，当时我熟悉 GE、卡特彼勒、霍尼韦尔等一批企业。2011 年初我在胡锦涛主席访美时又接触到这些企业，发现这些企业的产品和我 80 年代打交道时已完全不同。例如，卡特彼勒是生产工程机械的，现在他们生产的用于分散型供能系统的小型燃机、低热值燃机总功率数居世界第三位。霍尼韦尔是生产飞机等仪控系统的，现在他们也涉入新能源产业，连钞票的防伪装置也在生产。这些变化给我一个强烈的印象，企业必须不断创新才能生存和发展。

中国是个有悠久历史的文明古国，是优点也是包袱。曾经是文明古国的希腊、埃及为什么在现代科学技术上都不占优势，而历史很短的美国却创新不断，这一有趣的现象值得社会学家去研究。美国最近有人撰文说不用担心中国会超过美国，中国可以培养出千千万万勤奋的工程师，却很少有创新的发明者。近代影响世界的计算机、互联网、无线通讯都未出自中国，因为我们的思维受到很多传统文化框框的束缚，我们的人文环境也影响了科学技术领域。创新也需要有人文环境。

我看到一则报道，讲的是一个在美国成功的中国留学生，他原在美国东部留学，毕业后在大学任教，有份不错的工作，但他感到美国西部硅谷创新氛围要优于东部，毅然放弃工作到硅谷创业，现已拥有两三家亿元以上的公司，而他同时代的同学远没有他这样的成就。他总结认为是西部宽松的氛围和金融支持成就了他，这包括社会容忍失败，良好的雇佣环境和金融信贷系统。这个事例说明，创新需要社会环境，万马齐喑的氛围是不容易创新的。

当代的装备制造业已经是多学科技术融合集成的创新。例如，我们在考虑研发更高参数的发电设备，把锅炉蒸汽温度进一步提高到700摄氏度以降低煤耗，遇到的障碍是耐高温的材料制造不出来。上个月我刚到云南的鲁布革水电站去看过，这是我国第一个使用世界银行贷款采用招投标方式建设的水电站，进口西门子水轮机，3号机正在大修，拆开一看叶片光滑如初，而在天生桥水电站的国产水轮机叶片汽蚀有拳头大的坑。我们的材料技术、质量、耐久性都还有差距。纳米技术、数字电子技术已经越来越多地应用于机电产品的制造，只知道传统的机械制造知识而没有激光、纳米、数字技术等新学科的知识很难适应日新月异的技术创新。

交通大学培养的千千万万机械制造业人才在我国工业发展中发挥了重要作用。特别是在动力机械领域，我因工作关系到几个核动力设计院、中核总、中广核、国核技以及三大动力，看到主管业务的领导、总工程师很多是交大的校友，而且他们默默耕耘在生产、科研、教学第一线。我们不会忘记千千万万为我国机电工业奋斗了一生、作出了各种贡献的人，无

2012年9月24日，代表着国际最先进水平的国家重大装备项目——40000吨大型模锻液压机在西安阎良国家航空高技术产业基地正式揭开神秘面纱。

论是知名的还是不知名的，他们都在国家建设史上留下了艰苦创业、无私奉献的感人事迹。我们要永远记住他们的功劳，学习他们的开拓精神、奉献精神。

我国电机工业乃至其他产业要保持良好发展势头、争创世界一流水平，在激烈的国际竞争中掌握主动，就必须继续尊重知识、尊重人才，不断激发人民群众的首创精神，不断激发各条战线上广大工人、技术专家、领导干部的紧迫感、责任感和献身祖国建设事业的使命感。

党和政府高度重视装备国产化的工作，在《国家中长期科学和技术发展规划纲要（2006—2020年)》中为营造激励自主创新的环境，在科技投入、税收激励、金融支持、政府采购以及引进消化吸收再创新等方面制定了一系列政策措施，对推动电力装备技术进步起到了积极作用。

2006年2月，国务院发布了《关于加快振兴装备制造业的若干意见》，在确定的主要任务和重点突破中，第一项就是"发展大型清洁高效发电装备，包括百万千瓦级核电机组、超超临界火电机组、燃气—蒸汽联合循环机组、整体煤气化燃气—蒸汽联合循环机组、大型循环流化床锅炉、大型水电机组及抽水蓄能水电站机组、大型空冷电站机组及大功率风力发电机等新型能源装备"，第二项是"开展1000千伏特高压交流和 ±800千伏直流输变电成套设备的研制，全面掌握500千伏交直流和750千伏交流输变电关键设备制造技术"。

2008年国家发改委等部委制定了《"十一五"重大技术装备研制和重大产业技术开发专项规划》、《首台（套）重大技术装备试验、示范项目管理办法》等一系列文件，鼓励订购和使用国产首台（套）重大技术装备、加大对重大技术装备企业的资金支持力度等，对重大装备研制发挥了重大作用。2009年5月，国务院发布《装备制造业调整和振兴规划》，高效清洁发电和特高压输变电位列十大振兴领域重点工程之首。这一系列文件表明，振兴装备制造业已经是国家战略，装备制造业的发展步伐明显加快。2008 年中国机械装备总产值超过了美国，成了世界第一。

我国在发展装备制造业的过程中，以市场换技术、依托重点工程研发重大装备、打捆招标等是行之有效的措施。在推动重大装备国产化方面我们做了大量卓有成效的工作。政府管理部门要有战略眼光，要以满腔热情支持重大装备的研发和推广应用。

我国机电装备领域的进步折射出中国工业发展乃至整个中国从积贫积弱到屹立于世界民族之林的强盛过程。在中国共产党领导下的新中国，机械工业取得了璀璨夺目的成就，为中国经济发展提供了强大的装备，对世界工业的发展也作出了贡献，正在实现着志士仁人为之奋斗的理想，步入世界先进行列。新中国机械工业的发展是以中华民族不屈不挠的精神为脊梁，取得了一项项璀璨夺目的成就，向人们揭示了发展经济、发展工业的一些宝贵经验。

回顾交通大学机械学科的百年发展历程，先辈们的不懈努力，创造了辉煌成就，留下了丰厚的基业，也凝结了宝贵的经验，给人以启迪和思考。我们必须戒骄戒躁、谦虚谨慎，继续奋起直追，努力在中国特色社会主义道路上开创我国机械装备工业和整个工业发展新局面。为实现民族复兴，振兴中华而继续不懈努力奋斗！

# 发展海洋经济、开发深海能源和海洋工程装备 *

各位来宾：

首先祝贺 2017 深海能源大会在海南省海口市召开。去年深海能源大会我参加了初期的筹备工作，后来因病未能出席，非常遗憾。

2014 年，我来海南参加博鳌论坛会议时，与海南省发改委余俏琦、海南省资产管理公司谢京董事长在海口与时任副市长邓小刚就举办海洋工程大会交换了意见。海南省陆地面积虽然与全国各省比是较小的，但管辖的海域面积在全国各省中居首，是名副其实的海洋大省。海南省是海上丝绸之路的重要节点。开发利用好海洋资源对海南省来讲是个大课题，是海南省未来经济发展的潜力所在。国家将海南省定义为国际旅游岛，不能走发展重化工业污染的老路。发展海南经济要保护好海南好的生态环境，发展低碳清洁产业，海口市提出发展会展业就是一个好的思路。

我对海口市提出举办以海洋工程为体裁的国际会展的思路深表赞成，在海口举办海洋工程会展，成为在亚洲乃至世界海洋工程交流的一个重要平台。因为我曾任国家发改委副主任和国家能源局局长，后

---

* 本文是 2017 年 11 月 23 日张国宝在 2017 深海能源大会上的主题发言。

来又担任中国产业海外发展协会会长，在我的工作生涯中与海南省有许多交集。我们愿与海南省一道办好这个大会，将深海能源大会办成一个深海能源技术交流的平台、深海能源人才凝聚的纽带、深海能源创新成果转化的桥梁。

2017 年 11 月 23 日，张国宝在 2017 深海能源大会上作"发展海洋经济、开发深海能源和海洋工程装备"的主题报告。

2016 年 9 月 6 日，财政部、国家海洋局联合印发《关于"十三五"期间中央财政支持开展海洋经济创新发展示范工作的通知》，决定开展海洋经济创新发展示范工作，推动海洋生物、海洋高端装备、海水淡化等重点产业创新和集聚发展。表明了国家对海洋经济创新发展工作的重视并指明了发展的重点领域，具有很强的指导意义。在制定"第十二个五年规划纲要"时，我曾经是规划纲要起草小组的成员，组长是李克强总理。在他主持下，听取一个一个行业汇报时，我印象深刻，并得到起草小组成员一致好评的是国家海洋局的汇报。我国既是一个大陆国家，同时也是一个海洋大国，但是过去对这一点定位认识还不够清晰，受国力限制，海洋开发也相对滞后。因此。在"十二五"规划中的第十四章，专门列了"推进海洋经济发展"一章，对发展海洋经济就有了一段重点描述："科学规划海洋经济发展，合理开发利用海洋资源，积极发展海洋油气、海洋运输、海洋渔业、滨海旅游等产业，培育壮大海洋生物医药、海水综合利用、海洋工程装备制造等新兴产业。加强海洋基础性、前瞻性、关键性技术研发，提高海洋科技水平，增强海洋开发利用能力。"2015年8月1日印发的《全国海洋主体功能区规划》将我国的海域分成4个区域：优化开发区域，重点开发区域，限制开发区域和禁止开发区域。海洋工程和资源开发区被列入重点开发区域。规划要求："加强深海开采技术研发和成套装备能力建设"，"加快开发研制深海及远程开采储运成套装备"。

人类在生存发展的过程中不断探索自然，从陆地到太空，再到海洋，逐渐深化对自然的认识，从太空和海洋拓展生存和发展空间，拓展资源来源。以能源为例：人类从薪柴时代过渡到化石能源时代。从最初在陆上开采石油天然气资源逐渐向海洋进军。英国挪威北海油田的成功开发具有里程碑意义。现在海洋油气产量已经占有越来越大的比例。中海油在海南莺歌海海域探获和开发的海上天然气近30年来一直是供应香港天然气的主要气源。近年来重大的油气发现大多是在海洋，这是因为人类对海洋的认知和探索远比陆地要差。例如巴西的图皮油田，伊朗和卡塔尔的南帕斯天然气田，位于北极圈的俄罗斯亚马尔气田，澳大利亚的布劳斯气田等。海洋里还蕴藏着其他资源，例如目前还在探索中的可燃冰、锰矿等多金属结核资源。波浪能发电、海水温差发电、海上风电、海水淡化等，比陆地辽阔得多的海洋还蕴藏着人类迄今未能利用的资源，有着广阔的发展前景。

海洋开发需要许多新的技术和装备支持。以巴西图皮油田开发为例，不仅需要各类钻井平台，还需要几百艘的铺管船、运输船、供应保障船等船舶。俄罗斯亚马尔半岛天然气田的开发和运输需要原子破冰船等等。俗话说，上天难，入地难，下海再入地则是难上加难。海洋工程具有周期长、风险高、科技含量大、投资成本高、系统复杂性强、与其他高新技术产业关联性强、安全环保责任大的特点。因为上述这些特点，海洋石油工程在某种程度上反映了一个国家的工业发展水平。2015 年 5 月国务院印发的《中国制造2025》规划文本把"海洋工程装备及高技术船舶"列入了需要大力推动的重点突破领域，要求"大力发展深海探测、资源开发利用、海上作业保障装备及其关键系统和专用设备。推动深海空间站、大型浮式结构物的开发和工程化。形成海洋工程装备综合试验、检测与鉴定能力，提高海洋开发利用水平"。

中国的海洋工程近年来取得了不少进步，仅从南海开发来看中国深水装备的进步。十年前，中国没有一座自己设计建造、适合南海作业的深水半潜式钻井平台，南海开发仅限于不超过300 米水深的浅水区域。"十二五"期间，中海油建造了以"海洋石油981"深水平台为主力装备，包括了工程勘察、物探、钻井、铺管、三用工作船等一批作业水深达3000 米的深水舰队。中国成为南海周边唯一可自主进行深水油气资源开发的国家。

十年来，中集集团先后交付了11 座深水半潜式平台，除奔赴北海、巴西、西非等全球主流油气海域作业外，中集自主设计建造的"中海油服兴旺号"和"蓝鲸1 号"也先后在南海投入作业。特别是承担首次海域天然气水合物试采任务的"蓝鲸1 号"，创下了60 天连续采气30 万方的世界纪录，保证了我国在海域天然气水合物试采上实现全球领跑。此外，中集海工今明两年还有"蓝鲸2 号"等 4 座深水半潜式钻井平台相继完工，可为南海开发批量提供深水核心装备。

中集集团生产的"蓝鲸1号"半潜式钻井平台。

过去十年，我们在深水装备领域，特别是在深水半潜式钻井平台设计建造方面，不仅在数量上实现了零的突破，而且在极地恶劣海域平台和超深水平台上实现质的跨越，手持订单量和交付量占同期全球市场的25%。中远船务生产出"深海高稳性钻探储油平台"，不仅代表了我国自主设计建造的最高水平，也是这一时期全球技术最先进、标准最高的代表性产品。上海沪东船厂生产出了双燃料推进的17.5万立方米LNG运输船，还实现了向日本商船三井的出口，显示出我国在海洋装备领域的巨大进步。在海工装备的研发方面，国家发改委批准设立了"海洋工程总装研发设计国家工程实验室"、"国家级企业技术中心"和"国家能源海洋平台研发（实验）中心"，国家级自主创新平台也已建立。在十九大报告的成绩部分提到了蛟龙号和南海造礁工程。我国海工装备在一些细分领域，正迈入全球第一阵营。我们在海洋装备领域的突破和跨越，不仅使实施海洋开发有了装备保证，而且也很大程度改变了全球海工市场格局。今天我们在自主设计建造上已不再是被动跟跑，在一些领域已与原有海工强国形成交错领跑的局面，而且在核心供应链上"中国制造"和"中国科研"的优势正在形成。在全球代表性项目上设计总装的突破，发挥出中国产业综合优势。

在基础研究方面也依托上海交通大学建立了现代化的风浪流与内波实验室，可以开展海洋动力学的研究。中国近年在深海探测器方面取得了可喜的成就。包括中国在内的许多国家都把海洋技术和设备列为未来科技发展的一个重点领域。

海洋勘探开发和海洋工程装备需要多学科技术的集成，需要跨行业多学科的联合。以最近在议论的小型核电为海上平台供电装置为例，需要小型核反应堆技术与海上钻井平台技术相结合。最近我读到一篇报道，德国西门子凭借传统的制造业和基础科研优势，又兼并了欧洲著名的风电设备制造企业歌米飒，生产 6 兆瓦大功率海上风机，在海洋风力发电设备领域取得了很大进步。我国金风科技也研发生产了直驱永磁技术的 6 兆瓦海上风机。中船重工的 4 兆瓦海上风机也得到了大规模应用。但中国在集成创新方面还有差距。位于北极圈的俄罗斯亚马尔气田的开发，需要有破冰能力和在高寒下作业的装备，我们在这方面还没有竞争能力，还需努力。十九大报告中提出要培育若干个世界级先进制造业集群的任务。若干年前我向国务院提出建设世界第一造船大国的建议，现在基本已经实现了。我们已经有很好的基础，在海工装备领域有条件形成一个先进制造业集群。我国的海洋工程与船舶工业一起成长。30 年前中国的船舶产量只占世界船舶总产量的 7% 左右，远远落后于日本、韩国。而海洋工程产品几乎为零。进入本世纪初，国家把建设第一造船大国作为我们的奋斗目标。经过不到 20 年的努力，中国的船舶产量已经占到世界船舶总生产量的 40% 以上，真正成为了世界第一造船大国。海洋工程装备作为造船工业的一个组成部分，其技术含量和制造难度更高。我国的海洋工程装备从无到有，在船舶工业中占的比重不断提高。产品范围从浅水到深水，形成了比较完整的产业链。市场从国内到国外，已经在国际市场占有了一席之地，中国已成为与韩国和新加坡并列的海洋工程第一方阵国家，俄罗斯也很看重中国的海洋工程装备。俄罗斯原副总理、现任俄罗斯石油公司总裁谢钦曾向我提出参观烟台中集来福士海洋工程有限公司，并希望他们到俄罗斯建厂生产。

但是我们也要清醒认识到由于受市场规模和定制化的限制，我们在主要核心设备上目前与美欧企业仍有差距，与韩国和新加坡在建造集成技术方面也有一定的差距，在深水和浮体装置领域的差距可能更大，总体上还处在追赶阶段。我们也应清醒认识海工装备技术的特点：一是市场受石油价格和市场需求影响，石油危机中船东选择弃船，需求波动性大；二是系统复杂，对设计和EPC（工程总承包）能力要求高；三是几大核心设备和系统全球性都面临瓶颈；四是面对国际海工大国的竞争优势；五是"大海工"平台门槛高，进入不容易，退出再进入更不容易。海工企业虽不断攀登制造业高端，但企业往往亏损，面向下一轮的研发投入被迫削减，增加了未来发展的难度。

近年来，受国际经济未走出国际金融危机的影响，长期低迷，能源消费疲软，油价一直在低位运行。今年大部分时间国际原油价格在每桶50美元左右徘徊，根本原因还是供应充足而需求不旺。最近受沙特形势的影响，总算达到了60美元，全球现在原油库存仍处于高位，油价仍在波动。另一方面，本轮国际油价暴跌重创了全球石油产业，影响了对油气开发的投入，开发成本较高的海洋油气开发受到的影响更大，上游勘探开发大多数处于亏损状态，这对未来保持油气产能合理规模会产生长远影响。因此，在达到新的平衡后，油价肯定会回归到一个合理的价位。估计明年，如果不考虑突发的地缘政治事件，每桶60—70美元价位应该是供需双方较能接受的。我在哥伦比亚大学全球能源政策研究中心顾问委员会上的发言中讲到如下观点：

一、能源是常青产业，石油价格出现回暖趋势，但需要时日。不管世界如何变化，科技进步如何日新月异，空气、水、粮食和能源始终是人类赖以生存的基本物质。过去如此，今天如此，将来还将如此。所以我认为能源是常青产业，人类须臾不能离开。近两年由于全球经济增长放缓，能源消费增长也放缓，加上供应增加，能源市场呈现疲软，价格下跌。石油价格低迷是这两年能源领域的一大关注点。在经过近两年的价格低迷后，石油供需状况在作出调整，逐渐趋向新的平衡，石油价格出现回暖。由于去库存还需要一定时间，价格回升也需要一定时间，但价格回暖的趋势已经可以预见。石油价格在明年应该有所回升。

二、从长远看，可再生能源终究要替代化石能源，但石油在相当长时间内还将在能源结构中扮演重要的角色。最近在阿布扎比召开的国际油气会议上，通过讨论与交流，国际油气巨头对当前和未来油气行业面对的挑战和机遇取得六点共识：一是当前页岩气产能的增加不足以弥补化石能源需求的缺口。二是当前形势下，投资策略和目的变得多样化。有的投资仅仅着眼于短期见效，而非长期发展。三是长远来看，常规特别是深水资源仍将是油气的主要供应来源。四是以合作伙伴关系通过技术进步控制成本得到认可。五是电动汽车产业复杂，存在政策、市场以及行业本身的问题。六是电力行业及石化工业的发展，为化石能源的发展提供了新的思考。目前化石能源仍将是能源供应的主力。

新能源的快速发展是这个时代的另一个亮点。由于能源消费与温室气体排放密切相关，在国际社会高度关注气候变化的氛围下，新能源的发展得到高度关注。如果从长远看，可再生能源终究要替代化石能源，人类应当未雨绸缪。类似电动汽车这样的石油替代产品应该大力推广应用，但从近期来看，化石能源，特别是石油对于像飞机这样的交通运输领域来讲，还具有不可替代性。石油在相当长时间内还将在能源结构中扮演重要的角色。

我的这些观点在哥伦比亚大学和国际能源署的网站都作了报道并引起讨论。

我们经常在媒体上看到电动汽车的报道，还有挪威、德国要禁止销售燃油汽车等消息，似乎给人印象，我们不再需要石油了。也有人说石油已经是夕阳产业。在这里，我向大家推荐我担任名誉理事会主席的北京国际能源专家俱乐部 2016 年 5 月 30 日在《中国能源报》上发表的文章，叫作《人类还需要石油，替代没那么乐观》。

首先看石油需求：2015 年全球石油需求增长了 170 万桶／天。2016 年还增长了 130 万—140 万桶／天。相比于 2005—2015 年 10 年间每年平均增长 92 万桶／天的需求，全球石油需求并没有放缓。国际能源署 2016 年 5 月份发表的《石油市场中期报告》预测，在 2016—2021 年这 5 年内，全球石油需求将每年增长 120 万桶／天，5 年增长总量将达 600 万桶／天。这么大的增量，靠什么来满足？

再看供应方面：现在全球石油产量是 9300 万桶／天，来自于成千上万的在产油田。大多数在产油田不是处在刚刚投产的产量上升期，而是处在成熟油田的下降期，产量衰减非常厉害。在产油田的石油总产量年自然衰减率在 3%—6% 之间，国际能源署以前有报告用过每年 5% 的衰减率。5 年每年递减 5%，现有产量就要下降 25%，合计 2300 多万桶／天。而且在过去石油价格低迷的两年里，根据国际能源署今年发布的《能源投资展望》，美国非常规油气资源投资下降明显，仅对页岩油的投资在过去两年就陡降 52%。弥补在产油田的自然衰减需要大量投资，或提高采收率，或开发新项目，更不要说为满足现有基础上的增量需求。需求在增加，产量在下降，需要大规模投资来弥补。但近年来投资受油价暴跌影响，全球石油行业投资 2015 年较 2014 下降了 24%，今年估计还将下降 20% 左右。在供需"剪刀差"越来越大的情况下，石油市场再度趋紧也将是大概率事件；中东地区局势不稳定，油价也将会在震荡中反弹。

作为石油消费重要行业的汽车工业，近年来电动汽车受到重视，我本人也认为应该积极支持，把发展电动汽车作为石油替代的一个重要领域。但我们需要客观看一下数据：现在全球石油消费中，小汽车占消费总量的 24%（2013 年数据）。中国 2015 年消耗石油 5.43 多亿吨，汽油消费量 1.14 亿吨，占总量的 21%，主要用在小汽车上。大部分石油消费是用在交通领域，如公交巴士、运输卡车、轮船、飞机等。这些领域占全球石油消费的 29%。另外还有 1/6 的石油是作为化工原料。中国的比例也差不多。我们家里用的、身上穿的、球场踢的、药店买的、道路铺的（沥青），生活中无处没有石油产品。用油气生产的工业塑料在工业原料中也占有很大比例，例如汽车上采用了大量以石油化工产品为原料的零部件。所有机器的润滑油也是石油产品。我们现在农业用的化肥、农药相当部分是用油气为原料生产；农业机械、排灌都是用柴油机具，捕鱼现在普遍用柴油动力船。所以，现代农业有时被称为石油农业。现在，离开了石油，农业都要出问题。

电动汽车的出现，并不意味着石油马上要被电力替代。2015 年美国电动汽车销售总量只有 11.6 万辆，占全年小汽车销售总量 1747 万辆的比例不到 1%。中国电动汽车发展迅猛，到 2015 年底电动车拥有量也只有 33.2 万辆，在全国 1.63 亿辆汽车保有量中也只占 2‰。而且电动汽车替代目前还只在私家小汽车领域进行，比例很低。目前对全球石油需求的影响还微乎其微，并且在今后很长一段时间内运输重卡、轮船、商用飞机等石油应用还难替代，润滑油、化工产品也难替代。

人类还要在这个地球上持续生存，人类在相当长时间内还将需要石油。石油作为一种不可再生的自然资源，很难在这个星球上找到同等规模的替代品。尽管有有机生油理论，但这种理论还没有充足的证据被普遍接受。即便确实存在从地幔深部析出油气的可能性，也赶不上开采消耗石油的速度。我们还是有理由担心石油资源的逐渐枯竭，需要继续寻找和开发石油天然气资源，特别是目前开发程度较低的深海能源资源。

海洋石油工程的合同模式仍然以 EPC，即工程设计（Engineering）、设备采购（Procurement）和制造（Construction）为主的一体化总包合同。我们侧重于做 C，就是制造和组装，在 E 和 P 方面还应加强。C 部分劳动密度高，风险也大，但是在价值链上占比不高，一般只占合同总金额的 30% 左右。例如，现有中国制造的半潜式钻井平台，大多还是国外的基本设计、国外的关键部件、国外的标准规范，在中国船厂进行详细设计和加工，建造安装并调试交船。

我刚才讲到，海洋石油工程也是高风险行业，安全环保责任重大。众所周知的 2010 年美国墨西哥湾深水地平线号钻井平台的井喷、爆炸、倾覆、溢油给当地带来了严重的生态灾难，500 多亿美元的罚款也差点让老牌石油公司 BP（英国石油公司）倒闭。我们国内，从 1979 年的渤海 2 号自升式钻井平台拖航翻沉，到 2011 年的蓬莱 19-3 油田作业区的溢油事故，也曾发生了多起事故。随着我国海洋石油工程技术的发展，并不断往深海领域推进，一定要有系统化的技术与管理手段来有效管控这些风险。这些风险还不只在技术领域，因为海洋石油工程是高投入行业，在商务领域也同样存在风险。前两年国际油价的大幅下跌导致国内外海洋石油开发项目的大幅压缩和推迟。我们要警惕汇率变化失去价格优势。韩国船厂的海工订单大幅亏损，给我们敲响了警钟。

应对这些挑战，我认为，首先还是要自主创新和开展国际合作相结合，学习借鉴国外先进技术，避免闭门造车。这也是中国海洋石油总公司成立之初在浅水领域获得的宝贵经验。我们要对标目前居于行业领先地位的美国、挪威、英国、法国、荷兰、瑞典、丹麦、日本、韩国、新加坡等国的相关公司，逐项分解相关技术差距，寻找可行的追赶之路。为此，可以考虑在全球三大近海石油之都的美国休斯敦、英国阿伯丁和挪威斯塔万格设立研发中心，更加紧密地跟踪国外技术发展前沿，并直接参与和国外公司一起联合研究项目。其次是创新海洋石油工程的技术开发模式。应该改变仅仅依赖国家为主要投资主体，以产生学术论文为目标的院校式研发，鼓励企业依托具体项目，科研机构和油服公司通过合同方式共同参与研发，推广旨在解决具体问题的实用型研发模式。通过每个具体问题的解决，稳步推进技术进步。海工重大装备体现了一个国家的综合实力，国家应该在科研投入、优惠贷款、税收等方面给予重大首台（套）海工装备的研制支持，还应为海工装备提供国内市场，鼓励用户使用国产设备。

同志们，我国是海洋大国，我们70％的海域在南海九段线内，属于海南省管辖的海域。南海有着丰富的海洋资源，是能源资源的聚宝盆。我们要积极推进南海油气资源的开发，为建设具有中国特色的海洋强国贡献我们最大的力量！

# 我国钢铁工业的发展历程与思考

回顾我国钢铁工业 20 世纪 90 年代以来的发展，仅从粗钢产量指标就可以看出其发展速度之快：1996 年粗钢年产量突破 1 亿吨，2003 年突破 2 亿吨，以后大约每两年增加 1 亿吨，2014 年粗钢产量达到 8.23 亿吨。而在世界钢铁工业发展历史上，只有美国、苏联、日本粗钢产量曾达到年产 1 亿吨以上，但也没有达到 2 亿吨。在快速发展的同时，我国钢铁工业目前也面临产能严重过剩等一系列重大挑战。我曾经参与多个钢铁相关项目的决策、审批工作，对我国钢铁工业有很深的感情。我认为，回顾我国钢铁工业的发展历程，有很多重大问题值得去认真思考。

## 大国崛起，钢铁工业功不可没

虽然近年来互联网等新兴产业和虚拟经济发展迅速，成为朝阳产业，而钢铁等传统产业似乎成了夕阳产业。但钢铁就像粮食一样，并不因为新兴产业发展变得可有可无；相反，钢铁和粮食虽不是新兴产业，却是常青产业，任何时候都离不了，钢铁仍然是国民经济发展中最重要的基础原材料。我国钢铁工业为支撑国民经济快速发展作出了巨大贡献。

新中国成立尤其是改革开放以来，我国工业持续快速发展，建成了门类齐全、独立完整的工业体系。毋庸置疑，我国已经成为制造业大国，这有力推动了我国工业化和现代化的进程，显著增强了综合国力，支撑了世界大国的地位。必须看到，我国成为制造业大国，钢铁工业功不可没。钢铁工业对国防工业、石油工业、造船工业、建筑业、装备制造业等都起到了很大的支撑与推动作用。

如果没有钢铁工业的支撑，我国造船工业不可能在全球占到那么大的比重。2003年，我给中央领导写报告，建议把中国建成世界第一造船大国。2010年，我国船舶完工量达到6560万载重吨，占世界造船市场完工量的43.6%，全球第一。而1975年，我国造船工业和韩国在全球的比重仅各占1%，日本占50%，欧洲占43%。

当然，从技术含量上看，我国造船工业目前与韩国仍有差距，但如果按照技术含量折合成修正总吨计算，我国目前已超过了韩国，这拉动了很多钢铁消费。如果我国没有如此强大的造船能力，航空母舰、导弹驱逐舰就无从谈起。这些都与钢铁工业密不可分。

据了解，21世纪的前15年内，我国生产了约70亿吨钢铁。没有这70亿吨钢铁，哪能建起鳞次栉比的高楼大厦、纵横交错的铁路和高速公路？钢铁如同坚硬的骨骼一般，强力支撑着我国的崛起。

毛主席的一个重要强国梦就是要建设强大的钢铁工业，那个时期提出了"以钢为纲"、"钢铁元帅升帐"、"鞍钢宪法"等口号。1958年的"大跃进"主要内容也是为达到年产1070万吨钢而奋斗，在全国掀起大炼钢铁运动。在这个过程中，由于未按经济规律办事，也造成很多损失。

毛主席为什么那么重视钢铁工业？因为钢铁是工业化的基础，是实现中华民族强国梦的基础。中国在近代史上受尽屈辱，一个重要

20 世纪 50 年代时的鞍山钢铁公司。

原因是我们科学技术落后，没有现代工业。鸦片战争失败后，有识之士搞洋务运动，张之洞创立汉阳铁厂，才建立起非常弱小的钢铁产业。抗日战争 14 年期间，日本本土年均钢产量达到 500 多万吨，而中国年均只有约 5000 吨，日本钢铁产量是中国的 1000 倍左右，再加上其机械加工能力已经很强，可以生产航母和零式战斗机，中国人民是拿血肉之躯与日本侵略者作战，因为我国的枪炮子弹等武器装备和物资条件根本无法与日本相比。所以当时毛主席要发展钢铁工业，是有道理的。1949 年新中国成立时，我国只有 15.8 万吨钢；1958 年我们的口号是 1070 万吨钢，那时我还在上中学，也参与了大炼钢铁，去造小高炉，办耐火砖厂，在敲铁矿石时铁矿石砸在手上留下来的疤痕现在仍有。但 1958 年真的砸锅卖铁也没达到 1070 万吨这个数，到了 1959 年才达到 1100 万吨，其中有些是小高炉炼出来的，属于不合格产品。之后的 20 年，钢铁工业发展缓慢，在建设宝钢前，全国钢产量不到 3000 万吨。通过改革开放，宝钢建设投产，我国钢铁工业的质和量才迅速提高。装备技术水平上了一个大台阶，成长为世界第一生产大国，钢铁工业随着时代的变迁在不断调整和进步。

## 宝钢建设，我国钢铁工业的里程碑

改革开放以后，我国钢铁工业最大的事件就是宝钢的建设。可以说，宝钢的建成投产不仅使我国钢铁工业，而且使工业的综合实力上了一个大台阶。

我曾担任宝钢三期工程国家验收委员会主任。宝钢一共建了22年，1978年开始建设，中间停了一段，后来又恢复建设，总共分三期。第三期投入最后决算是620亿元，是新中国成立以来中国最大的工业投资项目。

我始终认为，宝钢建设在我国现代化建设中具有里程碑式的意义，过程也非常不易。20世纪80年代，当宝钢建设暂停时，日本的设备供应公司要求中国赔偿，而中国企业认为日本公司要求赔偿不够友

2001年5月15日，张国宝在宝钢三期工程竣工验收大会上讲话。

好，所以宝钢恢复建设时就"敲打"日本，把2050毫米热连轧机改订德国设备，大概4亿美元，这可是一个不小的订单。后来，日本派了一个庞大的代表团来北京商谈此事。由于我会日语，便给当时国家计委负责此项工作的赵东宛副主任当翻译。日本方面向我们道歉，请求给日本一个机会。我们把这个情况整理了一个报告报给中央，毕竟日本新日铁曾帮助我国建设宝钢。中央综合考虑后订购了日本神户制

钢的 1900 毫米板坯连铸机，而 2050 毫米热轧机和 2030 毫米冷轧机都是德国的设备。

宝钢建设为我国钢铁装备国产化提供了很好的依托工程。宝钢一期所有核心设备基本都是进口的，只有约 12% 的边角结构件是国产的；到二期时，改为合作制造，国产化率大大提高；到第三期，设备国产化率达到 80%。有了宝钢的经验，后来像包钢改造、攀钢改造、曹妃甸的建设等，我国钢铁设备基本上实现了国产化。钢铁工业整体水平赶上了国际先进水平。

## 装备升级，我国钢铁工业迎头赶上

我国钢铁装备在不断进步。在 20 世纪七八十年代，钢铁工人的典型形象就是戴鸭舌帽、拿大铁钎、戴防护镜，在炼钢平炉前操作，钢花四溅，感觉非常光荣。事实上，那都是落后的平炉，工作条件非常艰苦，能耗高、效率低、质量差。我任国家发展改革委副主任期间还有大量平炉存在，原冶金部提出来应淘汰落后设备，我们积极推动，平炉、300 立方米以下高炉、30 吨以下转炉等已逐步被淘汰，代之以 4000 立方米甚至 5000 立方米高炉、板坯连铸连轧、精炼炉等达到世界先进水平的设备。

在改革开放初期，我国连小方坯连铸机都不能生产，需要从国外引进设备和技术；矿山设备也极其落后，最大只能生产 4 立方米挖掘机，电动轮车还不能生产。而现在，56 立方米大电铲和 320 吨电动轮车都已被生产出来。在 20 世纪 80 年代列入国务院重大装备办攻关的 12 大成套装备中，有一套半与钢铁工业有关：一套是宝钢成套装备，包括 2050 毫米热连轧机、1900 毫米板坯连铸机、2030 毫米冷轧机等；另一套是千万吨级露天矿成套设备，我把它称为"半套"是因为千万吨级露天矿成套设备还可用于煤矿、有色金属矿，该设备攻关的主要内容是 16 立方米、23 立方米电铲，108 吨、154 吨电动轮车。

自宝钢开始建设以来，我国的冶金装备不断创新，制造能力不断增强。世界最强的冶金设备设计制造企业德国西马克德马克公司设计的轧机大部分也是分包给中国的一重等企业生产。我们还尝试了一些先进工艺和设备。例如，太原尖山铁矿是中国第一个采用管道运输的，随后在云南大红山也采用了。先进装备对提升我国钢铁工业技术水平非常重要。正是有了先进装备，才带来劳动生产率提高，能耗、物耗大幅度下降，才能提高产品的质量，研发先进技术和产品。现在，中国钢材综合价格指数在能源价格、原材料价格、人工成本大幅度提高了的情况下也只有 1994 年的 60%。如果没有先进的技术和装备，很多企业根本无法支撑下来。

## 钢铁工业结构调整，关乎企业生死存亡

关于我国钢铁工业的结构调整，我经历过几个大的钢铁企业重组和建设事件，虽然过程曲折，却值得我们借鉴和思考。

中国钢铁工业以前基本上都是依托大城市发展起来的，而且主要集中在省会城市。随着城市功能不断拓展，钢铁厂成为城市的污染源之一，对当地环境影响很大。例如首钢，之前的位置上风上水，早期北京的雾霾虽还没有像今天这样受到广泛关注，但北京用水已经颇为紧张，首钢对北京环境有很大影响。因此，国家希望进行调整，首次提出首钢搬迁问题。

首钢是我国最早进入年产千万吨级钢的企业之一，无论从政治、经济，还是从技术上看，在我国钢铁工业发展史上都具有很重要的地位，想把这样历史悠久的钢厂搬离北京，难度可想而知。此外，首钢

还涉及约 10 万人的就业和北京市 20 亿元的税收。因此，在很多方面大家认识并不一致。我建议搬迁，我提议首钢总部和科研销售这些无污染的部门可以继续留在北京，有些装备制造也可以不动，以减少搬迁的难度。主要搬走高炉炼铁、转炉炼钢这些污染较大的环节。但是，当时由于各种原因，主要是认识不一致，还是搁置了。后来因为北京申办 2008 年奥运会，大家对环保的认识发生转变，才统一了思想，下定决心进行首钢搬迁。我曾担任首钢搬迁领导小组的副组长。当时照顾北京市和首钢的一些要求，尽可能减少搬迁的阻力，采取了

**国家发展和改革委员会文件**

张国宝 签 发

发改工业〔2007〕275 号

（马凯、陈德铭、姜伟新已阅）

**国家发展改革委关于审批首钢京唐钢铁项目**
**可行性研究报告的请示**

国务院：

2005 年 2 月 5 日，国务院批复了《国家发展改革委关于首钢实施搬迁、结构调整和环境治理意见的请示》（发改工业〔2004〕2600 号）。根据批复精神，2005 年 2 月 18 日，我委下发了《国家发

—1—

2007 年 2 月，国家发展改革委关于审批首钢京唐钢铁项目可行性研究报告给国务院的请示件首页。

一些措施，如在顺义建设冷轧厂保留一部分生产能力，可以安置部分就业和保留一些税收。国家也拿出一部分资金支持首钢搬迁。首钢搬到曹妃甸以后，国家发展改革委尽量协商首钢和唐钢两家联合起来，就是现在的首钢京唐钢铁公司。

宝钢重组广东钢铁工业比首钢搬迁还要复杂得多。宝钢集团早就有建立沿海钢铁基地的计划，而广东省是改革开放以来发展最快的省，外来钢材占了广东省钢材总需求的 80%，广东省领导和本地钢企韶钢、广钢希望进一步扩大生产能力。广钢在全国算不上大钢铁厂，但当时在广东省，尤其在广州市的影响力是很大的。当时，钢铁工业已经出现了产能过剩，提高产业集中度已迫在眉睫，如果新建湛江基地就必须淘汰落后产能，进行等量置换，即关停广钢、珠钢，重组韶钢等。由宝钢重组广东全省钢铁工业，这让很多人在感情上难以接受。但是，只有重组才能发展。经过很长时间的协商，最终宝钢同意出资进行重组，地方政府负责人员安置问题。广钢、珠钢等热加工全部关停，转成钢贸企业。两个大钢厂关停 500 万吨左右的产能，再加上其他小的钢铁产能，总计约 1000 万吨，完成了宝钢湛江钢铁基地建设需要压缩产能进行等量置换的目标。

在宝钢重组广东钢铁工业的同时，武钢也希望在广西沿海建设钢铁基地，否则武钢处于中部，仅进口铁矿石的运输费用一项就难与沿海钢厂竞争，广西壮族自治区也提出要建设现代化钢铁基地的要求。宝钢的湛江基地和武钢的防城港基地交织在一起，只批其中一个说不过去，在产能过剩担忧的情况下，更难决策。于是，我们提出让武钢来重组广西钢铁，这涉及地区布局的结构调整。过去，很多钢铁厂依铁矿石资源而建；现在，我国 80% 的铁矿石要从国外进口，内陆与沿海钢厂相比运输成本要高很多，因此钢铁企业都希望在沿海寻找新的生产基地。于是我和武钢领导商谈，建议把湖北省的钢铁产能淘汰一部分，同时将柳钢调整也考虑进去。从结构调整来讲，我认为可以通过建新基地，将小的落后产能淘汰，达到产业结构优化的目的。

产业转型与结构调整说来容易，做起来却很困难。淘汰落后产能，地区布局重新洗牌后，作为劳动密集型和产业带动型的冶金行业，大量从业人员需要安置。比如宝钢重组上钢，宝钢当时只有两万人，要解决上钢一厂到十厂约 20 万钢铁工人的就业问题，过程是非常困难的。但是后来，还是坚决地迈出了这一步。宝钢将原来的老厂重组，有的专门去做不锈钢，有的改去生产板材，有的去生产线材，如钢丝帘线等，逐渐把老钢铁企业进行彻底改造，这是非常成功的案例。

重组总会遇到各种困难，比如杭钢重组。杭州本来就是一个旅游城市，杭钢位于杭州半山区，半山区虽然不是核心景区，但把钢铁厂放在这个地方已经显得不够和谐了。而且，杭钢和广钢类似，只有 300 立方米左右的高炉，虽然通过做房地产等产业总体经营效益较好，但和现代化钢铁厂的要求相比，已经落后。当时，我们希望杭钢把宁波钢铁接过来，直接搬到宁波。后来，因为杭钢有不同意见，其实是不愿离开杭州，就拖下来。但是现在，还不得不走这条重组路，因为 2016 年 G20 峰会在杭州开，2015 年底杭钢必须全部关停。

钢铁装备的进步和结构调整带动了产品结构和技术结构的不断进步。目前，我国大部分钢铁产品都实现了国产化，技术上也逐渐达到国际水平。产品方面，像石油工业中的套管，能源行业中天然气长输管道用 X70、X80 钢，超低冷 LNG 储罐钢板，LNG 运输船用钢板等已实现国产化。一些特殊用钢材品种，如汽车钢丝帘线，悬索桥钢丝绳，矿井、电梯提升钢缆等，虽然国产化了，但质量还不稳定；技术方面，像干熄焦、高炉煤气发电等都已广泛应用，焦炉煤气转化为天然气也逐步推广。有些还要摸索，像 COREX（熔融还原法，由奥钢联开发的非焦炼铁技术），短流程炼钢技术并未像预期那样得到应用。当然，我国在高端产品、环保等很多方面与国外水平仍有一定差距，如能源行业的 700℃ 超超临界锅炉用钢现在还不能国产化，仍在攻关；很多钢企吨钢能耗等指标与国外也有很大差距。今后，钢铁工业在产品、技术等方面还要不断进行创新驱动，绿色发展，满足新的需求。

讨论结构调整，不得不提特钢，特钢企业的崛起为钢铁工业结构调整起到积极推动作用。攀钢、太钢不锈、东北特钢、酒钢不锈等特钢企业的建设我都亲历过。例如，当时我国没有石油钢管厂，建设了天津无缝钢管厂，过程很艰难，其间因经营问题曾考虑过让宝钢兼并天津无缝钢管厂。天津无缝钢管厂的第一套设备都是进口的，财务费用很高，陷入严重亏损，国家提供了财政资金进行财务重组，使国内石油钢管的价格降了一半。虽然这些建设历经波折，也付出很大代

2001 年 8 月 15 日，张国宝（右二）陪同吴邦国副总理视察天津无缝钢管厂。

价，但通过这些特钢的建设，改变了我国很多特钢需要高价进口的局面，填补了国内空白，促进了我国钢铁工业整体进步。

产业转型与结构调整是一个艰苦的过程，不会一帆风顺。首钢搬迁、广钢关停等，都碰到很多棘手的问题，经历了痛苦的过程，涉及方方面面的问题，这些都是大国钢铁成长过程中的烦恼。但是，这一步必须要走。随着我国经济进入新常态，我国钢铁工业也进入低增长、低价格、低效益和高压力的"三低一高"新常态。目前，钢铁企业靠低价竞争，现在中国钢材综合价格指数只相当于1994年的60%。也就是说，20年过去了，物价、人工费上涨，钢材价格不仅没有上涨，还下降了，这都是靠技术进步和规模化经营来消化的。企业利润微薄甚至亏损，难以长期坚持。加之环保要求越来越高，如果环保不达标，就会有更多的企业关停。对于钢铁工业而言，"十三五"发展规划最重要的就是结构调整，这是关系到钢铁行业生存的重要问题。

## 钢铁工业化解过剩，发挥市场决定性作用

长期以来，关于中国钢铁产能到底是多还是少、多大产能恰当的争论很多。有一组数据显示，从美洲大陆被发现到现在，美国一共用了约100亿吨钢建造桥梁、铁路、大厦、机场等；日本从明治维新开始到现在用了约60亿吨钢。中国从1949年到去年为止建设用钢是85亿吨左右。中国目前正处在发展阶段，还需要大量的基础设施建设，以中国的国土面积计算，我认为也应在100亿吨钢左右。经济在不同的发展阶段有不同的特征，应辩证看待产能问题。美国、苏联、日本在经济高速发展阶段，钢铁产量都超过1亿吨；现在高速发展阶段过了，基础设施已经完善，需求下降，钢铁产量都跌落到1亿吨以

下，也面临痛苦的调整。美国以芝加哥为中心的五大湖周边被称为"锈带"，也必须进行产业结构调整。

现在中国钢铁产能也出现过剩，市场力量一定会作出调整，要使市场在资源配置中起决定性作用和更好地发挥政府作用。有人希望经济发展一直是平稳的，不多也不少，这是计划经济的理想状态，但事实上做不到。事实上，经济都是波浪式发展的，我认为这才真正符合经济规律。例如，现在很多钢铁企业不赚钱，甚至亏损，就不得不关停；想生存必须努力创新求发展，如研发新产品、千方百计降成本、在环保上下功夫、努力"走出去"、转型发展等，探索转型升级之路，这样，我国钢铁工业才能进入一个新的发展阶段。在经济发展进入新常态后，钢铁产量回落是必然会发生的。

## 钢铁工业走向国际，用好两个市场

在钢材出口方面，我是赞成钢坯出口应该加税的，不鼓励高能耗的低级钢铁产品出口，特别是低档的钢坯、铁合金出口。对于高附加值的制成品，像管材、板材，中国在现在的发展阶段不可能不出口，这是全球市场需求所决定的。我国已经成为制造业大国，众多人口需要就业，这是国情决定的。我国去年钢材出口接近1亿吨，机械设备、发电设备、冰箱、空调、汽车、轮船等"带出去"的钢材也有8000万吨左右，这两项加在一起接近两亿吨。日本出口比例比我国多，日本没有能源和铁矿石，但出口钢材约40%，我国出口钢材11%左右。相对于钢铁生产大国，我国这一出口比例尚属适度。

出口是产品"走出去"，同时，还要考虑产能"走出去"。以前，我们以国内市场为主，现在逐渐调整为"引进来、走出去"并重的结构。近年来，我国在国外投资，首先是澳大利亚恰那铁矿，后来又投资秘鲁铁矿、巴西铁矿。我国去年进口铁矿石 9.3 亿吨，铁矿石进口依存度约为 80%，"走出去"投资也是客观需要。

目前，我国钢铁工业产能严重过剩，化解过剩产能有效途径"四个一批"中也提到"走出去"转移一批。"一带一路"建设为钢铁更高水平"走出去"带来巨大机遇。"一带一路"全球不少国家都在积极参与，约涉及全球 60% 的人口、60 多个国家。在推动"一带一路"建设的进程中，大家既是利益的共同体，也是命运的共同体，钢铁企业大有文章可做。例如，我国有些工业项目想转移到哈萨克斯坦，其中有的项目与钢铁相关，哈萨克斯坦也非常赞成。以前，酒钢就想与哈萨克斯坦合作，因为他们有铁矿，将来可以持续供应。当时，由于一些原因没有谈成，现在借助"一带一路"倡议，我们可以考虑友好合作。印尼也是热点投资国家，其钢铁产业规模小，但需求潜能巨大。最近，印尼主动来找我们寻求合作，因为印尼有大量海砂磁铁矿，而印尼本国的钢铁冶金相关企业并不多，所以希望与我们合作在当地建设钢铁相关项目。我认为，这对双方都是有利的，我曾去外交部进行商谈，现在正在逐步推进。

我认为，钢铁已经成为我国在全球最具竞争力的产业之一，因此有实力走向国际、融入全球，用好国内外两个市场、配置好国内外两种资源，努力进行结构调整；同时，要注重创新驱动，要在每一个细节中做文章，降本增效、可持续发展，推动我国钢铁工业转型升级。

# 艰难抉择

宝钢湛江钢铁基地一号高炉将于 2015 年 9 月 25 日点火正式投产。一号高炉容积 5000 立方米，是世界上少有的特大型高炉之一。一个最先进的现代化钢铁基地就将在南海之滨崛起。但是在当前钢铁产能严重过剩、价格低迷的情况下，这个钢铁基地的诞生可能有点生不逢时。这个钢铁基地该不该建，其实经过了 20 多年反复的争论和论证，是一个艰难的抉择。

改革开放以后，广东省的生产力得到极大的发展。广东省原有的钢铁工业非常弱小，能算得上的只有广州钢铁厂和韶关钢铁厂两个钢铁企业。这两个钢铁厂在广东省可是赫赫有名，可是放在全国也只能算是小型的钢铁企业，高炉只有 300 立方米的容积。广东省成了全国最大的钢铁输入省，外来钢材占了广东省钢材总需求的 80%。因此，历届广东省委省政府都希望能在广东省建设一个现代化的钢铁基地。

早在 20 世纪 90 年代初，冶金工业部和国家计划委员会原材料司就有在广东湛江建设千万吨级钢铁基地的设想。我担任国家计委投资司副司长分管工业的时候，就派时任投资司原材料和加工工业处副处长杨东民到湛江考察，他现在任中国国际工程咨询公司副总经理，回来给我写过一个报告。但是 20 多年来湛江钢铁基地反反复复论证而未能建设，主要还是始终存在着我国钢铁产能是否已经过剩的争论。

1996 年我国钢铁产量达到 1 亿吨的时候，包括冶金工业部和国家计委的部分领导就向中央领导反映，担忧钢铁产能过剩。现在我国的钢铁产量已经达到了 8 亿吨，其实大多数产能不是国家批出来的，而是市场需求刺激出来的。大量的钢铁产能，特别是民营企业的钢铁产能多数都是自发建设的。另外，在市场经济的条件下，已经不可能像宝钢当年那样全部由国家出资建设，而当时包括宝钢在内的钢铁企业也还没有足够的资金能力建设这样一个大型的钢铁基地。因此，湛江钢铁基地就这样一直举棋未定。

在这样的情况下，一方面从全国全局考虑，担忧钢铁产能过剩；另一方面广东省又严重缺乏钢材。可以说，广东省领导对于国家迟迟未能批准湛江钢铁基地的建设是有意见的。如果湛江钢铁基地建设再拖下去，那只会促使广东省扩建广州和韶关两个钢铁企业，扩大这两个钢铁企业的产能。究竟是在沿海建设一个现代化的大型钢铁企业好，还是扩建广州、韶关两个小的钢铁企业好，这也需要作出权衡和判断。

我国的钢铁企业多数是依托大城市，特别是省会城市发展起来的，但是随着城市的发展，这些处于市中心的钢铁企业成了城市主要污染源，对水资源和环境也造成很大的压力。广州钢铁厂地处珠江岸边，从广州城市发展规划的角度，显然不适宜在珠江边继续扩建，应该将广州钢铁厂关停外迁到其他环境容量大的地区才是上策。地处珠江边的广州钢铁厂园区将成为很有价值的商业用地。而韶关钢铁厂距离沿海有一定距离。我国铁矿石严重不足的问题已经显现出来，现在我国每年需进口 8 亿吨以上的铁矿石。在铁矿石价格高企的情况下，位于沿海港口附近的钢铁厂在运输成本上有明显的竞争优势，因为可以从海外进口铁矿石。因此，扩建韶关钢铁厂也不是一个好的办法。而且广东省经济主要集中在珠江三角洲，粤东、粤西、粤北地区发展还相对缓慢，在湛江建设一个钢铁基地有利于经济较落后的粤西地区的发展。无论从哪个角度讲，在湛江建设一个钢铁基地都是一个好的选择，唯一困扰决策的因素就是产能过剩，而且随着时间的拖延，产能过剩的担忧越来越强。

2016 年 7 月 15 日，宝钢湛江钢铁 2 号高炉点火成功投入试生产，标志着湛江钢铁基地一期工程全面建成。

到了本世纪初又增添了一个影响审批的因素。同样是我国最大的钢铁企业之一，地处我国中部武汉市的武汉钢铁公司由于铁矿石的进口量越来越大，需要从沿海港口溯江而上运到武汉，运输成本一项就比宝钢每吨成本要高出约 100 元。为了生存和发展，武钢强烈希望能在广西沿海的港口城市防城港建设一个类似于湛江的钢铁基地。经济比广东省落后的广西壮族自治区对于有这样一个大的建设项目是求之不得，各级领导都把它当作重中之重加以推动。他们到北京来汇报时说的一个理由就是广西也是 5 个民族自治区之一，而且在援越抗美和对越自卫反击战中作出了重大牺牲，经济建设也为此让步。今天有了这样一个机会，希望中央政府优先考虑广西防城港钢铁项目的建设。如果只批准建设湛江基地而不批防城港基地，广西壮族自治区是很难接受的。而在产能过剩的情况下同时批准两个大的钢铁基地则更是难下决心。

我到广东出差，时任中共广东省委书记张德江同志接见我。我坦率地汇报了批准湛江基地的难处，包括广西壮族自治区的意见。当然我也十分理解广东省希望建设湛江钢铁基地的意见。因此，我建议只能采取等量置换的办法，即在批准建设湛江基地的同时，必须等量压缩现有的钢铁产能，对广东而言也就是说必须要压缩广州钢铁厂和韶关钢铁厂的产能，并且要求宝钢也要尽可能地压缩在上海的落后产能。张德江同志是一个有大局观的领导，他十分理解我的意见，并且支持等量置换的建议，然而这又引出了另外一个问题。省市看问题的角度不同，作为广州钢铁厂所在地的广州市政府开始时是不愿意关停广州钢铁厂的，因为这将影响广州市的经济总量。他们也提出了很多解决的方案，比如将广州钢铁厂迁往广州的南沙新区，直到后来在迫不得已的情况下也曾试图将广州钢铁厂迁往珠海，与珠海当地的一个民营钢铁企业合并。时任广州市委书记的张广宁同志就是从广州钢铁厂成长起来的领导干部，对广州钢铁厂有着深厚的感情，对于关停广州钢铁厂从感情上开始时是难以接受的。后来时任广东省委书记汪洋同志给他做了大量的工作，省政府从全局出发是赞成在湛江建设一个大钢铁基地的，于是要求广东省发改委拿出具体的压缩意见，而广东省实际上真正像样的钢铁厂只有广州钢铁厂和韶关钢铁厂，加在一起的产能也只有 500 万吨，离压缩 1000 万吨产能还有很大的距离。当时负责这项工作的广东省发改委主任李妙娟七拼八凑把广东省内的一些小钢铁制品厂都算进去，勉强交出一个压缩 1000 万吨钢铁产能的方案。其实我心里清楚，这个方案是有水分的，只能要求宝钢在上海地区也压缩一部分产能。时任广东省常务副省长的黄龙云同志也是从广州钢铁厂成长起来的领导干部，他到北京来汇报工作时，我向他提出了一揽子的解决方案，即将广东省钢铁工业全部交由宝钢管理，也就是说将广州钢铁厂和韶关钢铁厂都并入宝钢。黄龙云同志也是有大局观念的领导同志，他十分赞成我的意见，回到省里以后向省政府汇报了这一设想，得到了省政府的支持。于是，宝钢在广东省成立宝钢广东分公司的方案就浮出了水面。但是后来宝钢顾虑难以摆平关停钢厂的人员分流问题，宁可出钱买平安，与广州市政府、广东省政府进行协商，焦点是宝钢拿出多少钱来由地方政府负责人员安置。经过将近一年多协商才最终达成协议。现在钢铁行业十分不景气，广州钢铁公司所属的珠江钢厂首先关闭，后来广州钢铁厂也停产转为钢贸企业。广州钢铁厂原来的占地改作商业用地，其实收益比生产钢铁还要好，人员安置也大体到位。

现在回过头来看这次重组还是正确的，特别是在现在钢铁产能严重过剩的情况下，广州钢铁厂关停是大势所趋。韶关钢铁厂也处于十分困难的经营状态。在解决广东省钢铁工业重组的同时也用相同的思路要求武钢与广西壮族自治区压缩落后和小的钢铁产能。由于广西壮族自治区所能压缩的钢铁产能很少，所以要求武钢重点在湖北省范围内压缩武钢所属企业的钢铁产能。我的想法是钢铁产能过剩已经是不争的事实，如果因此而不审批任何新的钢铁项目，只会使老的落后产能继续保留下来，最终还是不得不破产重组。过去产能盲目发展和政府按住不批，结果在市场需求刺激下许多小的钢铁反倒冒了出来。批与不批实际是一个辩证关系。只有发挥后发优势，用最先进的技术装备建设有国际竞争力的现代化钢铁企业，才能使落后产能淘汰出局。因此在 2010 年底我行将退休时下决心向国务院报告，建议同时批准宝钢湛江钢铁基地和武钢防城港钢铁基地，得到了国务院的批准。但是宝钢湛江钢铁基地的最终批准已经是在我退休以后的 2011 年初，也就有了广东省湛江市领导在国家发改委门口亲吻批文的一幕，曾经引起媒体的批评。但是回顾这一复杂的过程，我对他的心情是理解的。

在现在的钢铁形势下，不仅广州钢厂、珠江钢厂已经关停，压缩了 500 万吨产能，而且宝钢在上海地区的约 600 万吨高污染高能耗钢铁产能也进行了关停，基本上达到了等量置换的目的。据说首钢搬迁到曹妃甸后，首钢现在整体亏损，但曹妃甸生产基地已经扭亏为盈，这是因为曹妃甸采取了最先进的钢铁生产技术和装备，劳动生产率高，能耗物耗低。今天宝钢湛江钢铁基地一号高炉就要点火了，在严峻的钢铁工业形势下祝愿其一路走好。我相信湛江钢铁基地将成为具有国际先进水平，最有竞争力的钢铁厂，但一批落后产能将会退出历史舞台，这是残酷的现实。

# 走精品钢材之路

## 一、钢铁工业是常青产业，从数量增长型发展向结构调整型发展是新发展阶段的转折点

现在说到钢铁，不少人会想到这是去产能的一个重点产业，是一个传统产业甚至是一个夕阳产业，是高能耗和高污染排放产业。但我仍要说，钢铁工业其实是工业领域的一个常青产业。

人类社会在 2000 多年前开始使用铁器替代青铜器，极大地促进了生产力的发展，成为人类社会从奴隶制社会进入封建社会的一个里程碑。2000 多年来钢铁被广泛应用于生产和生活领域，至今长盛不衰。尽管各种新材料不断涌现，尤以"以塑代钢"最为典型，但钢铁作为最重要工业原料的地位仍然无法撼动。我曾在一篇文章中举粮食对于人类生存重要性为例，尽管科技革命日新月异，新业态、新产业层出不穷，但粮食仍然是人类赖以生存的最主要的物质。人无论什么时候都还是要吃饭，今后也仍将如此。同样，钢铁对于工业，犹如粮食之于人类，尽管互联网、人工智能、生物医药等新技术、新产业层出不穷，但钢铁支撑着整个工业的骨架，今后也将如此。特别是对于

中国这样产业门类齐全的大国，钢铁是不可或缺的重要产业。我这样说，并不是说钢铁工业不需要调整改造升级。恰恰相反，中国成为世界第一的钢铁生产大国后，年产量超过了8亿吨，生产能力超过了11亿吨，比后面第二、第三、第四，乃至全部钢铁生产国的产量总和还要多，也远远超过了世界钢铁发展史上欧洲、美国、苏联、日本等任何一个国家曾经达到过的产量，而我国吨钢的能耗、物耗、排放及产品品种质量尽管已经达到或接近世界先进水平，但各钢铁企业水平参差不齐，对许多钢铁企业而言，粗放经营的特征仍很明显。根据经济发展规律，我们不可能永远保持这样高的产量，需要及时加以调整改造、去落后产能。压缩产能，降低能耗、物耗，提高品种质量，减少排放，走精品钢材发展之路，才能使钢铁工业持续健康发展。如果说从新中国成立以来特别是改革开放以来，钢铁工业的主要任务是扩大规模产量以满足国民经济发展对钢铁持续增长的需求，那么今后钢铁工业的主要任务是走精品钢材之路，不仅是保持世界第一大钢铁生产大国，还要建设成世界第一的钢铁强国。在今后一二十年间，不管新兴产业如何快速发展，钢铁工业仍将是我国国民经济中的一个重要产业，也是我国参与国际竞争的一个优势产业，是一个重要的出口产业。不管别的国家产业结构如何，以上对钢铁工业的定位是符合我国国情和经济发展规律的。

## 二、正确的规划和产业政策与市场竞争优势相结合是中国特色的发展优势

钢铁工业的规划工作在过去几十年的发展中发挥了重要作用，包括"三线"建设的规划布局和宝钢建设都是在国家规划下进行的。我不赞同有些人说的，让市场自由去决定发展，否定一切计划规划和产

业政策的作用。正确的规划和产业政策与发挥市场竞争的作用同样重要，这是中国特色的发展之路，恰恰是我们的优势所在。今后在钢铁工业的调整中，规划和产业政策仍然要发挥好作用，但工作的着力点会转移到兼并重组、节能降耗、保护环境、淘汰落后产能、走精品钢材之路上来，而不是过去习惯了的发展产能产量。

## 三、正确评价我国钢铁工业的发展之路，市场需求是 8 亿吨产量的主要推手，支撑了我国经济持续快速的增长

如何评价我国钢铁工业走过的发展之路。

钢铁工业曾经是一个国家是否是工业强国的重要标志。有资料显示，抗战 14 年中，日本本土的钢铁平均年产量是 500 多万吨，而中国的钢铁年产量只有 5000 吨（不算日本占领的东北和台湾）。日本钢铁产量是中国的 1000 倍，加上日本已经具备的飞机、舰船生产能力，国力的强弱对比已经十分明显。新中国成立的 1949 年，中国的钢铁产量只有 15.8 万吨。1950 年恢复了部分生产能力后产量只有 61 万吨。作为新中国的领导人毛主席十分重视钢铁工业，提出"以钢为纲"、"鞍钢宪法"等，发动了以大炼钢铁为主要内容的"大跃进"。尽管毛主席对经济发展规律认识缺乏经验，走了弯路，造成损失，但是作为中国领导人为实现强国梦的战略意图十分明显。但是在 1958 年举全国之力，真的到了砸锅卖铁的地步，也没有真正完成年产 1070 万吨的目标，到 1959 年的统计数字钢铁产量才达到 1100 多万吨，而且大多数是质量不合格的小高炉产品，包括砸锅卖铁熔铁的产品。我是过来人，当时的情景历历在目。

"大跃进"后进行了调整巩固充实提高，各省的中小钢铁厂大多是当时调整后留下的底子，也为我国钢铁工业发展奠定了一定的基

础。但是，这样形成的钢铁企业大多数位于省会中心城市，现在给大中城市造成了很大环境压力。在以后的大多数年份中，我国钢铁一直不能满足发展的需要，属于紧俏物资，也是净进口物资，特别是高端钢材依赖进口。我参加工作后接触到的高速钢、模具钢、轴承钢、汽车板、石油管都是依靠进口。到改革开放的 1978 年钢铁产量才达到 3100 多万吨。由于钢铁是市场紧俏物资，早期的民营企业和个体户有不少是靠钢铁发了家的，像天津的大邱庄、江苏的华西村等。改革开放后的宝钢建设对钢铁工业发展具有里程碑的意义，使我国钢铁工业现代化上了一个台阶。以后的钢铁厂建设和改造借鉴宝钢的先进工艺和装备，大大缩小了与国际先进水平的差距。1996 年我国钢铁产量达到 1 亿吨，成为世界第一产钢大国。7 年后，2003 年产量达到 2 亿吨。从那以后，产量增加加速，几乎每一两年就增加 1 亿吨产量。钢铁产量是否太多的声音一直不绝于耳，但事实上直到 2014 年钢铁产量突破 8 亿吨，市场也并未出现过明显的供大于求的局面，生产的产品基本上市场都消化了。这是因为这一时期我国经济持续快速发展，铁路、高速公路等基础设施，房地产需要大量钢材。反过来讲，如果没有钢铁工业的快速发展，不可能支撑我国经济这样快的发展速度。同时以 1994 年为价格基数，虽然有 20 年的通货膨胀率，能源、原材料、人工费用都大幅涨价了，钢铁价格不升反降，这是技术进步和竞争的结果。可以说钢铁产量达到创纪录的 8 亿吨更多是市场需求刺激的结果，而不是政府规划的结果。在我记忆中政府从未规划过 8 亿吨的钢铁产量。有相当一部分产能是未经政府批准的民营企业生产的。再看这 8 亿吨钢铁的去向，其中约 1 亿多吨出口了，作为机电设备产品和工程承包出口的钢材也超过 8000 万吨，两者相加，约 2 亿吨钢材出口了。没有钢铁工业支撑，我国机电产品出口和海外工程承包也不可能达到今天的规模。

其实钢铁工业从 2003 年达到 2 亿吨后，连续几年产量快速增长是和电力工业完全同步的。从 2002 年之后，电力装机容量也差不多是每年增加 1 亿千瓦的装机容量。钢铁工业的快速发展是适应了这一时期的市场需求。

我国出口 1 亿多吨钢铁也引发了贸易摩擦。我国该不该出口这么多钢铁存在争议。有人认为钢铁是高载能产品，有污染，不应该出口这么多。但是这是中国经济发展阶段决定的，没有能源和矿石的日本、韩国也是钢铁出口大国，为他们的经济腾飞和就业作了贡献。钢铁是现阶段我国的一个优势产业，在今后也将是一个重要的出口产品，为我国产业"走出去"，特别是基础设施建设"走出去"提供必需的原材料。

## 四、在沿海建设现代化大型钢铁基地是保持国际竞争力的正确战略选择

我国铁矿石每年进口已经超过 10 亿吨，对外依存度达到 80%。那么，中国该不该进口铁矿石，该不该发展钢铁产业？我认为，这正是钢铁为我国贸易、税收、就业作出贡献的地方。在钢铁布局上，建设湛江、曹妃甸这样的沿海现代化大钢铁基地是完全必要的，是保持我国钢铁竞争力，使钢铁工业再上新台阶的正确决定。同时在铁矿石的产地和市场附近合理布局一些钢铁厂也是规划必须考虑的。但必须注意物流成本和环境容量，以矿定产，切不可盲目发展产量。

我认为，只有这样辩证地看我国的钢铁工业才符合我国国情和实际。过去有冶金部，对建立新中国的钢铁工业发挥了历史性作用；现在没有冶金部了，钢铁工业得到了更大发展，这说明市场导向已经在

产业发展中起到了主导作用。今后的产业规划更多是指导性的，要充分发挥行业协会的咨询、自律作用，使钢铁工业在"十三五"和今后更长时期的发展更加健康。

# 中国工业发展的三个里程碑

　　新中国成立以来，中国工业建设用短短 60 余年的时间走过了发达国家长达数百年的历程。总体而言，中国工业经历了三个重要的发展阶段：从一穷二白起步，通过苏联援建的 156 个项目，中国建立起门类齐全的工业基础，此为第一阶段；而始于 1964 年的"三线"建设则进一步优化了我国的工业布局及提高了整体工业水平，此为第二阶段；改革开放后是第三阶段，这一阶段通过大规模的技术引进，缩小了与国际工业水平的差距，我国开始跻身于世界制造大国的行列。我有幸见证了中国工业的变革大时代，并亲身参与了后两个发展阶段。

## 第一阶段：156 个援建项目奠定工业基础

　　第一个阶段是始于 1953 年的第一个五年计划，以苏联援建 156 个项目建设为主要内容。这 156 个项目主要分布在 17 个省区，大部分在东北和中西部，实际建成 150 个项目，涵盖了几乎所有的工业门类，为一穷二白的中国奠定了门类齐全的工业基础。长春第一汽车制造厂、洛阳第一拖拉机厂、第一重型机器厂、西电公司、兰州炼油化工厂、武钢、包钢等一大批工业企业，还包括包头一机、二机（生产坦克），哈飞、沈飞（生产歼击机、直升机）等大批工业企业都是在这批援建项目中创建的。这些企业后来都成为本行业的排头兵和工业"母鸡"，为后来其他工业企业输送了大批技术骨干，也为中国国防工业奠定了基础。

这一时期新增工业生产能力在历史上是空前的。以钢产量为例，1952 年仅 135 万吨，5 年后达到 535 万吨。这一时期苏联对中国的援助是真诚和无私的，可以说 156 个项目奠定了中国工业基础，中国开始从一穷二白的农业国迈向工业国。现在这些企业大部分还在运营，在原有基础上进行了升级换代，大多数仍是本行业的骨干企业。

## 第二阶段："三线"建设优化生产力布局

对新中国工业发展有里程碑意义的第二阶段是始于 1964 年的"三线"建设战略。"三线"建设无论从规模、实际成效，还是对后来发展的影响都大于 1958 年的"大跃进"。当时中苏开始交恶，台海形势依然紧张，越战爆发，毛主席出于准备打仗的战备考虑作出了进行"三线"建设的战略决策。此举的目的是改变我国生产力布局。战略大调整的方向是由东向西转移，建设的重点转移至西南、西北，以重工业和国防工业为主。

所谓"三线"，是指陇海线以南、京广线以西、韶关以北的腹地，多为山区。从 1964 年至 1980 年，贯穿三个五年计划的 16 年中，国家在属于"三线"地区的 13 个省和自治区的中西部地区投入了 2052.68 亿元巨资，超过同期全国基本建设总投资的 40%；400 万工人、干部、知识分子、解放军官兵和成千万人次的民工，在"备战、备荒、为人民"、"好人好马上三线"的时代号召下，来到祖国大西南、大西北的深山峡谷、大漠荒野，风餐露宿、肩扛人挑，用艰辛、血汗和生命建起了 1100 多个大中型工矿企业、科研单位和大专院校。

当时，全国有 380 多个项目、14.5 万人、3.8 万台设备从沿海地区迁往"三线"地区。许多单位都一分为二，一半人马来到"三线"建设新厂。那时候，在"三线"地区建设起一批能源交通基础设施。例如，甘肃的刘家峡水电站，焦枝、成昆、阳安（阳平关至安康）、襄渝铁路等。在制造业领域，鞍钢包建了攀枝花钢铁厂以及位于德阳、自贡的东方发电设备制造公司；一汽包建了位于十堰的第二汽车制造厂（东风）；一大批核工业、航空航天、兵器甚至船舶制造企业也迁往"三线"地区，成为我国国防工业的骨干。现在的绵阳科技城、汉中的大飞机制造基地都是在这一时期建设的。

1967 年我大学毕业，结束两年的部队农场锻炼后，即参加了"三线"建设。"文革"期间毕业的老五届理工科大学生大部分也来到了"三线"。

但由于当时过分强调"靠山、隐蔽、进洞"，不少工厂缺少必要的生产生活条件，以后不得不调整搬迁到离城市较近的地方，例如成都的龙泉驿地区就是后来"三线"工厂搬迁的集中地。后来我在国家计委工作，分管"三线"调迁时经手了很多军工企业迁至龙泉驿重新落户。我曾参与建设过的厂也在西安开发区建了基地。1983 年 12 月，国务院"三线"办公室（20 世纪 90 年代改为国家计委"三线"办公室，1998 年后又改名为国防科工委"三线"协调中心）在成都设立。1991 年我在国家计委投资司工作，后来任副秘书长，正巧分管"三线"调迁工作。

但在此之前的几年，调迁工作早已开始。1984 年 11 月在成都召开会议，确定第一批调整 121 个单位，迁并 48 个，全部转产 15 个。其后，一些"三线"企业陆续迁往邻近中小城市，如咸阳、宝鸡、沙市、襄樊、汉中、德阳、绵阳、天水附近。而技术密集型企业和军工科技企业则移往成都、重庆、西安、兰州等大城市。

虽然后来作了一些调整，但"三线"建设对于我国的生产力布局，中西部发展影响深远。一些"三线"企业成为行业的龙头企业并走向国际。现在回顾起来，当时花那么点钱完全值得。这是我国工业发展的第二个里程碑，优化了我国的工业布局。许多参加"三线"建设的同志"献了青春献子孙"，为国家的工业布局调整作出了贡献。

## 第三阶段：大规模引进技术助力工业化腾飞

新中国工业发展的第三个里程碑阶段是从粉碎"四人帮"，结束"文化大革命"后开始，这个阶段我国大规模引进技术。事实上，华国锋同志虽然意识到要搞经济建设，但直至1978年国家才明确改革开放政策。从发达国家大规模引进技术，几乎涵盖了所有工业门类。

1978年，我国与外商签订50多个引进技术设备的项目，协议金额78亿美元，加上1979年的协议金额共为79.9亿美元。这比1950年至1977年间我国引进技术设备累计完成金额65亿美元还多14.9亿美元。协议的总金额中，冶金、化工项目占62%，其中上海宝钢等22个重点项目的协议金额为58亿美元，约占总额的74%。

到1980年，全国工业总产值4703亿元，比1949年增长46.3倍，工业总产值在社会总产值中的比重由1949年的25.2%上升到1980年的57.4%，占国民收入的比重由1949年的12.6%上升到1980年的45.8%，主要工业产品产量成倍、成十倍、成百倍、成千倍，甚至成万倍地增长。从1949年到1980年，主要工业品产量在世界的排位不断上升，钢由第26位上升到第5位，煤从第9位上升到第3位，发电量则由第25位上升到第6位；而从零起步的化纤和电视机这两个产业的产量，到 1980 年在世界的排名已经位列第 5。

技术引进填补了我国大批技术与生产领域的空白。通过引进，我国在短期内，使一批重型机械、矿山机械、化工机械、发电设备，机床、汽车、拖拉机、飞机、坦克、船舶以及轴承、风动工具、电器、电缆等技术面貌发生了变化，使国家工业化跨入起飞的发展阶段。

歼-15 舰载机从辽宁号航母上起飞。

而制造业的发展也推动了我国产业结构的改善。新中国成立后，我国的第一产业比重高达 45.52%，处于主体地位。第二和第三产业的比重分别为 34.38% 和 20.20%，处于从属地位。1980 年，第二产业比重已高达 61.80%，我国工业化进入了一个新阶段。通过技术引进还建立了新兴的工业部门。建国时，我国的现代化工业部门极少，经过引进，我国建立起了石油化工、无线电、化纤、电子计算机和彩色电视机等新兴工业部门。

从 1981 年起，我在国家计委机械电子局工作，恰好分管技术引进。当时国家外汇很少，技术引进要申请外汇指标。由于西方国家对我国长期封锁，我国的技术标准全源于苏联。改革开放后，我们发现自己与西方发达国家间的差距非常之大。当时即使是西方国家给我们一些二流技术，对我们来说也非常新鲜。那个时期，西方发达国家看到我们差距之大，戒心很小，引进技术障碍很少。以机械工业为例，当时我们从美国西屋电气公司引进了 30 万千瓦和 60 万千瓦的汽轮机组，从 ABB、西门子、阿尔斯通引进了 500 千伏输变电技术，使电力工业上了一个台阶。从密封件、高强度螺栓、轴承等基础件，到铸锻热处理工艺技术、露天矿成套设备等等都引进了国外先进技术，通过消化吸收再创新，有些甚至青出于蓝而胜于蓝。今日中国工业的技术水平与国际先进水平差距缩小，已开始跻身于世界制造业大国。

# 海南文昌航天发射场决策往事

　　海南文昌航天发射场即将迎来其首发任务——长征7号运载火箭将于2016年6月25日至29日在海南文昌航天发射场择机发射。据报道，海南文昌航天发射场周围的宾馆已经全部订满告罄，地方政府将开放海滩供游客参观发射。估计对海南省来讲，届时将是一个万人空巷，目睹航天发射的兴奋时刻，我无缘去现场感受这种气氛，只能回忆一下文昌航天发射场决策的一些轶事。

　　我国航天发射基地原有西昌、酒泉、太原发射中心。其中西昌卫

海南文昌航天发射场。

星发射基地是最重要的一个。之所以选择西昌作为卫星发射基地，是因为西昌又称为月亮城，天气晴好，符合卫星发射要求的气象窗口较多。西昌位于我国的内陆深处，从安全保密等角度考虑也是一个重要的原因。

我在担任国家计委副秘书长时协助甘子玉副主任分管国防方面的事务。1999年我担任国家计划委员会副主任后仍继续分管这块工作，后来成立国防科工委，国家发改委保留国防动员办公室，我一直分管到退休。

西昌卫星发射基地在20世纪90年代初时曾发生过一次泥石流灾害，我和原国防科工委一位姓张的领导同志，是副主任还是副政委我已经记不清了，到西昌卫星发射基地去处理泥石流灾害，后来也几次到西昌卫星发射基地观看卫星发射，所以和当时西昌卫星发射基地的胡世祥司令（少将）也算很熟了。后来胡世祥司令调国防科工委任参谋长，有一次他到我办公室来找我，和我谈海南欲建设文昌航天发射场的事。

根据当时的体制，西昌、酒泉、太原等卫星发射中心都隶属于国防科工委，而研发生产卫星、火箭的则是航天工业部，后改名为航天工业总公司。国防科工委和航天工业部门是谁也离不开谁的两个机构，但就算是亲兄弟也免不了有矛盾。从航天工业部门的角度看，他们在卫星发射上处于从属的地位，一切要听国防科工委的，心理是不太平衡的。所以一心想有一个自己能说了算的发射中心，这的确是他们当时心里的想法。

同时从技术角度看，西昌卫星发射基地确实存在一些问题。第一个问题是在发射时脱落的火箭残骸散落在飞行途中，有时会砸坏民房和人畜，存在安全隐患。第二个问题是西昌位处四川盆地深处，要将火箭和卫星运抵西昌需要经过很多山区的隧道和桥梁，受运输条件的制约，火箭口径很难做到 5 米以上，否则就运不进去，这就制约了火箭口径向更大发展，向获得更大推力发展。另外，卫星在发射过程中要克服万有引力，达到第二宇宙速度，理论上越靠近赤道越好。

现在海南建省了，国际环境也进入了一个相对和平发展的新阶段。如果能在海南建设一个航天发射场，可以克服西昌卫星发射基地的两个弱点，散落的火箭残骸落入海中，另外克服地球引力所需要的动力比较小。

这对于正在发展的海南省来讲是一个难得的好项目，可以展示海南的形象，也可以把海南航天发射场建成一个像美国休斯敦发射中心一样的，可以对外开放的航天教育基地和旅游观光基地。而对于航天工业部门来讲，也是一个在国防科工委体制外，按市场经济规律建设的一个商用发射场，也正是他们内心所希望的。所以最初的文昌航天发射场主要是由航天工业部门和海南省在推动，这是否和海南省当时从航天工业部调去的鲍克明副省长有关我不得而知。

但是，对于国防科工委来讲，这是要在自己的体制外另起炉灶，他们是不欢迎的。所以当时胡世祥参谋长到办公室来找我，就是告诉我国防科工委的一些意见。他们担心一旦海南的航天发射中心建成，具有很多优势，长期以来花了大量人力物力建设在"三线"地区的西昌卫星中心会受到影响，走向衰落。我对胡世祥参谋长讲，希望国防科工委和航天工业部门及海南省好好协商一下，因为当时确有要发展 5 米以上更大口径火箭的设想，主要的障碍就是怕研发出来后无法运到西昌。如果将发射中心放在海南，通过海上运输这个问题就较好解决，为我们研制 5 米以上大口径火箭提供了条件。至于体制问题，希望他们三方能找到一个大家都能接受的办法。

此外我也讲，在改革开放的条件下，航天发射场不应该再是个神秘的地方，应该成为一个集教育、科研、观光旅游、发射相结合的多功能的基地，这有利于海南省的发展。至于西昌卫星发射基地的地位问题，希望国防科工委能界定一个合理的分工，如商用大口径的发射可以放在海南，而军用性质的仍主要放在内陆地区。

胡世祥参谋长也同意这个想法。表示将与这几个单位协商。以后国防科工委多次和航天工业部门、海南省进行磋商，大家从大局出发，终于达成了一致意见。这个意见就是海南文昌航天发射场和西昌卫星发射基地隶属于一个单位，统一管理，仍旧归国防科工委系统，即现在的总装系统。胡世祥参谋长后来见到我也表示国防科工委（现在的总装备部）同意在海南文昌建航天发射场，主要工作也转由他们负责了。

今天海南文昌航天发射场正式建成了，并且将承担第一次发射任务，确实值得庆贺。

# 深入开展振兴东北老工业基地工作<sup>*</sup>

东北老工业基地地大物博，物产丰富，有雄厚的工业基础。正由于东北的富饶且极具开发潜力，又有地处东北亚的重要区位优势，在近代史上是各种政治势力角逐的战场，许多影响深远的重大事件都发生在这里。东北毗邻俄罗斯、蒙古和朝鲜半岛，和日本、韩国隔海相望，东北的局势和发展受这些周边国家的影响很大。

东北老工业基地在实现中华民族的伟大复兴中有着举足轻重的作用，是中华民族崛起不可或缺的一部分。自第一个五年计划以来，东北老工业基地为国家安全和经济发展作出了巨大贡献，但东北也是我国进入计划经济最早、执行计划经济时间最长、受计划经济体制影响最深的地区。改革开放以来，东南沿海地区领风气之先，改革起步早、力度大，对外开放、与国际接轨的深度和广度都走在了东北前面，发展速度迅速超过了东北。东北与沿海开放地区的发展差距迅速扩大。而国有大企业集中、体制僵化的东北，产品陈旧，效率低下，一时间众多国有企业亏损面增大，职工下岗失业严重；东北也是银行业呆坏账的重灾区，银行控贷，资金流出；东北开发较早的矿产企业

———————

    * 本文是 2011 年 8 月 22 日张国宝在东北四省区政协主办的东北老工业基地区域发展论坛第七次年会上的讲话。

资源枯竭，因矿和林而兴的城市经济衰退，困难加剧。这就是 20 世纪 90 年代和 21 世纪初的所谓"东北现象"。当时，如果东北这一状况得不到扭转，不仅对国家的贡献下降，还将拖累国家经济的发展速度。2003 年，党中央、国务院作出振兴东北地区等老工业基地的战略决策，至今已有 8 年。当初拟定文件时曾有 3 年初见成效，8 年实现全面振兴的提法。后来，考虑到"东北现象"的形成并非一朝一夕的事，是长期积累问题的反映，要估计到振兴东北老工业基地工作的艰巨性和长期性，所以去掉了这些具体年限目标的提法。但是，回顾这一历程，可以说 3 年初见成效是做到了。

我们在拟定振兴东北地区等老工业基地的政策文件时将着力点放在针对东北改革开放滞后的症结上，大力推进改革，努力扩大对外开放，缩小与沿海地区在改革开放上的差距，拟定了一系列的配套文件。

在推进改革方面，谋划和鼓励企业进行改革重组，东北三省的地方国有企业普遍进行了改制。沈阳鼓风机厂、沈阳压缩机厂、沈阳水泵厂重组为沈鼓集团；沈重和沈矿重组为北方重工；抚顺特钢、大连钢厂、北满钢厂组建为东北特钢。哈尔滨量刃具厂进行改制，允许职工特别是管理层和技术骨干持股，瓦房店轴承厂、大连机床厂、金州重机、大起大重等都进行了类似的改革，稳住了职工队伍，增强了企业职工的主人翁意识和责任感，国有经济仍然占主导地位。相比较而言，央企的改革力度没有这么大。同时，鼓励中小企业和民营经济发展，民营经济一度落后的东北涌现出忠旺、大成、北方交通、远大、光洋、大森等一大批在全国有一定知名度的民营企业。一批关内的民营企业也在东北落户发展，如三一重工、浙江逸盛、建龙钢铁等。为了扶持中小企业，解决贷款难的问题，我们帮助设立了东北中小企业信用再担保股份有限公司。

在对外开放方面，我们制定了专门针对东北的扩大对外开放文件，这几年已经看到了成效，一度被大家认为开放滞后保守落后的东北一跃成为全国吸纳外资最多的地区，沈阳、大连成为副省级城市吸纳外资最多的城市。根据东北的区位，着重强调了与俄罗斯远东地区的经贸合作，与俄方共同拟定了《中华人民共和国东北地区与俄罗斯联邦远东及东西伯利亚地区合作规划纲要（2009—2018）》，由胡锦涛主席和梅德韦杰夫总统出席联合国大会时共同批准，对俄经贸合作方兴未艾，绥芬河、满洲里、黑河等一批对俄贸易的边境口岸迅速崛起。

在改善民生方面，国家率先在东北地区开展了棚户区改造，首先从阜新、抚顺这些资源枯竭型煤矿城市开始，后又扩大到林区棚户区和农村泥草房的改造。虽然棚户区改造任务繁重，还有相当的棚户区未得到改造，但已经有一大批连片的棚户区得到了改造，几代人居住在棚户区的矿工搬进了新居。如果没有政府的棚户区改造政策，城乡面貌不会发生这么大的变化，这充分体现了社会主义的优越性。在拉美、南非访问时，我看到那里成片的贫民窟，政府却无从下手，由衷地感到我们社会主义制度的优越性。东北地区历史遗留下来的大集体问题也提上了日程，制定了政策，但由于历史包袱沉重，政策力度还不够大，解决得还不尽如人意。东北地区历史遗留的金融坏账和欠税也在一定程度上得到豁免，减轻了企业负担。东北的阜新、辽源、伊春等一批以矿业和林业兴起的城市列入了资源枯竭型城市转型计划，获得了转移支付资金，形成了辽源袜业、阜新液压等吸纳就业的产业园区。

东北振兴8年的另一个着力点是调整产业结构和产品结构，引进先进技术，鼓励企业技术创新，在激烈的市场竞争中赢得先机。在振兴初期，我们就不分国有民营筛选了100多项有发展前景的技术创新项目，用国债贴息等方式予以扶持，一批企业靠新产品、新技术摆脱了困境，焕发了青春。例如一重的核电大型锻件和压力容器，大起大重的风电设备和船用曲轴，沈鼓的乙烯三大压缩机和长输管线燃压机组，长客的动车组和地铁装备，瓦房店轴承厂的风电轴承，沈阳、大连、齐齐哈尔机床厂的数控机床等等。一批新兴产业也在振兴大潮中成长起来，如大连的软件园，长春的药业和客车工业园。

东北的基础设施也在振兴8年中得到极大改善。振兴战略实施后开工的哈大客运专线即将竣工，伊春、满洲里、白山等一批支线旅游机场投入运营，尼尔基水库、大伙房输水工程、大顶子山水利枢纽等一批水利工程已经发挥效益，东北大中城市有一大批集中供热的热电机组开工建设，有的已建成发挥作用。呼伦贝尔至辽宁的 ±500 千伏直流输电线路、哈（尔滨南）合（心）、方（正）牡（丹江）敦（化）包（家）四回 50 万伏交流输电线路投产，红沿河核电站 4 台百万千

2017 年 4 月 26 日，中国首艘航空母舰在中国船舶重工集团公司大连造船厂下水。

瓦机组同时在建，2012年首台机组将并网发电。

东北老工业基地振兴8年来城乡面貌发生了巨大变化，失业率下降，东北的优势产业凸显。东北作为我国重要商品粮基地的地位越来越突出，水利设施和现代农业设施得到加强，粮食连年丰收，向全国提供东北大米以及肉类、大豆等农副产品。先进装备制造业成为东北的第一大产业，直升机、歼击机、航母、数控机床、高速动车组、核电装备、风电设备、CT、B超等高端医疗设备、大型船舶、钻井平台等重大装备"装备"了中国。

振兴东北老工业基地战略实施的8年，成绩可圈可点，但我们应该清醒地看到，我们的企业管理还不精细，仍显粗放，体制机制的障碍仍需通过深化改革来解决，特别是央企的改革仍显滞后，集中管理的计划经济色彩仍然浓厚，长此下去会丧失竞争能力。企业的创新能力如果放到国际竞争中去仍然不强，原创技术则更少，这是关乎企业生存和发展的大事。在振兴东北老工业基地进入一个新阶段后要突出转变经济发展方式，进一步调整产业结构，调动企业的创新积极性，依靠科技创新找到新的经济增长点。这方面的潜力还有没有？机会还有没有？我认为有难度，但机遇始终存在。例如，我们的装备工业虽然如前所述有了很大进步，但液压、轴承、密封等基础件仍落后于国际先进水平。我们的机器人产业，虽然沈阳自动化所有一定基础，但一直未能成为一个产业。在经济全球化的今天，我们的产品一定要有两个市场的观念，一定要以有没有国际竞争力为标准，过去那种产品十年一贯制我们已经吃过苦头，一定要根据市场的变化不断创新发展。例如，一重前几年冶金装备、核电装备订单较多，但受钢铁工业调整和福岛核事故的影响，冶金、核电装备后续订单不足，如果没有新产品，企业日子将很难过。企业的创新积极性要靠深化改革的制度创新来激发，吃"大锅饭"，不尊重人才和知识的体制机制难以激发创新的积极性。哈尔滨量刃具厂的经验也许可以很好地说明这一问题。哈量是建国初期 156 项工程之一，曾是行业的排头兵，但到振兴前已濒于破产。后来进行了改制，职工特别是技术骨干持股，又兼并了德国的凯狮公司，企业开始走出困境，新产品新技术开发加快。国家正在出台培育战略性新兴产业政策和规划，确定了 7 个行业作为重点培育的新兴产业。这些新产业，例如先进制造业等在东北很有基础，我们可以像振兴初期一样筛选出有基础的一批新技术、新产品，予以重点培育，定能收到成效。

要继续解放思想、深化改革，减少政府对企业经营活动的干预，特别是央企尤其要注意这一点。有关部门不要束缚了企业的创新积极性，也不要为企业的改制重组设置体制障碍，造成国有企业竞争不过民营企业。要继续保护中小企业特别是小微企业的发展。微型企业在东北不如在南方发展得多，比较典型的像温州家族式的企业很多。东北的一批大企业有相当的知名度，但小企业发育不充分。我们要把大企业做到顶天立地，同时也要把小企业做得铺天盖地，成为吸纳就业的一个重要渠道。

东北是我国主要产粮区，又是国家重要的工业基地，第一产业、第二产业都比较发达，但第三产业比起南方却不够发达，特别是作为现代服务业的金融、物流、文化产业都还有很大潜力。在下一阶段振兴东北的工作中要为培育小企业的发展制定相应的政策措施。东北的农业为国家的米袋子、菜篮子作出了很大贡献，但潜力依然很大。粮食上去了，畜牧肉类产量也能上去，农副产品深加工可以进一步搞起来。我曾提出过增产 100 亿斤粮食的意见，投入 100 亿元，增产 100 亿斤粮食。不是要继续开荒种地，东北西部与内蒙古接壤地带土地资源丰富，但缺乏水利设施，干旱少雨，只要把水利搞上去，把东北西部的低产田改造为高产田，增产潜力就很大，关键是把灌溉设施配套起来。这个意见我在全会分组讨论发言中就提过，后来又在国家发改委的具体实施文件中提出吉林增产 100 亿斤粮食工程，黑龙江省 1000 亿斤粮食工程。我在这里之所以强调东北的农业是因为东北工农业都很有基础，协调发展有条件，有很多省没有这个条件，这是东北的优势而不是包袱。

现在出现了一个新词汇"幸福指数"。一个地方人民生活是否幸福不仅看 GDP 的高低，还要看水是否干净，空气是否清新，人的健康状况是否良好，物质生活以外的文化生活是否丰富。我赞同这种看法。"十二五"规划中提出了主体功能区的概念，有一些地方要保护而不是继续开发。这样才能可持续发展，协调发展，科学发展，绿色发展。东北的大小兴安岭、长白山地区就属于应停止砍伐实施天保工程的地区。兴安岭是东北黑土地的屏障，我们在呼伦贝尔草原看得很清楚，黑土地其实很薄，下面就是沙土。大小兴安岭、长白山地区经过多年高强度开发，天然林其实已所剩无几，所以我一直呼吁尽快完全停止砍伐。2011 年基本上取消了所有砍伐指标。但停伐地区经济面临不少困难。最近我以一个普通人的身份，不是从官方的角度，而以自己的视角观察停止砍伐后的伊春经济，写了一篇《兴安岭经济转型需加大扶持》的文章。

伊春地处小兴安岭深处，是一个典型的以林兴起的城市。1948年开始林木砍伐，1952 年设立伊春县，1957 年正式设市。伊春地区未砍伐前活立木蓄积 4 亿立方米，60 年累计伐木 2 亿立方米，最高年份伐木 750 万立方米，累计上缴利税 75 亿元，统配材差价约 300亿元。2010 年尚有伐木指标 132 万立方米，今年又减少 100 万立方米，保留 32 万立方米为抚育、间伐，今年实际未砍伐，基本做到了全部停伐。伊春地区税收 20 亿元，支出 60 亿元，靠转移支付和各项政策性财政补贴。今年全部停伐后财政自给能力将进一步受到影响。伊春市 2000 年人口为 132 万，2010 年人口普查减少到 115 万，呈现出人口净流出状态。伊春城区户籍人口 15 万，实际人口少于户籍人口。这点和北京、上海及东部沿海城市实际人口大于户籍人口，存在大量流动人口不同。人口呈净流出状态，说明伊春地区在林木限伐、停伐后就业机会减少，经济转型滞后。从农贸市场和商品价格观察，物价比较低廉。一个相当丰盛的自助早餐 15 元，在伊春已算是较高档的消费。公园的游乐设施虽在旅游旺季也很少有人问津，总的感觉城乡居民收入较低。房价去年曾上升到每平方米 3000 元左右，今年下降到 2500 元左右，且销售不旺。房地产项目进度较慢和投资者观望态度有关。与房地产商聊天，在伊春地区基本贷不到款。问其原因，伊春地区过去金融信贷坏账率高，被金融机构认为是高风险区。房地产资金靠自有资金或外来资金滚动投入，或要求土建公司垫资，相互拖欠严重。

近几年国家支持林区棚户区改造，对改善林区面貌和改善林业职工居住条件发挥了重要作用，受到人民群众的拥护和期盼。目前开工状况良好，问题是中央、省两级财政补助下得晚，今年的补助资金尚未到位。一般讲中央财政补助资金尚能在 8 月份后到位，而省财政补助资金到位要到年底，甚至要拖到明年。棚改搞得越多地方财政补贴压力也越大。据说黑龙江省林区棚户区改造省财政需补贴 20 亿元，不堪重负，所以资金到位慢，也不愿将规模搞大。由于资金到位慢还引起了基层棚户区居民的误解。他们说中央、省有补贴，但都让各级给贪污克扣了。而林场自筹资金过去尚有一点老底，现在逐年吃空，贷款又困难。资金不能及时到位是棚户区改造的最大困难。希望中央财政补贴资金尽早到位，同时也有反映今年天保工程资金也还未到位。

近几年各级政府也抓了经济转型培育新产业的工作，如发展旅游、林下产业、蓝莓产业，但大多尚未形成气候，目前对财政和就业的贡献尚有限。虽然经过了一些整合，但过去的一些产业还在萎缩，如木业加工、中密度纤维板等。从我的观察，林区全部停伐后接续产业尚未形成，财政面临的困难加大，要给予更多的关心。因此建议：

一、政策已经明确的各级财政补贴资金尽早到位。

二、坚持不懈将棚户区改造搞下去，财政承受能力有限，可延长棚改年限，这是能体现社会主义优越性的德政工程，也能体现二次分配向低收入群体倾斜的原则。

三、各级政府要在培育接续产业、增加就业机会上下更大功夫。中央各政府部门、省市政府在做规划布局时要把支持枯竭型林区转型作为一项内容，优先在林区扶持一些产业。教育部门要加大对职业培训的支持。

四、培育东北旅游产业要有具体规划措施和项目，落到实处，不是仅仅一般性地讲讲，包括交通、食宿、培育旅游产品、完善基础设施等等。

五、天保工程资金要落实到位，林业工人从伐木转变到护林、管林、种树，业务性质从生产型实际转到了公益型。虽然增加了财政负担，但从全局看，对防止气候变化，增加碳汇，落实我国对外承诺的增加森林覆盖面积都是得大于失，是必要的。财政资金要确保每年安排。

六、总结和吸取以往发展产业失败的教训，重点鼓励民营经济发展一般性生产和服务行业，对民营资本投资基础设施也应给予政策性鼓励。

七、国有林权制度改革一直未形成统一意见，建议由国家发改委牵头深入研究拟定国有林权制度改革方案。

八、《大小兴安岭林区生态保护与经济转型规划（2010—2020

年)》的相关政策尚需得到切实落实。《规划》明确"在基础设施、生态建设、环境保护、扶贫开发和社会事业等方面安排中央预算内投资和其他有关中央专项投资时，赋予黑龙江大小兴安岭林区西部大开发政策"，尚需进一步落实。"大小兴安岭森林生态功能区范围内森林覆盖率高于70%的县（旗、区）参照资源枯竭城市财政转移支付政策"也需切实落实。

九、国务院召开一次林区停伐后经济转型的专门会议，以示重视并进行部署、制定政策。

国家实施东北老工业基地振兴战略已经8年，振兴工作进入了一个新的阶段，要在已经取得成绩的基础上深入推进，仍然有很长的路要走。振兴工作到底成效如何最终要看民生是否得到改善，老百姓心里有杆秤。8年前振兴工作刚开始时，我与新华社创办了一个振兴东北网，提出"把政策交给群众，让社会共同参与"，至今还挂在网上。

# 中国靠什么解决14亿人口的穿衣问题

  陈锦华老主任在1976年粉碎"四人帮"后，被派往上海接替马天水任上海市革委会副主任，此前他一直在纺织工业部工作。他生前跟我不止一次讲过一个故事。他说，毛主席到地方视察都是乘火车专列，到了一个地方晚上也住宿在专列上，但允许身边工作人员进城观光购物，回来向他讲述见闻。有一次一位女工作人员回来较晚，毛主席问她为什么回来晚了。她说，今天遇到百货商店卖的确良裤子，她排队买了一条，买的人多，所以回来晚了。毛主席问，的确良是什么？为什么那么多人买？她说，的确良洗了不发皱，裤缝不用熨就有，还耐磨耐穿。毛主席回到北京后找周恩来总理说，听说有一种的确良的衣服，老百姓都喜欢买，为什么不多生产点？周总理回答，我们国家还不会生产。毛主席又说，买人家技术和设备来生产行不行？周总理说，那可以。后来国家集中了当时十分宝贵的外汇进口了生产维尼龙化纤的设备，1972年开始了中国的化纤生产。四川维尼龙厂、南京化纤厂等都是那个时期建设的项目。

  陈锦华老主任说他没法核实这个故事的真伪，但是很快纺织工业部收到了一份国务院文件，这个文件里很多篇幅谈到的确良，所以他认为这个故事还是可信的。后来陈锦华老主任任全国政协副主席后出了一本书，书名是《国事忆述》，书中记载了上述故事。书出版后他赠给我一本，我给他回信也讲述了一个故事。

20世纪90年代，我任国家计委投资司副司长，到安徽去，安徽省政府的一位秘书长给我讲了个故事。在20世纪80年代初穿衣问题还十分困难，多数人都穿打补丁的衣服，纺织原料仍以棉麻天然纤维为主，化纤仍是紧俏的产品。当时从日本进口的化肥用完后，将尼龙的包装袋清洗一下，染成蓝色，做成劳动布裤子。由于尼龙耐磨，这样的裤子也只能是公社干部才能8块钱购买一条。农民有气，编了个顺口溜："乡里大干部，8块买条裤，前面是日本，后面是尿素，裤裆含氮百分百，屁股净重45"（尿素一袋45公斤，包装袋染后字迹仍依稀可见）。这可能是个段子，但反映了当时穿衣问题的困难。现在即便是在灾区，也很少能看到穿打补丁衣服的人了。

中国历朝历代都没有能解决全体老百姓的穿衣问题。唐诗中就有"出入无完裙"的诗句。20世纪60年代"四清"运动时我到北京郊区密云县的塘子公社，就在离北京近在咫尺的山区，那里不少结了婚的女子热天干活时上身不穿衣服。在董必武回忆进北京途中看到的贫困景象也讲到了这个情况。20世纪70年代我在陕西秦岭山区参加"三线"建设，那时农民靠用鸡蛋换几尺布票。我们这代人没有人没穿过打补丁的衣服，当年我们离家上学，补衣服、补裤子是生存的基本功，现在年轻人是无法体会的。

2014年9月15日，《人民日报》发表陈锦华老主任《新中国是怎样实现粮食、棉花、煤油靠自己的》的文章。文中一开头写道：1950年4月12日，毛泽东主席在第一届全国政协常务委员会扩大的第四次会议的讲话中指出："有三种东西即粮食、棉花、煤油，这是几十年来入口货的大宗，中国的外汇主要买这些东西。只有这三种东西靠自己，经济建设问题才能彻底解决。"毛主席在讲话中还列举了清朝皇帝、北洋政府、国民党政权对这三种东西的漠视，成为政权垮台的重要原因之一。陈锦华老主任在文中指出：2013 年中国人口已增加到 136072 万人，为 1950 年 5.5 亿人的 246.53%。2013 年中国生产的粮食为 1950 年的 4.55 倍，远远大于人口增长的 2.46 倍，中国粮食的自给率高达 99%，用全球 8% 的耕地面积养活了全球 21% 的人口。这是了不起的成就，是多少个朝代想解决而没有解决的问题。

粮食问题的解决大家都关注到了，穿衣问题的解决没有解决粮食问题讲得多，但同样是最了不起的成就之一。1972 年中国引进石油化纤技术装备，当年化纤总产量占全部纺织原料的 5.5%。2013 年化纤产量达到 4121 万吨，占全部纺织原料的比重高达 80.4%，成为世界第一化纤生产大国。不仅解决了 14 亿人口的穿衣问题，还出口到全世界 227 个国家和地区，出口量占全球纺织服装贸易总额的 38%。中国平均每年向全世界每个人提供一双鞋、两米布、三件衬衫。

这是多么了不起的成就。解决 14 亿人口的穿衣吃饭问题还能向全世界提供纺织品，功莫大焉！我们要记住老一辈创业之艰难。陈锦华老主任这篇文章中讲清楚了中国靠什么来解决 14 亿人口的穿衣问题。20 世纪 70 年代前，中国的纺织品全部靠棉、麻、丝天然纤维，要和粮食争地，有限的土地资源又要解决吃饭问题，又要解决穿衣问题，不堪重负。而现在化纤占全部纺织原料的 80.4%，棉、麻、丝等天然纤维只占一个小头，这是解决中国穿衣问题的根本，也就是说解决中国的穿衣问题要感谢我们的石油化学工业。

1976 年"文化大革命"结束，中国开始转向以经济建设为中心，在最初引进的 13 套重大装备中有几项涉及石油化工的化纤产品。例如辽阳化纤厂、江苏仪征化纤厂。我在 1991 年担任国家计委投资司原材料及加工工业处处长时，仪征化纤厂是我国最大的化纤生产企业，厂长任长俊是从辽阳化纤厂调来的，后来任纺织工业部副部长，中石化副总经理。当时仪征化纤厂是9个单元，每个单元6万吨聚酯生产能力，以后改造提升到9万吨。聚酯所需的原材料精对苯二甲酸（PTA），由邻近的隶属中石化的扬子乙烯中有一套年生产能力22.5万吨的PTA装置提供。这在当时22.5万吨PTA和6万吨聚酯都是最大规模的了，设备全部靠进口。那时聚酯和长丝、短丝都是市场的紧俏货。在20世纪八九十年代各地上了一批6万吨聚酯和22.5万吨PTA项目，例如浙江绍兴的地方国营企业浙化联，湖南湘潭聚酯和海南省海口聚酯等。这些企业当时辉煌一时，可惜的是后来在发展大潮中装置显得落后，有的破产了。这段时期，外商投资的化纤原料企业也纷纷建设起来，例如珠海美国阿莫科公司的22.5万吨PTA（现在归BP公司了），厦门的台资企业翔鹭等。一批民营的化纤企业也成长起来，并且以江浙一带居多，例如浙江荣盛石化、浙江恒逸化纤、江苏三房巷等。后来一些民营化纤原料生产企业居然超过了国有大企业，当年鼎盛一时的仪征化纤已经不再是行业的龙头老大。例如，民营企业浙江恒逸的聚酯年生产能力达到370万吨，超过了仪征化纤。

在这个发展过程中生产装置的国产化和生产规模的大型化起了重要作用。在1999年之前的60条聚酯生产线全部是引进的，大部分是德国吉玛公司和瑞士苏尔寿等公司的技术和产品。后来我们大力抓了化纤装备的国产化，单套聚酯的生产能力可达30万—40万吨，单位生产能力的比投资大大降低，仅国产化后价格的降低就至少为企业节省1000多亿元的投资。还向印度出口了900吨/日生产能力的聚酯装备。作为聚酯原料的PTA，2002年国家发改委和财政部拨专款支持国产化的研发，我国已经成功研制了年产百万吨级的生产装置，最大达到年产 150 万吨，设备价格降低了 40%。民营的逸盛石化成为世界上最大的 PTA 生产商，年生产能力达到 1350 万吨。

中国一跃成了世界上最大的化纤生产国，同时也是化纤设备的重要生产国，这才使化纤占了全部纺织原料的 80.4%，不再与粮争地。这是我国石化工业为解决 14 亿人口穿衣问题作出的贡献，也是一代纺织人和石化人筚路蓝缕拼力奋斗为祖国富强作出的奉献。

# 白头到此同休戚，青史凭谁定是非

## ——读傅志寰回忆录《我的情结》

傅志寰部长：

谢谢您赠阅自传体回忆录《我的情结》。本书真实地记录了您辉煌的一生，字里行间充满了您对铁路事业的热爱和奉献，把这些真实的故事记录下来十分有价值，非常有意义。其中一些有关工作的章节，由于我当时的工作关系，也参与其中，因此读起来更加亲切，更有体会。包括您书中提到的青藏铁路考察，秦沈客运专线上中华之星实验的情景，磁悬浮和轮轨技术路线的争议，京沪高铁漫长而艰辛的论证，等等。仿佛又回到了那个激情燃烧的岁月。

您在本书中也没有回避与刘志军的分歧，客观地讲述了自主创新和系统技术引进的关系。我认为，系统引进高铁技术再加以集成创新加快了我国铁路现代化；今天我国高铁取得的成就，系统引进国外已经取得的先进技术起了很大作用，这点应予以肯定。我国长期坚持自主创新为消化吸收再创新奠定了技术基础，这点不应被忽视，澄清了社会上一些关于今天我国高铁的成就全是系统引进结果的偏颇看法。我把其中的有些章节也发给了对当时情况有所了解的一些朋友去看。他们反映，看了您的文章，对我国高铁发展的历程有了更清晰和准确的认识，澄清了一些偏颇的传闻。反馈的意见都是很积极的。

有关的细节我还可以提供一点。

马凯同志和我曾经到人民大会堂南边的常委小楼——您的办公室听取您的意见，并表示我们会将您的意见转达给铁道部。随后我们直接驱车去了铁道部，和刘志军进行了长谈。我们支持他搞技术引进，但希望他不要全部推翻和否定过去自主创新研发的中华之星，希望能够留下一列继续进行试验和完善。他当时也是答应了的，但是很遗憾，后来中华之星还是被他完全下马，进了铁路博物馆。但是中华之星研发积累的经验无疑为消化吸收系统引进动车技术奠定了很好的技术基础。还有可喜的是，中华之星下马后其动力车原型 DJ2 型电力机车经过改进后出口哈萨克斯坦，经受住当地严寒的考验，还荣登哈萨克斯坦铁路百年纪念邮票，实现了"墙里开花墙外红"，这也颇具玩味。现在回想起来，如果当时能保留中华之星进一步完善改进，那么今天在中国的高铁线路上就不仅有系统引进国外技术集成的动车组，在某些线路上也可以有我国自行研制的中华之星高速动车组，这样可以进行一些对比，促进我国自主创新技术的发展。孰是孰非现在无法评说了。

您在书中专门有一个章节谈到了磁悬浮和轮轨技术的争论。在第195 页，您提到 2000 年 6 月 12 日国务院领导同志召集有关部门负责人开会研究磁悬浮工程有关问题，铁道部您和孙永福副部长参加，科技部部长徐冠华也有在座，会议研究了上海陆家嘴至浦东机场的磁悬浮线路问题。这和我的记忆有些差异。我记得是朱镕基总理在他的办公室召集小范围会议，听取关于高速铁路采用磁悬浮还是轮轨技术的意见。当时徐冠华、严陆光、何祚庥等上书，支持要采用磁悬浮技术。朱镕基总理对新技术也十分感兴趣，他也希望能够通过采用世界最先进的技术实现跨越式的发展。会议参加人，铁道部是您和孙永福，科技部是徐冠华，国家计委是曾培炎和我，中国国际工程咨询公司是屠由瑞，还有一位工程院副院长朱高峰，他是邮电专业的，但是那天工程院院长不在，由他来代表工程院出席会议。会议开始由孙永福同志代表铁道部发表了意见，他发言的中心思想是磁悬浮还有许多技术问题有待解决。例如和传统的已经形成的轮轨铁路网不能兼容，还有扳道岔也非常困难。磁悬浮线路通过桥梁和隧道的工程问题有待进一步实验和完善技术。因此，在当前中国的高铁，具体讲就是京沪高铁，还是应该采用轮轨技术。朱镕基总理听后不是很高兴，第二个点名由我发言，因为他知道我对高新技术也非常感兴趣，常常采取支持的态度。但是我发言的内容和孙永福副部长大体一致，磁悬浮虽然是一个诱人的技术，但是现在还有许多技术问题有待进一步完善，尚未有在长大客运线上运行的实际经验，目前德国和日本仍然是在试验线上做研究，因此在京沪高铁这样的长距离线路上运行，不仅是个造价问题，技术风险也仍然存在，所以我也是主张要采用轮轨技术。后来是屠由瑞同志发言，他讲的意见和我们都一致。整个会议发言下来，只有徐冠华一人赞成要采用磁悬浮技术。这是那次会议的主要内容。研究陆家嘴至浦东机场30公里的磁悬浮线路是在京沪高铁决定不再采用磁悬浮技术后，作为一个后续的补偿方案，确定在陆家嘴至浦东机场建一条短距离的磁悬浮线路。为此，朱镕基总理和时任上海市市长徐匡迪取得了一致意见，具体是让我来协调落实。后来朱镕基总理让我带队，孙永福也参加了，还有徐冠华、屠由瑞和汪光焘到德国进行了实地考察。当时驻德大使是卢秋田，他协助安排了在德国的考察和商谈。朱镕基总理点名，上海市建委原主任吴祥明任磁悬浮线路的工程总指挥。吴祥明同时也是上海浦东机场建设的总指挥，机场建成后他就转到磁悬浮工程，他有着丰富的工程经验，技术也十分专业。陆家嘴至浦东机场的磁悬浮线路建设中，中国申报了许多专利技术。本来把磁悬浮技术完善后，在某些地方推广看来也是可以的，但是很遗憾，由于种种原因，上海磁悬浮线路现在仍然是形影相吊。

您在书中有一段讲到自己的家庭。您担任铁道部领导后，您年迈的父亲仍然在原籍居住在一小套 50 平方米的房子里，而且离公用厕所很近，臭味都能闻到，苍蝇也很多。铁道部和当地领导都多次提出要给您父亲调大一点的房子，但是父亲怕对你有影响，都谢绝了，直到他去世。因为公务繁忙，您没有办法孝敬父母，全靠您的弟弟妹妹照顾老人，为老人送终。您的弟弟妹妹也没有像您一样上了大学，都是普通的百姓。看到这一段，我很感动。我们党和政府的高级干部并不都是像那些贪腐分子，凭当时铁道部的权势，许多人想拍马屁都来不及。您和我讲过，当然书里没有写，刘志军为了使您对他有好印象，还去看过您父亲，说您是傅部长的父亲，也就是我的父亲。很多领导干部为了顾大家，舍了小家。我觉得您把这些写下来是正能量。

最后抄录两段诗句，林则徐诗赠邓廷桢："白头到此同休戚，青史凭谁定是非。"邓廷桢回赠林则徐："浮生宠辱公能忘？世味咸酸我亦谙。"作为我读您这本回忆录的感慨。

张国宝　草草

2018 年 7 月 2 日

# 五、民生篇

# 放长假决策始末

　　1998 年发生了特大洪灾，重灾区是长江中游的湖南、湖北、江西、安徽等省。湖北省簰洲湾决堤尤为惨烈。1999 年春节，国务院总理朱镕基到湖北灾区看望慰问灾民。同行的有朱镕基总理夫人劳安，国务院副秘书长马凯，朱镕基总理秘书李伟和我。

　　除夕夜，湖北省委省政府为朱镕基总理安排年夜饭，总理会见了抗洪救灾烈士家属、劳动模范和灾民代表。活动结束后，总理及家人召集我们随行人员又吃了一顿家庭式的年夜饭，湖北省党政领导均不参加。席间交谈比较轻松，话题谈到了能否涨工资的问题。随着我国经济的发展，人民生活水平也应有相应的提高。但 1998 年亚洲金融危机爆发，又遇到了特大洪涝灾害，对是否涨工资有不同意见，所以财政上虽做了一些准备，也恐难实行了。我看席间交谈有家庭式气氛，所以大胆将我思考的两个问题向总理提了出来。

　　第一个是关于增加节假日的问题。我对朱镕基总理说：现在这个形势恐怕涨工资已不现实，是否可以增加节假日，让人民群众有更多的休息机会，也是提高福利的一种方式。我补充说明：经济发展到现阶段已不需要像建国初期那样靠动员大家加班加点工作来提高生产，相反有不少行业出现开工不足、人浮于事。与其这样，莫如增加大家假期，有更多时间休息、学习，还可起到调整经济结构作用，增加消费、旅游、服务业等三产比重。从现实情况看也不会因为增加了假日影响劳动生产率，影响产品产量。

第二个问题是我向朱镕基总理反映，农村高利贷很严重，说明农民需要钱用，又没有正常的贷款渠道，应该增加农村信贷。

对第一个问题，席间大家似乎都赞同，对第二个问题有些不同看法。李伟同志说，农村高利贷很多是家族势力甚至是黑社会恶势力性质，借款人不敢不还，如政府来承担贷款，很可能是一批坏账。我觉得总理对这两个问题似乎都听进去了。后来我听说，在春节假期前几天慰问活动结束后，朱镕基总理把中国人民银行行长戴相龙叫到休息地，增加了数亿农村信贷。但这只是听说，不知真假。

春节假期结束后朱镕基总理回到北京就把可否增加节假日的事交代给国务院秘书长王忠禹研究。王忠禹秘书长又交代给国务院副秘书长尤权具体经办。尤权同志打电话给我，要我把增加节假日的

张国宝（右二）向朱镕基总理汇报有关建议。左二为国务院政策研究室副主任魏礼群。

建议进一步具体化，以书面形式正式向国务院提出建议，最好能以国家计委名义正式提出，还希望我了解一下其他国家节假日的情况，作一个比较。我内弟在中国技术进出口公司工作，该公司在世界主要国家都设有办事机构，我请他帮忙可能比正式通过外交部向一个个驻外使馆了解更简单快捷。他很快就了解了世界主要国家的节假日情况。为了有可比性，我让他不仅要了解发达国家的节假日情况，更要了解一些与中国情况相仿的发展中国家的节假日情况。从了解到的几十个国家的情况看，欧美发达国家自不待言，有名目繁多的假日。即使比较发展中国家，当时中国春节三天，五一国际劳动节一天，国庆两天，元旦一天，全年共七天法定节假日也不是多的，和朝鲜、越南大致一样。

关于增加节假日的想法我向国家计委主任曾培炎同志汇报后很快得到他的赞同。我和政研室共同起草了向国务院的汇报稿，并与尤权同志和秘书局密切沟通。将增加节假日具体化为：五一国际劳动节放假从一天增加到三天，增加了两天；将国庆假日从两天增加到三天，增加了一天。其余不变，全年实际只增加了三天。但可以将前后两个周末合并使用，全年可形成春节、五一、国庆三个七天的长假日。

汇报稿上报国务院后，由尤权同志召集相关的13个部委开会听取计委汇报并征求意见。由我代表国家计委先汇报介绍了关于增加节假日的建议、方案设计及相关问题。会上，除经贸委外，其余12个部委都赞成。其中教育部提到增加三天假期不会影响学生学业，相反学生可以在节假日与父母、家人、同学在一起更有利于学生增长知识，增加与父母在一起的时间。公安部也讲道，根据统计，节假日犯罪率反倒低于平时工作日，只是公安干警要保障节假日社会治安会有更多加班值勤，要做好调休和考虑干警待遇。民政部、民委表示支持，但提到能否考虑中华民族的传统节日，如清明、中秋也放假。实际上清明节很多人也是去祭扫先人，还有利于海外华人来团聚。交通部、铁道部提到长假日出行旅游人数会增多，会造成交通拥堵，还要注意防止出现恶性交通事故，但对长假表示支持。会上还谈到一些具体问题，如银行，节假日仍有存取钱的需要，不能都放假关门，节假日银行要做好有人服务的安排，不能给人民群众带来不便。还有，如中国放假，外国不放假，有国际事务和业务处理怎么办等等。经贸委来了两位司局级干部，一位是办公厅负责人，另一位可能是综合司的，他们提出了一些疑义。一是工厂有许多是必须连续生产的，如钢铁厂、化工厂，长假期这些企业必须安排连续生产不能停，根据劳动法节假日加班必须给双倍工资，会增加劳动成本。二是要防止官员利用节假日到下面去玩，引起不正之风等等。结果经贸委的意见遭到与会者的反驳，认为这些问题是长假期必须考虑注意的问题，但不是不能实行长假期的理由。最后尤权同志总结，对经贸委提出的必须连续生产的企业因节假日加班多支付的加班费做一个测算，看看会增加多少成本。会议上绝大多数部门都赞成增加节假日的意见。

会后尤权同志向王忠禹秘书长作了汇报。据他向我讲，王忠禹秘书长提出了一个问题——谁有权决定公共节假日的设定？是国务院还是人大？国办查找了历史文件，最初设定公共节假日的文件是1950年的政务院文件，也就是说是由国务院来决定公共节假日。据此，王忠禹秘书长提出还是在原有节假日上增加天数为妥，不增加新的节假日名称。因此关于清明、中秋节放假的意见就不考虑了，还是元旦、春节、五一、国庆四个假日，其他三八妇女节、五四青年节、六一儿童节、七一党的生日、八一建军节还按原规定执行。这个方案的好处是没有增加节假日的名目，但也有人对五一和十一之间时间间隔较长而没有一个节假日感到遗憾，但又找不到一个好的名目在此间增加假日，总不能七一党的生日、八一建军节全民放假。关于经贸委提出的必须连续作业的工矿企业因节日加班需多付的加班费也测算出来了。以钢铁行业为例，只增加不到 2000 万元加班费，对这么大国家来讲不算什么。经过这样认真分析研究、征求意见和测算，增加节假日的方案已基本成熟，但时间也到了 8 月底，离国庆节只有 1 个多月时间，朱镕基总理希望能在建国 50 周年大庆时就能实施。8 月下旬或是 9 月初，朱镕基总理召开总理办公会审议增加节假日方案，会上没有什么悬念，各部委和国务院领导都一致同意，也没有提出更多意见，只是强调要做好值班，注意交通安全，银行要做好节假日服务等。最后朱镕基总理提出，这么大的事，虽然是由国务院作出决定，但必须提交党中央那边听取一次汇报，时间已经很紧，必须在国庆到来前争取在中央那边安排一次会听取关于长假期的汇报。于是把中办副主任胡光宝请到会场，朱镕基总理向他讲了情况，请他务必在 9 月份安排在中央政治局常委会的一次会议上加上这一内容。胡光宝同志答应一定尽快争取安排一次会听取关于增加节假日的汇报。后来大约在 9 月 20 日中央政治局常委会的一次会议上听取了国务院关于增加节假日的汇报。据说，中央政治局常委一致同意，很快就通过了。正式文件是在 9 月 23 日才发的，这时距国庆只有一个星期了，准备工作也十分匆忙，好在各部门都拥护增加假期，50 周年大庆全国人民享受了第一个七天的长假。作为"始作俑者"我也有一丝担心，长假期间千万别出事故，一旦发生重大事故，长假期的做法一定会受到指责。国庆长假过了，国办也在密切跟踪假期的情况。十分幸运，第一个长假十分祥和顺畅，没有发生交通等重大事故。国办还监测到交通运输增长情况和消费零售服务业的增长。各方面情况都表明假日刺激了消费，"假日经济"一词也应运而生，各方面都给予了好评。但在其后，有些批评意见也逐渐出来。

一是认为长假日交通、住宿、旅游景点压力陡增，忙闲差太大，也会造成旅游景点损害，主张还是应该推行带薪休假。其实带薪休假制度不是没有，公务员还有根据工作年限带薪休假天数的具体规定，但为什么一直执行不起来？因为中国的国情和观念与西方不同。如果领导不休或供职机关不休，承担工作任务的人往往宁可放弃休假也会坚持工作。我和我周围大多数人都没有扔下工作去带薪休假过，这点和西方人观念有很大不同。西方人下班点一到吊车悬在半空也照样下班，这也许是中国人勤勉工作的美德。还有中国家庭往往是双职工，而西方多数家庭是全职太太，男人一放假可以带全家去旅游。中国不行，男女双方如有一方工作走不开就不能成行，而男女双方都凑在一起休假往往很难，所以带薪休假就形同虚设了。还是采用放长假的办法好，全国从上到下一起休，虽有些问题，但能保证受到大多数人欢迎。提带薪休假的往往是些学者理论家，可能书生气太足有点脱离国情。

二是又老话重提，认为春节、五一、国庆三个长假太多，主张减少一个长假而增加清明、端午、中秋中国人传统节日休假。提这种意见同志的一个重要考虑是减少七天长假，增加三天小长假，以减少长途出游压力，鼓励引导家居休息和郊游。这个问题如前所述在讨论长假期时有人提出过，但从不增加新的节假日名目的要求考虑未予采纳。对于已经享受了长假期好处的国民来讲是不愿意放弃五一长假的。但国家发改委社会司事实上是力推取消五一长假，增加清明、端午、中秋小长假的。两种意见激烈交锋，后来社会司搞了一个网上民意调查，报告说民意调查赞成取消五一长假，设立清明、端午、中秋小长假的占多数，于是在国家发改委办公会上通过了这一方案。我在会上是反对这一方案的，我主张保留五一长假，这个季节也是旅游的好季节。但我的意见与社会司主导的意见相左。我听到一些说法，认为网上民意测验并不科学，不代表大多数人真正的意见。因为网民只是社会上一部分人，学校老师学生有寒暑两个假期，所以这一人群中不少人主张取消五一长假。而广大民工有长假还可回家，小长假很多人只好选择留在原地，少了一次回家机会。民工上网的人少，网上调查没有反映出这一人群的意见。这期间还发生了一个小插曲，广东省政府从地方行政立法出发，决定保留五一长假，但从政令不统一考虑，上边让广东省取消了这一决定。

放长假已实施了14年，广大人民群众从中享受了经济发展的成果。尽管有这样那样的不同意见，但假日经济拉动了消费是不争的事实，符合我们当前调整经济结构的方向。许多提出休假改革方案的后来人没有完整经历这一过程，作为过来人我把这一过程如实记录下来以作备忘。

# 赣江风雪弥漫处

## ——随吴仪副总理江西抗冰雪灾害纪实

    2008 年初，一场突如其来的冰雪自然灾害席卷了广大的中国南方地区。西起贵州、广西北部，经湖南到江西一线，南起粤北韶关地区，北至湘南地区，一场罕见的雨雪冰冻灾害将这一地区的高压输电线路铁塔拉倒，线路中断，引起大面积的停电，铁路运输也因雨雪冰冻灾害而停驶。此时正值中国传统节日春节即将到来，广大民工急于返乡。这场大面积的雨雪冰冻灾害惊动了党中央和国务院，国务院总理温家宝率有关部门的主要领导亲赴灾区一线指挥抗冰雪灾害。

    如果没有到过现场的同志可能很难理解这场雨雪冰冻灾害的严重性。雨雪冰冻灾害的形成是因为特殊的气候条件，一是强降雨雪，二是温度要在零摄氏度上下，如果持续在零摄氏度以下也不会形成冰雪灾害。因为只有降雨雪后，堆积于铁塔、线路、房屋、树木上的积雪在零摄氏度以上融化，进入零摄氏度以下后又结冰，这样反复形成巨大的冰凌，悬挂于高压输变电线路的铁塔或线路上，巨大的重量可以把整座铁塔拉塌，造成大面积的停电，铁路运输因此中断。当时的重灾区是在广东的韶关以北，湘南山区。温家宝总理到湖南一带指挥救灾。但是除了湖南以外，其实江西也是一个重灾区，赣南一带的大部分铁塔倒塌。国务院委派吴仪副总理率有关部委领导到江西指挥抗冰雪工作，我作为国家发改委副主任并且分管能源交通工作，遂随吴仪同志赴江西，同行的还有财政部副部长廖晓军，国家电网公司副总经理舒印彪。

到达江西后，我们乘车从南昌到受灾情况较重的抚州地区。沿途道路湿滑，天气湿寒，冰雪覆盖在沿线的树木上。快接近抚州地段时，我们看到公路两侧的松树枝大量被挂在上面的冰凌所折断。车子停下来后，财政部副部长廖晓军捡起路旁一个看似不大的松树枝，但是令他没有想到的是竟然重得拿不起来。原来因为他不会想到这个小松树枝会有这么重。可是当结了冰凌以后，重量可以把松树枝从树上折断。廖晓军用手很难提起来，可见重量之重。如果不是在现场感受到，这是难以想象的。

到达抚州后我们进入一片山林，看到山脊上的输电线路和铁塔就像面条一样的被折断、折弯，电力工人正冒着严寒雨雪在抢修。看着这沿着崇山绵延不绝的输电线路和铁塔倒塌的情况，我们的心情都非常沉重。这样的重大灾害什么时候才能恢复起来？可是已经传来了温家宝总理的指示，要求全力以赴，争取在春节到来之前恢复通电。

随后我们进入抚州市考察灾情，听取地方政府的汇报。很难想象在现代社会中一个没有电的城市会是怎样一种景象，我仅仅举两个例子。我们到了抚州自来水厂，现在城市居民供水恐怕都是自来水了，但是由于停电，自来水厂无法正常生产，全市居民因为断电连做饭都成问题了。更为严重的是医院，因为没有电，有些手术无法进行。抚州监狱平时有照明，监狱需要严密的守卫，可是停电后，一片漆黑，如何管理在押犯人也成了一个大问题。真实看到这些景象，我们深切地意识到必须尽快恢复供电。

江西省的电网比较脆弱，被称为单线吊葫芦。江西属于华中电网，而不是行政区划中的华东电网。主要的输电线路来自三峡的单条

50万伏交流输电线路，要想恢复，肯定需要时日。当时最快的办法只能是搞应急电源。由于我在国家发改委还分管国防动员办，安排过国防道路建设。我知道在台海局势紧张时江西有许多二炮部队，而野外作战的部队一般都配有单独的应急电源。我向吴仪副总理建议，请她向二炮部队求援。吴仪副总理听后说，她和二炮司令员靖志远将军很熟，她立即就给靖志远司令打了电话。部队非常重视，并且全力以赴支持，立即指示在江西的驻军，就近将应急电源调给受灾严重的地方使用。当时在北京也设立了一个抗冰雪灾害的指挥部，放在国家发改委。部队也将这些情况通知了在北京的抗冰雪灾害指挥部。指挥部的同志立即打电话给我，让地方的同志开车到部队去取。我答复说，地方现在救灾任务很重，你就让部队好人做到底吧，部队有能力、有手段，请他们将应急发电设备立即送往抚州等重灾地区。因为我在国家发改委分管国防动员，我们每年有一笔经费支持国防动员建设，我记得曾经支持过江西一个单位生产应急电源，但是记不清是什么单位了。我给国家发改委国防动员办主任周建平打电话请他查一查是哪一家。周建平立即给我回了电话，并且通知江西这家生产应急电源的单位立即把库存的应急电源全部送到救灾一线。

由于输变电线路的大面积毁损，包括电线杆也倒了一大批。我们国家的电线杆基本上都是用水泥制造的，如果临时生产需要时日。后来打听到山东有一家专门生产水泥电线杆的企业，但是运输又成了问题，因为一节车皮最多能装十几、二十根水泥电线杆，两万根水泥电线杆至少也需要1000节车皮才行。春节将至，已经进入春运高峰期，在铁道部申请车皮运输计划历来是很难的。好在我也分管铁路工作，人头比较熟，我给铁道部运输局黄宪章同志打电话，请他务必作为紧急任务，支持将山东的水泥电线杆运往江西。黄宪章同志非常支持，也非常认真负责。他很快就电话告诉我已经落实，从山东一个叫作

"济宁西笨大"（后经核实，应为济宁站笨大货场）的火车站起运，将电线杆送往江西。由于这个火车站的名字很怪，所以至今我也记得这个名字，但是究竟在哪里我到现在也不知道。2月14日上午9点45分，黄宪章同志给我发来短信，告诉我运输任务已经全部落实。这短信我至今一直保留在手机上。短信如下：

"张主任：您好！我是铁道部黄宪章，济宁西笨大货场电线杆昨天已起运往江西，这几天陆续装完。请放心，有事布置。"

吴仪副总理在南昌指导江西省抗冰雪斗争很快就有了头绪。在听取江西省委省政府汇报时，有些需要解决的问题我当场就用手机打电话到中央有关部门，很多事项当场就得到回应落实。例如电网抢修队伍不足，国家电网公司立即从河南、山东等地调集了电网抢修队伍驰援江西。因此吴仪副总理对我的工作很满意，她也表扬了我。这和我长期在综合部门工作，情况熟，人头熟有关。吴仪副总理在抚州视察时，当地领导反映抚州地区没有电厂，所用的电是靠一根输变电线路从北向南拉过来的，并且江西过去是一个孤立的省电网，和华东电网没有联结，和周边的江苏、福建都没有输变电线路联结。后来建了三峡电站，才从三峡沿长江的输电线和江西连接上了。因此江西虽然属于华东地区，却不属于华东电网，而是与华中电网相联。2008年2月29日人民网报道："今年1月以来，江西省赣州遭受罕见冰冻雨雪天气袭击，电网严重受损，省电网6条联通赣州的输电线路全部断开，赣州区域内18条主要线路断了17条。赣州电网进入孤网运行状态，用电缺口高达90%。大范围、大面积限电，引发交通运输、物资调运、市场供应等方面的连锁反应，860万赣南老百姓的生活遭遇了前所未有的挑战"。"2月1日，主网联结赣州电网的最后一条命脉——220千伏万潭线被切断，赣州市出现大范围、大面积限电。国务院副总理吴仪坐镇江西指挥抗冰救灾工作，要求2月5日前抢修恢复赣州与省网的 2 条联结线路"。这件事也给了我深刻的印象，所以在以后规划全国输变电线路时，我想到要把这些省级的孤立电网联结入相应的区域电网，以保证电力供应安全，就像抚州这样单线吊葫芦是非常不安全的。江西省和抚州市希望今后国家能安排抚州建一个电厂，这件事我记在了心里，所以后来我们批准了在江西抚州建一个 60 万千瓦的发电厂。

临近春节时江西省的大部分地方至少有了应急电源保证供电。在工作有了头绪后，吴仪副总理就带领国务院工作组回到了北京。可是我从国家电网公司了解到，沿着崇山峻岭的高压输变电线路铁塔恢复非常困难，一时也找不到那么多的铁塔来安装。在江西时实际上已经提到了这个问题，可是当时江西表示可以由他们自己来解决，至少220 千伏以下电路的铁塔可以由江西省自己制造解决。可是我们回到北京后，我一连几天打电话给国网公司和江西省，进度十分缓慢。江西省也意识到单靠省里的力量有问题，没有那么多的输变电铁塔生产企业，一两个月内要解决这些问题几乎不可能。于是我在大年初一带领分管装备工作的李冶同志，他原在机械工业部电工局工作，对电力设备的情况比较熟悉，并会同国家电网公司副总经理舒印彪再次来到江西。当时吴官正同志正回到家乡过年，还会见了我，对抗冰雪的情况非常关心。我在了解完情况后乘汽车赶往生产铁塔企业比较多的江苏省求援。进入江苏的第一站是无锡市管辖下的离太湖很近的一个地方，当时还在春节期间，无锡市委主要领导在那里接待了我们，并告诉我江西省省长吴新雄也从这条路线赶到江苏求援。随即我们就赶往有铁塔生产企业的常州市。常州市委市政府领导听到我们介绍的情况后，真是发挥了社会主义大协作的精神，立即放弃了春节休假，带领我们到铁塔生产企业——江苏电力装备公司，企业停止休假，全体动员起来紧急生产铁塔，并且表示负责派车送到江西。后来该企业领导夏福清亲自押车送到江西和湖南郴州。随即我们赶往南京最大的一个铁塔生产企业，位于南京浦口区的大吉公司。这是一家民营企业，原来是在东北吉林的，后来招商引资在南京浦口区建厂，成为一家生产铁塔的骨干企业。时任浦口区区长的是华静同志，是位年轻的女同志，她现在已经任南京市副市长。她陪同我们到了大吉工厂。可是时值春节放假，工厂里的工人大部分是从其他地方来打工的民工，春节放假都回原籍了，一时找不到那么多工人来上班工作。华静区长和大吉工厂在场的领导一听说有这样严重的冰雪灾害，江西告急，我作为国家发改委副主任春节期间亲自到工厂求援，十分重视，立即动员工厂里凡是能上班的工人立即全部上班，并且区里帮助从附近的工厂、春节在厂的人员中支持大吉工厂生产。说起铁塔，看似一个个桁架，十分简单，其实真到生产一线了解还很复杂。因为它是由一根根桁架组成，上面打有螺丝孔，然后用螺栓将一个个桁架连接起来，所以一个铁塔的每一个桁架长度都不一样，螺丝孔也不一样，必须一根一根互相对起来才行，如果搞乱了连螺栓都穿不上。所以过去的工艺流程是一个铁塔生产完所有的桁架后在工厂里试装一次，然后再拆散后运往现场，而不能相互混杂。为了保证做到这一点，每一个铁塔的零部件只能用一辆汽车运输，以免和其他铁塔的零部件混杂，到了现场装不上。区里帮助动员了一些车辆，并且在车上标记是支援江西抗冰雪灾害的，以保证一路通畅。因为过去对铁塔的情况我了解不多，这次冰雪灾害我才了解到原来铁塔所用钢材的标准较低，都是普通的碳素钢，所以遇到冰凌的重力拉动，铁塔就折断倒塌。但也有一些要求比较高的铁塔，钢材是采用强度较高的合金钢，就可以避免倒塌。可是当时大吉工厂里没有那么多合金钢材料，所以我又让李冶同志向东北特钢求援，尽快供应特种钢材，以保证以后的铁塔强度提高。后来回到北京后，我还要求电力部门修改铁塔的标准，采用更高强度的钢材。国家电网公司还在输电电缆上采取了抗冰凌的措施。一波未平，一波又起，建铁塔需要大量高强度螺栓，是用螺栓把一根根桁架连接起来的。大吉工厂库存螺栓根本不够应急之需，所以又紧急寻找了生产螺栓的工厂加紧生产供应。

一切就绪后，华静区长和大吉工厂的负责人让我们放心，他们一定会将铁塔送到江西。我也打电话给江西省负责同志，请他们派电力抢修部门的同志到工厂来指导工厂的工人共同完成任务。

一场雨雪冰冻灾害也让我学习了解到了许多关于铁塔的知识，原来一个看似简单的铁塔也不简单。同时也为我们国家一方有难八方支援的社会主义大协作的精神而受感动。这正是我们国家制度优势的所在。在春节期间经过上下同心努力，全部恢复了交通，波及十个省，被滞留的百万外出打工的农民兄弟终于得以回家过年了。我曾有感而发，作了一首诗：

### 抗冰雪

岁末年关冻雨寒，<br>
南国万里飞雪霜。<br>
路封千里交通阻，<br>
电断百县民生难。<br>
令颁十省急动员，<br>
运筹八方调度忙。<br>
众志成城融冰雪，<br>
百万民工喜还乡。

电力体制改革时有些同志建议将电力建设队伍作为辅业从电网公司剥离出来。我也曾主张将各省的电力建设公司从电力部门剥离，全下放到各省去管理。但是由于阻力太大未能实施，后来将各地的电建公司合并成一个央企，由国资委管理。但是电网建设抢修队伍从汶川地震和抗冰雪灾害两次救灾的实践来看，电网公司更加强调保留这支队伍的必要性，更多的人对此也有了共识，所以现在电网建设队伍仍保留在了国家电网公司，此是后话。

最后，我以一首《定风波》词来总结这次抗冰雪灾害。

定风波·抗冰雪

南国罕见万里雪，

冰封京广路阻绝。

雪压五岭电塔毁，

无畏。

总理三临亲指挥，

檄令八方巧调度，

通路。

大军驰援湘赣粤，

百万民工还乡去，

团聚。

军政抗灾度佳节！

# 汶川大地震 10 周年祭

## ——国务院四川前线抗震救灾指挥部工作实录

### 一、国家有难，匹夫有责

2008 年 5 月 12 日，四川汶川发生八级以上的强烈地震。公路被滑坡的山体掩埋，震中情况不明，许多幸存的民众尚被埋在废墟中亟待救援。温家宝总理率领有关部门和部队负责人第一时间赶到四川救灾一线，指挥抗震救灾，国家发改委主任张平同志陪同前往。

由于通往震中的道路被掩埋，人员进不去，震中的情况不明，温家宝总理下死命令打通通往映秀镇和汶川的公路。但是公路被掩埋的不是一段，而是全线都被掩埋了，用几天时间是打通不了的。据张平同志讲，后来他和交通运输部副部长翁孟勇等曾试图从紫坪铺水库的水道乘冲锋舟去震中也未成功，最后还是解放军伞兵部队在地面情况不明的情况下冒险跳伞最早进入震中汶川县。当时我正在北京医院住院，突然接到东方电气集团公司总经理斯泽夫哭着打来的电话，说救援部队都往汶川、映秀镇方向去了，没有人知道东风汽轮机厂所在的汉旺镇也全部被震垮，厂房、机器和人员都埋在了废墟中，靠自己力量根本无法抢救，请我赶紧向救援指挥机构反映。我赶紧打电话给正陪同温家宝总理在前线指挥的张平主任，请他转告这一情况。后来听说有救援部队过去了，东方汽轮机厂共死亡 287 人，厂房全部被毁。此前不久我和徐荣凯、孙昌基（机械工业部副部长）等曾在该厂工作过的同志刚到东方汽轮机厂参加过建厂 40 周年活动。东方汽轮机厂后来在德阳重建，竣工仪式上我致辞介绍了这一过程。后来我才知道，汶川地震波是波浪式的，处在波峰的地区就是严重的震灾区，汉旺正处在地震波峰上。我到国务院四川前线抗震救灾指挥部工作后，曾乘直升机察看灾情，的确看到一个地带全部房屋倒塌，下一个地带房屋倒塌很少，再过去又是一片房屋倒塌。

汶川大地震灾情严重，抗震救灾工作不是短期内能结束的，温家宝总理和其他部委主要领导还要处理其他国家事务，不可能长期待在四川，温家宝总理决定成立国务院四川前线抗震救灾指挥部，由回良玉副总理负责，由国务院副秘书长张勇协助回良玉副总理工作，抽调部委工作人员到指挥部工作。我接到张平同志派我到前线指挥部工作的通知后，大有"国家有难，匹夫有责"的情绪冲动，立即带秘书杨雷当天赶到了成都。四川省发改委派李亚平副主任和能源处处长梁武湖协助我工作。在国务院四川前线抗震救灾指挥部工作的部委人员，我已经记不清了，因为大多数情况下都是各自分头工作，我只记得和我打交道比较多的是解放军总参谋部部长助理孙建国，他后来任总参谋部副部长、上将。我们两个人主要是协调军地如何相互协调配合，例如需要直升机救援和部队救援的，我就找他。

## 二、抢救生命为第一要务

国务院四川前线抗震救灾指挥部早期的工作还是以抢救人的生命为主，尽可能在黄金时间更多地抢救被埋在废墟下的幸存者。这时候已经有大批的部队陆续到达抗震救灾一线，但是到的部队赤手空拳，只能用双手去挖废墟，这样的抢救效率怎么行？所以指挥部要求我至少尽快地为部队战士每人配备一个撬棍。此事说来简单，可是我一时真想不出办法来到哪里去找这么多撬棍？我突然想到四川有很多"三线"企业，他们有很强的生产制造能力。于是我找到二重，厂里有建筑和生产用钢筋，又有很强的锻造能力，你只要把钢筋截断了，稍加改动就成了一根根撬棍，这对于工厂来讲，简直是小菜一碟，所以这个问题很快就解决了，比诸葛亮的草船借箭来得还快。

华能公司在岷江上有太平峪和映秀湾两个梯级水电站，地震中前后的道路都被山体掩埋，水电站的情况不明。在我之前，华能公司董事长李小鹏就已经到达四川救灾，但他突然接到工作调动的命令，提前返回北京了。我到达时太平峪、映秀湾水电站的情况还是不明，到底还有多少人滞留在水电站没有个准确数字。有的说水电站正在组织开会，还有其他单位的人，在场的人很多。有的说大部分已经撤到县城了。我请求部队派直升机到现场救援，可是第一天天气情况不佳，直升机无法前往。第二天飞机到了水电站，但是下面种的都是果树，找不到能降落的地方，无功而返。第三次才找到一小块空地降落了，救援了5名群众。其中，两名是藏族同胞，一名是怀有身孕的藏族妇女，他们都不是电站的职工，是路过此地的老百姓。同时由于闸门震变形了，闸门提不起来，上游的水已经漫过大坝。最后还是靠直升机运去发电设备，接上电源才把闸门启开。

由于伤员需要及时抢救，伤员又多，所以要协调有能力的省接纳抢救出的伤员给予救治，安排铁道部用专列送往有关省。

## 三、一方有难，八方支援

　　国务院四川前线抗震救灾指挥部最初的工作还包括协调各省区市支援四川的抗震救灾物资，疏散抢救出来的伤员，安排经济发达的省份接纳和治疗震灾中的受伤者。一旦国家有难，就显示出中华民族的凝聚力。从山上下来的小路上陆陆续续有灾民下山，在路口我经常看到在野地上搭着一张桌子，上面放些矿泉水、面包、饼干之类简单的食物，来自全国各地的志愿者给灾民分发食物。有一次，父子两人开着一辆满载蔬菜的大卡车从陕西开过来问，他们应该把菜送到哪里？他们是种菜的个体户，表示只能表达一点自己心意。这样感人的事例比比皆是。各地的救援物资源源不断地到达四川，一些经济发达的省份也主动接受从四川疏散出去的伤员。我们陪同回良玉副总理到机场去看空运来的救援物资，然后转向火车站去慰问，给疏散到别省的伤病员送行。当天那列火车是开往浙江的，坐满了打着绷带的伤员。在这段时间，铁道部发挥了重要的保障作用。后来到灾区视察和慰问的各级领导、各部门领导越来越多，由于担心强余震，所以来的领导都是住宿在火车上，我们到火车上去汇报工作。当时很多灾民在用彩条塑料布搭建的窝棚中避雨住宿。我认为用彩条布搭窝棚非长远之计。从灾情看，这些灾民至少要在窝棚里住上半年到一年，用彩条布搭的窝棚临时避避风雨是可以的，但要做半年一年的打算。我想到了工地上普遍采用的板房，能否让各地主要支援板房。比如一个省负责包一个受灾县，对口支援。回良玉副总理很赞同这一建议，他亲自给几个他熟悉的省领导打电话，请求支援。一个是广东省委书记汪洋，因为回良玉任安徽省委书记时汪洋同志是他的部下。他又给曾经他担任过省委书记的江苏省打电话，这几个省都是经济状况比较好的。这些省接到电话后，正愁不知如何为灾区做些什么，立即行动起来。汪洋同志指示要多少钱给多少钱，要什么给什么。广东省发改委主任李妙娟打电话给我，说钱没有问题，只是不知道什么地方生产这么多的板房，只要有，他们立即派汽车运到四川。后来广东省承担了汶川地震受灾最严重的震中地区的对口支援任务。对口支援成了灾后重建的一项重要举措，在成都召开了全国的对口支援会议。广东省的救灾物资运到四川时很多道路都还没有通，他们的汽车是绕道松潘才到达映秀镇的。

我记得建材总公司下属就有制造这些简易工房的工厂，好像北京郊区的沙河就有一个。后来四川省的同志告诉我，在成都的龙泉驿好像就有一个北京建材系统来投资的板房生产厂。于是，我连夜带李亚平副主任和梁武湖处长赶到龙泉驿，果然这里有一个工厂化流水线生产板房的企业，的确是北京建材系统来投资的。我喜出望外，让他们加紧生产，如果需要什么原材料我们帮助协调，因为板房组件两侧是钢板。我同时请建材系统其他有生产的工厂加紧生产。后来安置的灾民大多数是在这样的临时板房中住了一年左右。接下来的问题是这些安置灾民的临时板房用电谁来解决？所发生的电费谁来支付？我找国网公司下属的四川电力公司领导。我说，现在是国家救灾时期，安置好灾民是第一任务，这些问题留待以后再去解决。国家电网公司是国家的企业，现在要不讲价钱，保证灾民的供电需求。在四川的抗震救灾中国网公司发挥了重要作用，不仅从各省调集了电网建设队伍赶赴四川灾区重建震垮的电网。而且我到了四川以后，才知道位于震中的汶川、茂县以及阿坝供电系统都已经不属于国家电网的四川电力公司了，已经被刘永好家族买下了，而阿坝又叫作牧业电网，我还是第一次听说，还有不少小水电县归水利部门管。电网管理系统真的是五花八门，根本不是外界想象的国家电网一统天下，这一情况给我留下了很深的印象。一旦供电设施震坏，他们无力马上恢复起来。当我听到这一情况后，立即找四川省电力公司。这个时候就不能讲电网是谁的，谁应该负责的了。国家电网应代表国家首先把这些重灾区的供电系统恢复起来。国家电网公司总经理刘振亚也赶到现场参加会议。

在整个抗震救灾过程中，国网公司的确发挥了国家队的作用。所以后来在处理电力体制改革遗留问题，剥离辅业时，国家电网所属的电网施工队伍要不要还保留在国家电网内的问题得到妥善解决。由于有几次抗震救灾的实践，国家电网认为应该保留有一支国家指挥得动的电网施工建设队伍是有必要的，这个意见被大家接受。

## 四、余震打油诗

在抗震救灾初期，由于大的余震不断，防范余震也是一个重要任务。但是，由于担心影响社会稳定，政府采取非常谨慎的态度，不敢轻易预报余震。有一天正逢阴历十五天文大潮日，在这一天地球和月亮之间的引力最大，潮汐也最大，容易诱发地震，恰巧这天气温等其他因素也有异常，几经会商权衡之后，政府发出了当晚可能有强余震的预报，要求居民都离开房屋到露天宿营。我被李亚平副主任安置在一辆停在广场空地上的面包车中过夜。他们把面包车最后一排长椅让给我，以便我可以躺下睡。四川省发改委的不少同志也在这个面包车上过夜，坐在椅子和通道上。到了后半夜，我要起来解手，但是前面东倒西歪躺了一车人，除非我把大家都叫醒，否则出不了车门。无奈我只好拉开车的后窗，设法从后窗中爬出去，以免惊醒大家。没想到在汽车内，地板离窗户并不高，还比较容易爬出去，但是车外面，由于有轮胎，到地面还是比较高的，我的脚一时没有探到地面，一屁股摔在了地上，惊动了周围警戒的武警，还是把大家都弄醒了。我后来自嘲写了一首打油诗："忽报今晚强余震，面包车里且安生，横卧男女十来个，后排雅座给主任。夜半内急欲起身，无奈前有酣睡人，拉开玻璃逾窗走，部长摔个大屁墩。"

## 五、劫后望北川

大地震发生后第十天，被掩埋的废墟下已经没有生命特征，抢救掩埋在废墟下生命的黄金时间已经过去，以抢救生命为第一要务的救灾第一阶段过去了。北京天安门广场降半旗，行人驻足，车辆停驶鸣笛致哀，气氛十分悲壮。我们在四川前线指挥部办公室在同一时间也全体起立默哀。孙建国将军告诉我，防化兵部队最后撤出北川县城，给废墟喷洒消毒液。北川是羌族自治县，此时成了一座空城，只有狗还绕着废墟转，不忍离开旧巢，天上盘旋着一群无家可归的鸽子。我听后十分凄惶，即兴创作了一首卜算子词《劫后望北川》，把这一景象记述下来。

卜算子·劫后望北川

劫后望北川，
羌城尽悲凉，
废墟仍埋冤死魂，
湔川泪满江。
忠犬绕残垣，
凄然不忍还，
空中盘旋无家鸽，
离去泪双行。

后来我请全国政协委员、著名评弹艺术家盛小云谱成了评弹曲演唱。她和我一起探讨歌词，觉得歌词过于悲凉，所以后面又加上了一首在唐家山堰塞湖抢险时所作的诗。

猎猎战旗飘山岗，
铁鹰轰鸣从天降。
战士吼声震鬼神，
人定胜天再较量。

最后又加了"众志同谱英雄篇，爱心凝聚中华魂"，以体现在重大灾难面前不屈不挠的战斗精神。这首评弹曲经过艺术家盛小云的演绎，获得了全国曲艺梅花奖。

## 六、唐家山堰塞湖抢险

一个新的危险正在形成。地震引起山体滑坡，阻塞了上游河道，形成了一个个大小堰塞湖。随着堰塞湖水位的升高，随时都有决口的危险。一旦决口，大量的水下泄下来，造成的灾难将是巨大的。有的堰塞湖还在存放有二级核废料的工厂上游，如果决口，水把核废料冲下来，后果不堪设想。其中较大的一个唐家山堰塞湖在北川县的上游。唐家山堰塞湖如果决口，冲下来的水将直接冲毁绵阳市，因此绵阳市已经做好了最坏的准备，撤离了群众。解放军也派工兵部队加固洪水可能经过的桥梁和管道。最要命的是，当时西南五省没有一个炼油厂，四川省所需要的汽柴油全部要靠兰成渝管线运输，兰州炼油厂通过管道运输到四川，还有少量油品逆长江而上水运到四川。所以如果一旦兰成渝管线冲毁，四川省全部救灾用的汽车、工程机械，包括部队用油将全部中断。一方面部队加固桥梁管线，另一方面我紧急打电话给中石油的领导，请他们务必确保兰成渝管线畅通。

我们陪同回良玉副总理乘直升机飞往唐家山堰塞湖抢险现场。经过北川上空时看到县城是一片废墟，我们让飞机低飞，绕城飞行，我拍下了北川县震后的景象，惊心动魄。

由于连日阴雨，没有道路，所有抢险物资都是人拉肩扛徒步运上山。为了救灾机械需要的柴油，组织了几百名战士，每人背一个10公斤左右的油桶爬上山去。

直升机降落在唐家山堰塞湖所在的山头后，一群记者围上来要回良玉副总理讲话，回良玉副总理的口才极好，他在直升机旁没有稿子，即席讲话，一串串排比句像诗一样，我立即记下来，稍加整理，第二年在纪念汶川大地震一周年时发表在《人民日报》上，题目就叫《我们看到了……》。

### 我们看到了……

我们看到了什么是山崩地裂，地动山摇，

我们看到了生命的脆弱和个人的渺小；

我们更看到了什么是战天斗地，顶天立地，

我们更看到了祖国的伟大和民族的凝聚。

我们看到了房倒屋塌，夷为平地，

我们更看到了感天动地，自强不息；

我们看到了地震的能量无坚不摧，

我们更看到了人民的团结坚不可摧，

我们更看到了面临灾难显现的从容；

我们看到了抗震救灾过程的感动，

我们看到了无数感人至深的真实故事，

我们更看到了全民举国动员的悲壮不屈；

我们看到了八级地震令全球震撼，

我们更看到了中华民族让世界敬仰；

我们看到了领袖和人民共度时艰的亲民风范；

我们看到了中国人民灾难面前的团结顽强；

灾难带给了我们苦难；

多难凝聚起兴邦力量。

　　当时在唐家山堰塞湖指挥抢险的是水利部总工程师刘宁，他是清华大学水利系毕业的，我过去就认识他，后来任水利部副部长。还有一位是水利部长江流域规划办公室的女副主任，我们也熟识。当时战士们用铁锨清理碎石，效率十分低下，但是推土机等机械运不上山。推土机是洛阳第一拖拉机厂生产的，也是由第一拖拉机厂紧急支援的，但是后来发现质量确实有问题，只好拆一辆保一辆。

直升机空运机械设备到唐家山堰塞湖救灾。

后来俄罗斯的米格 –27 大型直升机将一辆辆工程机械吊上山来，我们和在现场的战士们都欢呼起来，我用相机记录下了这一镜头。

# 七、恢复重建能源基础设施

汶川大地震发生后，四川省境内的煤矿不是震毁就是从安全考虑停止生产。四川省的煤本来煤质就不好，矸石多，热值低，含硫高，多数是中小矿。省内的火电厂有的震坏，有的停运，而且没有煤炭供应了，水电站也多数停运了，岷江流域的水电站全部停运，全省保供电成了问题。因此恢复能源基础设施成了我的一项主要任务。

在一开始就出了一个小插曲。岷江上的梯级开发水电站大都在震中附近，属于华能的映秀湾和太平驿两个水电站闸门被震变形，提不起来，不能向下放水，上游水库水位越憋越高已经漫过了大坝。一天晚上，张平主任主持会议研究对策，水利部是副部长陈雷参加的。鉴于岷江上水电站的状况，水利部从下游安全考虑，主张炸坝。而我主张炸坝必须在不得已之时才能实施，根据我对岷江水电站的了解，我认为即使漫坝了，也不会对下游安全造成威胁。因为岷江上水电站大部分是中小的低水头的径流式电站，水电站库容都很小，除了沙牌水电站稍大一点外，其余库容大多是几千万立方米，超过一亿立方米的很少。其中位于阿坝州的福堂水电站是朱镕基任总理视察四川后让我们批的，我是经手人，情况很了解，库容不大。而位于下游，离都江堰最近的一个水电站是紫坪铺水电站，这是作为西部大开发后四川省最大的一个水利枢纽工程建设的。我陪同曾培炎同志去察看九寨沟机场时曾先到紫坪铺水库坝址看过，这是一个库容有 11.12 亿立方米的大库，所以即便岷江上游水电站全垮了，冲下来的水也只占紫坪铺水库很小一部分库容，不会造成对下游的严重危险。所以我不主张炸坝，还是先设法把映秀湾水电站的闸门提起来。会议争论很激烈，一直开到后半夜，张平主任采纳了我的意见，不炸坝，设法把闸门提起来。后来由空军直升机将自发电设备运到映秀湾水电站，用发的电开启了闸门。以后岷江上水电站陆续都开启了闸门，解除了危险。

接下来就是要恢复电站发电，解决电煤问题。我在四川省发改委和四川省电力公司相关同志陪同下先后到了江油发电厂和金堂发电厂，这是成都附近两个最大的火力发电厂。江油发电厂的一跨厂房震塌，压在发电设备上，但是所幸设备还完好。只要清理出来即可以发电。工厂的办公室都有震裂的缝，我们中午就在这样的办公室中边吃盒饭边商量恢复发电工作。发电厂最担心的是电煤供应不足。我回到成都后立即召开电煤供应会议，请求宁夏的宁煤集团和内蒙古支持供应煤炭，每天一列火车运到四川，铁道部安排运输计划。由于宁夏的

张国宝主持召开抗震救灾电煤供应汇报会。

煤质量好，热值高，很受电厂欢迎，所以直到现在每周仍有两列从宁夏开往成都的运煤火车。在抗震救灾中，无论宁夏、内蒙古的煤炭企业，还是铁道部都发挥了一方有难八方支援的社会主义精神。

## 八、解放军组成五支工作队抗震救灾

在第一阶段以从废墟中抢救生命为第一要务的工作结束后，参与四川汶川大地震抗震救灾的 10 万军队是否继续留下？四川省当然希望部队能继续留下，帮助他们救灾和灾后恢复重建。所以一天晚上在

四川前线抗震救灾指挥部召开了军地协商的重要会议，研究部队留下后的工作。总参谋长陈炳德上将提出部队继续留下帮助抗震救灾，但必须要有明确的任务，他提出部队应该成立五个工作队：一是救灾工作队。继续帮助清理废墟和抢救伤员、掩埋遇难者。二是交通恢复工作队。参加救灾工作的部队有工程兵，部队野战军中的工程兵，武警交通部队，他们都有很强的架桥修路专业能力，灾后恢复交通是一件繁重的工作，部队的支援工作对帮助修通被掩埋的道路十分重要。三是医疗工作队。参加救灾的还有许多解放军医疗单位，我陪回良玉副总理到四川最北面的青川县时，青川县已经和甘肃省接壤，居民以回民居多，震灾也很严重。顺便说一下，甘肃省与四川省交界的地区受灾也很严重。在青川县就有一支沈阳部队的医疗单位驻扎在临时搭建的帐篷中帮助抢救医疗伤员。四是宣传工作队。帮助安抚灾民，维持社会稳定。五是生产工作队。帮助农村地区恢复农业生产，帮助工矿企业恢复生产。陈炳德上将的这一安排非常重要，极大地鼓舞了四川省抗震救灾的士气，部队也明确了任务。

但陈炳德上将也提出了希望地方支援的事。修复道路需要履带式推土机、挖掘机，一般的轮式工程机械很快会损坏，希望地方为筑路的部队配备履带式工程机械。这个任务落在我头上。我也不知道哪里有履带式工程机械，打电话给发改委同事，他们了解后回复我说，成都工程机械厂就有生产。我根据他提供的电话给厂长打电话，他说库存还有 10 台，我让他全部调出来给部队使用，他问如何结算？我说这些事都以后再说。在救灾的特殊时期，这些先办事以后再算账的事情很多，不了了之的也有。但是在灾难面前，无论部队还是地方、企业，都不讲价钱，军民同谱了一曲抗震救灾的英雄篇章。

# 瀑布沟水电站群体性事件和水利移民后期扶持政策的出台

瀑布沟水电站位于四川省雅安市汉源县和凉山彝族自治州甘洛县交界处，是大渡河上的一个龙头水电站。总装机容量360万千瓦，年均发电量147.9亿千瓦时，总库容53.9亿立方米，工程需移民10万人。中国国电集团是瀑布沟水电站的项目业主。

四川省水力资源丰富，国家实施西部大开发战略后，四川省把开发水电作为发展经济的一个重要抓手。在全国人大会议期间，四川省多次提出要求批准包括瀑布沟水电站在内的水电站建设，特别是在2000年四川省人大代表团以全团的名义提案要求国家批准瀑布沟水电站作为重点项目建设。2004年3月，经国务院批准瀑布沟水电站开工建设。

水电站建设，解决好移民问题是一个重大课题。项目业主和地方利益、移民利益发生冲突是普遍存在的问题。瀑布沟水电站开工后，项目业主单位与地方、移民的矛盾一直不断，而瀑布沟水电站淹没区各类矛盾交织。在大渡河两侧的山体上有许多小型矿山，当地干部很多参与到私人企业主的开矿中，利益交织。瀑布沟水电站的建设将淹没这些小矿山，这些干部和私人企业主也暗中煽动支持激化移民和水电站的矛盾。但是，根本问题还是现行水电站移民政策能否真正做到

"建一个电站，造福一方人民"，移民群众搬迁后能否做到生活水平不下降，还能有所提高。

当时水电站移民补偿政策是贯彻"三原"原则，即"原规模、原标准、原功能"。房屋按原房屋面积、原标准，原土地面积按亩产年均收入乘以6—7年赔偿。由于水电移民多在贫困地区，原房屋破旧，年亩产收入有限，这样计算下来每户的补偿不到2万元，难以在搬迁地重建家园。而且很多情况下边建设边移民，老的住宅被拆迁了，新的居住房却没有建起来，移民沿山坡上靠住窝棚是常有的事。

2004年3月30日，瀑布沟水电站正式开工后，于2004年5月公布了移民安置补偿标准。移民认为淹没补偿标准偏低，对移民安置补偿不满。一些境内外反对水电的非政府组织也一直在煽动移民对水库建设和移民政策的不满，特别是7月以后一些媒体相继刊登《水电站带不来发展：大渡河移民面临一夜贫穷命运》等多篇报道，进一步加剧了移民的不满情绪。移民开始组织集体上访。对于移民的上访诉求，信访部门转到水利部，水利部再转到四川省，四川省再转到雅安市、汉源县，没有解决问题。9月以后，瀑布沟水电站建设工地和汉源县县城相继发生移民群体性事件，阻挠电站建设。9月21日，部分移民打砸万工乡政府，殴打乡村干部，阻隔交通。10月27—29日，部分移民冲击电站施工现场，破坏施工设施，打伤施工人员和执勤武警，并强迫关闭市场，组织学生上街，切断县城供水，冲击县政府和武警驻地，烧毁人事档案，出现打砸抢行为。11月3—5日，部分移民再度聚集到电站工地和县城，围攻执勤武警和民警，烧砸车辆，多辆汽车被推翻到大渡河中。参与群体性事件的群众手持用钢钎磨的扎枪，试图越过横跨在大渡河上的通往工地的悬索桥。水电站施工队伍的营地设在凉山彝族自治州甘洛县的一方，为防止过激的移民冲过悬索桥到水电施工队伍生活营地，那里有施工队伍的家属居住，一旦局面失控会引起难以预测的严重后果。武警甘洛县支队武警在悬索桥上阻拦欲冲过吊桥的人，甘洛县政府还散发传单，大意是甘洛县和汉源县彝汉两族人民世代友好相处，汉源县的汉族居民不能冲过吊桥侵犯彝族居住区，这是一个非常严重的警告。但即使是在这样的情况下，也导致了一名民警牺牲、三名民警和武警战士受伤。四川省委书记张学忠赶到现场，深入群众做移民的工作，但是在万工乡还是被移民包围了十几个小时，最后只能避让到附近的公安派出所。

这场已经酿成了打砸抢的群体性事件，引起了党中央、国务院高度重视，胡锦涛、温家宝等中央领导同志作出一系列重要指示，并派国务院常务副秘书长汪洋同志为组长组成中央工作组协助四川省处理该事件。我当时正在外地出差，突然接到北京电话，说让我担任中央工作组副组长，立即赶往万源县与汪洋同志会合。见到汪洋同志后我开玩笑对他说，你就像《高山下的花环》电影一样，临上阵封我一个副连长。中央工作组还包括公安部田期玉副部长，国务院法制办副主任郜风涛，武警部队总参谋长等。中央工作组会同四川省委省政府张学忠书记、蒋巨峰副省长等驻扎在汉源县的九襄镇。蒋巨峰副省长是从浙江省调来的，他在处理浙江温州珊溪水库移民问题时很有经验，这次在处理瀑布沟移民问题中发挥了重要的作用。当时气氛十分紧张，武警站岗的都是全副武装。有一次，在现场指挥的武警部队总参谋长给田期玉副部长打电话，报告参与闹事的人包围了指挥部所在的楼，用扎枪和铁钎凿楼，要求开枪。田期玉副部长清醒地指示，坚决不能开枪，牺牲了开追悼会也不能开枪。

这次群体性事件已经突破了法律的底线，11月5日晚在中央工作组的指导下，四川省采取措施驱散了围攻打砸省市工作组驻地和电视台的不法分子，恢复了汉源县城正常秩序，局面得到控制并逐步平息。四川省委省政府调集了善于做群众工作的干部深入乡镇，并且处理了汉源县委副书记等十几个在私人矿山持股、有贪腐行为暗中挑动移民闹事的干部。

雅安地区的汉源县民风彪悍，太平天国石达开全军覆灭就是在汉源县大渡河畔的大树镇，据说捆绑石达开的那棵大树还在，解放初也是匪患严重的地区，大树镇和万工乡是这次群体性事件最严重的两个乡镇。中央工作组组长汪洋亲自带队深入大树镇听取移民群众的意见，我带队到万工乡召开座谈会。我接触到基层的移民群众，其实他们都是朴实的农民。这一带大渡河谷是干热河谷，土地资源少，但是却有一些特色经济作物，例如白胡椒、特色水果。移民反映集中的问题是土地的补偿标准低。另外，在丈量原房屋面积时，水电站业主方从房屋的墙根量起，而移民则要求从屋檐下算起。农家碾米用的石碾子搬不走，移民要补偿，业主不同意补。装有电话的移民户当时是要缴初装费的，移民要求补偿，业主不同意。对于移民在淹没线以上的树木、房屋等个人财产，由于没有淹没，没有纳入到实物赔偿中，但是移民搬走了，这些财产带不走要求赔偿。这样一些问题虽然琐碎，但是对老百姓都是切身利益。其实水电站建设中用于征地补偿投资在整个电站投资中占的比重已经很高。以瀑布沟水电站为例，原核定的征地补偿投资为66.24亿元，占工程总投资的40%，已经不低，但属于移民个人可以直接得到的补偿费用却很少，不到10亿元，平均每个农村移民1.17万元，一些贫困人口人均补偿不足5000元，很难到新安置地盖得起房子。而其余大部分补偿资金，包括电站建成后提取的后期扶持资金交由地方移民管理部门安排库区基础设施建设或用于办企业发展地方经济，但是这部分资金使用效率很低，许多办的企业不景气，资金打了水漂。

通过面对面与移民群众对话交谈，我心中深切感到现行的水利移民政策必须改革。后来中央工作组反映移民工作存在的问题，主要是移民补偿标准偏低、移民后期扶持政策不完善的问题。国家和省有关部门认真按照国家有关政策法规，要求坚持以人为本，结合当前水利水电工程建设实际，对调整水库淹没补偿标准、完善后期扶持政策等有关问题进行了深入细致的研究，对移民政策做了大幅度调整。一是提高了平均亩产收益。以前是按平均亩产年收入的6—7倍补偿，提高到按16倍补偿。二是扩大对移民财产的补偿范围。在水库淹没线以上属于移民个人所有的树木、房屋等不能带走的，也纳入实物补偿范围。三是对于补偿费用不足以修建基本用房的贫困移民要给予适当补助。水库移民征地补偿和移民安置所需资金通过组合纳入工程概算的方式筹集。对搬迁县城建设作了安排。对地方政府和移民群众提出的基础设施要求，例如水库建成后为方便移民交通建一座桥梁，把规划中的高速公路走向方便将来移民出行，我把国家发改委交通司、交通部也拉进来，作了安排。将农村移民个人补偿标准，由人均1.17万元提高到1.87万元。这些工作在部委间取得一致意见后，汪洋同志又派我和国务院法制办副主任郜风涛回到汉源县，在汉源县礼堂召开从县到村的五级干部会，宣讲移民政策。一个贫困县的礼堂是十分简陋的，充满了尿骚味，但却座无虚席，而且会议自始至终鸦雀无声，没人抽烟，这在农村开会是罕见的，反映了他们对移民政策的关注。

在回京途经成都时，我心中一直有一个挥之不去的想法。以前我们用于水利水电搬迁补偿的代价其实不低，而且占整个工程的投资逐年提高，已经逼近50%了，还有从水电建成后提取的后扶资金，但是落到移民个人头上的补偿不高。几万元的补偿如果不会经营、使用不当，很快就花完了，就将陷入贫困状态。能否有一个类似保险的机制，不仅是一次性对移民补偿，而且还要有逐年逐月像发工资那样领取的补偿金，细水长流。这样移民的生活有了基本保障，社会才能安定。也曾经有人建议，移民中也有这种要求，就是以移民参股电站的方式，但是经过慎重考虑，水电站的建设有时往往要十年左右，待有回报又要若干年，是一个长周期的投资，而且万一工程下马，投资亏损了怎么办？所以以移民投资参股的办法还有许多问题有待研究。我算了一笔账，以瀑布沟水电站为例，年发电量近 150 亿千瓦时，如果每度电加价一分钱就是 1.5 亿元，如果 10 万移民每人每年给 1000元只需要 1 亿元就够了，是可以覆盖的，只要同意每度电加一分钱就可以解决这一问题。想到这我豁然开朗，想出了一个方案——移民不管老幼，每人每年补助 1000 元，连续 20 年，每个移民设卡，无论他到哪里打工、投亲靠友，还是搬到别处都可以凭卡领到这笔后期补助。对于满 60 岁的农村老人，可选择不再要土地补偿，享受当地城市低保。我立即找四川省委书记张学忠和省长张中伟汇报了我的想法，他们都非常赞同这一思路。我又征求了移民任务重的三峡总公司的看法，三峡总公司也非常赞成，认为这是移民长治久安的举措，三峡愿意出这笔钱。回到北京后我立即找国务院秘书长华建敏和负责维稳的国务委员汇报了我的想法，他们也很赞同。我把我的想法向主管副总理曾培炎作了汇报，他原则上赞同，但是要求再仔细测算一下。我原来的想法是基于"谁的孩子谁抱走"，即各水电站负责自己电站的移民后期补偿资金。对于瀑布沟水电站，正如前面所述是可以解决的，但是是否所有的水电站都能靠自己来解决？在征求水利部意见后，水利部不同意"谁的孩子谁抱走"的意见。水利部更多考虑的是没有发电收入的水库移民后期扶持资金，他们认为水电站有电费收入，而纯水库没有电费收入。我开始不同意水利部的意见，我说你们怎么总想着要加电费，为什么不考虑加水费，水费很低，有不少还是无偿的，不利于节约用水。但是水利部还考虑水库用水有不少是用于农业灌溉的，很难实施水费加价。曾培炎副总理听取了各方面意见后，担心如果每个移民每年 1000 元，在全国有困难，为稳妥起见，改为每人每年 600 元，补助 20 年，相当于每人每月 50 元。如果一家三口，一月可以有 150 元补助收入，加上土地补偿、副业收入在当时农村也基本可以维持生活了。

经过这一轮磋商，和我最初的建议有了几个重要的变化。一是从我最初"谁的孩子谁抱走"，各个水电工程自己解决自己移民的后期扶持问题改为全国统一标准统筹。二是按水利部意见把水库移民、水利工程移民包括了进来。那么全国统筹后移民后扶资金的钱从哪里来？经过测算，全国除农业用电以外每度电加价 0.83 分（最后确定为 8 厘），对 12 个移民人数较少的中西部省份按照本地移民人数确定加价幅度，其余水电较多的 19 个省区按此执行，可以实现全覆盖。另外，有的省还可以根据本省情况，每度电加价 5 厘，用于小水库移民的后期扶持。我最初想，没有发电功能的水库也可以考虑水加价。但是水利部不同意，操作起来也确实没有电费加价简单易行，所以我也就不提了。顺便说一下，改革开放以来很多大的工程筹资举措都是在电价上打主意。三峡建设的三峡基金是每度电 2 分钱，后来又转为农网改造建设基金。用于可再生能源补贴的可再生能源基金也是通过电价加价，已经从每度 1.5 分提高到 1.9 分。这次移民后扶资金仍然是在全国电价中统筹。所以电是作出贡献的，是全国人民的贡献。

接下去的问题就是能享受移民后扶政策的移民人数的确定。我本来的想法是以农村实行家庭联产承包责任制的时间为界，在这之前的移民应该在现定居地也实行了家庭联产承包责任制。但是水利部的意见是要从解放后就算起，1950 年后的水利移民都应享受这一后扶政策，给予 20 年的后扶资金补助。我很担心这个账能否算得清，年代久了，当时的移民情况发生了很大变化。我举了国家发改委一位副司长的例子，他家就是山东的水利移民，现在已经成了公务员，怎么还去享受 20 年的后扶资金补助？但是水利部很坚持他们的意见，这时国家发改委内部的工作分工作了调整，由分管农业水利的副主任杜鹰分管这项工作，我不再分管。以后由杜鹰副主任继续协调移民后扶政策，最后还是按水利部的意见，核定给 2006 年 6 月 30 日以前搬迁的水库老移民无论以前扶持期限如何，自 2006 年 7 月 1 日起一律再扶持 20 年。对 2006 年 7 月 1 日以后搬迁的水库移民，自完成搬迁之日起扶持 20 年。初步测算享受后扶政策的共有 2285 万人，最终确定为 2288 万人。2006 年 4 月 26 日，曾培炎副总理在国务院召开的全国水库移民工作会议上讲话明确了上述移民后扶政策。这项政策现在已经实施 12 年了，虽然按当时的标准后扶补助的资金不算多，但是对做好移民稳定工作还是发挥了很好的作用。实践证明，调整和完善后的移民政策是合理可行的，符合库区实际的，得到了人民群众的普遍接受。可以说，瀑布沟事件催生了水利水电工程新移民补偿和后扶政策。

总结瀑布沟群体性事件和移民政策的出台，首先是党中央、国务院的高度重视。胡锦涛总书记批示"让移民群众的长久生活有保障，合理的要求得到满足"，温家宝总理批示"提出妥善处理办法，以求从根本上解决问题，不留后患"，为做好处置工作明确了基本原则，并及时派出以国务院常务副秘书长汪洋为组长的中央工作组到现场直接指导工作。中央工作组成立后，根据中央领导同志的要求，中央工作组有关负责同志多次入川直接指导四川省对事件进行处理，协助支持四川省委省政府做好妥善处理移民事件的各项工作，在平息事态、完善移民政策宣传和实施移民政策等各阶段的重大决策上，及时传达和指导落实中央的指示精神，共同研究并提出贯彻落实的意见。

我们也看到广大人民群众是信任党和政府的，是我们做好各项工作的重要基础。解决移民群众的合理合法要求得到群众的普遍接受和拥护，奠定了妥善处理瀑布沟群体性事件的群众基础。同时也有许多经验教训、许多工作方法需要改进。加强移民安置前期工作，将落实水库移民安置方案作为新建项目核准和开工建设的前提条件。过去存在着"重工程、轻移民"思想的影响，移民安置规划深度严重不足，许多工程开工后尚没有移民安置方案，普遍存在工程赶着移民走的问题。这些问题今后必须引起重视，加以改正。所以后来在金沙江乌东德、白鹤滩水电站建设时就强调了先移民后建设的方针。瀑布沟群体性事件的发生是坏事变成好事，在水利水电工程移民工作问题上，瀑布沟水电站的实践有着里程碑式的重要意义。

# 往事并不如烟

　　2014年5月8日，应大连市之邀到大连参加高档数控机床控制集成技术国家工程实验室的工作会议。大连市委市政府主要领导高规格接待了我这个退休老人。87岁的老市长魏富海、原常务副市长王存敏又全程陪同我参观工厂。1984年我曾陪同来访的日本国土厅长官稻村佐近四郎访问大连，那时国家计委没有日语翻译，因我会讲日语，特意叫我来做翻译。当时刚刚搞大连开发区，魏富海是市长，我们一同站在山坡上指点未来的大连开发区要建成什么样子。30年一晃过去了，魏富海虽然身体还好，但毕竟是87岁的老人，脸色已显苍老，再过一些年我也会是这样。由大连光洋科技股份有限公司为陕西飞机制造公司生产大型运输机制造的五轴数控激光切割机，为我国首次生产这种机床，填补了国产空白。这种机床本来已决定申请进口解决，而我希望由国内研制，经国家发改委国防动员办周建平支持协调留在了国内生产。大连光洋科技股份有限公司不负众望成功研制，所有数控系统都由大连光洋生产。这再次说明，只要我们有决心，有效引导组织研制，一定能使我国装备制造业跃上世界先进水平。可惜懂得并有决心有效组织这类国产化的国家机关工作人员少了。

　　我国普通机床的生产能力也过大了，机床产业必须创新发展，向高端、新产品、新领域发展才能在竞争中生存。大连光洋科技股份有限公司开始研发机器人。可喜的是，今天中科院所属沈阳计算所的新松机器厂是我国机器人产业的领先企业，正与大连光洋商谈合作，由大连光洋生产伺服电机等部件。我鼓励他们合作。2014 年一季度在经济普遍下行的情况下新松机器人增长 40%。

我分管工业工作时十分关注装备制造业的发展，特别是作为工作母机的机床在数控技术方面和国际先进水平有不小差距。我曾多次开会研究能不能研发中国自主知识产权的数控系统赶超世界先进水平。我注意到华中理工大学的数控系统，当年周济同志留学回国在华中理工大学教数控，我们曾经支持过他，现在华中数控成了上市企业。还有大连光洋提议的总线控制技术。我撮合华中数控与大连机床合作，并经大家同意组成总线控制联盟，制定统一的标准。在 20 世纪六七十年代机械工业部曾组织九大设备研制，提升了中国装备工业水平。九大设备于 1961 年正式批准开始研制，大部分于 1970 年前完成，最后一套于 1973 年交付。这九大设备主要是：3 万吨模锻水压机，12500 吨卧式挤压水压机，辊宽 2800 毫米的冷热轧铝板轧机，直径 2—80 毫米的钢管冷轧机，直径 80—200 毫米的钢管冷轧机，辊宽 2300 毫米合金薄板冷轧机，10000 吨油压机，辊宽 700 毫米 20 辊带钢轧机。加上万吨水压机、马鞍山火车轮轭轧机，都对我国工业产生过重大影响。我曾想仿照九大设备提出新时期的十大装备，已经酝酿得差不多了，包括二重的 8 万吨模锻、包头 617 厂的 3.5 万吨垂直拉伸挤压机，一重的 1.5 万吨水压机。还找了几台大型多轴难度大的数控机床，如 25 米立车。但就在此时我的工作发生变化，加之以后又成立了工业和信息化部。这些设备后来也大都生产出来了，但没有形成一个国家文件明确提出研制十大装备，所以影响力不如过去的九大装备。鉴于过去我做的工作，所以机床工具协会陈惠仁秘书长邀我担任协会名誉理事长，我欣然同意了。大连光洋的于德海董事长也一再邀我参观建好的地下厂房。现在我们国家生产的巡航导弹和其他导弹发动机叶轮已批量使用国产五轴机床，别的国家再也卡不了我们脖子了。到大连勾起我这段回忆，往事岂会如烟，往事并不如烟。

2010 年 7 月 16 日，我与国家能源局副局长钱智民、科技装备司司长李冶、工作人员孙嘉弥出差去大连。刚下飞机，来接我的辽宁省发改委主任姜作勇等人紧张地悄悄对我说："张主任，出大事了！你们的国家战略石油储备库失火了，您是先回宾馆还是去火灾现场？"我一听，脑袋嗡的一下："这还用问？立即去着火的油库！"这时从沈阳到大连来接我的辽宁省常务副省长许卫国也打来电话，说接到火警，立即去救火现场，不能到机场来接我了。因为我过去知道江苏金陵石化厂火灾的抢救情况，用普通消防车喷水根本不管用，后来是从仪征化纤厂调来的进口消防车用泡沫炮打过去，隔绝了空气才熄灭了。我在电话中向许卫国副省长建议：立即调周边的石化炼油厂的自备消防车赶来增援，不要怕多，石化炼油厂通常备有专用于抢救燃油火灾的带泡沫消防炮的消防车，普通消防车不管用。辽宁省除大连外，还有辽阳化纤厂、抚顺炼油厂、锦州炼油厂等石化厂。现场停不下，停在周边待命也好，同时要准备充足的泡沫。许卫国认为这一建议很重要，立即布置。因为许卫国是来大连接我的，正巧碰上了火灾，所以他是第一个到现场的省领导。我告诉陪同人员，不用都去火场，帮不了忙反而添乱。后来他们坚持派一人陪我去，就由李冶陪我赶到火灾现场。

临时抢救指挥部设在附近的一座办公楼，我到时许卫国副省长和省市消防公安负责人都已在现场，我赶紧到铺在桌上的地图旁听情况汇报。我仔细看了地图，弄清了失火的油罐是大连炼油厂的储油罐，归属中石油，不是国家能源局管理的国家石油战略储备库。我们管辖的油库在失火的库区相邻的高岗上，我大大松了一口气，但要防止火情蔓延到国家储备库，储备库的自备消防车都调到山岗边上，居高临下参与救火。

搞清情况后，我们随即赶到失火油罐附近，只见火光熊熊。罐区布满了管道，我们站在一处稍空旷的地方，但头顶上就是管道。油失火不同于普通火灾，通常是油升温后变成气，上升到空中爆出一团火球。事后想想实在后怕，幸亏那天风向是从陆上吹向海里，如果风是从海上吹向陆地，火势会引爆头上的油管，将酿成更大灾害，我们也难免一难。这时辽宁省市领导陆续赶到现场。省长陈政高带领省政府秘书长、公安厅长、李万才市长等到达。分析情况，油从油罐流出，顺下水道流向海里，火势也顺下水道蔓延到海上，油比水轻，漂浮在海面，海上也一片火光。一个油罐有十万吨，如果不断流出，火势将难以熄灭，而且会越来越大。当务之急，必须立即关闭油罐阀门。于是部队调来了战士参与救火，派战士上去关闭阀门。但战士不知道阀门在哪里，也不知道怎么关阀门，必须有厂里熟悉情况的人引领才行，但忙乱中找不到厂里了解情况的人。命令刚从中央党校学习结束下午才从北京回大连的肖盛峰常务副市长带队上去关阀门。因为油罐失火时爆炸已将旁边的变电所炸毁，已经停电，只能用人工去旋转阀门关闭。但是我们不知道油罐阀门旋钮有上千转，靠人工是不行的，关了半天不见成效，油仍然源源不断从油罐流出，火越烧越大。

火情已经惊动了正在外地视察工作的温家宝总理，打电话给正在上海的张德江副总理立即赶到大连指挥救火。我也立即打电话告诉正陪同温家宝总理视察的国家发改委主任张平火灾情况，并打电话给中石油董事长蒋洁敏。中石油的领导当时都在新疆开工作会议。蒋洁敏接到我的电话时开始还不以为然，说没有什么。我告诉他火情严重，总理已派张德江副总理到现场，他才重视起来，派副总经理廖永远立即乘机从新疆飞大连。张德江副总理夜里一点多赶到现场，也站在油管下的空地布置任务，一条一条地指示。这时，我看到火势越来越大，且有向我们这边刮来之势，立即推张德江副总理上面包车，让他转移到海上的船上指挥，张德江副总理叫我和他一起上船。我说，我还是陪陈政高省长、李万才市长留在现场，给他们做个伴、出出主意。于是兵分两路，我和陈政高省长一行上了一辆专用的指挥车。海上有大连港务局负责人在船上指挥用泡沫枪阻拦海上火势。省公安厅厅长和我们一起在指挥车上，李冶也陪着我留在现场。火情消息不断传来，油仍从下水道流进海里。船上打来电话，惊呼火势蔓延挡不住了。陆上火势也烧到仅 10 米之隔的道路边，道路的这边就是港务局的化工品罐，存有甲苯、PX 等化工品，一旦燃烧后果不堪设想，情况紧急。请示张德江副总理，张德江副总理指示在 10 米宽的道路上筑起一道土墙把火势隔开。我和陈政高省长在现场商议认为，筑土墙要用卡车运很多土，时间来不及，且火势完全可以从空中蔓延过来，只有让消防车在道路上组成一道屏障，密集喷射泡沫阻拦，但是没有把握，车上人都紧张起来。陈政高省长向省政府秘书长吼道：我说的每一句话都要记录下来，以便今后指挥是否失误备查。并下令附近居民全部撤离。这期间泡沫也已用尽，又紧急从哈尔滨和沈阳空运来泡沫剂。

公安厅厅长向前方询问阀门是否关上了？这时传来好消息，说调来了一辆电源车，接通了电源，有了电几分钟就把阀门关上了。但火势尚未减小，公安厅厅长说阀门没有关上，陈政高省长急了，问到底关上没有？肖盛峰说肯定关上了。这时火势逐渐开始减弱，大约已是凌晨三点半。我也给温家宝总理警卫和张平打电话，告诉火势已得到控制。我们的车也尽量前移，天开始蒙蒙亮了，张德江副总理也上岸来和我们一起走到已基本熄灭的油罐旁边。路上都是像沥青一样的油污，我的皮鞋全完蛋了，第二天大连市给我送了一双新鞋，这是我得到的"奖赏"。

天亮了，火熄了，我拖着疲惫的身体和脏兮兮的衣服到了宾馆，未到现场的钱智民副局长嘘寒问暖，问我身体怎样，而孙嘉弥小女生问我的是："上保险了吗？"两代人问的竟如此不同。但孙嘉弥的问题却一下提醒了我。我回到北京后立即召集储备办开会，才知道我们建成的四个国家储备库都没上保险，我指示储备办立即与财政部联系上保险，并加强防雷击防火措施。

这次救火共出动了 270 多辆消防车。幸亏辽宁省是工业大省，有众多大企业有自备消防车。一开始我建议许卫国副省长要调全省石油化工企业具有灭燃油火灾消防车的建议是很及时的。这场救火更增强了我和辽宁省、大连市的患难友谊。陈政高省长和李万才市长逢人就说，这场火灾和张国宝本没有什么关系，但他不顾危险坚持留下来和我们一起救火，是患难之交。这也就是我在前面说的，为什么大连市在我退休之后还全套班子出动破格接待我的原因之一。

# 后　记

当我完成本集文稿掩卷回顾时总觉得不够满意，主要是这些文稿涉及我工作的方方面面，放在一起，感觉有点杂乱无章。经人民出版社建议，将文稿按内容梳理成了五个篇章，这样看起来条理清晰多了，但也发现缺了很重要的一个内容，就是关于高技术产业篇。

我在国家计委投资司工作和任副秘书长及 1999 年以后任国家发展计划委副主任分管高技术产业司，在这期间力推的一项工作是高技术产业化。刘积仁的东软，万钢在同济大学的燃料电池实验室，周济在华中理工大学工作时创办的华中数控，北京电子部六所改组的和利时，深圳的华大基因，北京大学杨芙清教授的北大青鸟，中科院大连化物所等等，这些高新技术企业在创办初期都得到过我们高技术产业化工作的支持。在移动通信技术和装备发展的过程中，从 2G、3G 到 4G，我们支持组建我国自主的三代移动通信标准 TD-SCDMA 联盟，推行数字电视国产化，高铁、大飞机的研发制造等方面开展了大量的工作，但是这些内容分散、资料不全，当时的经办人大部分也都离开了原工作岗位，我现在很难把这项工作用一篇文章系统地描绘或记录下来，好像已经是久远、依稀的记忆。

还有几件虽然不像青藏铁路、西气东输这样的世纪工程，但属于全局性、全国性、意义重大的工作，例如：分几期持续多年的全国农网改造，城乡居民用电同网同价；全国农村县县通油路、乡乡通公路的工作；1998 年大洪水以后，在长江流域和其他大江大河流域开展的灾后重建水利工程等；这些工程都影响巨大，投入也比一项世纪工程要大。但同样也因为内容分散、资料不全、当事人员流失，仅凭我的记忆难于把这些重要的工作准确描绘记录下来，这是很大的遗憾。

过去我国电网体制城市里叫全民所有制，由国家拿钱建设电网系统，农村叫集体所有制，所以县城以下农村电网要靠农村集体办电。因此电卖到县城以下叫趸售用电，要在大电网电价的基础上再加价，所以那个时候农村的电价倒挂。农村电网不仅基础设施落后，跑冒滴漏大，而且价格要比城市高，这是一种极不合理的现象。现在讲起这些事儿可能许多人不能理解。1997 年我陪同时任国家计委副主任曾培炎同志到安徽省考察工作，当时汪洋同志在安徽任副省长，分管计划委员会，张平同志是安徽省计委主任。他们反映的一个重要问题是农村电网基础设施落后，线损高、电价高，偷电现象也很严重，有的直接从变压器用铁丝拉到家里，不仅不安全，而且铁丝都烧红了，损失很大。他们希望国家重视对农村电网改造建设。回到北京后，曾培炎副主任非常重视这项工作，指示我要调研后开展全国农网改造工作，实现城乡电网同网同价。这项工作国务院也非常重视，我记得第一次全国农村电网改造工作会议是在北京广安门苏源锦江大厦酒店召开的。会上有电力部门的个别人讲了一些理由，认为城乡居民同网同价不可能做到。我怒斥这种意见："你有千条理由，我只有一条理由，为什么农村人要比城里人支付更高的电价?!"

国务院领导朱镕基同志、温家宝同志和国家计委领导都十分支持农网改造工作，将改革开放初期用于集资办电的每度电征收两分钱电力建设基金转用于农村电网改造。在 1998 年扩大内需发行国债中拿出了相当部分用于农网改造，并且一直持续了几年。在温家宝任总理期间，有一年国家财政预算基本建设投资晚下达了一段时间，温家宝总理解释说，这期间他主要是考虑要不要再给农网改造增加投资，后来在那一年追加了农网改造资金100亿元。经过多年的努力，我们基本上消灭了农村的无电乡，实现了村村通电，并且做到了农村与城市居民用电同网同价，农村电价水平大幅度下降。但是由于手头资料不全，缺少文件佐证支持，我没有能写出一篇关于农网改造的文章，实为遗憾。

1998年朱镕基任总理以后到四川视察，去了阿坝藏族羌族自治州，回京后他交代我们两件事：第一件事是岷江上的福堂水电站。第二件事是研究能否实现县县通油路和村村通公路。我立即请时任交通司司长的王庆云测算一下，实现这个目标需要多少投资。他以山西省为例，和山西省共同测算了一个投资额度。如果在山西省实现这个目标，大约需要30多亿元的投资。这是按农村公路每公里国家补助10万元，其余由当地农民投工投劳等来解决测算的，其实这个投资标准是很低的。30多亿元的投资，现在看来不算什么，可是在当时是一个不小的数字，而且如果在全国推开，至少需要1000亿元以上的投资。国家有没有这个财力，我们心中无数。但是朱镕基总理非常支持这件事情，决定在全国开展县县通油路、村村通公路工作，分若干年来实现这个目标。现在这个目标基本已经实现了，大大改善了农村基础设施的状况。同样我现在没有详细的资料，有些数据过程记忆不准，未能把这项伟业详细地描述记载下来。

1998年发生了特大洪水，朱镕基总理提出加固干堤、疏浚江河、移民建镇、退耕还湖、退耕还林等一系列的治理洪水措施，让我们把这些政策具体化。在时任国家发展计划委员会主任曾培炎和常务副主任王春正领导下，我具体负责文件起草工作。后来这个文件以〔1998〕中共中央、国务院 15 号文件下发执行。在 1998 年发行国债扩大内需的资金中，水利占了大头。通过这一轮的治理洪水工作，中国的水利建设得到了极大的加强。不仅是长江、黄河、嫩江等大堤面貌焕然一新，其中疏浚江河这项措施要建造 100 艘大型挖泥船，在水利部成立了百船办公室，并且引进大型挖泥船的关键技术。没想到这件事在今天南海吹沙造地中发挥了重要的作用。同样对这项工作，我也没有一篇文章来记述它。

综上，掩卷回顾，虽留下了许多遗憾，但对我们走过的筚路蓝缕之路更加充满了无问西东的历史责任感和豪情。

责任编辑：朱云河
特约编辑：张　明
装帧设计：王欢欢
责任校对：刘　青

**图书在版编目（CIP）数据**

筚路蓝缕：世纪工程决策建设记述 / 张国宝　著 . — 北京：人民出版社，2018.9
　（2025.7 重印）
ISBN 978 - 7 - 01 - 019753 - 1

I.①筚…　II.①张…　III.①社会科学 - 文集　IV.① C53

中国版本图书馆 CIP 数据核字（2018）第 205464 号

**筚路蓝缕**

BILU LANLÜ

——世纪工程决策建设记述

张国宝　著

人民出版社 出版发行

（100706　北京市东城区隆福寺街 99 号）

中煤（北京）印务有限公司印刷　新华书店经销

2018 年 9 月第 1 版　2025 年 7 月北京第 14 次印刷
开本：710 毫米 ×1000 毫米 1/16　印张：34.25
字数：428 千字

ISBN 978 - 7 - 01 - 019753 - 1　定价：138.00 元

邮购地址 100706　北京市东城区隆福寺街 99 号
人民东方图书销售中心　电话（010）65250042　65289539